平凡社新書
1072

検証 治安維持法

なぜ「法の暴力」が蔓延したのか

荻野富士夫
OGINO FUJIO

HEIBONSHA

検証　治安維持法●目次

第六章　「満洲国」の治安維持法……353

第七章　治安維持法の威力の震源＝「国体」とは何だったのか……439

凡例

一、原則として常用漢字を用いた。

二、史料の引用にあたっては、旧字旧かなは新字新かなとし、カタカナ表記はひらがな表記にあらためた。また、適宜、句読点を付した。

三、史料引用中の〔 〕は引用者による注である。

四、本文中の難読の語・人名・地名にはルビ（振りがな）を付した。

五、＊を付した資料は、国立国会図書館「帝国議会会議録検索システム」で公開されている旨を示す。

序章

「新しい戦前」の出現

二〇一八年に刊行した拙著『よみがえる戦時体制――治安体制の歴史と現在』の帯には「あたらしい戦前 「戦争ができる警察国家」の誕生」とあった。これは編集者が付けてくれたものだが、私自身も「今、新たな戦時体制がよみがえりつつあります」と記していた。「新しい戦前」という言葉は二〇二二年末のタモリ氏による発言に触発されて注目されるようになったが、それは多くの人々が漠然と感じ、もやもやしていたものを的確に表現してくれたからであろう。

前掲拙著で「第二次・第三次安倍政権は「戦後レジームからの脱却」を掲げて、特定秘密保護法の制定から安保関連法の制定へ、そして共謀罪法へと、新たな戦時体制の構築に向けて一挙に加速しました」と記したが、これらは二〇一三年から一七年にかけてなされ安倍政権に代わった菅義偉政権の下でおこった二〇年の日本学術会議委員の任命拒否問題もその発端は前政権時代にあったが、天皇機関説事件から河合栄治郎事件・津田左右吉事件へとつづく戦前の国家による学問・思想への介入と統制を連想させるのに十分だった。

第一次安倍政権がまず着手した二〇〇六年の教育基本法「改正」をも視野に入れると、「戦後レジームからの脱却」の内実には社会の隅々におよぶ監視と統制を進行させ、異端とみなす存在をあぶり出そうとする巧妙な仕組みの構築があった。こうして文字通りの「新しい戦前」が出現した。

「新しい戦前」出現の状況は、「満洲事変」を機とする「戦前」の始まりを小林多喜二が「戦争が外部に対する暴力的侵略であると同時に、国内においては反動的恐怖政治たらざるを得ない」(「八月一日に準備せよ!」『プロレタリア文化』一九三二年八月、『小林多喜二全集』第六巻、一九九二年)ととらえていたことと相似形をなしている。多喜二は社会全般への監視や統制が重層的に、さまざまな担い手によって実行されつつあることを鋭敏に指摘した。一見バラバラのような社会的締めつけが、実は「来るべき戦争遂行の準備と密接に結びついて」なされていくという構図は、それが現実化した一九三〇年代に限ったものではなく、五〇年代前半の日本の「独立」前後においても再出現し、さらに二一世紀の現代においても再現されつつある。

二〇二五年は治安維持法の制定・施行から一〇〇年という大きな節目となる。一九二五年から運用された治安維持法は日本国内での本格的発動となる二八年の三・一五事件以降、「来るべき戦争遂行の準備」のための最強の武器として猛威を振るい、それに身をもって抗しつづけた多喜二は虐殺された。治安維持法が悪法であるという見方は定着しているといってよいが、治安維持法のどこがどのように悪法だったのかは、それほど明確になっているわけではない。「新しい戦前」が出現し進行しつつある現在、あらためて治安維持法運用の二〇年を一〇〇年という区切りで、現代的観点から検証する。

治安維持法の悪法性＝「法の暴力」

二〇〇九年三月、横浜事件第四次再審請求にもとづく横浜地方裁判所の再審裁判の判決は第三次の場合と同様に「免訴」となった。依然として司法の壁は厚かったものの、当初はびくともしなかった壁は第三次再審請求を機についに亀裂を生じ、その亀裂の向うに刑事補償請求による実質無罪の獲得も展望された。国内において戦時下最大級の治安維持法事件の一つであった横浜事件の虚構性の認識と冤罪性の確定からは、治安維持法違反とされた他の事件に対する無罪の宣告と名誉回復が導かれていくべきだろう。

小林多喜二が一九三三年二月二〇日、警視庁特高警察によって虐殺されたとき、中国の作家郁達夫《いくたつふ》は「秘密裏に暗闇の中で彼を惨殺し、下劣で悪質な方法を用いて、彼を弔い見送ることを禁じ、彼の死体の解剖を禁じ、この殺害事件を新聞に掲載することを禁じ、ただ「心臓麻痺」のわずか四文字でこれを片付けた」と糾弾し、「まったくもって盗賊の仕《し》業《わざ》だ。けだものの振る舞いだ……法治の精神はどこに行ったのだ」と警視庁に抗議する文章を発表した（「小林の殺害のために日本警視庁に檄す」『現代』〔上海〕一九三三年五月、『小林多喜二の手紙』二〇〇九年）。郁達夫は「現行法規」＝治安維持法から大きく逸脱した惨殺を、正義や法治の精神の観点に立って真っ向から否定し、責任を追及する。

治安維持法の悪法性は論を待たない。「特高警察の駆使する弾圧法規という程度の紋切り型でとらえていた単純なみかたにたいし、歴史の段階に応じて、弾圧法規の中身や性格が変化してゆくさま」を追った奥平康弘『治安維持法小史』（一九七七年、現在は「岩波現代文庫」所収）によって、その悪法性は完膚なきまでに明らかにされているが、その後も治安維持法肯定論や治安維持法的な危険性を有する治安立法制定の試みは止まなかった。

なぜ執拗に治安立法立案の企図は繰りかえされるのだろうか。端的にいえば、治安体制の基軸となるべき、戦前の治安維持法に匹敵する新たな治安法の不在こそが現在の為政者層・治安当局にとって最大の不安だからであろう（治安維持法に代わるものとして公布施行された破壊活動防止法〔破防法。一九五二年〕は現在に至るまで、団体解散というその本体部分は凍結状態のままである）。それはオールマイティーで威力抜群であった戦前の治安維持法が、復活されるべきものとして彼らの意識のなかに沈殿しつづけていることを意味しよう。

治安維持法の悪法性をもっともよく象徴するのが「法の暴力」というとらえ方である。これは国立台湾大学教授の王泰升『台湾法における日本的要素』（二〇一四年）中の「日本植民地統治下における台湾の「法の暴力」」から学んだ。本書第五章でみるように、台湾領有にあたり、はげしく抵抗する抗日運動を弾圧するために軍事的討伐について「匪徒《ひと》刑罰令」を施行（一八九八年）し、苛酷な司法処分を加えたことを王は「法の暴力」と呼んだ。それは日本国内だけでなく朝鮮・台湾、そして「満洲国」にひろがった治安維持法の悪法性の本質をもっとも的確に射抜く認識といえる。

「悪法もまた法なり」

悪法論について法理学的にみた場合、「悪法は法にあらず」とする自然法論と「悪法もまた法なり」とする法実証主義が対立するという。田中成明『法理学講義』（一九九四年）によれば、一九世紀を境に「実定法に対する高次の法として、実定法の妥当根拠ならびにその正・不正の識別規準を提供する自然法が存在する」という考え方は廃《すた》れ、次第に「自然法の法的資格を否認し、実定法だけが法であるとする実定法一元論が支配的」となった。すなわち、「悪法は法にあらず」から「悪法もまた法なり」への大きな転換があった。

現在に至るまで、政府の立場はこの「悪法もまた法なり」で一貫している。二〇〇五年七月の共謀罪法案の国会審議（法務委員会）における南野《のおの》知恵子法相の「治安維持法は、戦前の特殊な社会情勢の中で、国の体制を変革することを目的として結社を組織することなどを取り締まるために、これを処罰の対象としていたもの」という発言は、この「悪法もまた法なり」という立場を前提としている（国立国会図書館「国会会議録検索システム」第一六二回、衆議院法務委員会、二〇〇五年七月一二日）。

それをさらに一歩進めたのが、安倍政権下の一七年六月の衆議院法務委員会における金田勝年法相の「治安維持法は、当時適法に制定されたものでありますので、同法違反の罪に係ります勾留・拘禁は適法でありまして、また、同法違反の罪に係る刑の執行も、適法に構成された裁判所によって言い渡された有罪判決に基づいて適法に行われたものであって、違法があったとは認められません」という発言である（同、第一九三回、衆議院法務委員会、二〇一七年六月二日）。謝罪や実態調査の必要も否定する。合法性を強調し、悪法であったという認識さえ拒否しているといってよい。

それでも社会的に共有されている治安維持法を悪法とする評価を無視することができないため、特別秘密保護法や共謀罪法の審議においてそれらが「現代の治安維持法」とされることを極力否定した。しかし、「現代の治安維持法」出現というアピールは多くの人に届き、政府が予想した以上の反対運動を昂揚させた結果、ともに強行採決という手段をとることを余儀なくされた。

清水幾太郎「戦後を疑う」を疑う

別の観点から「悪法もまた法なり」とする論をみよう。占領が終結し、自前の治安体制の確立を急いだ一九五〇年代前半の、かつての治安維持法を運用した当事者の側の弁明である。四一年の新治安維持法制定の中心となり、「満洲国」刑事司長として「満洲国」治安維持法の運用にかかわった太田耐造《たいぞう》は破壊活動防止法をめぐる論議がたかまるなかで、「特高警察の行きすぎ」があったことを認めつつ、転向については「反共政策の具体的成功として誇ってもよい」（『ジュリスト』一九五二年七月）と公言するように、治安維持法への自省はみられなかった。

思想検事や経済検事の経歴をもち、公安調査庁総務部長として破防法の運用にあたる立場から、関之《いたる》は『破壊活動防止法解説』（一九五二年）において「われわれは、過去の治安維持法その他の治安立法についての苦がい体験を、再び繰り返してはならない」と述べた。なお、この発言について丸山眞男は清水幾太郎との対談「悪法からの脱却」（「破壊活動防止法」『法律時報』別冊、一九五二年八月）のなかで「むしろ治維法によって枕を高くして眠れた人や、治維法を盛んに使った人々がいくら、今度の破防法の場合に「治安維持法の苦き経験に鑑みて」なんて言っても（笑声）信用がないのは当然だ」と皮肉っていた。

治安維持法の運用を主導した池田克《かつ》は「公職追放」となったが、その解除後しばらくして最高裁裁判官に就任する際、「あの時代の国家の事情としては、国会を通ったのだし、望ましいことではないにしても、やむをえなかったのではないか」（『週刊朝日』一九五五年二月二七日）と他人事のような発言をしていた。就任後の池田は自己の信条にしたがって、また自らへの暗黙の期待に応えてだろう、松川事件などの治安案件については強硬派に属した。

治安維持法肯定論を真正面から主張したのが、七八年六月の清水幾太郎の「戦後を疑う」（『中央公論』）である。清水は治安維持法を「日本が自衛のために取った手段の一つ」であり、「戦後における「治安維持法への復讐」の心理が自然であるように、治安維持法の成立も自然であったのです」と述べる。

その論拠を中澤俊輔『治安維持法――なぜ政党政治は「悪法」を生んだか』（二〇一二年）による整理を借用すると、①治安維持法は制定された一九二五年当時はさしたる問題とならなかった、②治安維持法が制定された後もマルクス主義の出版物は相当自由に認められた、③思想・出版の自由に比べて社会の変革を求めるような結社の自由は制限すべきである、④同時代の欧米諸国も共産主義に対する取締法を制定しており、ソ連に対する防衛が必要だった、⑤治安維持法で死刑となった者はいなかった、⑥思想犯の転向は当局が個人の良心に踏み込むものではなく、天皇制という日本人の常識を取り戻させるものだった、となる。

①と⑤は明らかな事実誤認である。本書第一章でみるように、治安維持法案は議会を通過したとはいえ、労働・農民運動を中心とする反対運動は高まり、新聞・雑誌や法学者を含め濫用《らんよう》を懸念する反対論は広く展開されていた。それゆえ日本国内では施行後も本格的発動はしばらく控えざるをえなかった。

たしかに日本国内の治安維持法違反事件の判決で死刑を言い渡された事例はなく（ゾルゲ事件における死刑は国防保安法の適用）、最高刑は無期懲役であった。しかし、小林多喜二をはじめとする警察内での虐殺は多数にのぼるほか、本書第四章から第六章でみるように植民地朝鮮・台湾では死刑判決が下されており、さらに「満洲国」における「満洲国」治安維持法による死刑判決は膨大な数にのぼる。近年になってこれらの事実は明らかになったものではあるが、⑤をもって治安維持法を肯定することはできない。

②でマルクス主義の出版物は伏字などを用いて一九三〇年代後半までは刊行されていたものの、それと治安維持法の「悪法性」は直接的な関係はなく、「悪法性」が消去されるわけではない。

③の社会の変革を求める結社の自由は制限され、取締の対象となって然るべきという論拠は見解の違いというほかないが、治安維持法は「国体」変革の結社の弾圧にとどまったわけではなく、第三章でみるように三〇年代後半以降、拡張解釈の連続によって「国体」変革とははるかに隔たった、戦争遂行の障害とみなしたものに容赦なく襲いかかったのが

実態であった。治安維持法による検挙を経験しなかった清水自身も「何度か危い橋を渡りながら、ヌラリクラリと生きて参りましたものの、当時を思い出しますと、今でもゾッと致します」（「戦後を疑う」）と回想していた。その「ゾッと」する空気は治安維持法という「法の暴力」が作りだしたものであり、多くの人々を畏怖《いふ》させていた。

④は「日本が自衛のために取った手段の一つ」という見解に連動する。日本の治安維持法が先行する欧米の治安法令を学習したことは第一章でも触れるが、その発動はとくに「国体の精華」的な「国体」観念という魔力を発揮したという点で同列に論じることはできない。また、治安維持法を発動して朝鮮・台湾、「満洲国」の民族独立の言動を弾圧したことは帝国主義日本の「自衛のため」であったが、そこで吹き荒れた「法の暴力」を正当化することは明らかな間違いである。

⑥の「転向」をめぐっても見解の相違としかいえないが、拷問による強制を含めて「個人の良心」を踏みにじり、「国体」に恭順させたという厳然たる事実に意識的に目をつぶっている。

このように現在の地点から清水の治安維持法肯定論の論拠が独断的で受け入れがたいものであることは明言できるが、七〇年代後半にあってはまだ治安維持法に対する記憶が多くの人々のなかに刻み込まれていたことを大きな要因にしてだろう、その肯定論は支持をえることはできなかった。

治安維持法の「いわれいんねんの、いちぶしじゅう」の解明をめざして

数年前、あらためて治安維持法と向き合おうとしたときに出合ったのが、能勢克男の「国家と道徳」（『人民の法律　現代史のながれの中で』一九四八年）である。京都の人民戦線の一角をなす週刊『土曜日』刊行に深くかかわった弁護士の能勢は、三八年六月に治安維持法違反で検挙され、懲役二年・執行猶予二年を科された経験をもつ。戦後、弁護士に復活した際、「悪法もまた法である」として治安維持法を合理化しようとする気配を敏感に感じとり、「私たちはぜったいに、ていさいのいいことに、だまされるわけにいかない

1938年６月に治安維持法で検挙された経験をもつ弁護士の能勢克男（能勢克男先生追悼文集出版実行委員会編『回想の能勢克男　追悼文集』より）

……そういう法律が、どうして、どんなにして、つくられたか。どんなに法律としての力をふるって、人民を苦しめたか。――そのいわれいんねんの、いちぶしじゅうを、みなもとにさかのぼって、私たち人民が知りぬき、考えぬいていないということは、危険きわまることだ」と記した。

廃止された特高警察に代わって警備

公安警察が整備拡充され、思想検事に代わり公安検事・労働検事が配置されて、復活したばかりの社会運動や民衆運動を再び封じ込めようとする事態に、能勢は「そういうことは、何度でも、まきかえし、くりかえし、おこって来る」と強い警鐘を鳴らした。これを能勢が書いたときには「もう一度、そういうことが何かにまぎれて、おこって来」つつあったのである。戦後民主化への反動の波のなかで、四九年四月のポツダム政令である団体等規正令と五〇年一〇月の占領目的阻害行為処罰令を経て、講和条約発効後には破壊活動防止法が五二年七月に成立していく。

能勢が警鐘を鳴らしたこの前後の時期、治安維持法の「いわれいんねんの、いちぶしじゅう」を明らかにする絶好の機会だったが、それは果されないままとなった。「新しい戦前」に直面する今日、遅ればせではあるが、その「いわれいんねんの、いちぶしじゅう」を知りぬくことは一〇〇年を経ていよいよ重要性を増している。

治安維持法研究の古典といってよい奥平康弘による『治安維持法小史』の刊行からまもなく半世紀となる。奥平は「なによりも悪法だという評価を確実に成立させるためには、治安維持法とはなんであったのかという、事実の認識にかんする作業を、大いにおこなう必要がある」としてその実践を試みたわけだが、「本格的な、少なくとも「小」という限定を取り外した仕事」への発展を晩年まで期していた。

本書は能勢や奥平の思いを引き継ぎ、治安維持法が「どうして、どんなにして、つくられたか。どんなに法律としての力をふるって、人民を苦しめたか」についてできるだけ具体的に明らかにすることをめざしている。

第一章では治安維持法の前史を含め、成立から崩壊までを概観する。第二章では治安維持法がどのように運用されたのか、その司法処分の各段階、つまり警察・検察・裁判（予審・公判）・行刑・保護観察・予防拘禁をめぐる諸相を追う。違法な捜査、拷問や詐術を駆使した各段階の取調なども検証する。

第三章ではとくに治安維持法の拡張解釈が顕著になった一九三〇年代後半以降の具体的な事件（唯物論研究会事件・京大俳句会事件・神戸詩人クラブ事件・横浜事件）に焦点をあて、それぞれの犯罪化のためのフレーム・アップ（でっちあげ）の経緯とともに、戦時体制のなかで自由や平等を求めてギリギリの抵抗がなされていたことを明らかにする。また、暴走する治安維持法に公判の場で立ち向かった三人の弁護士の弁論にも注目する。

第四章から第六章は植民地朝鮮・台湾、傀儡《かいらい》国家「満洲国」においても治安維持法が運用され、日本国内以上の「法の暴力」が吹き荒れたことを扱っている。日本国内と台湾・朝鮮、「満洲国」を含めることによってこそ、治安維持法の悪法性の本質に迫りうると考えた。これまで朝鮮を除いて、台湾と「満洲国」については治安維持法とのかかわりはほとんど論じられてこなかった。

第七章では治安維持法の威力の震源が「国体」にあったとみて、その組込みや確立の過程のほか、「国体」変革観念の拡張がもたらした意味について考えている。

治安維持法の悪法性を考えることは、私にとっては「悪法は法にあらず」という観点を貫くことにほかならない。

第一章　治安維持法小史

――施行から廃止まで

1 前史

山県有朋「社会破壊主義取締法私案」

天皇暗殺を計画したとして幸徳秋水ら無政府主義者・社会主義者への大弾圧が一段落した一九一〇年九月、元老山県有朋は明治天皇に意見書「社会破壊主義論」を上奏《じょうそう》するとともに、桂太郎内閣にもさらなる対策を迫った。社会主義の「既に萌芽を発したるものは極力之を刈除《がいじょ》せざるべからず」と強権の発動を求めるだけでなく、一一条から成る「社会破壊主義取締法私案」を付していた。「社会主義又は社会破壊主義の思想を鼓吹し、国家の安寧《あんねい》を害し、社会の秩序を紊乱《びんらん》するを目的とする結社」の組織・加入などを処罰（「六月以上三年以下の懲役又は禁錮」）するほか、それらを主張する結社・集会・出版や金品募集などの禁止を規定する。

この「取締法私案」は山県の危機感を物語るとともに、新たな弾圧法をすぐに起草するだけの準備がそれまでに為政者のなかで進んでいたことを推測させる。すでに社会主義運動の脅威にさらされていた欧米各国は取締法を制定・運用していたが、内務省などの取締当局はそうした情勢を欧米各国の在外公館を通じて入手し、学習しつつあった。「大逆罪」

を持ち出した桂内閣の弾圧が功を奏し、社会主義陣営を逼塞させてしまった結果、「取締法私案」はこの時点では実現には至らなかった。しかし、ロシア革命・米騒動の衝撃によって厚い結氷がとけはじめた一九一〇年代末、欧米各国の新たな「過激主義」に対する治安法令に関する情報収集の本格化につながった。

過激社会運動取締法案

政党内閣を組織するに至っていた原敬も、大戦後のデモクラシーと「過激主義」が社会を動揺させつつあることに危機感を強めていた。原は山県と会談するたびに、「思想問題に至りては実に重大なりとて……是は国家の為に何とかせざるべからず」（『原敬日記』一九二〇年八月九日）と同調していた。そうした山県や原らの危機感を背景に、内務省は特高警察の拡充を図り、司法省はクロポトキンの無政府主義を学問的に紹介する森戸辰男を処罰し、「思想問題」への締付けを強めた。労働運動などへの取締では治安警察法（一九〇〇年施行）が機能していたが、「過激思想」の伝播を抑えるためには不十分とみなされ、新たな治安法の立案が急がれた。

内務省警保局「過激社会運動取締法立案経過」（一九二三年一月）によれば、「警保局に於ては大正九年来、特に各国に於ける過激主義に関する取締法令の調査を為し」、司法省でも「米国の立法例」を調査しはじめたという。それらの材料は在外公館を通じて収集され、外務省を経て両省に提供されていた。警保局の関心は一九二〇年前後の欧米各国の「無政府主義」取締法規に向いている。

内務・司法両省はそれぞれ独自の新治安法案の起草を進め、二一年八月には両省の協議が始まり、法案のキャッチボールが繰りかえされ、二二年二月に閣議決定（高橋是清内閣）となる。当初、緊急勅令として制定する方針だったこと、国家や社会の直接的変革に近い「朝憲紊乱《ちょうけんびんらん》」事項を取締の対象とすること、最終的に「過激思想」の「宣伝」取締を第一義とすることで決着したことなどが注目される。無政府主義・共産主義を包括するものとして「過激社会運動」の取締法案（全六条）という名称になったが、その第一条は「無政府主義、共産主義其の他に関し朝憲を紊乱する事項を宣伝し、又は宣伝せんとしたる者は七年以下の懲役又は禁錮に処す」である。

この過激法案はまず貴族院に提出されるが、二度の修正を受けてようやく通過したものの、衆議院では審議に入れないまま廃案となった。「無政府主義、共産主義其の他」、「社会の根本組織」、「宣伝せんとしたる者」などの用語の曖昧さに批判が集中した。議会内にとどまらず、新聞・知識人・労働運動の反対も盛り上がった。ただし、大方の反対の論理は「過激思想の取締」自体を肯定するものであり、新たな「完全なる法案」として再提出すべきというものであった。貴族院での審議中、「過激社会運動取締法」案の名称に代わるものとして「治安保護法」などとともに、「治安維持法」が候補にあがっていたことも注目される。

治安維持令

過激法案の廃案後も司法省刑事局と内務省警保局の一部の官僚たちは新治安立法を断念せず立案作業をつづけていたが、成立への見通しは悲観的だった。この状況を転回させたのが、関東大震災後の治安維持の要請である。

一九二三年九月、震災後の治安収拾を名目に緊急勅令「治安維持の為にする罰則に関する件」（治安維持令）が施行された。立案は司法省主導で、法相兼務の田《でん》健治郎農相の九月五日「日記」（国立国会図書館憲政資料室所蔵）には「蓋《けだし》震災激甚、人心危惧之結果、流言蜚語《ひご》盛起、就中《なかんずく》、対朝鮮人、虚構的反感、大動揺人心、所在殺戮《さつりく》鮮人」という記載がある。これに山内確三郎司法次官らは社会主義者を対象とする「安寧秩序を紊乱する目的を以て治安を害する事項を流布し」という過激法案以来の宿願を盛り込んだ。「宣伝」よりも取締対象が広い「流布」を用いるほか、処罰も「十年以下」とあるように厳重である。

緊急勅令案の諮詢《しじゅん》を受けた枢密院ではわずかの審議で可決した。法規上の疑義の指摘に対して、山内司法次官は「何分匆々《そうそう》の際立案したるものなれば」（『枢密院会議筆記』国立公文書館所蔵）と弁明する。

二三年九月七日の施行から二四年一二月末までの治安維持令違反による起訴者は二〇人

(「犯罪煽動」四人、「治安妨害」一一人、「流言蜚語」五人)にとどまり、期待外れの低調な運用に終わった。「安寧秩序」紊乱の規定が曖昧ゆえにかえって使い勝手が悪いことに加えて、緊急勅令という形式だったため、社会的批判も根強かった。緊急勅令の議会での承諾の審議を控えた二三年一二月五日の『東京朝日新聞』は「司法部内に於ても政府が震災のどさくさに紛れ、斯《か》かる悪法を公布した事を批難するものがあるばかりでなく、法文其物にも不備の点ある」として、廃止の声があがっていると報じた。

しかし、治安維持令はその〝出来の悪さ〟ゆえに新治安立法の待望論を導きだすという皮肉な結果を生んだ。治安維持令に代わる「完全なる法案」の必要性についての意思統一も為政者層の間でできあがりつつあった。

2 治安維持法の成立

新治安立法の成立へ

司法省では治安維持令の第四七議会での緊急勅令承諾をめぐる一九二三年一二月の審議で早くも新治安立法の必要性を示唆《しさ》していたが、その直後の摂政裕仁《ひろひと》の暗殺を図った虎ノ門事件の惹起《じゃっき》はいよいよ立案作業を急がせた。清浦奎吾《きようらけいご》内閣の法相鈴木喜三郎は二四年初頭、新刑事局長山岡万之助に起草を命じた。この立案作業により四月頃には成案を得ている。また、内務省でも起草が進められていた。ただし、両省間には取締の主目的という法益の主眼をどこにおくかについて、意見の隔たりが大きかった。それでも、二四年五月の『中央法律新報』が新法案について、適用範囲が「ぼんやり」としている欠点を改め、「科刑をズット重くするらしく、全体に亘《わた》って現代の趨勢を充分考に入れ、時代に逆らった旧法案の面目を一切改めたい意向」と観測するように、成立の可能性は高まりつつあった。また、二三年六月の第一次日本共産党事件をはじめとする秘密結社事件のあいつぐ惹起は為政者に「赤化の恐怖」を植えつけていた。

清浦内閣から代わった加藤高明護憲三派内閣の下で、二四年一一月頃から内務・司法省間の協議は本格化しつつもまだ隔たりは大きかったが、一二月末に至って第五〇議会への提出が固まった。議会通過を優先させるために、司法省側の譲歩があった。のちに貴族院の委員会で、山岡刑事局長は「朝憲紊乱、安寧秩序の紊乱と云《い》うことが、取締の面から云えば徹底的であります、然るにそれを避けまして極《ご》く纔《わずか》に国体の変革と、それから私有財産制度の否認と云う二つの事項のみを茲《ここ》に掲げましたと云うは、是非共本案をして帝国議会の協賛を経《へ》、而《しこう》して今日の最も忌むべき現象でありまする所の無政府主義、社会共産主義、之をば取締らなければならぬと云う、寔《まこと》に緊急なる必要を感じまして居る訳であります」（第五〇回貴族院治安維持法委員会、一九二五年三月一六日＊）と述べる。

二六日の『東京日日新聞』によれば「今回の取締法の趣旨は国体を変革し、または治安を破壊し、その他朝憲を紊乱することを目的として、（一）結社を組織する者、（二）集会を催す者、（三）宣伝を為す者、（四）暴行、脅迫又は誘惑、煽動する者、（五）金銭を授受する者等を重刑に処する」というもので、「特に重きを結社」においた。治安維持法案の骨格がほぼ固まり、法益の主眼がこれまでの「宣伝・勧誘」から「結社」行為の取締へ転換した。また、「国体」変革の語句が初めて登場し、法案の名称候補の一つに「治安維持法」があがった。新治安法案は「完全なる法案」に近づきつつあった。

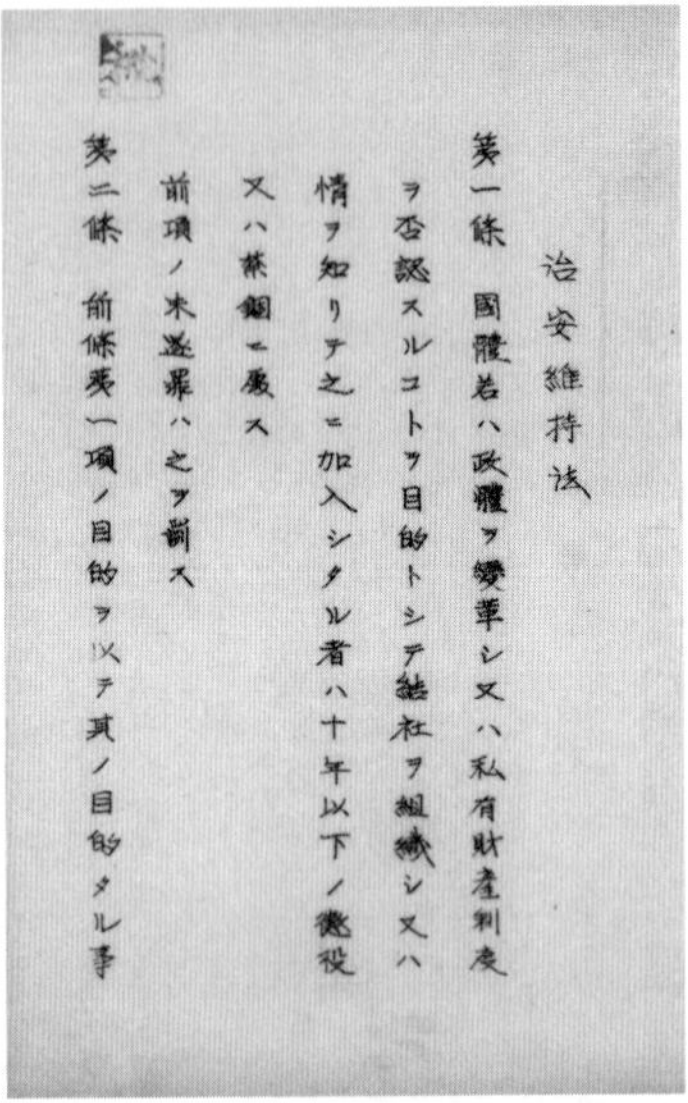
治安維持法

第一條　國體若ハ政體ヲ變革シ又ハ私有財産制度ヲ否認スルコトヲ目的トシテ結社ヲ組織シ又ハ情ヲ知リテ之ニ加入シタル者ハ十年以下ノ懲役又ハ禁錮ニ處ス

前項ノ未遂罪ハ之ヲ罰ス

第二條　前條第一項ノ目的ヲ以テ其ノ目的タル事

1925年２月12日に閣議に請議された治安維持法案（「公文類聚」第49編・1925年（第33回）より）

その後、内閣法制局を加えた協議は難航したものの、二五年二月上旬に合意に達し、全七条の「治安維持法案」が閣議に請議された。第一条は「国体若《もしく》は政体を変革し、又は私有財産制度を否認することを目的として結社を組織し、又は情を知りて之に加入したる者は十年以下の懲役又は禁錮に処す」となった。しかし、すぐに閣議決定・議会提出とならなかった。与党内の反発が予想外に強かったのである。護憲三派を構成する革新倶楽部を筆頭に、政友会・憲政会からも異論があいついだ。若槻礼次郎内相や小川平吉法相らが治安維持法成立に向けた強い姿勢を見せると、与党三派の大勢は容認に傾き、衆議院の通過は見通せることになった。実際に衆議院本会議での反対は一八人にとどまることになる。

枢密院の圧力

治安維持法は一九二四年でも二六年でもなく、なぜ二五年三月に成立したのだろうか。その主要因は無政府主義・共産主義運動それ自体の禁圧にあることはいうまでもないが、それが二五年に成立するのはやはり普通選挙法および日ソ基本条約締結との関連で枢密院の大きな圧力があったからである。若槻内相は「従来枢府に出席した際、幾度も本案を提出する時期及その内容に就《つ》いて催促の意味の質問のあった」（『時事新報』一九二五年二月一九日）などと言明する。

二四年になって日ソ国交回復交渉が進展しはじめると、枢密院では国内治安体制の不備への不満を強めた。交渉経過を説明するなかで、一〇月一五日には幣原喜重郎外相は「国交を開始するも我が国内に於ける取締宜《よろ》しきを得て敢て恐るるに足らず……十分の取締を為さざるべからざること勿論なる」（枢密院「対支対露外交報告」国立公文書館所蔵）と了解を求めていた。枢密院は日ソ基本条約の諮詢に際して、法制面と取締機構面にわたる国内治安体制の整備を「催促」した。

また、普選法案の審査報告では「政府当局は矯激なる言動の取締に関し最も有効適切なる措置」をとるべきと釘を刺した（「枢密院審査委員会・委員会録」国立公文書館所蔵）。二五年二月一七日には衆議院提出前の政府原案が枢密院委員会に内示された。さらに二〇日の枢密院本会議でも厳重な対策を迫る伊東巳代治《みよじ》顧問官らに対して、若槻は「今後警察の力を蔑視し、社会の安寧秩序を紊《みだ》る行為に対しては充分の取締を為すべし」（「枢密院会議筆記」国立公文書館所蔵）と応答することになった。

加藤内閣は「護憲」を標榜するとはいえ、治安維持法のめざすところが「国体若は政体」という明治憲法体制の変革の防護にあることからすれば、その「護憲」と新治安立法の実現は矛盾するものではなかった。また、立案の最終段階で国粋主義者の小川平吉（政友会）を法相に据えたことも成立への決定打となった。小川は閣議決定直前で足踏み状態になっていた治安維持法案を前進させたほか、議会審議でも若槻とともに応戦の主役となった。

「完全なる法案」らしき体裁

一九二五年二月一八日に政府から衆議院に提出された治安維持法案は七回の委員会審議

を経て、三月七日の本会議で「政体」変革を削除した修正案が可決された。貴族院では四回の委員会審議を経て、早くも一九日の本会議で衆議院修正案を可決した（貴族院では反対の議員なし）。両院あわせてわずか一カ月間で通過したことになるが、なぜこれほど速やかに治安維持法案は成立をみたのだろうか。

その要因として、政府が仕組んだ二つの作戦が功を奏した。一つは、かつて過激法案廃案に際して付せられた「完全なる法案」という注文に近いものとして立案されたという筋書きに、大多数の議員が説得されたことである。『治安維持法小史』で奥平康弘は「濫用のおそれのない制限的な立法」という政府の主張を、「国体」変革・「私有財産制度」否認という限定的・明確な規定としたこと、重点的取締を結社行為に絞ったこと、犯罪行為をすべて目的罪としたことの三点に整理している。最初の点についていえば、山岡刑事局長は「朝憲紊乱の中、国体と政体を根本から変革する、是だけを朝憲紊乱の中から抜きましたから、歩合で云いますと一、二分の歩合の外ありませぬ、七、八分は除外して新聞紙法、出版法以下の法律に依って取締らなければならぬことになるのであります」（第五〇回衆議院治安維持法案特別委員会、一九二五年二月二三日＊）と取締範囲が縮小したことを力説する。

警保局の解説書「治安維持法要議」は特色の第一に「目的罪となしたること」をあげ、それは「犯罪の成立を能《あた》う限り厳格、慎重ならしめんとする立法上の用意に出でたるもの」と説明する。

もう一つは、あらかじめ譲歩ラインを設定していたらしいことである。具体的には第一条の「政体」を削除するという修正で、それを「一種の犠牲フライ」（奥平康弘『治安維持法小史』）とすることにより、もっとも重要な「国体」変革は無傷のまま通過させる作戦を成功させた。貴族院で小川法相は「政体」変革を削除しても「一番主もなるものだけでやって、今日の本当の深憂大患は削っても防げると云うような、斯《こ》う云う意味で同意いたしました」（第五〇回貴族院治安維持法案特別委員会、一九二五年三月一六日＊）と述べているように、政府のおり込み済の譲歩であった。護憲三派の大勢はこの譲歩を引き出すことで反対論の矛を収めてしまった。

実際にその後の治安維持法の運用が「国体」を楯に猛威を振るったことを考えると不可解のほかないが、「国体」を条文に組み入れることによって「完全なる法案」らしく受け止められた。しかも「国体」を不可侵のものと考えるほとんどの議員は、その前に立つと金縛りの状態になってしまった（本書第七章参照）。

植民地における施行

条文上、治安維持法犯罪は日本国外で犯罪を働いた場合でも適用することになっていたが、検挙し、処罰するのは日本本土（内地）に限られていた。そのため植民地の朝鮮・台湾、および関東州（租借地、遼東半島）・樺太・南洋群島（委任統治領）においては、施行前の勅令によって治安維持法を同時に施行することになった。

一九二五年二月二四日、衆議院の委員会審議で朝鮮総督府の下岡忠治政務総監は「此治安維持法のような法律は、朝鮮に於ても是非必要なものであると考えて居ります、若《も》し之が制定せられると云う場合に於ては、必ず之を朝鮮にも施行して貰いたい希望を持って居ります」と述べていた（第五〇回衆議院治安維持法案委員会、一九二五年二月二四日＊　台湾総督府からの発言はない）。また、三月一七日の貴族院の委員会審議で小川法相は「例えば帝国の一部分、朝鮮なら朝鮮、或は又朝鮮の半分でも宜《よろ》しうございましょう、それを陛下の統治権から離して仕舞うと云うことは、其領土の部分が狭くなりましても、統治権其ものに触れる訳であります」（第五〇回貴族院治安維持法案特別委員会、一九二五年三月一七日）と、民族独立の運動が「国体」変革に該当することを明言した。日本国内以上に治安維持法が猛威を振るうことはこのあとの第四章・第五章で述べる。

「伝家の宝刀」として

治安維持法は議会通過後の一ヵ月後の一九二五年四月二二日に公布、五月一二日の施行となった。この施行にともない、治安維持令は廃止された。同日、朝鮮・台湾などでも施行された。

施行を前に警視庁当局者が「あの法案は伝家の宝刀であって、余り度々《たびたび》抜く積りでもないし、又抜く程に形勢が迫ってもいない」と語り、川崎卓吉警保局長も「其適用も極めて慎重に取扱わねばならぬ」(『東京朝日新聞』一九二五年五月八日)と言明するように、抑制的な運用方針がとられた。小川平吉法相も五月八日の裁判長や検事正らを集めた会議で「細心の注意を払いて事件を審究し、決して濫用《らんよう》の謗《そしり》を受けざらんことを期せざるべからず」(司法大臣官房秘書課『司法大臣訓示演説集』一九三二年)と訓示している。これと対照的に朝鮮においては施行直後から積極的な発動がなされていった(本書第四章参照)。

抑制的な運用をもたらしたのは、治安維持法の第一の制定理由とされた「無政府主義、共産主義其の他急進分子」の運動の「組織的且大規模に行われんとするの状況」(内務省「治安維持法要義」一九二五年)が変化しつつあったからである。第一次日本共産党は一斉検挙後、解党を宣言しているほか、無政府主義運動は大震災直後に大杉栄らが虐殺されて以降、退潮を余儀なくされていた。

京都学連事件と北海道集産党事件

施行半年後の時点で無政府主義への警戒は低くなり、共産主義運動の高まりや広がりに直面するようになった。内務省警保局では「大正十四年は前年来の趨勢を享《う》け、実に過激派共産主義者の全盛期に属し」(「大正十五年中に於ける社会主義運動の状況」一九二六年一二月、復刻版『社会運動の状況』大正一五年版、一九九四年）と観測する。すでに主要府県に特高課や外事課が整備されていた。

これに対して、実際の社会運動への対応に遅れをとっていた司法省は「思想問題」に前のめり気味で、一九二六年には刑事局に思想問題担当の専任の書記官（池田克）を、東京地裁検事局には思想検事（平田勲）を配置する。そして、治安維持法発動の機会をうかがっていた。日本国内での治安維持法の最初の発動となる二六年一月の京都学連事件、二番目となる二七年一一月の北海道集産党事件において、治安維持法違反事件に仕立て上げていったのは検察であった。

軍事教練反対ビラを端緒とする京都学連事件の立件には池田や平田を送り込み、起訴にあたって本命の第一条適用はできなかったものの、第二条の「協議」の適用にこぎつける。四月の野呂《のろ》栄太郎らの京都地方裁判所検事局の起訴状には「日本帝国の国体及び経済組織と相容《い》れざるマルキーズム、レーニズムの社会革命思想を抱懐するもの」とある。京都地裁の五月の判決では第二条を適用して全員を有罪としたが、量刑は禁錮一年以下で、執行猶予も付せられた。しかも実質的に問題とされたのは「国体」変革ではなく、「私有財産制度」否認であった（我妻栄ら編『日本政治裁判史録』「昭和・前」一九七〇年）。

鉄道労働者を中心とするプロレタリア芸術活動への弾圧である名寄《なよろ》新芸術協会を北海道集産党として処断した事件では、警察段階では、治安警察法の適用としていたが、旭川地裁検事局が治安維持法の適用に変更した。一一人を「孰《いず》れも我国資本主義的経済組織に不満を抱き」、秘密結社集産党を組織したとして起訴した。旭川地裁の二八年五月の判決では禁錮二年から一年が科された。集産党は「共産制度社会の実現を期し、以て我国の現存社会組織、経済組織の根幹を為す……所謂《いわゆる》私有財産制度を否認することを目的」とする結社とされ、その組織者には第一条第一項前段が適用されたが、「国体の変革を除く」と但し書きがされていた（菅原政雄『集産党事件覚え書き』一九八七年）。

この二つの治安維持法事件では、三・一五事件後に共産主義運動＝「国体」変革という図式が確立するのとは異なった適用がなされている。

3　治安維持法の「改正」

三・一五事件

再建された日本共産党への大弾圧となった一九二八年の三・一五事件は、「伝家の宝刀」たる治安維持法の威力を発揮する絶好の機会となった。当時の東京地方裁判所検事局の松阪広政は「非常なる検事局の大計画とそれから総ての検挙は検事が捜査の中心であり、指揮の中心であり、検事の指揮の下に全国の警察官が一糸紊《みだ》れず活動した」（「三・一五、四・一六事件回顧」、『現代史資料』⑮「社会主義運動㈢」一九六五年）と回顧するが、実際には毛利基《もとい》警部らを擁する警視庁特高課がスパイを駆使して多くの情報をもとに、内偵捜査を進めて党の組織と活動が全国におよんでいることをつかんでいた。

大阪朝日新聞

『日本共産黨』の大檢擧

全國にわたつて一千餘名

祕密結社の一大陰謀暴露す

起訴既に百九十名（本日午後三時記事一部解禁）

日本共産黨及び日本青年共産同盟に關する一大陰謀事件發覺し、内務、司法兩當局協力の下に去る三月十五日未明を期し全國一齊に大檢擧を行ひ、これと同時に一切の記事揭載を禁止したが、取調べ一段落とゝもに十日午後三時一部解禁となり、司法當局は「日本共産黨事件の概要」と題して左の通り發表した、この事件で檢擧されたもの約一千名にのぼりうち九日夜までに起訴收容されたもの約百九十名を算したが、我國未曾有の大事件である

日本共産黨事件の概要【十日司法省發表】

山形縣下で祕密に創立大會を開く

現在黨員數百名

恐るべき陰謀と黨組織

三・一五事件を報じる『大阪朝日新聞』（1928年4月11日）（神戸大学附属図書館新聞文庫所蔵）

　二八年二月の第一回目の普通選挙で「日本共産党」名のチラシなどが公然と配布される事態を受けて、三月一五日早朝、一道三府二七県におよぶ検挙を断行した。共産党と関係が深いとみなされた労働農民党・日本労働組合評議会・日本農民組合などの事務所百数十カ所が家宅捜査され、それらの関係者を中心に全国で約一六〇〇人が検挙された。警視庁では党員名簿を入手してはいたものの、地方においては突然の一斉検挙の指示だったために捜査・取調は乱暴をきわめ、拷

問による自白の強要が横行・活用された。

検挙時点で警視庁では「国体」変革条項の発動を想定していたが、検察側はまだその認識をもっていなかった。被疑者の取調や機関紙『赤旗《せっき》』などの押収資料の検討を通じて、「君主制」の撤廃を綱領の一つとする秘密結社が大規模に実在することに驚愕した政府は早くも四月一〇日に事件の概要を公表した。司法省「日本共産党事件の概要」では、共産党を「金甌《きんおう》無欠の国体を根本的に変革」する「悪逆非道」な秘密結社と決めつけた。田中義一首相は談話で「今回の大不祥事を出した事は痛恨骨に徹して、熱涙の滂沱《ぼうだ》たるを禁じ得ぬ」と恐懼《きょうく》するとともに、「事苟《いやし》くも皇室国体に関しては断乎《だんこ》として仮借《かしゃく》するを許さない」と言明する。

三・一五事件の意義はその規模の大きさに加えて、取締当局において共産党を「国体」変革の秘密結社として治安維持法で断罪することが確定したことにある。

治安維持法「改正」案と廃案

当局者は三・一五事件によって治安維持法の威力を実感しながらも、実際に司法処分をおこなうにあたり、不備を痛感することになった。まず治安維持法が施行されても抑止効果に乏しく共産党組織が広がっていたことは、量刑の軽さに起因するとされた。また、検挙者の三分の二を容疑不十分で警察限りで釈放せざるをえなかったことは、特高警察の士気を落とした。これらが特高警察の大拡充、思想検事の拡充、思想憲兵の新設、大学・高校の学生運動の抑圧取締などを一挙に実現させていくことと並行して、治安維持法の「改正」を急がせた。「国体」変革行為の処罰厳重化といわゆる目的遂行罪の導入の二つである。

一九二八年四月一〇日の三・一五事件公表に際し、「国体」の尊厳を冒瀆する悪逆不逞《ふてい》の徒とする痛罵《つうば》が繰りかえされた。なかでも「暴力革命に依り、金甌無欠の国体を変革して労農階級専制の政府を樹立せんとするもの」とみなす田中義一首相は「寸毫《すんごう》も仮借する所なく、断乎たる方針を以て此等の逆徒を処分致しまする」(議会における演説案、四月二五日、「公文雑纂」一九二八年・第一巻、国立公文書館所蔵)と言明する。これらを受けて、治安維持法「改正」は司法省主導で進められた。四月二六日の『東京朝日新聞』などは現行第一条が分割され、「国体を変革するの目的をもって結社を組織するに際し、その首魁《しゅかい》および枢機に参画したる者は無期懲役に処す」という内容を報じた。「国体」変革と「私有財産制度」否認の処罰に軽重の差をつける方向性は確定し、その後「無期懲役」は「死刑」に引き上げられる。

もう一つの目的遂行罪の導入は捜査・取調にあたる実務当局の要請を組み入れたものといえるが、それは「国体」変革の処罰強化に目を奪われてほとんど注目を集めなかった。おそらく立案者自身もその後の運用で絶大な威力を発揮することを予期していなかった。

四月二八日に議会に提出された治安維持法「改正」案は、鈴木喜三郎内相の選挙干渉に対する弾劾により二度の停会があったため、実質審議はわずかな時間にとどまり、審議未了で廃案となった。

緊急勅令による「改正」成立

治安維持法「改正」案が廃案となってすぐ、一九二八年五月一五日に田中義一内閣は緊急勅令によって「改正」を断行することを閣議で内定した。この緊急勅令という強硬手段には政府内部や与党政友会にも不満が高まったほか、法学者や新聞・雑誌なども非立憲・違憲的行為として反対の論陣を張った。にもかかわらず、秋の即位「大礼」や山東出兵反対のビラ散布などをあげて中央突破を主導したのは小川平吉鉄道相であった。五月二四日には「法制局も強硬に反対し　首相態度ぐらつく」状況だったが、小川らの巻き返しが功を奏して、六月二日には「与党、政務官の強硬論者も　結局軟化の形勢」「政府がやれば沈黙の他なし」（『東京朝日新聞』一九二八年六月二日）となる。

緊急勅令による「改正」案の諮詢を受けた枢密院の審査は予想外に紛糾した。「改正」の手続きが「憲法の精神」を無視ないし軽視しているという反対論が根強かったのである。これに対して政府は「極めて深刻」な現状を強調して乗り切った。「国体」変革処罰の最高刑を死刑に引き上げる「改正」の内容については異議が出なかった。最後まで反対の姿勢を崩さなかった江木千之《かずゆき》も「斯《かく》の如き悪逆非道の思想及行動は元より之を撲滅せざるべからず、之に対するに極刑を以てする元より不可なし」（「枢密院会議筆記」『現代史資料』(45)「治安維持法」一九七三年）と同意していた。六月二八日、緊急勅令による「改正」案は枢密院で可決され、天皇の裁可を経て公布施行された。朝鮮、台湾、樺太などでも適用された。

岡本一平が描いた「法相の無理押し」と題された漫画（『東京朝日新聞』1928年５月30日より）

こうした強引な政府のやり方に世論も沸騰する。大方はその非立憲的な「改正」手続きに向けられたが、一部は「改悪」と断じた。その一人、美濃部達吉は緊急勅令の「濫用」を批判するだけでなく、「徒《いたずら》に権力を濫用して弾圧迫害を加うるのは、如何《いか》なる厳刑をもってするも、寧《むし》ろ革命を誘発するものである。この意味において治安維持法そのものすらも悪法の非難を免れないもので、況《いわ》んやその改正においてや」と言い切った。ただ、その美濃部でも「国体」変革結社については「これを厳に取締らなければならぬことには、何人《なんぴと》も異議があるべきはずがない」（「治安維持法の改正問題」『帝国大学新聞』

六月四日、前掲『現代史資料』(45)という立場だった。

緊急勅令の承諾

緊急勅令は次議会で承諾を得る必要があり、野党民政党の反対姿勢に政府・与党は苦慮していた。それでも「国体」変革の処罰厳重化には同意している民政党の足元は見透かされていた。一九二九年二月の衆議院審議でも「改正」手続きに批判が集中したが、民政党議員として執拗に政府に食い下がった斎藤隆夫は死刑への刑期引上げを重すぎると追及しながらも、「今日我国民として何人と雖《いえど》も、此種類の犯罪者を罰すると云うことに付て異論を挟む者は一人もある訳はない」というスタンスだった(第五六回衆議院委員会、一九二九年二月一九日*)。また無産議員の水谷長三郎は共産党弾圧が合法無産政党におよばないという言質をとることに力を注いだ。

本会議で承諾案反対の草稿まで準備していた山本宣治は発言の機会を与えられなかっただけでなく、暗殺という手段で口を封じられた。それほど〝山宣〟の治安維持法批判は透徹していた。なかでも治安維持法を「資本家・地主の独裁政治遂行のための政策の必然的表現」と喝破するとともに、「国体」観念は「粗雑なばかりでなく、これを神秘化して、被支配階級弾圧の口実たらしめようとしている」(「治安維持法改悪緊急勅令事後承諾案反対の草稿」佐々木敏二、小田切明徳編『山本宣治全集』第五巻、一九七九年)と、その後の猛威を的確に予想していた。

山本宣治が暗殺された二九年三月五日に衆議院は緊急勅令に承諾を与え、貴族院でも一九日に承諾が議決され、治安維持法「改正」緊急勅令は法律と同じ効力をもつことになった。

東京や大阪でおこなわれた治維法反対大示威運動の様子
（『無産者新聞』162号、1928年７月１日付より）

労働者らによる反対運動は各地で展開されるが、一般紙ではそうした報道はなされず、議会審議の経過もあまり記事にはならなかった。

なお、陪審法は二九年一〇月一日から実施されることになっていたため、その前までに各地の地方裁判所は三・一五事件の予審終結を急いだ（東京地裁は除く）。さらに陪審法を「改正」し、治安維持法違反罪を陪審法から除外することとした（四月五日公布）。その意図について、原嘉道法相は「陪審員の公平的確なる評決を得るに適せない」（第五六回、貴族院本会議、一九二九年三月一九日＊）と述べるが、法廷内外で高まる裁判闘争への懸念もあった。

4 一九三〇年代前半の運用

特高警察の習熟

三・一五事件後、治安維持法「改正」をめぐって紆余曲折があるなかでも特高警察のフル回転による検挙があいついだ。一九二九年の四・一六事件では一道三府二四県にわたり、約七〇〇〇人が検挙された。その勢いはさらに加速し、三一年から三三年の検挙者はそれぞれ一万人を超える。これは公式の統計であり、令状のない検挙や検束はこの数倍にのぼると推測される。

四・一六事件も検挙の端緒が内偵にあったように、特高警察は共産主義運動などと第一線で対峙する過程で、内偵・検挙・取調のノウハウを蓄積し、治安維持法の運用に習熟していった。その自信は特高法令を自由自在に拡張解釈させる。警保局官僚の木下英一は著書『特高法令の新研究』(一九三二年)において「特に社会運動の動向を適確に把握し、法の蔵する弾力性を筒一杯活用し、以て社会運動に節度を与えてその健全な発達を促し、社会運動の目図《もくと》する社会変化に秩序あらしめねばならぬ」と特高法令を駆使して、社会運動を当局の許容する「節度」内に統制しようと試みる。治安維持法については「至れり尽くせりのこの重要法令」と呼ぶように十分に威力を認識していた。こうした特高関係著作は第一線の特高警察官の参考書として活用された。

木下のいう「法の弾力性」の発揮とは、目的遂行罪の自在な活用となってあらわれる。起訴者中の目的遂行罪の割合は、二八年が二〇・五%、二九年が三三・四%、三〇年が六一・七%、三一年が五二・八%と急増した。それは労働運動やプロレタリア文化運動などの共産党支持の外廓団体への弾圧としてあらわれた。三二年に一五・六%に激減するのは、それまで外廓団体として目的遂行罪を多く適用されていた日本労働組合全国協議会を共産党と同列の「国体」変革結社に引き上げたからである（警保局「共産主義運動

表1　日本国内における治安維持法の適用状況

年	検挙数	起訴（起訴率）	起訴猶予	留保処分
1928	3426	525（15%）	16	-
1929	4942	339（7%）	27	-
1930	6124	461（8%）	292	-
1931	10422	307（3%）	454	67
1932	13938	646（5%）	774	717
1933	14622	1285（9%）	1474	1016
1934	3994	496（12%）	831	626
1935	1785	113（6%）	269	186
1936	2067	158（8%）	328	56
1937	1313	210（16%）	302	-
1938	982	240（24%）	382	-
1939	722	388（54%）	440	-
1940	817	229（28%）	315	-
1941	1212	236（19%）	355	-
1942	698	339（49%）	548	-
1943	600	224（37%）	310	-
1944	501	248（50%）	160	-
1945（5月まで）	109	106（97%）	39	-
合計	68274	6550	7316	2668

出典：1928年から1936年までは荻野富士夫編『治安維持法関係資料集』第2巻、1937年から1945年5月までは同第4巻より作成

概観」一九三四年、荻野富士夫編・解題『特高警察関係資料集成』第五巻、一九九一年)。先にあげた木下の『特高法令の新研究』は「法が目的遂行云々《うんぬん》と極めて概括的な規定を為した点から言っても、可成《なるべく》的広義に解すべきもの」と都合よく解釈していた。

三三年以降、目的遂行罪は従来の適用範囲の外側に新たな対象を求めていった。治安維持法の拡張にほかならない。警保局「共産主義運動の視察取締に関する件」(一九三三年。『治安維持法関係資料集』第1巻、一九九六年)では「共産党のみに取締の重点を置かず、外廓団体や組織外分子に対しても充分なる取締を加え、一層取締の徹底を図る」という新たな取締指針が示されている。

思想検事の習熟

思想検事は三・一五事件後に拡充されたものの、当初は「共産党が何やら、マルクス主義が何やらすこしも解らず」(田村重一「思想取締当局の陣容」『改造』一九三三年九月)という状況からのスタートで、一九二八年九月に開催した思想検事の研修会では警視庁特高課の課長・係長による「日本社会運動の現状」解説がなされるほどだった。最初の二、三年間は特高警察から検事局に送致されてくる被疑者の取調や公判での論告・求刑という眼前の司法処分に追われていたが、それらの実践を通じて次第に思想検事は自立していった。治安維持法違反事件の起訴者数は三三年に最大の一二八五人となる(前掲表1)。

膨大な治安維持法違反事件の「司法処分」を通じて、いち早く東京と大阪の地裁検事局の思想検事は捜査や取調のノウハウを習得した。大阪地裁検事局思想部は四・一六事件直前に「我が敬愛する警察官諸君」に向けて「日本共産党関係治安維持法違反事件被疑者取調要項」（『治安維持法関係資料集』第1巻）を作成している。「結社の組織者、役員、其他の指導者」については「速《すみやか》に之を発見し、之等を自白させることによって内容が明白になる捜査が進展する訳であるのであるから、此者を発見したらば慎重な取調を為し、全部を自白せしむる様にせねばならぬ」と最重点をおくとともに、「一枚の宣伝ビラでも等閑視する事は出来ない」と注意を喚起している。

東京地裁検事局は三二年一一月、司法警察官向けの取調要領を「思想事件聴取書作成上の注意」（『治安維持法関係資料集』第1巻）としてまとめた。「日本共産党に対する認識」では「党の存在及目的に関する認識並認識するに至りたる経路」に加えて、「共産主義者としての意識水準並信念の有無程度等を明《あきらか》にする為、特に所謂暴力革命の不可避性に対する認識、議会主義に対する見解等に留意し取調をなすこと」などの留意点をあげている。

「国体」定義の確立

三・一五事件の治安維持法違反事件の司法処分は地裁検事局・地裁で実施されるため、当初、裁判所の予審終結決定や判決において「国体」についての定義は不統一を免れなかった。しかし、一九二九年五月三一日、北海道旭川グループの上告に対して大審院が「我帝国は万世一系の天皇君臨し、統治権を総攬《そうらん》し給うことを以て其の国体と為し、治安維持法第一条に所謂《いわゆる》国体の意義亦《また》之れに外ならざるが故に、帝国に無産階級独裁の政府を樹立せんとするが如きは、即《すなわち》我国体の変革を企図するものと云うべし」（法曹会『大審院刑事判例集』第八巻第七号、一九二九年）と言い渡した判決が、「国体」の意義とその変革についての判例として確立した。

また、共産党についても三〇年四月八日の徳田球一らに対する東京地裁予審終結決定の「革命的手段に拠りて我国体を変革し、私有財産制度を否認し、「プロレタリア」独裁の社会を樹立し、因て以て共産主義社会の実現を目的とする秘密結社」（『現代史資料』⒃「社会主義運動㈢」）という定義が準拠されるべきものとなる。三三年一二月八日、長野地裁による二・四教員赤化事件の藤原晃らに対する予審終結決定では「日本共産党は国際共産党の日本支部にして革命的手段に依り我国体を変革し、私有財産制度を否認し、プロレタリアートの独裁を樹立し、之を通して共産主義社会の実現を目的とする秘密結社」（『長野県史』「近代史料編　第八巻　㈢社会運動・社会政策」一九八四年）と認定する。

こうした判例や定義が確立すると、被疑者や被告が日本共産党・日本共産青年同盟と何らかのかかわりがあると当局が確認するだけで、問答無用の断罪へと進んだ。

目的遂行罪の拡張

原嘉道法相が緊急勅令承諾の貴族院の審議で、三・一五事件後の中間検挙において「改正」治安維持法の被適用者四〇人のうち二七人が目的遂行罪の該当者であり、「改正」前であれば「処分の出来ない者もあります」（一九二九年三月一二日＊）と述べるように、目的遂行罪はすぐに効果を発揮した。

前述の大阪地裁検事局思想部「日本共産党関係治安維持法違反事件被疑者取調要項」には目的遂行罪について「非常に広い意味である」としつつ、具体的には「結社に加入せずして之に共鳴し……レポーターを為したり、又或地域に共産党発行文書を配布する責任者となって居る者の如き」と、党と直接的な関係を有するものとしていた。これは「改正」治安維持法施行時の説明にそっているが、まもなく合法的な『無産者新聞』や雑誌『戦旗』の配布、友人関係にもとづく住宅などの提供などにも広げられていった。

弁護士の布施辰治は目的遂行罪運用の現況を、明確な基準はなく「日本共産党に関する限り直接間接あらゆる行為を此の条規に依て律せんとし、其の適用は驚くべき広汎なる範囲に亘り、殆ど限界なきが如くである」と追及するが、大審院判決ではそれらの行為を党との「組織関係を有せず」とも目的遂行罪に該当するとした（『大審院刑事判例集』第九巻第二号、一九二九年）。その際、党の目的を知らなくてもその存在の認識さえあれば断罪が可能となり、制定当時の厳密な目的罪に限定するという説明を逸脱するものであった。

その後も特高警察や思想検察が目的遂行罪の適用範囲を逸脱する事案に、大審院は次々と追認的判決を下すことによってお墨付きを与えた。こうした運用が三〇年代前半に検挙者が一万人を超えるほどの「法の暴力」が吹き荒れる要因の一つである。

一九三四年の「改正」案

一九三一年前後から思想検事は治安維持法を自在に使いこなしはじめた。司法省刑事局の司法書記官大竹武七郎は『思想犯罪取締法要論』(一九三三年)のなかで「時々刻々急速に変化しつつある社会運動、思想犯罪を適切に取締り、思想犯罪を禁遏《きんあつ》し、社会運動をして矯激《きょうげき》に亘《わた》らしめず、常軌を逸せざらしめるところに法律運用の妙がある」と論じる。これは前述の木下英一の『特高法令の新研究』と同じ認識であるが、大竹は司法官僚らしく「いくら社会運動の取締に便利だからと言って、文理を無視して解釈することは許されない」とする。思想検事の間で、目的遂行罪や「国体」変革結社の認定範囲の拡大が「法律運用の妙」を超えつつあるという認識が広がっていた。

三二年から三三年にかけて血盟団事件や五・一五事件などの右翼テロ事件が続発し、司法官赤化事件、華族子弟赤化事件、長野県教員赤化事件などの惹起があいつぎ、「思想問題」への危機感が為政者層に高まった。三三年四月、斎藤実内閣によって設置された思想対策協議委員（各省次官で構成）は九月に「思想取締方策具体案」を決定し、「国体」に関する犯罪について罰則を厳重にするほか、「外廓団体に関する処罰規定」の設定、特別な訴訟手続の制定、「思想犯人の教化乃至《ないし》再犯防止の為、特別の制度を設くること」（『思想対策協議委員要覧』国立公文書館所蔵）が含まれていた。

三四年二月、これらの内容を盛り込んだ治安維持法「改正」案が第六五議会に提出された。五章全三九条から成り、処罰規定の拡大と厳重化のほか、「刑事手続」の簡略化と「予防拘禁」（「保護観察」を含む）という新たな司法処分が含まれる。小山松吉法相は「苟《いやしく》も国体を変革致しまして、労農階級の独裁政治を企画するが如き、凶悪極りなき思想運動者が潜行的に活躍する今日に在りましては、先《ま》づ之に対し徹底的に弾圧を加えまして、彼等をして蠢動の余地なからしむることは現下の急務である」と説明した（第六五回貴族院本会議、一九三四年三月一七日＊）。

審議では「改正」案への全面的反対論は乏しかった。国家主義運動の不法な「朝憲紊乱せんとする暴力行為」の取締や「刑事手続」における検事の権限拡大をめぐって紛糾し、衆議院と貴族院の修正がおこなわれたものの、議会会期の終了で「改正」案は審議未了に終わった。かつての過激法案廃案と同様に、より「完全なる法案」の再提出が求められていた。とくに司法省が固執した「予防拘禁」導入については、時期尚早という反対が根強かった。

なお、この「改正」案への反対の声は弱かっただけでなく、外廓団体への取締が加重されることを予想して、合法運動の枠中への萎縮や自主的解散を余儀なくされた。プロレタリア文化運動の多くの団体も解散した。三四年「改正」案は廃案になったものの、その目標の一部は実現されたといえる。

一九三五年の「改正」案

司法省はすぐに、治安維持法「改正」案の次議会への提出を早い段階で決めるが、国家主義運動の不法行動を取締対象とするか、「予防拘禁」制を導入するかという二点で判断を迫られた。前者は思想検事の間でも対応は割れたが、「不法団結等処罰に関する法律案」(全五条)の提出となった(廃案)。「予防拘禁」制については、ひとまず断念された。

一九三五年三月に第六七議会に提出された全二五条から成る「改正」案は、ほぼ前議会における衆議院の修正案どおりであった(変更点は「保護観察」対象者を起訴猶予者と執行猶予者だけでなく、満期釈放者と仮釈放者にまで広げる)。したがって議会通過・成立の可能性は高かったが、司法省内での紛糾もあって議会提出が遅くなったことや「不法団結等処罰に関する法律案」に論議が集中したことに加えて、「天皇機関説問題」という伏兵の出現によって「改正」案は衆議院さえ通過せずに議会会期が切れて廃案となった。

この議会審議のなかで目を引くのは、「植民地の治安維持、共産思想問題」についての質疑応答がなされたことである。政友会の高見之通は「法律ばかり拵《こしら》えても、植民地なり台湾あたりの共産思想が、相当跋扈《ばっこ》横溢《おういつ》して行くことに対する対策位は、ちゃんと御持ちになって居らぬといかぬだろう」と司法当局などに迫った。これに対して朝鮮総督府側からは「現在の朝鮮に於ける共産運動と云うものは、純然たる他の外国に於ける共産運動と違って、其反面にはどうしても民族運動の思想を矢張《やはり》持って居るように考えられる」という答弁があった（第六七議会衆議院治安維持法改正法律案外一件委員会、一九三五年三月二〇日＊）。

5　一九三〇年代後半の運用

「改正」案にそった運用

二度にわたる治安維持法「改正」はその試み自体は挫折したものの、一九三〇年代後半の拡大解釈への踏み台を用意し、三六年から思想犯保護観察制度を創出させることにも成功した。三五年の「改正」案は内容以外の事情で廃案となったため、「国体」変革処罰の厳重化という点では実質的に承認されたも同然と当局者は都合よく解釈しようとした。三五年七月に刊行された深谷成司編纂『改正治安維持法案　現行治安維持法解説』は「既に実情不即の弊に耐えざる現行法規の内容に斧鉞《ふえつ》を加えんとしたる以上は、縦令《たとえ》其業就《な》らずと雖《いえど》も、今後に於ける此種事案の取扱並に法令の運用は専ら改正法案の趣旨に準拠せらるべきこと」とする。

三五年までに日本共産党の組織的活動を完全に封じ込めてしまったため、三〇年代後半には治安維持法による検挙人員はピーク時の一〇分の一程度になった。その一方で起訴の割合は三七年以降上昇し、三九年には五四％に達する。三〇年代前半であれば起訴猶予ないし「転向」誘導の留保処分とされたものが一転して起訴となり、有罪となった。第一線で取締にあたる特高警察は起訴猶予ではなく起訴を、執行猶予付でなく実刑判決を求めただけでなく、思想検事も銃後の治安維持の確保を最優先して徹底した断罪をおこなった。

目的遂行罪の拡大解釈を例にとれば、三八年一一月、大審院は「具体的には何等結社との関連なく、又結社の目的と関連なきもの」でも、コミンテルンおよび日本共産党の目的を「知悉《ちしつ》」していれば、その行動を「同党の拡大強化を図らん」としたものだと認定する判決を下している（『大審院刑事判例集』第一七巻第二一号、一九三八～四三年）。この「知悉」はさらにより一般的な「認識」でも十分とされ、目的遂行罪の範囲を大きく押し広げた。四〇年九月の大審院判決はある被告の研究会活動や雑誌への執筆が「左翼的啓蒙を図り、或は日本革命の戦略戦術を講じ、以て会員又は参加者の意識の昂揚に努むるが如き」とみなされて、すでに共産党が存在しないにもかかわらず目的遂行罪を適用した（『法律新聞』一九四〇年九月二八日）。

これらはすでに特高警察の検事局送致や起訴・下級審の判決などで実践されていたが、大審院判決が判例となることで、目的遂行罪の拡大解釈にさらに拍車がかかった。

「些々たる法的技術に捉われず」

一九三六年七月、警保局長からの各府県知事宛通牒「共産主義運動の取締に関する件」には「取締は凡《あら》ゆる角度より推論追及して其の実情を明かにするの要あり」とある（警保局『特高警察例規集』一九三九年）。こうした指示が内務省警保局→県警察部→各警察署へと下りていくにしたがって、法の遵法性をかなぐり捨てた運用が日常化する。

三七年三月の大阪府警察部特高課作成の「最近に於ける共産主義運動の動向と其の危険性」では「国家的大乗的見地に立ち、更に一層積極的熱意を以て査察内偵に努め、取締の徹底を期し、些々《ささ》たる法的技術に捉われず、現存法規の全的活用を図り、法の精神を掬《く》みて其の適用を強化拡張」して、「仮令《たとえ》表面合法たりとも仮借《かしゃく》なく断乎制圧を加え」ることを求めている（『特高警察関係資料集成』第五巻）。「些々たる法的技術に捉われず」とは、令状なしの検挙、たらい回しなどによる不法な長期勾留、拷問などが暗黙裡に奨励されているといえよう。

上からの指示を実践する第一線の「現場」においては、法の遵法性にますます鈍感となる。三九年七月の東京地裁検事局思想部主催の「特高主任会議」で、警視庁特高部特高一課の警部たちは被疑者の勾留の「期間を区切ってあると、其期間が来ればと思うのですね、検束の蒸し返えしに限りますよ」、「長い事繰り返えし同じ事をやる、何時迄かかるか判らぬと云う処で自白するのです」と発言する。不法性を認識しつつ、日常的に通常の取調手法として活用していることは明らかで、思想検事側では「検束の蒸し返えし」について黙認している（東京刑事地裁検事局『特高主任会議議事録（其ノ二）』一九三九年九月、『特高警察関係資料集成』第二六巻）。

人民戦線運動への発動

一九三五年の共産主義運動に対して警保局では「全く萎微《いび》不振の状況」（永野若松「凋《ちょう》落《らく》期にある共産主義運動に対して」『特高警察関係資料集成』第五巻）とみていたが、コミンテルンが新たに人民戦線運動戦術を決議すると、一挙に警戒感を強めた。これまで合法運動とされてきた社会民主主義が治安維持法のもう一つの標的となる。

三七年四月、労農無産協議会が日本無産党に発展すると、内務・司法両省は日本無産党が「反ファッショ人民戦線」の運動を展開する「我国体変革の目的及私有財産制度否認の目的を包蔵する結社」（兵庫県警察部『日本無産党事件概記』一九三八年五月、『特高警察関係資料集成』第五巻）とみなすようになった。ここから一二月の日本無産党・日本労働組合全国評議会などの第一次検挙は一直線であり、三八年二月には大内兵衛・美濃部亮吉らの「労農派教授グループ」の検挙がつづいた。

人民戦線事件において「反ファシズム→国体変革」という新たな論理が開発された。三八年二月の京都の雑誌『世界文化』グループ、六月の週刊『土曜日』グループ、九月の日本共産主義団、一一月の唯物論研究会関係者などの検挙があいついだ。日中戦争が全面化し、総力戦体制の構築が急がれるなか、当局が「共産主義運動」とみなす領域が拡大し、さらにその「温床」とみなした自由主義・民主主義にも襲いかかっていったのである。

必然的にそれは一般民衆にまでおよぶことになった。三八年六月に茨城県の各警察署特高主任会議で県特高課が指示した「共産主義運動の視察内偵に関する件」には、「極左運動の華かなりし頃浸潤したる共産主義思想の「バチルス」は相当根強き大衆の意識系統の中に喰込んでいること」、「出征兵士遺家族等に対し同情的態度の下に戦争の悲惨なる状況を語合い、巧みに反戦思想の扶植に努むるものの散見さるること」などの留意点があった。四〇年二月の茨城県の特高主任会議では「戦争反対、戦争忌避的思想の抱持者及是等言辞を吐露する者なきや」と、より広い「大衆の意識」に警戒が向けられた（「茨城県署長・特高主任会議関係書類」『特高警察関係資料集成』第二五巻）。

時事新報
治維法第一條で
大本敎を斷罪す
一切の施設も處分せん
近く解散命令
徹底的撲滅を期す
綾部の本部や天恩郷を視察して
歸京

大本教弾圧を報じる『時事新報』（1936年1月12日）
（神戸大学附属図書館新聞記事文庫所蔵）

「類似宗教」への拡大

一九三五年、治安維持法の拡大運用にはもう一つのステップがあった。大本教《おおもときょう》に対する適用によって「国体」変革に「類似宗教」という質的に異なる観念が付け加わったのである。社会民主主義への弾圧は早晩必至であったのに対して、「類似宗教」への適用は三四年と三五年の「改正」案では想定されていなかった。検挙を前に警保局が作成した「大本教治安維持法違反並不敬事件概要」（一九三五年一一月、『特高警察関係資料集成』第二〇巻）の「結語」には、治安維持法には「斯《か》くの如き不臣に対する処罰は全く予想をも為《な》さざりし処」としながらも、「区々たる法規解釈の末節に捉わるることなく、断乎極刑を以て之に臨み」という決意の下で大弾圧が展開された。

特高警察は大本教の教理のなかから「国体」変革部分の抽出に努め、「みろく神政（建《たて》替《かえ》・建直《たてなおし》）は国体変革の思想なり」→「みろく神政の担当者は（出口）王仁三郎《おにさぶろう》なり」→「王仁三郎は日本の統治者たるべきことを自認せり」という論法を開発した。検挙者は約七〇〇人で、起訴者も六一人となった。残虐な拷問が加えられた。教団は結社禁止となり、教団施設も徹底的に破壊された。

内務省では大本教事件を契機に特高警察の一角に宗教警察を新たに設置し、反国家的・反社会的とみなした「類似宗教」=「邪教」取締を本格化させる。三六年秋開催の各府県の特高主任会議で思想検事からも「断乎検挙の鉄槌《てつつい》を下して之が壊滅を期せねばなりませぬ」（青森地裁）などと指示が飛ぶ。司法省刑事局の第五課に「類似宗教に関する事項」が分掌事務に加わるのは三七年九月であった。

「国体」否認への拡大

一九三〇年代後半、大本教事件を文字どおりの突破口に新興仏教青年同盟、天理本道《ほんみち》、灯台社などと「類似宗教」に対する治安維持法を発動した弾圧がつづいた。四〇年四月末現在の司法省「治安維持法違反事件（年度別）処理人員表」（『治安維持法関係資料集』第2巻、一九九六年）によれば、七つの「類似宗教」の総検挙数は一五九六人、起訴者数は三四四人で、全体のそれぞれ二・五％、六・六％となる。

この発動過程でも治安維持法の運用が拡張されていった。「国体」変革から「国体」否認へという流れである。大本教にしても新興仏教青年同盟にしても、「国体」変革の結社性という認定が必要だった。新興仏教青年同盟については「仏教教理の現代的実践を標榜し、革命的手段に依り我国体を変革し、私有財産制度を否認し、以て無搾取《さくしゅ》無支配の共同社会たる所謂仏国土建設の実現を目的とする結社」（神戸地方裁判所検事局思想部「治安維持法に於ける結社定義集」一九三八年頃、『治安維持法関係資料集』第2巻）と定義された。

三八年以降、現実の国家権力の否定・蔑視だけでも適用は可能だという方針が打ち出された。転換点となったのは一一月の天理本道の検挙で、「其の活動活発となりて、銃後国民の国体信念を攪乱《かくらん》すること甚しきものある」（『特高月報』一九三八年一一月分）という判断が下された。三九年四月の警保局「宗教関係より見たる治安対策」では「反国体的思想傾向を持つ宗教活動の禍害影響は、仮令理論を以てするも敢て動揺することなき国民の信念を類型的神話を信奉せしむることに依りて最も簡単に根本的に覆《くつが》えし、之を容易に国体変革思想に駆らしむるの虞《おそれ》」（「特高ブロック会議書類」『特高警察関係資料集成』第二六巻）を強調する。

三九年一〇月の思想実務家会同で司法事務官柳川真文は「不穏宗教団体の特殊性」として「所謂意識革命、無血革命」のほかに、結社観念の茫漠さを指摘する（「思想実務家会同講演集」『思想研究資料特輯』七三、一九四〇年）。広く「不穏宗教団体」全般を取締対象とするためには「国体」変革の結社性ではなく、「国体」否認の教義・教説の不逞《ふてい》不敬《ふけい》性で治安維持法適用の要件は足りるとした。三七年に減少した宗教関係検挙者が三八年に一九三人、三九年に三二五人と増加していくのは、こうした治安維持法の拡張解釈が要因となっている。

思想犯保護観察法の制定

治安維持法がその威力を最大限に発揮していた一九三三年前後、司法関係者には思想問題の焦点が「思想犯罪の予防」から「思想犯人の改善」に移りつつあるとして、釈放後の「保護」が意識されはじめた。三三年の思想対策協議委員の場に提出した司法省の取締案では被釈放者に対する「保護観察制度」の確立が謳《うた》われた。三四年と三五年の治安維持法「改正」案には四条文から成る「保護観察」の章が盛り込まれた。

三五年三月、二度目の「改正」案が頓挫した直後に東京控訴院検事から司法省保護課長に就任した森山武市郎は、思想犯保護観察制度の生みの親、育ての親といわれる。森山は思想犯保護観察法制定について岩村通世刑事局長と相談し、「治安維持法改正法律案中の保護観察に関する規定とは異る趣旨に於て、即ち保護の立場に立って思想犯保護観察法というものを立案することとした」（「思想犯保護観察制度実施の回顧」『昭徳』一九四〇年二月）と述べる。「威嚇弾圧」重視から「保護指導」重視への転換を図ろうとした。

二・二六事件の余波により遅れたものの、三六年五月に全一四条の法案が議会に提出された。衆議院では大きな紛糾はなかったが、労農無産協議会所属の加藤勘十が孤軍奮闘して政府に迫った。加藤は実際には「勢い監視取締の方に主眼が置かれるようになる」ことや居住・信書の自由に制限を加えて「国民の権利の実体を侵害するよう」になることなどを追及した。森山の答弁では、観察法の本質が「厳父慈母的」な点にあることを強調した（第六九回衆議院本会議、一九三六年五月二一日*）。貴族院も全会一致で通過した。

思想犯保護観察法は五月二九日公布となり、一一月一日からの施行をめざしたが、準備が遅れて施行は一一月二〇日からとなった。思想犯保護観察制度は朝鮮と租借地の関東州でも施行される。なお、思想犯保護観察制度の運用の実態については、第二章5で述べる。

6　新治安維持法の施行

新治安維持法の成立

一九四一年三月に実現をみる治安維持法「改正」は三四年・三五年の「改正」案の焼き直しではなく、日中戦争全面化以降の新たな状況に対応して新治安維持法とも呼ぶべき大幅に刷新拡充された内容となった。

三八年になると、治安維持法「改正」の必要性が「現場」の思想検事からあがってくる。

六月の思想実務家会同で東京刑事地裁の思想検事は「大正末期乃至《ないし》昭和初期の思想情勢に対応して作られた現行治安維持法を以て現在の思想運動を取締ろうと致しまするのは、恰《あたか》も真直なる物尺《ものさし》を以て曲りくねった材木を計ろうとするに等しく、其の不便なことは誠に想像に余りがある」（「昭和十三年六月　思想実務家会同議事録」『思想研究資料特輯』四四）と述べて、司法省に考慮を求めた。また、第一線の特高警察官からは検挙・取締の便宜の観点から治安維持法「改正」の要望が寄せられた。

大審院思想検事として治安維持法の運用全般を把握している池田克は、「治安維持法」（末弘厳太郎編『新法学全集』第三八巻、一九三九年）で「其の適用範囲は年毎《としごと》に拡大され来たり、今や解釈運用の限界点に到達し」ているとして、「規定を実態的にも手続的にも整備することを緊切とする」と論じた。「改正」作業は池田や刑事局第六課長太田耐造を中心に進められていく。

この立案作業の一環であろう、四〇年五月の思想実務家会同で「実務上の経験に徴し、治安維持法の改正に付考慮すべき事項如何」が諮問された。そこでは「無理に有《あ》らゆる方面から証拠を蒐集して」とか「治安維持法の解釈を最大限度に拡張して、辛《かろ》うじて時代の要求に応じて居る状態」などが吐露され、早急な「改正」が要望された。裁判所（判事）側からも「改正」に積極的な意向が示された。ある東京刑事地裁判事は従来の治安維持法関連の「事案にして無罪の判決を受けたというが如き事例は極めて実例に乏しい」などとして、二審制を提言した（「昭和十五年五月　思想実務家会同議事録」『思想研究資料特輯』七九、一九四〇年）。

四〇年一二月頃には主導となる司法省により「大体の成案」がまとまった。「罪」「刑事手続」「予防拘禁」の三章、全六〇条（司法省『思想特報』一九四一年一月、『治安維持法関係資料集』第4巻）で、議会提出までにさらにいくつかの修正がなされていく。各省・内閣法制局と協議後、二月七日に閣議決定、議会に提出された。

現行法から内容が大きく変更されたにもかかわらず、「改正」案は無修正で議会を通過、成立する。衆議院の委員会審議では検事に強大な強制捜査権を付与することや二審制の採用などに質問はあったものの、政府の説明に納得してしまう。全会一致となった貴族院では「思想犯罪の絶滅を期すべし」（第七六議会貴族院本会議、一九四一年三月一日＊　記録並委員会議録）という政府への「希望決議」までが付された。三月一〇日に公布、五月一五日の施行となった。新聞も議会通過などの事実を短く報じるにとどまった。

新治安維持法の概要

一九四一年の治安維持法の「改正」が刑罰規定の厳重化だけでなく「刑事手続」と「予防拘禁」の規定をもち、条文数も六五条におよんだことから、「新治安維持法」とも呼ぶべきものであることは立法当事者にもよく認識されていた。太田耐造は「名は法律改正であるが、其の実質は全く新たな立法と云うに足る大改正」（「改正治安維持法を繞《めぐ》る若干の問題」『法律時報』一九四一年五月）とする。

「第一章　罪」であげられた六つの「改正」点は、三四年と三五年の「改正」案を引き継いだもの——禁錮刑の削除と刑期の引上げ、支援結社の処罰、宣伝などの行為の処罰——と、その後の実際の運用で必要に迫られたもの——準備結社の処罰、「集団」の処罰、「類似宗教」結社・集団の処罰——にわけられる。いずれも拡大解釈によって三〇年代後半に実際的に運用してきたことを追認したものにすぎない。

新治安維持法の第七条は「国体」否定と「神宮若《もしく》は皇室の尊厳を冒瀆《ぼうとく》すべき事項」を流布する結社に対する処罰規定であり、第八条はそうした「集団」の処罰を規定する。「国体」変革が能動的な行為であるのに対し、「国体」の否定は人間の内面の信条・信仰における観念的な否認という静的行為を想定したもので、いままで以上に思想そのものが取締対象となったことを意味する。

「第二章　刑事手続」は検事への広範な捜査強制権の付与、控訴審の省略による二審制の採用、弁護権の制限、裁判管轄の移転請求の拡張の四点で、念願だった審理の促進と簡易化を実現する。被疑者・被告人にとっては「審理の促進適正化」の名の下に導入されたいずれの刑事手続の特則も、従来以上に不利益となった。奥平康弘の指摘するように「治安維持法にとっての裁判を、ますます形骸化する方向へ押しやった」（『治安維持法小史』）。

これらの「刑事手続」は先行した国防保安法でも採用されたもので、アジア太平洋戦争開戦以降の「非常時」を名目に戦時刑事特別法・裁判所構成法戦時特例などの処分に拡大された。

特則だらけの「刑事手続」以上に、罪刑法定主義の大原則を崩したのは「第三章　予防拘禁」である。「予防拘禁」の趣旨は「非転向分子」に対して「国家治安に関する危険を防遏《ぼうあつ》するの効果を完璧ならしむるため、一定の条件の下に之を社会から隔離し、悪思想の伝播を防止し、併せて強制の方法に依って思想の改善を図り、忠良なる日本人に立帰らしむるに在る」（太田耐造「改正治安維持法を繞《めぐ》る若干の問題」）とされる。これまでの思想犯保護観察制度では「非転向者」に有効に対処できないという認識にもとづいている。

三・一五や四・一六事件の日本共産党指導者が「非転向」のまま満期で出獄する時期が迫っていることも、「予防拘禁」制が緊急を要するとされた。その人数は「昭和十六年度」の三六人をはじめ合計七六人にのぼるほか、「保護観察」中の「非転向者」と「準転向者」からも見積もられ、発足時には総計で三六六人となることが想定されていた。

立法者の太田自身は「改善的機能よりも保安的機能、換言すれば社会防衛的機能を重視するもの」（「思想犯予防拘禁制度概論」〈一〉」『法曹会雑誌』一九四二年九月）と公言する。期間は二年とされているが、「非転向」である限り何度でも更新を繰りかえし、無期と変わることのない拘禁がつづく制度となった。

新治安維持法の運用方針

新治安維持法が士気の上がった思想検事たちを、さらに抑圧取締に駆り立てたことは一九四一年四月の臨時思想実務家会同に名古屋控訴院検事が提出した意見書にうかがうことができる。「法益及現状の重大並立法理由に鑑み」、検挙は「1最高度の早期検挙を断行し、2科学を最高度に利用し、3機敏適切有効にして、4犯罪をして常に最高限度未遂の域を越さざらしめ、5人権を極力尊重し、6社会不安を最少限度に止め、7一網打尽以て抜本塞源《そくげん》の実績を挙ぐることを要諦とす」（「昭和十六年四月　臨時思想実務家会同議事録」『思想研究資料特輯』八八、一九四一年）と決意を新たにする。「最高度の早期検挙」の断行とは、地表下からの反・非「国体」的言動のえぐり出しにほかならないが、それは「人権を極力尊重し」ておこなうべきものだった！

アジア太平洋戦争開戦が迫るのにともない、治安維持の確保に当局は躍起となった。九月一六日の司法省「非常事態に対処すべき思想検察運用方針」では「左翼運動」について「予防拘禁」制の活用と「強制捜査権を極度に活用し、徹底的早期検挙の実を挙ぐること」を指示する。「類似宗教運動」については「戦時下人心の動揺に乗じ、荒唐無稽《むけい》の教説を流布して財物搾取、或は医療妨害を為し、甚しきは我尊厳なる国体観念を晦冥《かいめい》ならしむるが如き言動に出《い》づる類似宗教団体簇出《ぞくしゅつ》せるやの傾向顕著」として、生長の家・きよめ教会などの動向に注意せよとする。

四二年七月の思想実務家会同で、池田克刑事局長は「苟《いやしく》も国体の本義に背反する一切の邪悪不逞思想を国内より一掃する」ことなどをあらためて指示した（司法省刑事局「思想検察提要〔抄〕」『現代史資料㊺』）。

四三年一月一三日の内務省「治安対策要綱」は現状を「治安上極めて注意警戒を要する」という認識にたって、「周到果敢なる取締」を求める。「宗教運動」でみると「特に治安維持法関係犯罪乃至《ないし》反戦反軍等の思想的犯罪に取締の重点を置くこと」、「個々の宗教教師、僧侶等の言説行動等に対しても充分なる査察取締を為し、反戦、厭戦、反軍其の他人心を惑乱する虞《おそれ》ある言動に就《つい》ても充分留意すること」という徹底ぶりである（内務省「非常措置、通牒、治安対策一括」『特高警察関係資料集成』第二三巻）。

四五年六月、臨時思想実務家会同において船津宏刑事局長は左翼前歴者や重要工場労働者の非合法の地下運動を警戒するとともに、「合法偽装運動に対しましても其の背後の思想究明に一段の工夫を凝らされ、民主主義的相貌は勿論、個々の不穏言論事犯等に付きましても其の思想的動機を検討し、左翼的意図又は左翼分子の介入する事犯は仮借なく之を検断する様、万全の努力」をつくすよう指示を与えている（『治安維持法関係資料集』第4巻）。

統計数値からみる運用

統計数値から新治安維持法の運用状況をみよう。注目すべきは、新治安維持法の施行および開戦にともなう「非常措置」実施により一九四一年の検挙者数が一〇〇〇人台を超えたこと、四二年以降も各年五〇〇人以上の検挙者を数えたこと、「民族独立」と「宗教」の比率が相対的に高くなっていること、起訴の割合も四一年から四五年五月までの平均が三七％に達することである。これらは処罰の厳重化を意味する。

その傾向は判決や行刑の数値でも明らかである。四四年の科刑を例にとると、新受刑者一四〇人のうち懲役二年以下四二人、三年以下六四人であるのに対して、五年以下一七人、一〇年以下一四人、一五年以下も二人いるという厳罰ぶりである（司法省『第四十六行刑統計年報』）。これは、三〇年代後半における科刑の三分の二近くが二年以下の刑期で、しかも多くが執行猶予付であったこととと対照的である。四五年版『司法一覧』中の「治安維持法違反収容者及釈放者」によると、四二年以降の仮釈放者は激減しており、「転向」を表明しても仮釈放しないという方針が確立していた。四五年七月一日現在の治安維持法違反受刑者は二一八人を数えた（司法省刑政局「治安維持法違反受刑者に関する綴」一九四五年）。

もう一つ、新治安維持法の適用の多くが各結社・集団の「目的遂行」にあったことで、

「結社加入」は一割を切る。これが意味するのは地表下からグループないし研究会的なものをえぐり出したとしても、個々の犯罪行為としては「目的遂行」程度しか抽出しえなかったということである。それでも新治安維持法下の公判では懲役三年などの厳罰を科した。

「民族独立」への積極的発動

新治安維持法の、民族独立運動への積極的発動の状況をみよう。すでに一九三〇年代後半に在日朝鮮人の民族独立の言動に対する発動はめだってきていたが、新治安維持法下において加速した。

一九四五年五月末現在の刑事局「治安維持法違反年度別処理人員表」によれば、四一年から四五年五月までの「独立」運動の検挙者数は九四三人、起訴者数は二四六人で、これは検挙者数の三〇・二％に、起訴者数の二一・三％にあたる。

水戸地方裁判所検事局の遊田多聞思想部長は四四年二月の茨城県特高主任会議で、「内地在住の一部朝鮮人中には戦争の長期化に因《よ》り我国経済の破綻必至なりと観測し、此の見解の下に朝鮮の独立を企図する者依然其の跡を絶たない」と指摘し、とくに「内地留学の学生」への警戒を指示している（『季刊現代史』第7号、一九七六年）。

新治安維持法では民族意識の「啓蒙昂揚」を犯罪として、第五条の「協議」や「煽動」を適用する。詩集『空と風と星と詩』で知られる尹東柱《ユン・ドンジュ》は同志社大学在学中の四三年七月、京都府特高課により検挙され、四四年二月起訴となり、三月三一日に第五条（協議）が適用され、懲役二年が言い渡された。判決文（宋友恵《ソン・ウヘ》著、愛沢革訳『空と風と星の詩人　尹東柱評伝』二〇〇九年）には「朝鮮民族を解放し、其の繁栄を招来せん為には朝鮮をして帝国統治権の支配より離脱せしめ、独立国家を建設するの他なく」として、「当面朝鮮人の実力、民族性を向上して独立運動の素地を培養すべく、一般大衆の文化昂揚並に民族意識の誘発に努めざるべからずと決意する」に至ったとする。具体的な犯罪とされたのは、友人と「相互独立意識の激発に努め」、知人に対して「民族意識の昂揚」に努めたことであり、これらが「国体」変革の「協議」の目的遂行罪と認定された。この判決文にも頻出する「夢想」や「妄信」は朝鮮民族独立運動・思想を処断する際の常套句であった。

尹東柱自らが、そして友人間で「民族意識の昂揚」を図り、朝鮮独立を志向していたことは疑いないが、特高警察や思想検察は嗅覚するどくその端緒をかぎつけ、萌芽のうちに襲いかかった。四五年二月、尹は服役中の福岡刑務所で獄死する。

第一条の「国体」変革結社を適用した例が結社「竹馬稧」事件である。四一年一一月の東京刑事地裁の予審終結決定によれば、九人の「民族意識濃厚なる朝鮮人学生が指導者に為り、朝鮮固有の文化を擁護しつつ、朝鮮民族の大部分を占むる無学者に対し学校経営、出版事業等に依り精神的の啓蒙を行い、民族意識を培養し、独立機運の醸成に努むると共に、其の生活を改善し、経済的更生を図り、以て朝鮮独立の素地を作ること」（司法省刑事局思想部編『思想月報』第九九号、一九四二年）を任務とする結社への発動であった。二人に懲役四年が科された。

在日朝鮮人に比べて在日台湾人への発動は少ないものの、四二年一一月、東京刑事地裁が在京台湾人グループに懲役二年などを言い渡した事例がある。「帝国の国力次第に疲弊するものと速断し、台湾を支那に復帰せしむべき好期漸《ようや》く接近せりと思惟し、斯《か》くて台湾をして帝国の版図より離脱せしめ、以て我が国体を変革せんと欲し」たと断じて、同志を獲得し、「抗日的民族独立の思想を煽揚《せんよう》すると共に其の実行に関する協議を為さんと企て」たとされ、第五条の適用となった（『思想月報』第九九号）。

「類似宗教」への積極的発動

「類似宗教」の処罰こそ、新治安維持法による処断が容易かつ広範になされる領域となった。大本教事件のような大検挙は少なくなったが、地域の小規模な集団への適用が増えた。取締当局のえぐり出しが社会の隅々にまで徹底された。

四五年五月末現在の司法省「治安維持法違反年度別処理人員表」（『治安維持法関係資料集』第4巻）によれば、四一年から四五年五月までの「宗教」運動の検挙者数は四一三人、起訴者数は二一八人で、全検挙者の一三・二％に、全起訴者数の一八・九％にあたる。

四四年二月の茨城県特高主任会議で遊田思想部長は宗教事犯について「不識《しらず》の間に人心

を腐蝕せしめ、目的の達成を図らんとするのであります……それが理論を超越せる信仰に根ざすものであり、人間の弱点に乗じ魂深く喰い入り、且《かつ》多く一種の流言的気運を醸成する特質を有して」いるとして、厳重な査察内偵を指示する（『季刊現代史』第七号）。

「国体」否定の「集団」に適用された事例として、「忠孝陽之教」への四二年六月の熊本地裁の判決をみよう。犯罪とされたのは、「疾病《しっぺい》戦乱等の災厄《さいやく》相次ぎ、我国現下の物資不足」という「世を救済せんとするのは国司大明神の表《おもて》に顕現し、最高至上の神として崇拝し、以て其の神力の加護に俟《ま》つ外なし」と説き、信者七人により「集団」を結成したことである。これが「神宮若は皇室の尊厳」冒瀆を目的とする「集団」という第八条にあたるとして、教祖に懲役二年を科した（『思想月報』第九五号、一九四二年）。神道系統だけでなく、キリスト教や仏教の系統も第八条を適用されて処断された。

「集団」よりも組織性が強いと判断すると、「国体」否定の「結社」を適用する。四三年五月、鳥取地裁は日本基督教団第六部（日本聖教会）の中国地方主任に対して懲役二年を科した（求刑は懲役四年）。千年王国の建設によって「天皇統治も亦《また》廃止せらるべきものと為すと同時に……偶像礼拝の排撃を強調し、畏《かしこ》くも我が国民の伝統的尊信の中心たる　伊勢神宮を始め奉り、一切の神宮神社は畢竟《ひっきょう》偶像に過ぎざるを以て之を祭祀礼拝すべきものにあらず」とする日本聖教会に加入し、その教理の宣布にあたったことが第七条前段に該当するとされた（『思想月報』第一〇二号、一九四三年）。

さらに反「国体」意識がきわめて強いと判断されると、「国体」否定でなく第一条の「国体」変革を適用した。四三年四月、東京控訴院は灯台社を「万世一系の　天皇君臨し、統治権を総攬《そうらん》し給う我が世界無比の国体を変革することを目的とする結社」と断じ、組織・指導者の明石順三に第一条前段を適用して懲役一〇年（求刑は無期懲役）を科した（『思想月報』第一〇三号、一九四三年）。

なお、予防拘禁制については、第二章5で述べる。

7　治安維持法の廃止

治安維持法体制の継続

一九四五年八月一五日の敗戦に際して、全国の特高警察は「非常措置要綱」にもとづく「視察内偵中の容疑者（反戦和平分子、左翼、内鮮、宗教）」に対する予防検束を準備していた（山形県警察部「本省通牒綴」粟屋憲太郎編『資料日本現代史』2「敗戦直後の政治と社会①」一九八〇年）。これは実際には発動されなかったが、敗戦の事態に直面して治安の維持はこれまでにまして最大の課題となった。それは「国体」護持＝天皇制の安泰を図ることにほかならなかった。東久邇内閣の内相山崎巌は就任にあたって「国民団結を乱す事態に対しては取締を厳にして行く」（『毎日新聞』一九四五年八月一九日）と言明する。「国体」護持が至上命題であれば、治安維持法の存続活用に何の疑念も躊躇もなかった。八月中旬、内務省は「社会運動の取締方針に関する件」を各道府県に通知しているが、そこには「社会運動に対しては国家存立の根本たる我が国体に相反するが如きものにつき、之を取締るものとす」として、「国体変革を目的とする結社又は其の準備結社に関するもの」、支援結社や集団、それらの目的遂行罪への発動が明記されていた（「終戦善後措置」『治安維持法関係資料集』第4巻）。これは四一年の新治安維持法の内容をほぼそのまま継続するものであった。わずかに宗教結社・集団と「私有財産制度」否認の結社については治安維持法での問擬は止め、予防拘禁も新たな適用を控えるとしている。

八月一五日以降、この指示にもかかわらず、実際には新たな治安維持法の発動はなかったと推測される。その一方で、治安維持法違反事件の司法処分はつづけられた。治安維持法違反者に対する行刑や未決拘禁も八・一五以後もそのままだった。それゆえ、九月二六日に三木清は豊多摩拘置所において獄死せざるをえなかった。予防拘禁所の「非転向」組は八・一五以後、拘禁所内でかなりの自由を手に入れたものの、釈放は認められなかった。

東久邇内閣は九月二五日の閣議で「戦時法令の整理に関する件」という方針を決定し、各省に報告を求めた。一〇月一日の司法省の回答では「直《すぐ》に廃止すべきもの」として国防保安法などをあげるが、治安維持法はどこにもない。一〇月一三日の内務省の報告でも治安維持法は廃止の対象となっていない。

三木の獄死を契機にアメリカ国内でも政治犯釈放を急ぐべきだという報道が強まるなか、あえて内務・司法両省とも治安維持法の存続を強弁する。山崎巌内相は四五年一〇月三日、ロイター通信特派員に「天皇制廃止を主張するものはすべて共産主義と考え、治安維持法によって逮捕される」、「共産党員であるものは拘禁を続ける」などと言明した。同日、岩田宙造法相は中国中央通信記者から「治安維持法即時撤廃論に対する所見」を問われて、「撤廃は考慮していないが、改正を加える必要はあると考え、既に具体的に考慮している」、「日本の国体を維持しつつ、共産主義の主張の一部を実現させることは可能と考える」などと答えている（『朝日新聞』一九四五年一〇月五日）。

治安維持法廃止論の出現

日本国内の場合、朝鮮におけるように獄につながれた思想犯を民衆が解放するという劇的なことはみられず、横浜事件の敗戦前後のどさくさ紛れの判決言い渡しや三木清の獄中死などを経て、ようやく一九四五年一〇月四日のＧＨＱによる「人権指令」発令によって思想犯の釈放や治安維持法の廃止・特高警察「解体」などに至るという不徹底さがあった。それでも、民衆のなかには主体的な治安維持法廃止への動きがわずかながら存在した。

四五年八月末から九月にかけて、特高自身が報告する特別要視察人の「特異言動」として各地で語られた治安維持法廃止論が散見する。「民主主義の擡頭に依り現在の治安維持法は撤廃されねばならぬ」（八月二七日、佐賀県）、「今後米軍の進駐と共に日本の国体擁護の為の特高警察は今後全面的に解消なるとの事だ」（九月一日、秋田県）、「社会党を地盤として議会に進出し、更に自由主義諸党と提携して議会の大多数を制し、治維法其他の無産階級弾圧諸法令の撤廃、広汎な社会政策の実施を要求する」（九月一八日、愛知県、『資料日本現代史』3「敗戦直後の政治と社会②」一九八一年）などである。敗戦とともに治安維持法の魔力が急速に薄れはじめていた。

治安維持法で検挙された経験をもつ菊池邦作《くにさく》は四五年九月初旬、新党準備会の傍聴席から「治安維持法撤廃で即時政治犯の釈放を決議してくれ」と発言したのち、九月二九日に執筆した「日本民主化に関する基本的要綱」のなかで「治安維持法は日本最悪の弾圧法であって、これが存在する限り断じて日本に民主主義の発展は望めない……恐らくこの法律さえ制定されなかったならば、日本軍国主義者はその野望を達成出来ず、今次大東亜戦争は勃発せずに済んだであろう」と記した（多喜二奪還事件80周年記念文集編集委員会編『多喜二文学と奪還事件』二〇一一年）。

『人民評論』創刊号（一九四五年一〇月二〇日納本、一一月一日発行）は「日本の民主化と治維法」と題する巻頭の「主張」で、「ポツダム宣言受諾後既に一ヶ月半も経ったのに、治安維持法の撤廃がまだどこでも問題となっていないのは、不思議な立遅れである。われわれは日本の民主主義化は何よりも治維法の撤廃、治維法違反者の釈放から出発すべきであると思う」と論じた。また、治安維持法違反として処断された多くの人々は「拷問と長期の牢獄生活に屈して警察官がさしだした千変《ママ》一律の共産主義を呑みこんだだけ」とも指摘する。四五年一〇月四日のGHQ「人権指令」の前に、この「主張」は書かれていた。

これらが「人権指令」の発令を誘導したとはいえないが、民衆のなかから主体的な治安維持法廃止論が出現したことを銘記しておきたい。

GHQ「人権指令」

一九四五年一〇月四日夕刻、GHQは治安維持法体制を存続させている日本政府に愛想をつかして「政治的、公民的及宗教的自由に対する制限除去の件」(以下「人権指令」)を発した。これは為政者層にとって青天の霹靂であり、東久邇内閣を倒壊させるほどの衝撃力をもった。同夜、山崎巌内相から報告を受けた木戸幸一内大臣は二度にわたって昭和天皇と会い、さらに翌五日にも話し合っている。

「人権指令」は第一に「思想、宗教、集会及言論の自由に対する制限を設定し、又は之を維持せんとする」すべての法令などの廃止と適用の停止を掲げ、具体的に治安維持法や思想犯保護観察法などを列挙する。ついで四五年一〇月一〇日までの「目下拘禁、禁錮せられ、「保護又は観察」下にある一切の者」の釈放を指示する。さらに特高警察機構の廃止と内相・警保局長以下の全特高関係者の罷免、保護観察所・保護観察委員会の廃止とその関係者の罷免が規定されたが、治安維持法のもう一方の担い手であった思想検事の罷免は含まれていなかった（『治安維持法関係資料集』第4巻）。

「非軍事化」とともに日本の「民主化」構築をめざすアメリカは対日戦後改革方針を検討する過程で、個人の自由や民権の保護を蹂躙し抑圧する「悪法」とその執行機関の排除は不可欠という認識を早くからもっていた。ただし「秘密警察」＝特高警察の解体に偏りすぎていたため、アメリカにはそのような仕組みのない思想検事の存在を見落とした。そうした不十分さも認識していたGHQでは「人権指令」の個別法令や罷免範囲の列挙に際して、それらに「限定せられず」として「人権指令」の精神をくみ取ることを日本政府に指示していた。

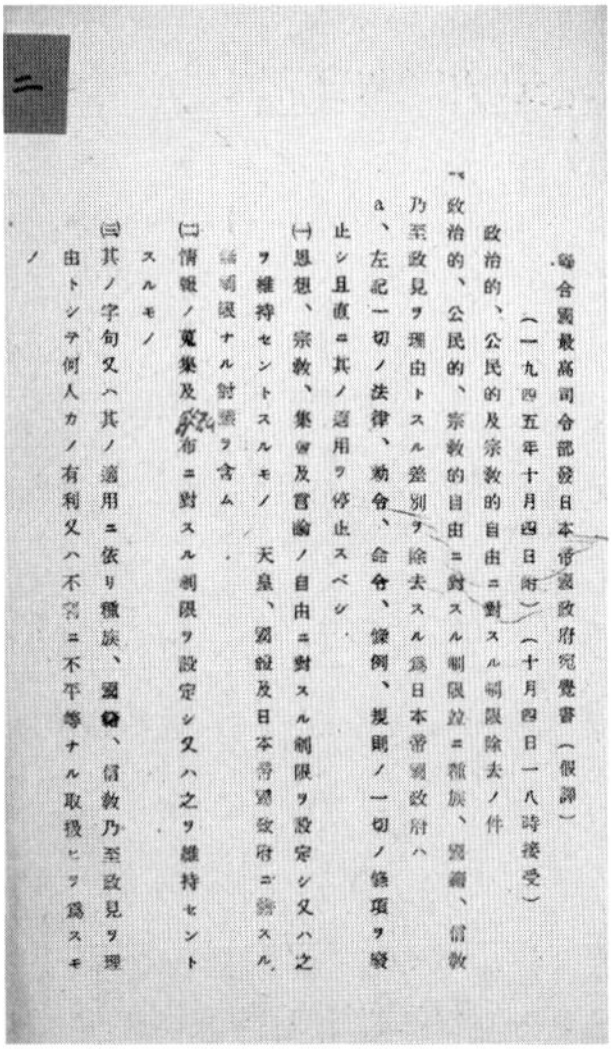
二
聯合國最高司令部發日本帝國政府宛覺書（假譯）
（一九四五年十月四日附）（十月四日一八時接受）
政治的、公民的及宗教的自由ニ對スル制限除去ノ件
一、政治的、公民的、宗教的自由ニ對スル制限竝ニ種族、國籍、信教乃至政見ヲ理由トスル差別ヲ除去スル爲日本帝國政府ハ
a、左記一切ノ法律、勅令、命令、條例、規則ノ一切ノ條項ヲ廢止シ且直ニ其ノ適用ヲ停止スベシ
(一)思想、宗教、集會及言論ノ自由ニ對スル制限ヲ設定シ又ハ之ヲ維持セントスルモノ天皇、國體及日本帝國政府ニ關スル無制限ナル討議ヲ含ム
(二)情報ノ蒐集及公布ニ對スル制限ヲ設定シ又ハ之ヲ維持セントスルモノ
(三)其ノ字句又ハ其ノ適用ニ依リ種族、國籍、信教乃至政見ヲ理由トシテ何人カノ有利又ハ不利ニ不平等ナル取扱ヒヲ爲スモノ

1945年10月4日に出された「人権指令」（「終戦関係書類・其の二」国立公文書館所蔵）

それにもかかわらず、日本政府は「人権指令」に列挙されて

いないことをよいことに、治安警察法の廃止を免れようとするほか（その後、ＧＨＱの追及を受けて四五年一一月二一日に廃止）、罷免対象に含めるべきであった思想検事や予防拘禁所関係者の罷免には頬かむりをして素通りした。

「人権指令」の直撃を受けた内務省や司法省は、もはや大筋には抵抗できないという判断に立って、「指令」内容の緩和や骨抜きを図ろうとした。罷免範囲の縮小によって実質的な特高警察力の温存をねらうとともに、治安維持法をはじめとする法令の廃止に際して骨抜きを画策する。内務・司法両省は「国体」変革などを残そうと数度にわたる折衝によって、ＧＨＱから「刑法不敬罪の規定の廃止迄も要求するものにはあらず、且言論の自由が公安、風俗を害するの故を以て制限を受くべきは勿論の義なること」などの言質を引きだすことに成功する（終戦連絡中央事務局第一部『執務報告』第一号、一九四五年一一月一五日）。これにより、日本政府はいわば安心して「人権指令」実施に踏み切った。

治安維持法体制の「解体」

「人権指令」実施の骨抜きやサボタージュを画策しつつ、一九四五年一〇月五日夜、内務省は各府県に特高警察機能の停止を通牒し、翌六日に各警察部の特高課・外事課・検閲課の廃止を指示した（内務省警保局の保安課・外事課・検閲課の廃止は一三日）。司法省では五日に刑事局長から検事正らに「政治犯の身柄釈放に関する件」を通牒し、同月八日には司法相から「治安維持法、国防保安法其の他思想関係法規の廃止に伴う思想関係の訓令通牒及思想事務廃止の件」を訓令して、思想関係事務の停止となった（法務大臣官房司法法制調査部『続司法沿革誌』一九六三年）。思想犯罪取締の元締めであった刑事局思想課は同月一五日の司法省分課規程改正により廃止となった。

治安維持法廃止は一〇月一三日の閣議決定、一三日の天皇の裁可を経て、一五日に廃止となった。同時に思想犯保護観察法や関連の勅令など合計八つが廃止となった。

「人権指令」により罷免された特高関係者は内相・警保局長以下四九九〇人におよぶが、GHQとの折衝や巧妙な人事の異動によって潜在的な勢力の温存に努めた。これに対して司法省関係の罷免は保護観察所職員・保護観察審査会職員の一一八五人に限られ、司法相・刑事局長らはそのまま留任し、思想検事は保護観察所長を兼務している者だけが罷免の対象となった。

「政治犯」四三九人、「保護観察」下にあった者二〇二六人、「予防拘禁」下にあった者一七人が期限の一〇月一〇日までに釈放ないし処分を解除された。この「政治犯」には受刑者、公判中ないし予審中の被告、警察ないし検事局で取調中の被疑者が含まれる。受刑者数は一〇月六日の『朝日新聞』によれば「岡邦雄氏外百五十名」である。公判中だった被告——人民戦線事件の山川均・荒畑寒村・加藤勘十・鈴木茂三郎や横浜事件の細川嘉六——は形式的には免訴となる。なお、軍法会議で治安維持法違反の刑を科せられた受刑者が海軍から二八人、陸軍から一人が釈放されている。

「人権指令」によっても思想検察はほとんど無傷であったが、それをいくらか是正することになったのが「公職追放」である。四六年一月四日のGHQの日本政府宛「公務従事に適せざる者の公職よりの除去に関する件」という指令にもとづき、「軍国主義者及極端なる国家主義者」という規定に該当する特高関係者三一九人（『特高警察黒書』編集委員会編『特高警察黒書』一九七七年）、思想検察関係者二五人（『続司法沿革誌』一九六三年）が追放となった。特高関係では「人権指令」の罷免を免れていた唐沢俊樹・纐纈《こうけつ》弥三・萱場《かやば》軍蔵・富田健治・毛利基らが、司法関係では泉二《もとじ》新熊《しんくま》・正木亮・三宅正太郎・池田克・森山武市郎・戸沢重雄・清原邦一・太田耐造・井本台吉らが含まれた。

第二章　治安維持法はだれが、どのように運用したのか

1　検挙・取調——特高警察

思想犯罪「処理」の流れにそって

治安維持法違反事件を筆頭に思想事件はどのように裁かれていったのだろうか。一般的に拷問をともなう特高警察の段階に関心が集まるため、その後の段階についてはあまり意識されていない。

各段階をもう少し詳しくみると、長期かつ徹底した内偵作業を通じて特高警察は治安維持法に違反するとみなした人物・集団を検挙・検束し、たらい回しを繰りかえす勾留と物理的・精神的な拷問をともなう取調をおこなう。その後、検挙者の約二割強が検事局に送致され、司法「処理」がなされていく。思想検察の段階ではあらためて被疑者を取調べ、起訴とした場合には裁判所に予審請求、あるいは公判請求をおこなう。現在では予審制度は存在しないが、戦前日本にあってはここで長い時間をかけて被告を訊問し、その「訊問調書」が公判におけるもっとも重要な証拠となった。治安維持法違反事件の起訴の多くは予審請求されたものとなる。公判請求は直接に裁判での審理へと進んだ。

こうした思想犯罪の「処理」の流れは図1のようになる。予審が終結すると、公判に付

図1　思想犯罪における「処理」の流れ

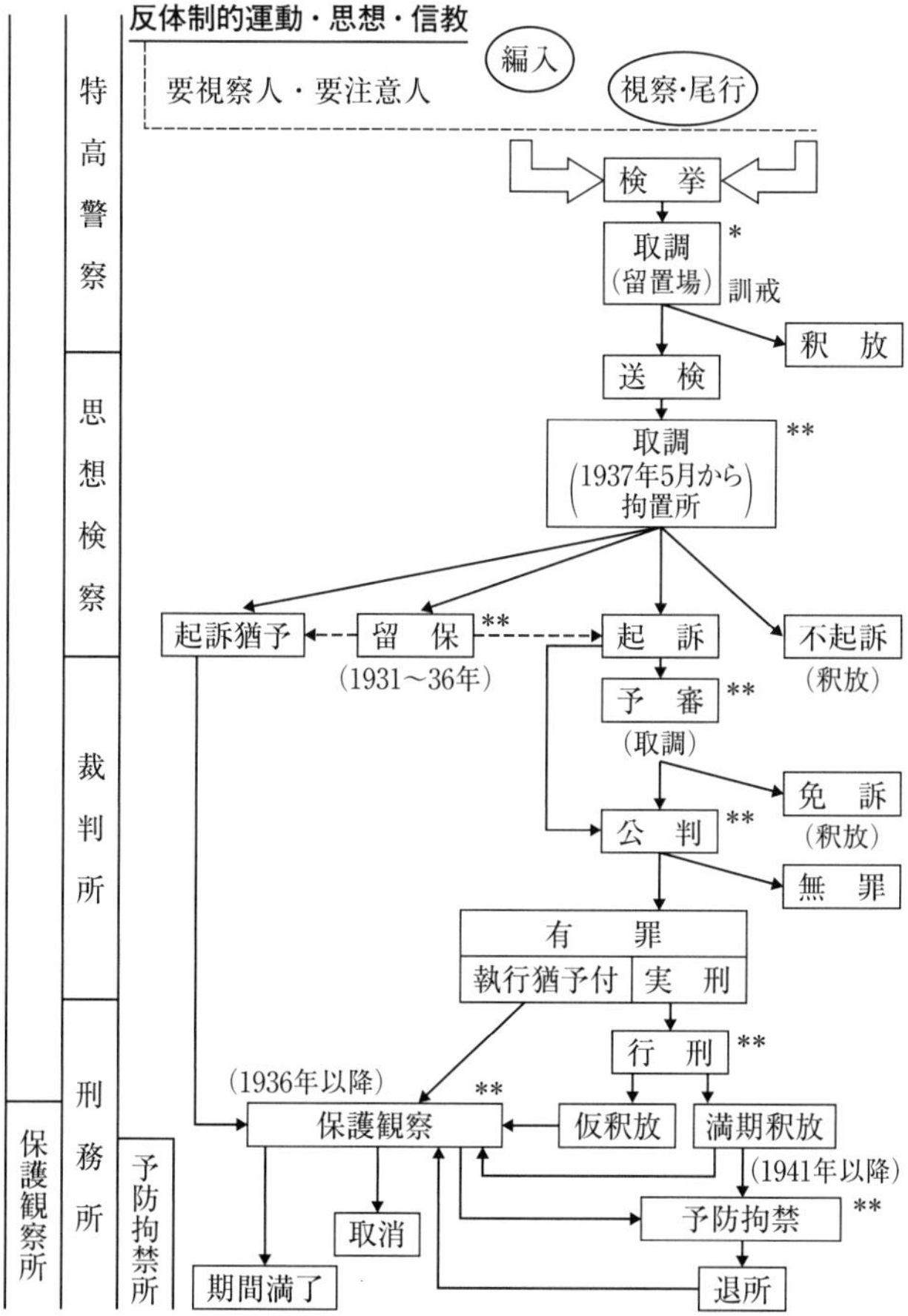

＊ 肉体的・精神的拷問および「転向」への誘導
＊＊「転向」への誘導

すか免訴とするかの決定があり、公判に付されればほぼ有罪である。実刑を科せられると刑務所における「行刑」となる。これまでの過程で「転向」をめぐって起訴の「留保」、執行猶予などの選択が加わるほか、一九三六年からは前述のように思想犯保護観察制度が、一九四一年からは「予防拘禁」制が動き出す。

前章で治安維持法の通史的な概観をおこなったが、ここでは治安維持法運用の二〇年をひとくくりとして思想犯罪「処理」の各段階を追っていく。治安維持法はだれが、どのように運用したのかという視点からの検証である。

検挙前の視察内偵

新治安維持法の運用にあたり一九四二年頃に大阪府警察部がまとめた『特高警察に於ける視察内偵戦術の研究』(『特高警察関係資料集成』第二〇巻)には、検事が捜査強制権をもつことになったため、「頗《すこぶ》る適確なる事前内偵により容疑事実を具体的に提出整備することが左翼検挙の重要必須の前提条件となった」とある。実際には従来どおりに特高警察が主導権を握っていたが、徹底した「視察内偵」は必要不可欠となった。明治末以来の「特別要視察人制度」などを柱に、一九二〇年代以降の特高警察の運用過程で「視察内偵」のノウハウは蓄積されてきた。

三八年四月の内務省警保局長通牒「共産主義運動の査察内偵に関する件」(『特高警察例

規集』三九年四月改正、『特高警察関係資料集成』第二三巻）を例にとると、「組織形態は従来の形体《ママ》を打破し、新社会情勢に適応せしめ、長期に亘《わた》るも強固なる組織を結成せんとしつつある」として研究会やグループ的組織など「凡《あら》ゆる場面を考慮して慎重に内偵すること」を指示している。生活主義教育運動や生活俳句、そして学生らの読書会にかかわる治安維持法事件の頻発は、こうした「視察内偵」の徹底にもとづく。

「視察内偵」によって「犯罪」を発見したとなると、上司に報告され、検挙の準備へと進む。二七年九月、日本共産党再建の動きをつかんだ警視庁特高課労働係の毛利基警部は、再建大会のあった山形県五色温泉を実地調査した「日本共産党事件捜査復命書」を特高課長に提出している。二八年の三・一五事件の一斉検挙に向けて内偵捜査は着々と進み、労働係は主にスパイ情報にもとづいて膨大な『秘密結社日本共産党事件捜査顚末書』（二八年二月一一日、『特高警察関係資料集成』第二巻）を作成し、警視総監・警保局長ら上層部に全国的な検挙断行を迫った。

四一年二月の宮城県の在日朝鮮人の検挙の場合、特高警察は「民族的共産主義濃厚の謄写印刷物」発見を機に学生の下宿を内密に探索し、「発信せんとしたる通信文を裏面入手」すると、内務省に「検挙取調の要あり」と報告している（「太田耐造関係文書」国立国会図書館憲政資料室所蔵）。

内偵の有効な手法がスパイの使用だった。自由民権期の高等警察の段階から多用されていたが、そのために「殆《ほと》ど廉恥《れんち》に乏しくして唯《ただ》報酬の多きを貪《むさぼ》るの念慮よりして、窃《ひそか》に甲乙丙者の諜者たるもの無きにあらず」（警視庁「国事警察編」『特高警察関係資料集成』第二二巻）という問題点を常に抱えていた。

三三年五月、内務省が各府県に求めた「共産主義運動対策に関する意見」のなかには、「裏面内偵網」の充実と「内偵の為の予算」増配という要望があった。警視庁の特高警部だった宮下弘は「活動していて一定の部署をもった者が没落する、あるいは転向する、それから検挙されて考えが変わった、というようなのがS〔スパイの頭文字〕になるんですね」と語る（宮下弘ほか編著『特高の回想――ある時代の証言』一九七八年）。警視庁特高課長の中村絹次郎によれば、「われわれは巡査千人よりいいスパイ五人ほしい。制服着た巡査が何人いたって、党の中核はつかめんわな。だからほしいのはカネ、機密費です」（中村智子「『特高の自分史』ができるまで」『特高の回想』解説所収）という。

検挙

一九二八年の三・一五事件で警視庁による入念な内偵捜査はあったが、地方においては共産党組織の把握が十分でなかったため、拷問を駆使して自供を迫り、芋づる式に検挙を繰りかえすことになった。翌二九年の四・一六事件では「捜査着手当初より各地に於ける党組織の状況を審《つまびら》かにし得たるが為、殆ど洩れなく党員其の他の関係者を逮捕すること」

ができたという（警保局保安課「秘密結社日本共産党再組織運動関係者検挙概況」『特高警察関係資料集成』第五巻）。

理念・戦略・戦術を集大成して一九三九年頃に作成された警保局「特高警察草案」（『特高警察関係資料集成』第二〇巻）は、検挙を「組織破壊の為の検挙」と「徹底的の検挙」に大別する。治安維持法運用の二〇年は、おおよそ「組織破壊の為の検挙」から「徹底的の検挙」へと推移した。「特高警察草案」では、思想犯の早期検挙は「検挙の労力を軽減し、効果を大にし、事件の悪影響を縮小することが出来る」ともする。

共産党の組織的運動封じ込めに目途が立った三五年の時点で、警保局事務官永野若松は「今や運動が嘗《かつ》て見ざる極度の沈衰状態にあることは、其の原因の奈辺《なへん》にあるかを問わず、之が根本的絶滅を期すべき寔《まこと》に絶好の機会である。敵の陣営が混乱動揺し、意気沮喪《そそう》して退却しつつあるのに乗じ、益々《ますます》無慈悲なる追撃戦を敢行して、完全に之を剿滅《そうめつ》する処《ところ》あらねばならぬ」（「凋落《ちょうらく》期にある共産主義運動に対して」『特高警察関係資料集成』第五巻）と豪語した。

アジア太平洋戦争下になると、さらに踏み込んだ検挙が求められた。一九四二年一二月の長野県特高課「共産主義運動の視察取締に就て」（『特高警察関係資料集成』第五巻）には、左翼思想が「例え其れが運動としての程度に成長し居らなくても、其の葉を枯らし、根を掘って剿滅しなければならぬ」とある。内心の思想が根こそぎえぐり出された。

取調

一九三〇年代後半以降においては特高警察による検挙後、意図的に取調開始まで長期間放置して精神的な苦痛を与え、「転向」に誘導するケースが多かったが、三・一五事件や四・一六事件などにおいては物理的拷問を含む厳重な取調で自供を迫り、関係者の矢継ぎ早の検挙につなげるためにすぐに聴取が始まった。それまで特高警察にとっても治安維持法違反事件の本格的な聴取の経験は少なく、手探りの状況で始まった。東京地裁検事局検事の井上貫一によれば、三・一五事件時、「特高係に於て其事件を取調べ、調書の作成となりますと、全くなって居なかった」という（各警察署司法主任特高主任会議、一九三六年一〇月、司法省刑事局『司法主任特高主任会議席上訓示指示及講演』『特高警察関係資料集成』第二六巻）。

経験を積み重ねるなかで、被疑者に対する取調の焦点は共産党入党の経緯と時期に絞られていった。また、「今後の方針」が聴取された。二八年八月、三・一五事件で検挙された小松千鶴子は警視庁特高課の山県為三警部の聴取に、「現在の自分の考としては実家との関係が片が着く迄、当分の間は全然左翼の運動から離れると云うこと以外、まだ将来永久に左翼運動から干係《かんけい》を絶つと云う決心はつきません」などと答えている（「日本共産党残党員検挙に関する件」「田中義一関係文書」）。三〇年五月、佐々木美代子は特高課警部補中川成夫《しげお》に「自分が刑務所に行く事に依って受ける家族の打撃を考える時は、没落の譏《そし》りも甘んじて受け、断然運動から手を切ろうと思います」と供述する（「警視庁聴取書」京都大学人文科学研究所所蔵）。

同人社編集部編『無産者法律必携』（一九三二年）では、捜査の手続について「××な××や聞くに堪えない××が行われるのは正にこの手続――殊に警察に於ける――の進行中であり、而《しか》もこの手で××ちあげられた書類が往々にしてそのまま予審調書の基礎になり、断罪の有力な材料になってしまう」という一節がある。伏字の部分には「拷問」や「でっ（ちあげ）」が入る。特高の意のままに聴取書が「でっちあげられ」ることは日常化していた。大阪府警察部『特高警察に於ける視察内偵戦術の研究』には「常人の把握し能わぬ犯罪を卓越せる捜査感覚で剰《あま》す処なく摘発するのみであり、こうした意味ではデッチあげの練習、又即ち捜査技術の練成である」という一節さえある。

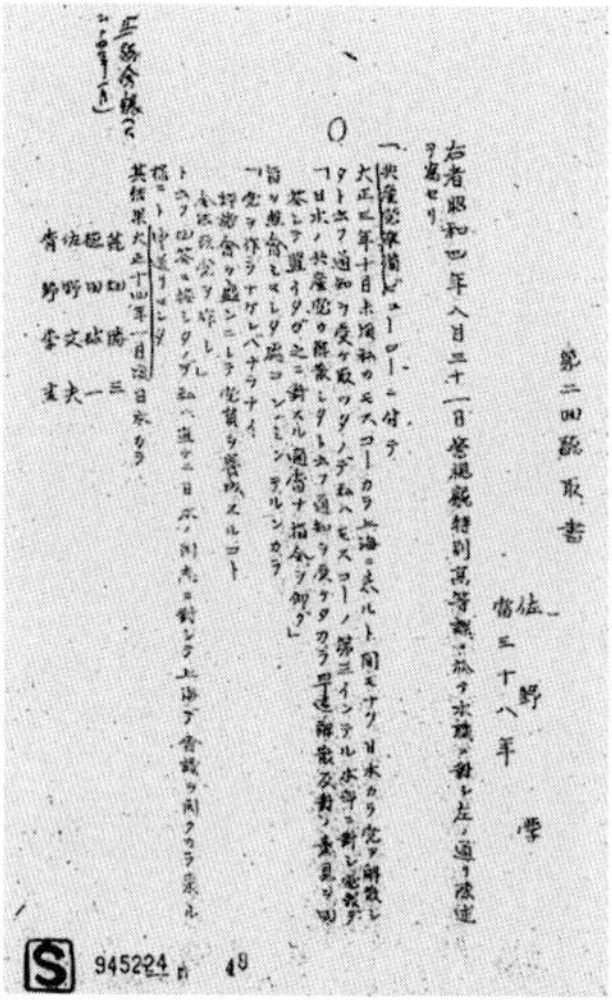
第二回聴取書
佐野学
當三十八年
右者昭和四年八月二十一日警視庁特別高等課ニ於テ……左ノ通リ陳述セリ

佐野学「聴取書」第２回　警視庁特高課山県為三　1929年８月29日（「外務省文書」「日本共産党関係雑件／警視庁ニ於ケル共産党事件被告人聴取書」より）

特高の聴取書は被疑者の供述

中心に作られ、傍証の蒐集は十分にはなされなかった。四〇年六月の宮城控訴院管内思想実務家会同において栗本稔（青森地裁検事局）は「特高警察に於ては捜査の方法が不徹底ではないか」として、「何等の証拠も蒐集せずして、先《ま》ず被疑者を検挙するが如き」手法を批判する（司法省刑事局「昭和十五年度　控訴院管内思想実務家会同議事録――広島・宮城管内――」『思想研究資料特輯』八一、一九四〇年）。

企画院高等官グループの一人として警視庁に検挙された勝間田《かつまた》清一の「訊問調書」をみよう（一九四一年）。「コミンテルン」の認識が追及されるほか、「マルキストとして対処すべき当面の任務を如何に解し、如何に活動せんとしたか」という質問に、勝間田は「綜合的計画官庁としての任務遂行の中でマルクス主義的調査研究を行い、其処《そこ》で立案計画さるべき政策をマルクス主義的進歩的方面へ持って行くことが良心的行動であると考え」たなどと供述する（『勝間田清一著作集』第三巻、一九八七年）。しかし、企画院事件が最終的に無罪になっていくことを考えると、この供述が勝間田の真意から出たものとは考えにくい。

四二年一月、大本教事件の大阪控訴院の公判で「警察、検事局、予審では何《ど》の様な取調べがあったか」という裁判長の質問に、出口王仁三郎は警察の取調では「お前一人がちがうと云わず、此の方の云う通《とおり》にせよと云われ、何を云うても怒鳴るばかりで聴いてくれませぬでした」と陳述している。長期間の勾留と高齢の信者への配慮を迫られた王仁三郎は特高の威嚇や誘導・詐術に乗せられ、特高自作自演の訊問調書を作りあげられてしまった

（「大本教事件関係資料」その3、京都府立京都学・歴彩館所蔵）。

また、キリスト教「きよめ教会長老派」事件の警視庁「被疑者訊問調書」という資料が残されている。四二年八月、財務部長粂《くめ》竹蔵は「天皇陛下と神に就《つい》ては如何」という質問に、「日本の　天皇陛下より私共の信ずる神の方が大きな権威を持って居る」と答えている。その一方で、粂は同年一一月の訊問で「現在の心境」を聴かれて、「神の国（千年王国）と云う事を理想に、其れを追求するの余り無意識とでも申しますか、深い考えも無く国体を無視する言行を敢て致して参りました」と反省の弁を述べ、「将来の方針」についても「飽迄《あくまで》国家本位に生き」たいと供述する。「日本精神」への回帰が本心からなされたとは疑わしく、特高による作文の可能性が高い（警視庁特高第二課「きよめ教会日本聖教会資料」、同志社大学神学部研究室図書室所蔵）。

手記

勾留中の被疑者に手記を書かせることは、三・一五事件から始まった。思想検事の戸沢重雄は「取調の準備、聴取書作成の準備として手記を利用するに至った……手記ならば本人が書いたものであるから書証として立派な証拠となる」として重宝に使われてきたという（「思想犯罪の検察実務に就て」「昭和八年十月　思想実務家会同に於ける講演集」『思想研究資料特輯』一二、一九三四年）。内偵捜査から取調、検事局送致まで多くの労力を必要とする特高にとって、安直に手記で調書の代用とする状況も生まれていたと推測される。これに対して、思想検事側からは過度に手記に依存することを戒めている。

東京地裁検事局思想部「聴取書要領」（一九三五年）では手記の記載例について、「共産党及共産青年同盟に対する認識」では「天皇制廃止の問題をサボラざること」とし、最後の「現在の心境、将来の方針（自己批判）」では「将来に付ては研究及行動共にやめるか？行動はやめるが研究はなすと云うならば、如何なる理由からか？」などを留意すべきポイントとしている（朝鮮総督府高等法院検事局思想部『思想月報』第四巻第二号、一九三四年）。

一九三五年五月、治安維持法違反として四度目の検挙となった作家の宮本百合子は警視庁で二度手記を書かされた。同年七月の手記では「天皇制否定」について「私自身の仕事とする文学との具体的結びつきに於ける実際の問題として見るとき、今日のプロレタリア文学にとって此の問題は圏外に置かるべきもの」とする。また「今後の方針」は「プロレタリヤ婦人作家としてリアリズムの方法論の上に立ち、合法的な文筆活動によって、この社会生活の悲喜交錯した人間の姿を歴史的動向との関係に於て芸術化して行きたい」と意慾的である。これに特高の強い圧力があったのだろう、同年八月の手記では「将来共産主義宣揚《せんよう》となる文章活動を行う意思を持っていない」ことを表明せざるをえないが、根本のところで宮本は「転向」を拒否している（渥美孝子翻刻・解説『宮本百合子裁判資料――「手記」と「聴取書」』二〇二〇年）。

拷問

特高警察の取調において拷問は日常的におこなわれていたといっても過言ではない。

一九三一年一〇月の朝鮮共産党日本総局及高麗共産青年会日本部に関する治安維持法事件の公判で、陸鶴林《ユク・ハクリン》の弁護人神道《じんどう》寛次・三浦三郎は「一昨年八月検挙を受け、警視庁の取調は革帯及竹刀《しない》にて処《ところ》嫌わず打擲《ちょうちゃく》し、気絶せるに水を飲せられて意識を回復するや、煙草火を顔面に押し付けられ、為めに二十ヶ所程の傷を負わされし等の取扱いも受け、調書は作成された」と拷問の事実を追及する（「各種治安維持法違反事件公判概況報告書綴」「渡辺千冬関係文書」、国立国会図書館憲政資料室所蔵）。

石堂清倫《いしどうきよとも》は一九三〇年代前半のこととして「以前から留置場では「朝鮮刑法」という言葉が流行していた。これは、一切法律や規定によらないほしいままな凌虐がおこなわれていることを指したものである。「取調べにあたる警官たちが、誰かれの見さかいなしに、貴様らの一人や二人ころしてもかまわないのだと公言していたことも、三・一五事件いらいの日常茶飯事であったが、それが三二年テーゼ以後いっそう徹底した」と回想している（石堂「死亡推定まで」、石堂・中野重治・原泉編『西田信春書簡・追憶』一九七〇年）。

警視庁特高課の宮下弘は「取調べのさいの暴力ですが、ぶんなぐるというようなことがなかったかというと、それはずいぶんあったかもしれない。それはいろんなものが重なり

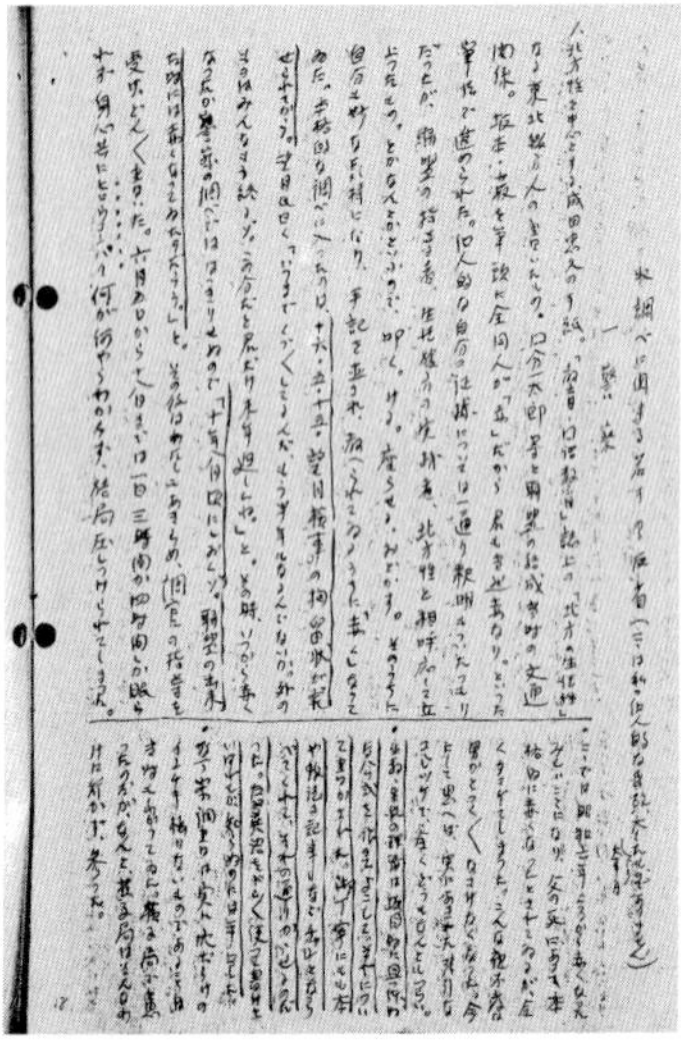

生活主義教育運動事件で検挙された松田文次郎が1942年に釧路の拘置所で書いた「獄中メモ」（佐竹直子『獄中メモは問う——作文教育が罪にされた時代』より）

合って、警察にはそういう習慣があるんです。そういう意味では警察のなかでは比較的日常化している」（『特高の回想』）と悪びれることもなく語る。

　こうした拷問が日常化する事態をふまえて司法省では警告を発することもあったが、特高警察は聞く耳をもたなかった。拷問こそ事件や運動の全貌の把握にもっとも効率的な手段であり、「転向」に導く決め手ともなるとみなされていた。三六年一一月の前橋地方裁判所管内特高主任会議において、桐生署特高主任は「被検挙者の感想を聴くに、理論を以て諭さるるも傾聴する気分を持つ能わず、反《かえっ》て徹底的弾圧を加えられし警察官に対し好意を持し、現在も畏敬しつつありとの実例存する」という、自らの拷問を正当化する倒錯した発言をしている（司法省刑事局「司法主任特高主任会議諮問、協議事項」『司法警察官吏訓練資料』第四巻、一九三七年、『特高警察関係資料集成』第二六巻）。

北海道の生活主義教育運動事件で、四二年に被告の一人松田文次郎が釧路の拘置所で密かに執筆し、事件を担当する弁護士高田富與《とみよ》に書き送った「獄中メモ」には「叩く。ける。座らせる。おどかす。そのうちに自分も妙な気持になり、手記を直され、教えられているうちに「赤く」なっていた」（佐竹直子『獄中メモは問う――作文教育が罪にされた時代』二〇一四年）とある。

長期勾留

治安維持法違反事件では常態化していた長期間の勾留は被疑者・被告にとって精神的な拷問となり、「転向」への誘因ともなるため、特高や思想検事・予審判事はむしろそれを意図的に活用した。

一九三九年七月、東京刑事地裁検事局が警視庁特高部と開いた会議の議題に「身柄の留置問題」がのぼった。起訴までの強制留置の期間について、第一線の特高各課の主任からは「共産主義者である事を出す丈《だけ》に書籍其他いろいろの資料の取調に時間を要して非常に苦労をするから、之れ丈で最少限度三ヶ月は必要でしょう。只今は平均五、六ヶ月ですが」、「いや一年位ですよ」という発言がなされる。検事側からは「実際常識的に考えても一日未満の検束を一ヶ年以上も引っぱる」という現状は「妥当とは云えない」と苦情を呈している（『特高主任会議議事録（其ノ二）』『特高警察関係資料集成』第二六巻）。

大阪府警察部『特高警察に於ける視察内偵戦術の研究』は正式の検挙ではない「行政留置」に触れている。行政執行法や警察犯処罰令による身柄の検束で、しかも長期にわたってつづく勾留が、治安維持法検挙の「便法」として広く活用された。

三九年夏、唯物論研究会事件で哲学者の戸坂潤とともに検挙された佐伯陽介は杉並警察署での勾留について「毎日毎日の検蒸しといって、検束の蒸し返しで続けられた。何月何日杉並区東田町何番地徘徊中不審に付検束す、ボク等は一年間も毎日同じ場所をウロツイていて検束されたことになっている。ユーモラスなのはそれを毎朝看守日記に書き込む役目が戸坂潤だった」（佐伯陽介「留置場にて」『回想の戸坂潤』一九七六年）と回想する。

検事局送致

警察での被疑者の取調が済むと、次の段階は検事局への送致、あるいは警察限りでの放免となる。検挙者の八割弱は警察限りで放免されるが、事件の中心人物とみなされた被疑者や累犯者は検事局へ送致となった。

一九二八年の三・一五事件当時、警視庁では事件の送致にあたって証拠書類を「風呂敷や行李《こうり》に入れた儘《まま》一括して検事局に提出」（司法省刑事局『司法主任特高主任会議席上訓示指示及講演』一九三七年）するほど、刑事訴訟手続に不案内であったと東京地裁検事局の井上貫一検事は回想するが、特高の習熟度が高まるにつれて一定のルールが確立した。

三五年五月に四度目の検挙となった宮本百合子は同年八月から警視庁特高課警部の聴取を八回受けた後、九月に東京刑事地裁検事局に送致された。資金提供や『赤旗《せっき》』の配布を受けたこと、「党支持の活動」として創作活動をおこなったことなどが党の目的遂行にあたるとされた（『宮本百合子裁判資料』）。

人民戦線事件の「教授グループ」の一人、阿部勇の送致をみよう。三八年七月、警視庁特高部特高第一課の送致書では被疑者の所属する労農派グループが「日本共産党に対立して所謂労農派理論を展開し……無産階級運動を指導すると共に、共同戦線党理論の方策によりて其等の政治及組合両戦線を統一強化する事を当面の任務となし」たことを「国体」変革・私有財産制度「否認」の結社と認定し、グループへの資金提供が目的遂行罪にあたるとした（「治安維持法書類」東海大学付属図書館所蔵）。

検事局への送致にあたっては送致書とともに、特高警察官の意見書が添付された。三三年五月、東京控訴院検事熊谷誠は講演のなかで「意見書は冗長に亘《わた》らず、而《しか》も要点を落さない様に、且つ事実の特徴を簡単に判然と書いて置く」（「思想犯検挙対策――左翼運動に対する所感」『季刊現代史』第7号、一九七六年）と検察側の希望を述べている。三九年七月の警視庁内鮮課主任を集めた会議では東京刑事地裁検事局思想部の望月武夫検事から「余り意見書の事実を派手に書かない様に、余り派手に書かれると却って事件を壊《こ》わす虞《おそれ》がありますから、現実に即して事実を書いて頂《いただ》き度《た》い」（『在日朝鮮人関係資料集成』第四巻、一九七六年）という注意がなされた。

治安維持法運用の早い段階の確認にとどまるが、特高警察は被疑者についての「素行調書」を作成していた。高松における四・一六事件の被疑者大内謙吉について、高松警察署の警部補は「本人は一見温和を装うも過激の性を有し、常に物質万能を信じ、マルキシ《ママ》主義を渇仰《かつごう》し……日本臣民たる素質を欠除《ママ》し居るもの」と評している（「治安維持法違反事件刑事記録」京都大学人文科学研究所所蔵）。治安維持法違反の犯罪を補完するように、「陰険」「過激」などという特高の独断的な人物評価が加えられている。

戦時下の意見書

治安維持の確保が一段と要請されたアジア太平洋戦争下では特高の治安維持法違反事件に対する姿勢はさらに強硬となり、送致の際に付される意見書でも「厳重処分」が求められた。

神奈川県特高課が横浜地裁検事局に送致した在日朝鮮人金容珪《キム・ヨンキュ》に対する意見書（一九四二年五月）では「皇国臣民の責務に違背し、同志を結集して強烈に民族意識を鼓吹し……真に戦慄すべきものあり」としたうえで、「聖戦遂行の時局に鑑み、我光輝ある国体を擁護し、且《かつ》は反国家の悪思想撲滅を期し、銃后《じゅうご》治安絶対確保のため厳重御処分相成様致《あいなるよういたし》度《たく》」と求めていた（神奈川県特高課「金容珪治安維持法事件訊問調書」、米国国立公文書館所蔵）。

四三年三月の「きよめ教会長老派」の森五郎の送致に付した警視庁特高第二課の意見書は「皇国民たるの襟度《きんど》を忘れ、国家が保証したる信教の自由に仮託し……日本国民の肇国の国体観念を銷磨《しようま》腐蝕し来《きた》りたるものにして、如斯《かくのごとき》反国体的信仰思想の存立は戦時寸毫も許容し得ずと思想せらるるを以て、厳重なる御科刑相成度」というものだった（「海野普吉関係文書」国立国会図書館憲政資料室所蔵）。

四二年三月の尾崎秀実《ほつみ》に対する警視庁特高第一課の意見書をみよう。「犯罪発覚の原因」、「犯罪」、「犯罪の情状」を詳細に記したうえで、「その犯意の不逞にして悪逆なる、その犯情の悪質にして深刻なる、その犯行の積極的にして長期に亘れる、その活動の巧妙にして国際的なる、その我が国土防衛に及ぼしたる害悪の大なる、一として酌量すべき情状なし」と激しい言葉が連なり、「不逞」な悪逆性が道徳的にも糾弾されていた。ゾルゲに対する外事課の意見書では、漏洩により「我が国の受けし実害は寔に甚大」であるとして「其の罪極めて重く、極刑を科するの要あり」とする（「特高警察官意見書」『現代史資料』⑵「ゾルゲ事件㈡」一九六二年）。

訓戒放免

特高警察によって検挙されたものの、警察限りで放免となるケースは八割強を占めた。

一九三三年五月、東京控訴院検事の熊谷誠は訓戒について「一人に尠《すくな》くとも二時間位はかかると思います。出来るなら一日に一人、若《も》しくは二人位を限度に、本人及保護者を訓戒したいと思う。左様に丁寧にやらぬと、其の実を挙げ得ない」と述べた。放免が温情に満ちた措置であることを強調し、反国体的運動・思想からの離脱を誓約させたのだろう。

警察では訓戒して放免した人物については特別要視察人に編入し、その言動・思想や交友関係の監視をおこなう態勢をとった。また、放免されても警察に引っ張られたという事実だけでも世間からは白眼視され、家族にも影響がおよんだ。それは治安維持法の「強制的道徳律」の機能の一つであるが、特高ではそうしたことも計算済みだった。

2 起訴——思想検察

思想検事の取調

一九三〇年代末までにほとんどの地裁検事局・控訴院検事局に配置されるようになった思想検事は、あらゆる手立てを講じて「国体」変革と「私有財産制度」否認とみなした者に襲いかかっていった。したがって、治安維持法違反とされた被疑者にとって思想検事への憎悪は特高と同様に深かった。

生活主義教育運動事件で断罪された中井喜代之は「いわゆる特高警察をあごで使ってもっぱら思想取締の任にあたったのが、この思想検事といわれる存在であった……終生忘れ得ない憎悪の名である」(「思想検事のことなど」、北海道立文学館所蔵)と回想している。また、松田文次郎の「獄中メモ」にも「妥協したら最後。一向こちらの主張は通らず、「ああ君は知っているが、言いたくないんだろう。よしよし僕が言ってやろう」といった調子。私の証拠品もろくろく見ず、警察調書と他の同人の調書をもってきて、バタバタ片付けられてしまった」(佐竹直子『獄中メモは問う――作文教育が罪にされた時代』)とある。

三五年六月の思想実務家会同で、宮城控訴院検事局の中村義郎検事は「警察官の調書はいわゆる被疑者の活動一切を網羅して居ると云うような調書の取り方が今日尚《な》お行われて居る、併《しか》しながら検事の方に於ては其の中の主要なる活動を「ピック・アップ」して、之を起訴事実として提起する」と発言する。この会同で司法省刑事局の大竹武七郎は「少くとも公訴事実に包含されて居る部分だけは、検事に於て改めて聴取書を作って貰いたいと云う裁判所側の御希望、御意見」(「昭和十年六月　思想実務家会同並司法研究実務家会同議事速記録」『思想研究資料特輯』二二、一九三五年九月)があるとする。総じて検察段階の取調期間は、特高や予審の段階に比べて短かった。

四〇年六月、東京控訴院検事局の長谷川瀏検事は取調上の苦心として「如何にして之を日本人に還元せしむるかの一点に集中」することをあげる。つまり「転向」への誘導で、

「転向」すれば取調も容易となるからである。このために「暫《しばら》く拘禁して、孤独哀傷の裡《うち》に自己の非を悟らしむるかとか、肉親に対する思慕の念を起さしめて日本人的反省の機縁を与うるとかいうも一つの方法」(『日本に於ける共産党の検挙並取調上の要諦』「太田耐造関係文書」)とした。

在日朝鮮人学生の取締でも思想検事は工夫を凝らした。四〇年六月の広島控訴院管内思想実務家会同で戸沢重雄大審院検事は神戸の「北神留学生会」に対して、「出来るならば治安維持法の第一条の結社でやりたいのだが……少し物足らないので、結局協議罪、協議煽動で以て起訴する」ことにしたと発言し、「協議罪を少し弾力性を持たして、今の現状に即応するように解釈をすれば、或は可成《かな》り取締られるのではないか」(『思想研究資料特輯』八二)と発言している。

一問一答の訊問調書

思想検事による訊問調書は原則として一問一答の書式で作られた。

一九二八年四月、三・一五事件の被疑者春日庄次郎に対する取調で、大阪地裁検事局の金子要人検事は「日本共産党の目的は」や「日本に於ける革命の過程を如何に考えて居るのか」などを訊問する。これに対して、春日は「日本共産党の目的は無産階級の解放であって、即《すなわち》現在の日本の政治権力を無産階級、即労働者及農民に於て奪取し、労働者農民の国家を建設し、其国家権力に依て経済組織の社会、即共産主義社会を実現する事に在る」と答えている（「治安維持法書類」、東海大学図書館所蔵）。

新潟の安中作次郎の場合、検察で認めた入党の事実を予審で否定すると予審判事から検事局において承諾したと答えているではないかと問われ、「取調を受けた際、検事からそうした中立にして置かなければ事件も早く済《すま》ぬから、委《まか》せれと云われ、私は無事帰宅することの出来る様、検事の云わるる通《とおり》にして置いた」（「昭和前期司法関係文書」、新潟県立文書館所蔵）ためと答えている。

東京地裁検事局の太田耐造は三四年一一月、新鉄関係治安維持法違反の被疑者に「共産党が存在すると云う事は知って居たか」、「其当時、党の文書が這入《はい》っていたか」などと追及する。共産党入党や『赤旗』配布などについての警察の聴取内容を否定する別の被疑者は「夫《そ》れは自分が調べられる時に、そう申し上げなければ出して貰えないと云う事を考えたのですから、左様《さよう》申し上げたのであります」、「彼《あ》れは全然違うと云う事は申されませんが、大部分は事実と相違して居ります」などと陳述する。この被疑者は訊問の最後に「兎に角、今自分としてはあんな運動をしたと云う事は本当に間違って居た事だと、心底から悔《くや》んで居るのであります」と転向を表明する（「太田耐造関係文書」）。

戦時下の訊問調書

企画院事件の和田博雄は、岡崎格《いたる》（東京刑事地裁検事局）の訊問にしたたかに粘り強く供述する。一九四一年一二月、「被疑者はコミンテルン及び日本共産党を支持したか」という問に「之等の共産党を直接支持発展せしめ様とした」ことはないとしつつ、「暴力革命と云う様な社会的混乱や生産力の低下を来たさしめる事の無い様に、無産階級の要求を漸次採り上げ、漸進的に次の社会主義社会へ発展せしむ可《べ》きであると考えて居た」と答えた。それでも事件については反省の意を示し、「今後私は斯様《かよう》な時局認識に徹底し、今迄より以上に国家の為めに微力を尽したい」（「治安維持法書類一件」、東海大学図書館所蔵）と供述せざるをえなかった。岡崎は共産党への暗黙の支持や暴力革命の必要性を認めさせようと責め立てたが、和田は言質をとられないような供述に終始した。

特高が「勝手にゆがめられた信仰？　をでっち上げて、押しつけて、作った」調書とともに検事局に送られたホーリネス教会の安倍豊造は、「えりぬきの優秀な検事の前に行ったら正しく扱って貰えるもの」と期待していたが、四三年四月の取調開始とともに検事局も「腐り曲っていた」ことを知る。「厳正なるべき検事たるものが、「うるさいッ、俺は忙しい」と大声でどなり散らして、一色刷りの御都合的調書」が「いとも簡単に」、「短い週日の間」にできあがってしまった。「私の出頭は単に強圧の下に記名と拇印《ぼいん》させられるためのものであった」と、安倍は憤怒を込めて回想する（安倍豊造「われらを試みにあわせず悪より救い出し給え」、山崎鷲夫編『戦時下ホーリネスの受難』一九九〇年）。

ゾルゲ事件をみよう。東京刑事地裁検事局の吉河光貞検事による訊問は検挙直後の四一年一〇月中旬から警察の取調と並行しつつおこなわれ、四二年三月下旬まで四七回つづく。三月二六日、「世界革命の将来に関する被疑者の認識如何」、「被疑者の今次諜報活動の目的如何」が問われると、ゾルゲは「目的の積極的側面は、ソ連社会主義国家を擁護せんとしたことであり、消極的側面は、ソ連をして凡《あら》ゆる反ソ的な政治上の発展又は軍事上の攻撃を回避せしめることに依り、ソ連を防衛せんとしたこと」と陳述する。

尾崎秀実に対する訊問はやや遅れ、三月五日から玉沢光三郎検事によっておこなわれた。四月一四日、「被疑者の我国体に対する考え方に付き述べよ」という問に尾崎は「共産主義者としての超国家的行動から自然に反国家的行動に出た」とする一方で、問題は「日本の真実なる支配階級たる軍部資本家的勢力が、「天皇」の名に於て行動する如き仕組に対しては之にどう対処するか」にあると陳述する（「検事訊問調書」『現代史資料』(1)「ゾルゲ事件㈠」一九六二年）。

起訴の起否と基準

検察では被疑者の取調を終えると、起訴か不起訴かの処分に進む。不起訴のなかには起訴猶予や後述の「留保」処分が含まれた。起訴か不起訴かの判断について、思想検察をリードした戸沢重雄（東京地裁検事局）は一九三三年一〇月の思想実務家会同の講演「思想犯罪の検察実務に就て」で、「第一は暴力革命に依る国体の変革又は私有財産制度の破壊に付ての信念の有無」、第二に「熱意の程度」、第三に「危険性の程度」、第四に「非合法運動からの離脱の有無」（『思想研究資料特輯』一二）にあると述べた。こうした基準は厳重化したり、緩和したりする。その一つが「留保」処分である。

三一年三月の司法次官通牒によって従来の必罰主義の一部が改められ、学生・生徒らの目的遂行罪について起訴を緩和する方針がとられた。治安維持法違反事件として検挙されると、釈放後も「良民に伍すること能わざるが為、絶望的の暴挙を敢てするの虞」があることからの対応である。これが効果的だったため、法相の訓令により三二年一二月から「留保」処分開始となった（三六年まで）。「一定の期間、其の者の行状を視察し、其の結果に因り公訴の起否を決する」というもので、期間は六カ月、視察は身元引受人と警察官がおこなう。「被疑者の主観」、つまり「転向」の意思表明を前提として「留保」という名の宙ぶらりんの状態において「転向」を促進することが狙いだった。学生・生徒の場合には復学の可能性が示唆された。五一頁の表1のように、三二年と三四年には起訴処分よりも「留保」処分が多くなるほど、積極的に活用された。

検察一体の原則はとりわけ思想犯罪にあっては厳重に統制されていた。地裁検事局が起訴しようとすると、控訴院検事局→大審院検事局を経て司法省の許可を得るという手続きが必要とされた。

起訴になった場合、「事件の軽重難易」にしたがって「検事の任意」により裁判所に「予審を請求する場合と直ちに公判を請求する場合」があった。日本国内の治安維持法違反事件では予審請求が圧倒的に多く、すぐに公判に進む公判請求はわずかだった（『無産者法律必携』）。なお、戦時下、新治安維持法の運用に連動するかたちで、公判請求の割合が増大していく。四二年には起訴全体の一七％に、四三年には三九％となった（法務府法制意見第四局統計課『第七十刑事統計年報〈検察事件〉』）。

起訴基準も社会運動の状況や思想政策の展開状況によって厳重化したり、緩和したりする。三三年五月、日本労働組合全国協議会（全協）を新たに「国体」変革結社とすることを機に、外廓運動への目的遂行罪の適用があいついだ。同年一〇月、金沢地裁検事局は日本プロレタリア作家同盟石川支部準備会の「組織活動、又文学サークル活動並に同同盟の機関紙配布等の活動」を共産党の目的遂行罪と認めて起訴した。ついで、東京地裁検事局は日本プロレタリア文化連盟・日本プロレタリア演劇同盟の活動も同様に起訴した。検事局の起訴処分というお墨付きは特高警察の取締を後押しし、拍車をかけた。

三〇年代後半になると、起訴基準をめぐって思想検事のなかで懸隔の生じた時期があった。人民戦線事件への対応でみると、三八年六月の会同で関川寛平検事（宮城控訴院検事局）は、日本無産党関係で「極めて曖昧模糊のもの」や「認識の程度の極めて軽い者」に対しては「起訴を厳選」（「昭和十三年六月　思想実務家会同議事速記録」『思想研究資料特輯』四五、一九三八年）すべきと発言する。こうした起訴緩和の発言に、池田克大審院検事は「苟《いやしく》も罪責が認定され、而《しか》も日本無産党、或は日本労働組合全国評議会に於ける地位、活動等を考慮して、起訴を相当とすると云うものに付きましては、起訴の処分を躊躇すべきでない」と反論し、「共産主義行動に対する国家の断乎たる態度」を貫くように指示を発した（「昭和十二年六月　思想実務家会同議事速記録」『思想研究資料特輯』三七、一九三七年）。

三・一五事件、四・一六事件の予審請求

一九二八年三月二四日、東京地裁検事局の平田勲検事は東京地裁に三・一五事件の被疑者三〇人を第一陣として予審請求した。福本和夫・渡辺政之輔ら一一人の起訴事実とされたのは「我国家成立の大本たる立憲君主制を廃止し、無産階級の独裁による共産主義社会の実現を目的とする日本共産党なる結社」を組織したことで、残る一九人は同結社への加入と宣伝に従事したとされる。総じて共産党の組織と加入のみを起訴事実とするもので、まだ「国体」変革と「私有財産制度」否認は用いられていない。個々の具体的活動については東京地裁の予審判事の取調に委ねられた。

三・一五事件では全体で七一二人の検事局受理数（特高からの送致数）のうち四八四人

が起訴となり、四・一六事件では全体で四三一人の受理者のうち三三四人が起訴となった。検事局別では東京がいずれも圧倒的に多い（一九三〇年四月調、司法省刑事局「日本共産党関係雑件」「外務省文書」）。三・一五事件の範囲は一二地裁検事局だったが、四・一六事件では三三地裁検事局に拡大している。不起訴の割合は三・一五事件では約四割だが、四・一六事件では約二割と低い。これは三・一五事件の検挙や送致が厳格とはいいがたく、検察側も思想犯罪に習熟していないことをうかがわせる一方、四・一六事件になると検挙や送致がある程度焦点を絞っておこなわれたことを推測させる。

戦時下の予審請求

一九四〇年前後、東京刑事地裁検事正が各控訴院検事長・各地裁検事正宛に送付した治安維持法違反の「起訴事実通報」が残っている（「太田耐造関係文書」）。注目される事件、新たな解釈により起訴となった事例などが、もっとも多く思想事件を扱う東京地裁検事局より情報提供・執務の参考資料として通報された。

たとえば、四〇年一二月、予審請求となった山代巴《ともえ》の公訴事実には壊滅状態の共産党を再建するため、「自ら未組織労働大衆を共産主義的に啓蒙し、之を組織化すると共に思想的交友関係を辿《たど》りて現有共産主義者を結集し、相互に共産主義意識の昂揚を図り」、最終的に「党」中央部の再建を果すために活動していたとある。

新築地劇団事件で検挙された演出家の岡倉士朗は四一年五月、東京刑事地裁検事局の吉河光貞検事によって予審請求された。「革命的芸術理論たる所謂「発展的リアリズム」を基調とし、公演、批判会、座談会等を通して一般大衆並劇団員の共産主義意識の啓蒙昂揚を図」ったこと、つまり長年の演劇活動の経歴全般が目的遂行罪に問われた（「治安維持法違反〔検事局以後〕」、東海大学図書館所蔵）。

四一年一二月、東京刑事地裁検事局の岡崎格検事は企画院事件の和田博雄の予審請求をおこなった。犯罪と認定されたのは、農村問題の諸論文の発表が「一般大衆を共産主義的に啓蒙し、以て社会主義革命の客観的主体的諸条件の促進を図らんこと」を意図していたこと、農村の階級分化過程の調査を協議したことなどであった。これらが「窮極に於ては」という飛躍の論理を用いて、「国体」変革のための「協議」と決めつけられた（「治安維持法書類一件」）。

四二年二月末、ゾルゲ事件処理の打合会議で、公判請求により司法処分を急ぎたい松阪広政検事総長の意向には従わず、中村登音夫東京刑事地裁検事局思想部長は予審請求をする方針を伝えた。五月、検事局から東京刑事地裁にゾルゲ・尾崎秀実ら五人の予審請求がなされ、ゾルゲ事件が公表された。ゾルゲの公訴事実として三〇年以来の情報の探知収集活動を列挙し、最後は「諜報団体の指導者たる任務に従事し、国家機密を始め軍事上の秘密及軍用資源秘密其の他の情報を探知収集して之を外国に漏泄《ろうえい》し、且《かつ》「コミンテルン」の目的遂行の為にする行為を為したるもの」とする。前半部分が国防保安法などの違反に該当し、後半部分が治安維持法の目的遂行罪に該当する。尾崎の場合はゾルゲの諜報活動の意義と実態について「孰《いず》れも熟知し乍《なが》ら」（司法省刑事局「ゾルゲ事件関係主要被告人公訴事実集」、「太田耐造関係文書」）諜報活動に参加したとして、三〇年以来の諜報活動を列挙する。

論告・求刑

思想検事が次に表舞台に立つのは、公判における論告・求刑である。

一九二八年一一月の福岡地裁の三・一五事件公判で、石塚揆一検事は「一、共産主義の内容等に関しては一切の論議を避くること　二、長くて二、三十分を越えざること　三、聊《いささか》も訟廷を騒がせざること」などの方針をもって論告に臨んだ。被告らの言動には「改悛の情」がまったく見えないとして、「女親の如き慈愛」ではなく「男親の厳格なる慈悲」の立場から五人の被告に「改正」前の最高刑である懲役一〇年を求刑した。なお、公判中に被告らが暴露した警察・検察における拷問について、「一笑に付すべき」虚言と全面否定した（「共産党事件論告要旨」『現代史資料』⒅「社会主義運動㈤」一九六六年）

公教育の場に「赤化」がおよぶ事態となった三三年の長野県教員赤化事件に学務当局と並んで司法当局が過剰に反応したことは、三四年春の公判での長野地裁検事局の川上達吉検事の論告の峻烈さにうかがえる。中心人物の藤原晃に懲役六年を求刑するが、その論告では県内に風靡する「自由主義が放縦に流れ、而《しか》も一つの衝動を受けた場合、飛躍して過激な共産思想に走り易い」と断定する。児童らに藤原の「共産主義的人格は必ず反映している」と追及し、「転向」表明は否定すべきとして厳罰を求刑する（『信濃毎日新聞』一九三四年四月二二日）。下伊那地区の矢野口波子に対する論告では「日本の国が非常時で内外共に多事多端の際、国内にかかる危険分子を輩出した事は断じて許すべきでない」と痛論し、「たとえ転向しても犯した罪に対しては充分の責任を負うべき」（『信濃毎日新聞』一九三四年五月一六日）として、懲役二年六月を求刑した。

三四年四月、森山武市郎東京控訴院検事がおこなった佐野学・鍋山貞親ら共産党指導部の転向組に対する論告は、「国体変革に関する思想を抛棄《ほうき》した」（「第二次日本共産党首脳部に対する論告」司法省刑事局思想部編『思想月報』第一号、一九三四年）ことを評価し、第一審で無期懲役だった佐野には懲役一五年を求刑した。

一方、非転向組への論告は一段ときびしくなった。三六年一月の『社会運動通信』は仙台の九・一一事件公判について、検事は被告らについて共産党再建を「学生と工場及び凶作にあえぐ農村等に働きかけたもので……仮りに転向したとはいえ茸を取っても地中に菌種が残っている以上、再び発生する如く、再び共産主義思想が起らぬと何人《なんぴと》が断定し得るか」と厳重視していると報じる。

人民戦線事件に対する東京刑事地裁検事局の玉沢光三郎による四一年の論告では、「指導的任務に従事した」山川均に懲役七年、「多年に亘り反国体思想を抱き、之が普及浸透に力《つと》めた点よりするも、重刑を以て臨む要あり」として向坂《さきさか》逸郎には懲役五年が求刑された（「海野普吉関係文書」、国立国会図書館憲政資料室所蔵）。

大本教事件の公判は三八年八月から京都地裁で始まり、三九年一〇月、京都地裁検事局の小野謙三検事が三日におよぶ大論告をおこなった。最後に「皇道大本は惟神《かんながら》の道の実践を標榜し、窮極に於ては革命手段により我国体を変革し（私有財産制度の否認を含む）、皇道大本を「日本並に世界唯一の統治者とする所謂神の国、松の世の実現を目的とする結社」とみて、「我が国体を危殆《きたい》に導くこと、遥《はるか》にかのコミンテルンの暗躍に比すべくもな く、その「罪は万死に値す」」と言い切った。出口王仁三郎には無期懲役を、「陰然たる重要なる存在」の教主出口すみには懲役一五年を求刑した（「皇道大本教事件検事論告案・第一審判決」、司法省刑事局『思想資料パンフレット特輯』一六、一九四〇年）。

量刑の基準

思想検事は起訴の起否とともに量刑をどの程度にするか絶対的権限を有し、それにもとづいて思想犯罪の司法処理全般についてのイニシアティブを握っていた。

東京地裁検事局の戸沢重雄は一九三三年一〇月の思想実務家会同の講演で「刑の量定」

の基準について「日本共産党に加入しただけで五年、色々活動すればそれに応じて加重することは勿論であります。党の目的遂行に付ては三年」（司法省刑事局『思想研究資料特輯』一二）という一応の目安を述べた。三四年五月の思想事務会同で東京控訴院検事局の森山武市郎は転向方策を推進する立場から第一審では非転向者に対して「実刑を以て臨み、控訴審に於て徐《おもむ》ろに寛典を付与するや否やを判定する」という方針が望ましいとする。

この会同では司法省刑事局長の木村尚達が「最近共産党事件の科刑は軽きに過ぐるものあらずや」（「昭和九年五月　思想事務会同議事録」『思想研究資料特輯』一六）と発言し、全般的に判決が軽くなりがちで執行猶予が付される傾向に注意を喚起している。

三八年六月の思想実務家会同で、長谷川明検事（東京刑事地裁検事局）は合法運動の厳罰化が必要と述べる。合法は情状が軽く、非合法は情状が重いということは一概にいえないとして、共産主義思想という「バチルス」に合法運動は触れる機会が多く、「慢性的な病気」こそが多くの人にとっては脅威だという認識に立っての発言である。同会同では勝山内匠検事（大阪控訴院検事局）も求刑が全般的に軽くなる傾向があると指摘した。「事件を個人的に扱う」ことに比重がかかりすぎ、「国家の転覆に関する組織的な根本的な犯罪」であるという認識が不足しているとする（『思想研究資料特輯』四四）。

三八年七月の大阪控訴院管内思想実務家会同においても同様な論点がみられた。佐藤欽一検事（大阪地裁検事局）は「転向」者の再犯が増大しているとして、「刑の量定などに於てナチス刑法の考方を参考とし、犯人に個人的事情を過大評価することがなく、国民全体の保護と云う観点に立ち、一層峻厳なる態度に出づるが至当ならずや」（「昭和十三年度控訴院管内思想実務家会同議事速記録――広島・宮城・大阪各管内」『思想研究資料特輯』四七）と提言する。総力戦下の治安確保の要請が、こうした厳罰主義の徹底となる。

3　予審――裁判所①

検事に追随する予審

刑事訴訟法には予審について「被告事件を公判に付すべきか否かを決する為、必要なる事項を取調うる」とある。予審の訊問は一問一答式で記録され、公判において証拠能力をもった。思想犯罪において予審は抑圧と断罪という役割を十二分に果した。

思想犯罪の被告たちの予審判事に対する憤懣は、特高や思想検事とは別の意味で大きい。一九三二年五月、四・一六事件公判の代表陳述で国領五一郎は、特高による拷問を受けて「全身数ヶ所の傷を負い、肩や頭は異常に腫れ上り、着物はズタズタに裂けた状態」が眼前にあるにもかかわらず、「今日まで千数百名もの共産主義被告を取調べた予審判事中、これを問題にした者は一人もない」(「四・一六事件公判代表陳述」『現代史資料』⑱「社会主義運動㈤」)と告発する。

人民戦線事件の鈴木茂三郎は「私の経験によると、思想犯に関する限り予審判事が検事よりむしろ悪ドイ」とする。担当の予審判事が「私も思想関係の予審判事として、内部ではまあ相当な声価をもっているのだが、君一人をヒネる……」(鈴木茂三郎『ある社会主義者の半生』一九五八年)と漏らした言葉を記憶していた。

『世界文化』事件の和田洋一は三九年一〇月の予審を担当した京都地裁の松野孝太郎とのやりとりを『灰色のユーモア』(一九五八年)で活写する。「反ファッショ文筆活動をやるにはやったが、日本に共産主義社会を実現するためなどとは全く考えていなかった」という和田の発言で訊問が膠着したまま時間が経過し、嫌気のさした和田の「共産主義社会実現のためということ、そりゃ潜在意識の中にならあったかもわかりませんが……」という発言に松野予審判事は飛びついた。「潜在意識!? うん、それでよろしい、潜在意識の中にでも、そういう目的があったのならそれでよろしい」として、「問題は解決」してしまった。和田は「潜在意識」によって罰せられることになった。

北海道の生活主義教育運動事件の公判で弁護にあたった高田富與は、予審制度について「実際は検察当局の牽制を受け、公正な裁判など思いも及ばないのが常で、治安維持法違反事件の如きは殊にそうであった……検事局の延長としての役目を果したに過ぎない」

（『綴方連盟事件』一九五八年）と断言する。

三・一五事件、四・一六事件の予審

東京地裁で一九二八年一一月に始まった予審訊問で国領五一郎は、第七回目までは「知りませぬ」、「そんな事はありませぬ」などと頑強に陳述を拒んでいた。その後、「我日本共産党の目的、政策、戦術、活動に付て陳述する事」に転換し、共産党の掲げたスローガンを一つずつ説明していった。たとえば「君主制の撤廃」について「単に立憲君主制の変革を目的として居るのではなく、資本主義国家を破壊し、プロレタリアの独裁を樹立する為」とする（「国領五一郎予審訊問調書」『現代史資料』⒆「社会主義運動㈥」）。

京都三・一五事件の予審をみよう。予審では「被告は日本共産党に加入し居るや」、「日本共産党の目的如何」（六月一六日）、「被告は日本に於ける革命の進行情勢を如何に考え居るや」などの訊問がなされた。太田遼一郎には「河上肇博士は如何なる関係にて産業労働調査所京都支社の維持費をだし居りたるものなるや」などが追及された。関連して河上肇や山本宣治の証人訊問もおこなっている。予審でも必ず将来の方針が訊問された。九月、森田五郎は「共産党とは絶縁し、将来は非合法的の運動は罷《や》める積《つもり》であります」と陳述している（「日本共産党関係治安維持法違反事件予審記録写」、京都大学人文科学研究所所蔵）。

二九年九月、四・一六事件の神戸地裁予審で、植田多平は共産党入党を承諾したと検事に供述したことについて、「警察に於て拷問を受け、仕方なく左様な事を言わされた」として、「之を基本に検事の取調べがあった」(「治安維持法違反事件記録」、京都大学人文科学研究所所蔵)と陳述した。多くの被告は警察の拷問によって強制的に供述させられ、検察の取調でもそれを否認できずに押し切られたことを予審や公判の場で申し開きしようとした。

東京地裁の四・一六事件予審で、砂間一良《いちろう》は三〇年五月、「現在に於ける被告の社会思想如何」を問われて、「私が日本共産党に加えられる幾多の弾圧と迫害にも拘らず、最後まで踏み留《とどま》って同党を支持し様と決心して居るのは、真理の為に闘って倒れる事は安逸の生を愉《たのし》んで虚偽と偽善の一生を送るよりも、遥《はるか》に高尚な遥に真実の生き方であると確信して居るからであります」(「治安維持法書類一件」)と供述している。

戦時下の予審

人民戦線事件で検挙された経済学者、猪俣津南雄《いのまたつなお》は一九三八年一二月の予審で、労農派グループは「国体」変革・私有財産制度「否認」を目的とする結社という公訴事実に「異議があります」(「治安維持法書類一件」)と述べ、その後も一貫していた。それでも日本無産党への資金提供を猪俣は認めざるをえなかった。予審判事は言質をとるために、あの手この手で執拗に責め立てた。

日本無産党書記長として検挙された鈴木茂三郎も、予審判事の訊問に抵抗している。もっともはげしいせめぎ合いとなったのは四〇年四月の「国体」変革をめぐる訊問であった。「被告人がプロレタリア革命によって少くとも優勢なるプロレタリア階級に政権を移し、その政権を民主的且プロレタリア階級の支配的なものとする事だけから云っても、当然に我が国体の変革となりはしないか」と予審判事に詰め寄られて、鈴木は「万機公論に決すとの明治維新に於ける御精神は、実は民主的であると斯様《かよう》に考えて居る」(「治安維持法書類一件」)と「五箇条の御誓文」を持ちだして煙に巻いている。

生活主義教育運動事件で検挙された中井喜代之は、釧路地裁の予審の状況を秘密に獄中で記録していた。根室区裁からの応援判事の取調は「事前に検事調書も証拠品も殆《ほとん》ど目を通すことなく、ただ検事調書の内容通りを、しかし表現だけは改悪して、書き写して行くでたらめさだった」(「その日の記録から」、北海道立文学館所蔵)と書き留める。同じく「獄中メモ」を残した松田文次郎も、最初に下書きに拇印を押させてしまうと清書した調書を見せず、供述内容も「大分ゴマ化」し、調書の差し替えもおこなっていたという(佐竹直子『獄中メモは問う——作文教育が罪にされた時代』)。

戦後の回想だが、坂本亮も予審判事は検事調書をまるまる下敷にしたものだったと証言する。それに強く抗弁すると、報復として「長いこと取調べの呼びだしがなくて過ぎた」(「怒りはいまも胸底に——北海道綴方教育連盟事件」、大槻健・寒川道夫・井野川潔編『いばらの道をふみこえて――治安維持法と教育』一九七六年)。

大本教事件の控訴審で予審と第一審の陳述が大きく違うことを問われて、山県猛彦は「予審では非常に私の心を曲げて調書が出来ました」(「大本教事件関係資料」その四、京都府立京都学・歴彩館所蔵)と陳述している。ホーリネス教会事件での車田秋次に対する予審は四三年六月から四四年三月までの一六回におよぶが、最後の訊問で車田は宗教者として奉仕するとする一方で、「過去において不用意不注意な間違った考えを与えかねない点のあったことを認め、十分それらの点を注意して慎み深く神と人とに仕えたく願っている」(『車田秋次全集』第6巻、一九八五年)と陳述することを余儀なくされた。

東京刑事地裁におけるゾルゲの予審は四二年六月から一二月まで四五回におよんだ。検事訊問に引きつづき通訳を務めた生駒佳年は「流石《さすが》にゾルゲは今度は冗談も飛ばさず、神妙に独訳された検事調書を聞いて、時々違ったところを指摘して、訂正させたり、又時には抗弁したりしていたが、随分退屈なことだろう」と回想する。予審判事が「気に喰わぬ推論をしたり、急所を突く質問をしたりすると、時には憤然として卓を叩いて否認し、そのあとは何を聞いても返事もしないことがあった」(「ゾルゲ回想」『みすず』三六号、一九六二年三月)という。

予審の長期化

弁護士の布施辰治は東京地裁の三・一五事件などの予審が異常に長引く事態に、「多数の被告達を半年も一年も二年も幽閉する未決拘留《ママ》は、素《もと》より不当不法の弾圧」（『共産党事件に対する批判と抗議』一九二九年）と批判する。この予審長期化の問題は思想実務家会同でもしばしば取り上げられ、促進の指示が出された。

司法処理の渋滞の要因は治安維持法違反事件の爆発的な増大によるところが大きいが、供述を引き出す策として、あるいは「転向」に誘因する策として意図的に予審を長引かせることもあった。国領五一郎は四・一六事件公判の代表陳述で「三年も四年も予審を終了せずに、何時までも未決に放りぱなしにしておくような方法」によって共産主義者を「迫害」（「四・一六事件公判代表陳述」『現代史資料』⒅「社会主義運動㈤」）していると指摘した。

また、予審判事のなかに思想犯罪を担当することを敬遠する傾向があったことも注目される。一九三四年五月の思想事務会同では検事から「予審判事は一般に思想事件を嫌い、後廻《あとまわ》しとなす傾向あり」（『思想研究資料特輯』一六）という現状が報告された。一一月の思想事務会同で小原直法相の訓示には「時に或は予審事務に携わるを嫌忌し、長く其の職に在るを好まざる風潮あるやに聞く」とある。木村尚達刑事局長も思想事件では取調が「億《おっ》劫《くう》になる」（「昭和九年十一月　思想事務会同議事録」『思想研究資料特輯』一八、一九三四年）と指摘した。その背景として思想事件の難しさ以外にも、予審判事の仕事を公判判事の仕事と比べて軽くみる意識が全般的に判事の間に潜在した。予審は若手の判事に押しつけられがちでもあった。

三八年七月の大阪控訴院管内思想実務家会同でも、人民戦線事件を担当する神戸地裁の予審判事は「従来思想事件は其の根柢たる理論難渋なるが為め、予審又は公判の判事に於て理論に通暁せざる結果、着手を嫌忌遅延するに出でしめたるものならんか」という現状を述べる。この判事は予審が自身の「手許《てもと》に集中」するだけでなく、「繁雑且興味に乏しく、神経衰弱の虞あり」(『思想研究資料特輯』四七、一九三九年)と愚痴をこぼしている。

予審を通じて「転向」の促進も図られた。三八年九月の名古屋控訴院管内思想実務家会同で、ある予審判事は戦時下においては「被告人に極力転向の機会を与え」、「如何《どう》しても転向せぬ者に対しては、相当長期の刑を科す必要があり、又仮釈放に付ても充分注意する必要がある」(「昭和十三年度　控訴院管内思想実務家合同議事録——札幌・長崎・名古屋各管内」『思想研究資料特輯』四八、一九三九年)と発言する。

厳罰主義への賛否

思想検事に追随する傾向があった予審判事においては、やはり厳罰主義が大勢だった。一九三八年七月の大阪控訴院管内思想実務家会同で人民戦線事件への治安維持法適用をめぐって、大阪地裁の予審判事は「外見に惑わさるることなく、重刑を以て臨むの要あり……表面のみを見ず、其の根柢に潜む危険性、悪性を看破し」(『思想研究資料特輯』四七)

なければならないとする。四〇年六月の宮城控訴院管内思想実務家会同では福島地裁の予審判事が「一般に刑は段々軽くなる傾向がある……特に文化運動者に対する刑は軽い」（『思想研究資料特輯』八一、一九四〇年）と批判する。

一方では、治安維持法の適用拡大に違和感をもつ一部の予審判事がいた。三八年七月の大阪控訴院管内思想実務家会同における高松地裁の予審判事は労農派グループへの第一条の適用について「余りに拡大し考うるときは社会上非常識なる結果を生ずるの虞あり」として、「吾々現実審理を為すに当りては、諸般の資料により独自の解釈を以て決せざるべからざる」と、事実に即した判断にもとづくことを求めた。和歌山地裁の予審判事も「結局裁判所に於ては個々具体的案件により参酌するの外なし、故に厳罰主義を一般的原則とするは如何かと思料す」（『思想研究資料特輯』四七）と賛同する。これらで意識されているのは、大審院検事の池田克が主導する厳罰主義だった。

三・一五事件、四・一六事件の予審終結決定

予審訊問が終わると、予審判事は「公判に付す」か「免訴」とするかを決定するが、大部分は公判に進んだ。この時点でほぼ有罪が確定した。多くの場合、予審判事は「はじめから事件を公判に付するために警察官・検察官がした取調の上塗りをしていた」という（青木英五郎『裁判官の戦争責任』一九六三年）。検事側からみれば、有罪のための証拠固め

を予審判事に丸投げしたかたちとなった。

一九三一年七月から刊行された司法省刑事局思想部編の『思想月報』には、多数の予審終結決定書が掲載されている。おそらく暗黙の前提として、公判の判決内容は予審終結決定と大きく異なることがないという了解が広く共有されていた。予審終結決定の時点で公表が差し止めされていた事件の新聞報道が解禁となり、当局発表をさらに脚色してセンセーショナルに報じられた。

山辺健太郎が『現代史資料』⒃「社会主義運動㈢」で指摘するように、治安維持法適用の過渡期を反映して三・一五事件の東京以外の地裁の予審終結決定には微妙な相違があった。

もっとも早い福岡地裁では日本共産党を「我日本帝国成立の大本たる立憲君主制を廃止し、無産階級の独裁に依る共産主義社会の実現を目的とする」秘密結社と定義する。岡山地裁の場合は「革命運動に依り日本帝国の国体を変革し、君主制を撤廃し、国家権力を無産階級に掌握せしめ、プロレタリア独裁政治を施行し、凡ての生産機関を社会の共有に帰せしめ、以て私有財産制度を否認し、共産主義社会を建設する為め」に活動したとする。この場合、「国体」変革＝君主制撤廃と比べて私有財産制度の否認がより重大と認識されている節《ふし》がみえるが、こうした理解は治安維持法「改正」の趣旨からずれており、その後にはこうした定義はみられなくなる。

主流となっていったのは東京地裁の「我国家成立の大本たる立憲君主制の撤廃、私有財産制度の否認を目的とする秘密結社」という定義で、しばらくして「立憲君主制の撤廃」が「国体」変革に修正される。そして、この東京地裁の終結決定書の書式は全国の共産党関係事件の終結決定の標準になっていった。

四・一六事件終結決定の「理由」を市川正一の場合でみると、日本共産党中央委員・留守中央委員長などの「要職に就き、党の枢機に参与し来りたる」活動を二六項にわたって列挙し、「党組織の整備拡充」を図ってきたとする。最後の適用条文は鍋山貞親・三田村四郎らとともに「結社の役員又は指導者たる任務に従事したる者」として第一条第一項を適用すべきとする。東京の四・一六事件では八三人のうち三人だけが「公判に付するに足るべき犯罪の嫌疑なき」として免訴となった。

戦時下の予審終結決定

一九三九年一二月、人民戦線事件の「教授グループ」に対する東京刑事地裁の予審終結決定は、「労農派」を「プロレタリア革命を遂行し、依って以て「プロレタリアート」の独裁政権を樹立し、之を通して階級目標たる社会主義社会の実現を企図する結社」（「治安維持法書類」、東海大学図書館所蔵）と認定する。目的遂行罪の適用である。

生活主義教育運動事件に対する予審終結決定は四二年四月から六月にかけて、釧路地裁によってなされた。綴方指導を通じて「児童に生産的労働場面、家庭の貧窮生活乃至之等に関係ある生活場面に取材せしむる様題材の方向を指示して課題し、之が生活現実を在りの儘《まま》に観察精叙せしめ」、それらの合評や鑑賞などによって「社会的唯物的人間観」を育てつつ、「資本主義社会の矛盾」の認識や「階級意識」の醸成（高田富與『綴方連盟事件』）をめざしたとされた。「社会的唯物的人間観」や「階級意識」の醸成などは予審判事の空想の産物といってよい。

ゾルゲを「東京刑事地方裁判所の公判に付す」という予審終結決定は、四二年一二月になされた。「理由」では「コミンテルン」の定義をしたうえで、それを「知悉しながら」諜報活動を展開し、蒐集した情報を漏泄したことが「コミンテルン」の目的遂行罪（「予審終結決定」『現代史資料』(1)「ゾルゲ事件(一)」）にあたるとされた。この犯罪の枠組みとしてまず治安維持法の目的遂行罪が用いられ、ついで国防保安法・軍機保護法などの順となる。

尾崎秀実の予審終結決定も同様であり、その活動については「官界政界財界其の他各方面より右各種情報を蒐集して」提供し、諸情報・諸情勢の評価をおこなうなど、ゾルゲの「諜報活動に欠くべからざる助言を提供し来りたるもの」（「予審終結決定」『現代史資料』(2)「ゾルゲ事件(二)」）とする。

4　公判——裁判所②

荒れる法廷

一九三〇年前後の共産党関係の治安維持法裁判では、しばしば法廷闘争がみられた。強硬な指揮で知られた東京地方裁判所の神垣秀六は「当時は、全国いたるところの裁判所で共産党事件の審理が大変荒れた時代でございます。裁判所というものが左翼陣営のために翻弄された時代で、これに対するなんらなすべき術《すべ》を知らないのです。困り切った時代なのです」（野村正男『法窓風雲録』上、一九六六年）と述懐する。

秋田の四・一六事件の公判で被告九人に懲役六年などが言い渡されると、「白水、吉原の両名は何事か高声にて述べ立つるや、全被告これに和し、革命歌を高唱して轟然《ごうぜん》たるものあり」（『小樽新聞』一九三〇年四月一日）という。三一年九月、朝鮮共産党日本総局の東京地裁の公判では被告が公開と併合審理を要求して「裁判長を罵倒し、朝鮮共産党万歳、コミンテルン万歳、日本帝国主義打倒等怒号しつつ、看守に擁せられて退廷す」（「各種治安維持法違反事件公判概況報告書綴」「渡辺千冬関係文書」）という状況が出現する。このとき裁判長の忌避を求めた細迫兼光弁護士は、却下されたうえに退廷を命ぜられた。

治安維持法違反事件の公判は原則として非公開で、傍聴は認められなかった。

開廷から論告・求刑まで

一九三三年八月、自らの東京地裁公判の様子を河上肇は「法廷の正面は高い壇になっていて、そこが判検事の着席する場所になっている……被告や傍聴者達の座席は中央の平土間である……裁判長を中央にして、陪席判事はその左右へ着席した。彼等の頭上に当る所には、天皇制の支配を象徴するかのように、皇室の紋章が金色を放って居」たと『自叙伝』に記している（『河上肇全集』続6、一九八五年）。

第一回公判では検察官が公訴事実を説明する。札幌地裁の三・一五事件公判では、検事が「大体は予審終結決定書に記載の通りである」と起訴事実を述べると、被告らは「最初は神妙に聞いていたが、約十分もたつとそろそろ咳払いが始まる、「ノーノー」、「みんな出鱈目《でたらめ》だ」、「うそつけ」などと裁判長の禁止もものかは、盛んにいいたい事を連発する、遂には大きなあくびをやるものもあれば、「アーアー」とためいきをつくものあり」（『北海タイムス』一九二八年一〇月二五日）という有様だった。

ついで裁判長が被告にこの公訴事実についての認否を求める。札幌における三・一五事件公判では「被告人等は異口同音に警察に於て拷問を受けたる結果、虚偽の自白を為したるもの」で、予審調書もそれをもとに作成されたとして無罪を要求した（札幌地裁検事正

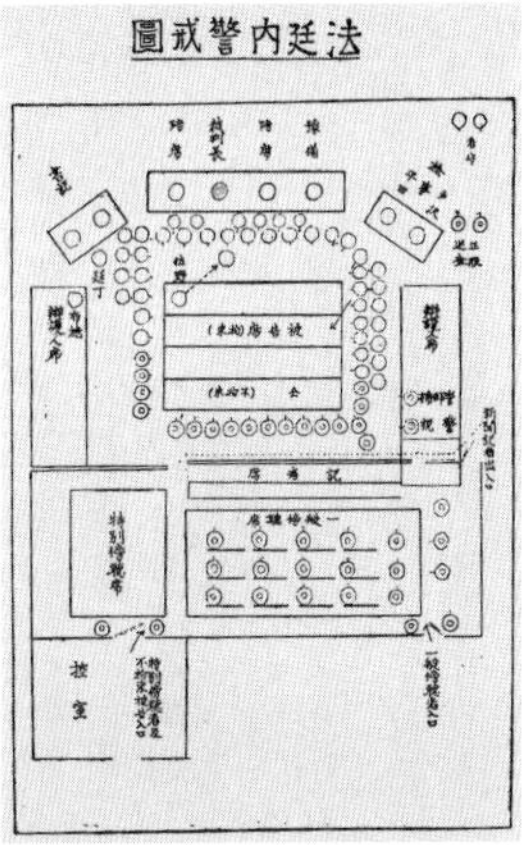

共産党統一公判の「法廷内警戒図」（辻参正『法廷心理学の研究』（「司法研究報告集」第一五輯第5号、1933年3月より）

神戸三・一五共産党公判の様子は「入廷する同志」「労働者の入場を阻む警官」というキャプションを付けて報じられた（『労働農民新聞』1928年10月6日より）

「公判概況」一九二八年一二月、法政大学大原社会問題研究所所蔵）。

被告の陳述が終わると裁判長による証拠調べに入る。この機会に特高の拷問の実態が暴露される。札幌の三・一五事件公判で、九津見房子は「私は実に一昼夜も拷問を受け、すそをまくってはたかれ、猿またをはいていたら生意気だといって引きさいてしまわれた」（『北海タイムス』一九二八年一〇月二五日）と警察での拷問を生々しく述べた。

大阪の三・一五事件の第一回公判でも被告の宮城雄太郎は「前に双手《もろて》を突出し……私は父母よりいと健《すこや》かなる身体を与えられましたが、警察で無惨に痛めつけられました、此の生々しき拷問の痕跡は私に戦え、戦えと云って居ります」（大阪地裁検事局「大阪地方裁判所に於ける日本共産党三・一五事件公判概況」一九三〇年一一月、法政大学大原社会問題研究所所蔵）と陳述する。こうした公判廷における拷問の暴露と追及に対して、検事は完全に否認し、裁判官も取り合わない。

次に証人訊問となるが、多くの治安維持法違反事件公判の場合、裁判長は被告側の証人申請を認めようとしなかった。

共産党の統一公判や大本教事件などを例外にして、一般的な治安維持法違反事件の公判の証拠調は二、三回程度で終わり、検察官の論告・求刑に移る。三三年八月の河上肇の公判では第一回目で裁判長の訊問から検察官の論告・求刑、そして弁護人の弁論まで一挙に進み、判決は一週間後に言い渡された。通常でも予審に比べて短い。

敗戦直前の四五年八月一日、東京刑事地裁で懲役一五年という求刑を受けた神山茂夫は「ゲートル巻きに戦闘帽の検事は、この国家危急存亡のとき、国体変革を目的とする被告のごとき「悪虐無道」な「国賊」は、裁判なしで直ちに銃殺しても差支えないぐらいのものだ」と断じたと回想する（神山茂夫『革命家』一九五六年）。

弁論から判決の言い渡しまで

検事の論告・求刑について、弁護人や被告自身の弁論がおこなわれる。

治安維持法公判の多くは官選弁護人が就いた。その場合には情状酌量論で刑の軽減を求めることが大半で、運動や思想への内在的理解はなかった。一九四二年五月、札幌地裁における無教会派キリスト者浅見仙作に対する公判で官選弁護人の弁論は「被告は秩序ある教会にも属せずして、無秩序の無教会主義を信じ、而《しか》も四十年間伝道せる結果僅か百名位の信者しか出来ないという、実に夢のような事を信じているなど、気の毒の至りである」（浅見仙作『小十字架』一九五二年）という見当違いぶりである。

名古屋で読書会を組織して治安維持法違反に問われた小栗喬太郎は、四三年の公判で官選弁護人が「熱のない口調で、私の思想が恵まれない家庭関係から生れたものであるという理由を述べ、寛大な処置をとられるように歎願しているようにきこえた」（『ある自由人の生涯　小栗喬太郎遺稿集』一九六八年）と回想する。

官選ではあっても被告の理解者となって弁論を展開した弁護人もわずかながら存在した。三七年三月の長野地裁における農村青年社事件公判で、官選弁護人は「検事の論告要旨に一々反駁を加え、治安維持法の必要以上に被告等を罰することは法律の濫用である」（『信濃毎日新聞』一九三七年三月一三日）と弁論したという。

被告人自身の弁論をみてみよう。札幌地裁の三・一五事件公判では二九年一月、裁判長が各被告に弁論の有無を尋ねると、「全被告異口同論にありますを絶叫して止まず」という状況となり、ほとんどの被告が「警察拷問と検事や予審判事詐術誘導訊問に依ってでっち上げられた事件」と述べた。九津見房子は「七年等と言う刑を科せらるる様には思いません」(「北海道庁警察部特別高等課文書」、堅田精司『北海道社会文庫通信』第一四〇号)と抗弁した。

三一年一〇月、東京地裁の朝鮮共産党日本総局事件公判で被告の陸鶴林は「解放運動は自己の生命を護《まも》る運動なり。日本帝国は吾々を臣民とは看做《みな》さず、其罪丈《だけ》を論ずることは諒解に苦しむ。日本帝国の横暴迫害等に対して、より一層反抗が増大することであろう」と陳述する。また、被告金東訓《キム・ドンクン》は「今や日本資本主義、軍国主義的政策に圧迫・迫害せられつつある朝鮮民族二千万人は悉皆《しっかい》朝鮮の独立を願求せざる者無し。吾々はこの熱望を代表したるものなり」(「各種治安維持法違反事件公判概況報告書綴」「渡辺千冬関係文書」)と意気軒高である。

一般的な治安維持法違反事件公判で、とりわけ「転向」を誓った被告は最後の陳述では「相違ありません」と答えて、あらためて恭順の姿勢をみせた。

判決を前に、無罪あるいは執行猶予付の寛大な判決を求めて、被告やその家族が裁判長に「上申書」を提出することがあった。執行猶予を期待していた河上肇は懲役七年という検事の重い求刑に「立っても坐ってもいられないような気がして」(河上肇『自叙伝』)、三三年八月、裁判長と検事宛に「上申書」を提出する。「自分の斯《かか》る学問的生涯をも此際自ら進んで自分の手で終りを告げしむると言うのが、私の新たになしたる決心であります」

（「内務省警保局保安課転向関係綴」、『続・現代史資料』(7)「特高と思想検事」一九八二年）という、未決監時代より一歩進んだ転向表明であった。

四四年一一月、ホーリネス教会事件の泉田精一は「上申書」のなかで、「日本人として唯概念だけでなく、全《まつた》き国体観に徹底し、国学書、殊に古事記、日本書紀、国体の本義、臣民の道其他を精読し、歴史にも通じ、日本人たるの自覚を持ち、自他をよく教え得る者たらんと期して居ります」（『戦時下のキリスト教運動』3、一九七三年）と記している。

治安維持法違反事件の場合、予審終結決定書、さらにさかのぼって検事の予審請求書や警察の送致時の意見書ですでに「犯罪」の枠組みがかたちづくられているため、判決もそこから逸脱することは少なく、多くは求刑をやや割り引いた量刑とした。

三九年九月の長崎控訴院管内思想実務家会同で熊本地裁検事局の思想検事は、ある被告が「自分の裁判は僅々五分間位で、結局懲役八年の刑が決って仕舞った、何の為の八年か理由の説明もなかった」（「昭和十四年度　控訴院管内思想実務家会同議事録――広島・長崎管内」『思想研究資料特輯』七八、一九四〇年）と裁判所に対する不平不満を述べていたとする。

控訴審・上告審

第一審の地方裁判所で判決が下ると、執行猶予が付された場合はそのまま確定することが多かったが、判決内容・量刑に不服の場合は控訴した。

三・一五事件や四・一六事件の控訴審では一審と量刑はほとんど変わらず、わずかに執行猶予が付される程度であったが、逆に重くなる場合もあった。司法省刑事局思想部編『思想月報』第一五号（一九三五年一〇月）の「治安維持法違反事件の統計比較観察」によれば、佐野学と鍋山貞親の「転向」声明以降、「転向を表明した者の大部分は執行猶予の恩典に浴し」、一九三三年には全執行猶予者の二六％弱、三四年には四四％強となったという。

三・一五事件、四・一六事件の上告審では二九年五月から三一年一一月にかけての一一の大審院判決がすべて「棄却」となるように、大審院の壁は厚かったが、三〇年代半ば、「刑の量定甚しく不当」として事実審理を経て量刑が軽くなる判決が五件あった。一審で懲役一〇年、二審で懲役六年だったある被告の場合、三四年一二月の判決で懲役二年（執行猶予五年）と大幅に軽減されている。「漸く自己が日本及日本民族に対する省察を忽諸《こっしょ》に付し、コミンターンに対する盲目的信頼を為し居《お》りたることの誤謬《ごびゅう》」を自覚して「転向」と非合法運動に関与しないことを誓ったうえで、保釈後は「家庭の人となり、一意専心正業の途を辿るべく努力しつつあること」（『思想月報』第一五号）が認められた。

三〇年代半ば、共産主義運動をほぼ弾圧しつくしたという現状認識がこうした寛大方策を導いた。しかし、三〇年代後半になると、潜在的な共産主義運動・思想の潜行への警戒から再び大審院の上告の壁は厚くなっていった。

判決の特徴

緊急勅令による治安維持法「改正」で「国体」変革の刑期を死刑に引き上げ、目的遂行罪を導入したことにより、主に国内の判決は第一条に収斂《しゅうれん》することになった。その兆候を読み取った風早八十二《かざはややそじ》は『現代法学全集』第三〇巻「治安維持法」（一九三〇年七月、『治安維持法関係資料集』第1巻）で「改正法に於ては第二条及び第三条は事実上廃止され、協議及び煽動行為は宣伝其他の行為と共に常に第一条第一項又は第二項に該当」するようになったと指摘する（この鋭利な内容ゆえに風早論文は発禁となる）。

ほとんどの治安維持法違反事件は、第一条第一項の「国体」変革の罪および第二項の「私有財産制度」否認の罪とされた後、量刑の適用として「重き」前者の刑が選択されるようになった。一九三二年一〇月の共産党統一公判の東京地裁判決で佐野・鍋山・市川正一が無期懲役となるのは、「第一条第一項前段並に同条第二項に該当し……重き右改正治安維持法第一条第一項前段の刑に従うべく」（『現代史資料』⒅「社会主義運動㈤」）となったからである。もし第一条第二項の量刑の選択であれば、最高刑でも一〇年だった。

三二年から三三年にかけて治安維持法事件の司法処理がピークを迎えつつあったとき、大審院判事の三宅正太郎は大審院判例を詳しく考察して、とくに目的遂行罪について「その初め一粒の種子をおとしたものの如きものであったのが、忽《たちまち》にして根をひろげ枝をのばして、今や治安維持法の全面積に亘《わた》り傍若無人の膨張をなし、結社組織、結社加入の両行為を除けば治安維持法は殆ど目的遂行行為のために独占されたかの観がある」（「治安維持法に関する大審院判例」『警察研究』一九三二年九月）と指摘する。三一年五月の判例では共産党についての認識があれば、「一切の行為」が目的遂行罪として処罰対象となった。議会審議などで治安維持法を一貫して目的罪であると説明してきたことを無視するものという三宅の批判は司法処理の「現場」では顧みられることはなかった。三〇年代後半になると、「コミンテルン」への目的遂行罪が前面に押し出されることによって治安維持法の「膨張」に歯止めがかからなくなった。

二八年以来の裁判確定の判決を集計した司法省刑事局「治安維持法違反事件科刑表」（一九四〇年四月末現在、『治安維持法関係資料集』第2巻）をみると、九九・二％が懲役刑で、禁錮刑はわずか〇・八％に過ぎず、しかも二八年から三一年の間という運用初期に限られた。その一つは二九年七月の名古屋三・一五事件に対する名古屋控訴院判決で、裁判長三宅正太郎は第一審で懲役四年となった長谷川民之助ら三人に禁錮一年半を言い渡した。例外的な禁錮と量刑になったのは、被告らが運動に加わった意識について「社会の人類の幸福を思い、社会をしてより良きものたらしめんとするもの」と理解を寄せたうえで、「自己が虐《しいた》げられたる社会制度の欠陥を是正し、自己と同一の立場にある多数者を救うの道は此の方法を措《お》き他に求むる能わずと為したるもの」（大審院『大審院刑事判例集』第九巻、一九三〇年）と認めたからである。ただし、「国体」変革の罪は重大とした。

三宅は風早論文が発禁処分となったため、『現代法学全集』「治安維持法」を代わりに執筆する（一九三一年二月・三月）。そこでも治安維持法は「禁錮刑のみ」規定すべきであったとする持論を展開し、現実の判決が懲役刑一辺倒になっていることに「立法の趣旨の徹底せざるなきやを疑わしむる」と言い切った。

公判の特徴

法廷闘争による「荒れた」治安維持法公判を教訓に、一九三〇年代以降の第一審公判は併合審理を避け、単独ないしは少人数のグループの審理となっていった。「転向」の促進のためには単独審理が望ましいと考えられた。

『戦旗』や『無産青年』などを配布し、読者網を作ったとして検挙された小樽の被告四人に対する三三年四月の札幌地裁の公判では「首領株の広川が「札幌共産事件と一緒に審理を受けたい」と裁判の延長を要求した」ために紛糾した。他の被告の意向が「一人は延期、他の二人はどちらでもよい」となると、裁判長は「「一向統一出来ていないじゃないか」と冷やかして、審理に入」ったという（『小樽新聞』一九三三年四月二一日）。法廷が紛糾すると、しばしば裁判長は分離し、単独裁判にするぞと威嚇した。

日本共産党中央指導部の佐野学・鍋山貞親をはじめ、三・一五事件と四・一六事件関係の約二八〇人が東京地裁の公判に付された。開廷は一九三一年六月で、裁判長は宮城実である。京城地方法院検事局の福田甚二郎の出張報告書「日本共産党事件公判傍聴記」（朝鮮総督府高等法院検事局思想部『思想月報』第九号、一九三二年一二月）によれば、佐野らの「供述は党の宣伝に趨《はし》るが如き傾あり……共産党が如何に英雄的に「プロレタリア」階級解放の為に努力し来りたるか、又共産党を措《お》きて真に「プロレタリア」解放の実現を期し得べからざる所以《ゆえん》等を各方面より大声疾呼《しっこ》論究したる」という。名古屋地裁判事の辻参正は傍聴記（「法廷心理学の研究」司法省調査課『司法研究』第十五輯、一九三二年三月）で裁判所周囲を警察官約二〇〇人と憲兵一〇人で厳重に警戒し、法廷内も「看守及巡査を以て人垣を作り、被告人席を囲繞《いじょう》」したという。一般傍聴席には「菜葉《なっぱ》服に交りて多数の断髪の乙女及妙齢の婦人」もいた。

その一人、小林多喜二は午前二時から並んで傍聴した。高橋貞吉の代表陳述「農民運動」を聞き、「オレたちよりもずっとずっと進んだオレ達の先輩が、オレたちにいろいろタメになることを教えてくれているということがわかる」（「共産党公判傍聴記」『文学新聞』第一号、一九三一年一〇月一〇日、『小林多喜二全集』第五巻、一九八二年）と感想を記した。

起訴や予審終結などの司法処分は常に厳罰主義に傾きつつ、その緩和も模索されていたが、それは公判の判決をめぐっても同様であった。三二年八月の司法官実務家会同で、山本武雄和歌山地裁判事は思想犯罪について「他の犯罪より厳罰するを可とす」と主張した。

「転向」を安易に認めて執行猶予を付すのは望ましくないとし、国家的見地に立って「宜《よろ》しく厳罰」にすべきとしたのである。三四年一一月の思想事務会同では中西保則大阪地裁判事が「刑の量定に関しては事件の少い所程重」く、事件の多い大阪・東京は軽いと指摘する。福岡地裁の井上健一郎判事は「厳罰主義を適当と信ず、殊に地方的に社会の耳目を聳動《しょうどう》したる事件に付、特に然《しか》り」と述べる。一方で、広島地裁の福田豊市判事は「犯情相当重きも、判決当時改悛の情顕著なるものに実刑を科すること」には相当苦慮しているとする（『思想研究資料特輯』一八）。

「転向」表明にかかわらず検察側が実刑を求めたのに対して、判決で執行猶予を付す傾向がつづくと、大審院検事の池田克は三八年九月の長崎控訴院管内思想実務家会同で「行動的転向に止まるものは一面から見ますと、将来社会情勢の推移により再転向するの危険性が多分にある」と釘を刺し、「転向」を厳密に評価することを求めた。これに対して本郷雅広長崎地裁判事は「転向の甲斐がなかったと言うことを怨《うら》ませる様な刑は之を避けなければならぬ」（『思想研究資料特輯』四八）という観点から、寛大な方針維持を譲らなかった。

三九年八月の広島控訴院管内思想実務家会同で二宮峯広島控訴院判事は、戦時下の「思想犯の如きものは少しでも検挙が遅れれば国家の治安を紊《みだ》すと言うことが非常に大となる」（『思想研究資料特輯』七八）として、厳罰主義をもって臨むべきとする。日中戦争下の「非常時局」認識を追い風とし、「厳罰主義」の主張が大勢を占めていった。

検察と裁判所の間では求刑と科刑の相違をめぐって齟齬《そご》が生じることもあったが、おおむね裁判所は検察の意向を尊重、ないしは追随する関係にあった。三五年一一月の思想実務家会同において東京刑事地裁判事潮《うしお》道佐は「裁判所で分らない時は検事の意見に従う方が寧ろ正しいと思う」(『思想研究資料特輯』二四)と発言する。三九年八月の広島控訴院管内思想実務家会同では二宮峯広島控訴院判事は思想検事による専門的研究が進展しているとして、「協議とか意見とかいうよりは寧ろ御研究になって居られる事項につきまして御教えを願えれば、今後裁判所が裁判をする上に於きまして、参考になることが多々ある」(『思想研究資料特輯』七八)と述べた。

5　行刑・保護観察・予防拘禁

思想犯受刑者の教化改善

治安維持法公判で有罪の実刑判決が下されると、被告は刑務所に収容されて受刑者となる。ここでは予審・公判段階で収容される未決監=拘置所も含める(拘置所は刑務所に併設)。単なる身柄の拘束にとどまらず、「教化」=「転向」に誘導すべく行刑当局の積極的な働きかけがなされていった。

懲役五年の刑を科された河上肇は、一九三三年一〇月、未決監の市谷刑務所から小菅刑務所に移送された。出獄後に著した『自叙伝』で河上は「繞《めぐ》らすに高い高いコンクリートの分厚な土塀を以てした小菅刑務所。——これが向う五ヶ年間私を社会的に圧殺しておくために、真黒に塗った鉄門を開いて今私を呑み込んだ軍部的警察的半封建的日本帝国主義の牢獄である」と記した（『河上肇全集』続6）。

豊多摩刑務所内部の様子（『獄中の昭和史——豊多摩刑務所』より）

ことに思想犯に対して拷問が荒れ狂った警察の留置場と比べると、拘置所・刑務所では受刑者はそうした無法状態から解放されたが、規則に違反したとして看守に暴行されることもあった。三・一五事件で投獄された五十嵐元三郎は、治安維持法「改正」で最高刑が死刑に引き上げられて以降、「看守らは僕らの抗議や要求の言動に対し強圧的となり、「お前らなんぞ殺したって好《い》いんだ」とすごみを利かすようになった」（「豊多摩刑務所で」

豊多摩〈中野〉刑務所を社会運動史的に記録する会編『獄中の昭和史――豊多摩刑務所』一九八六年）と証言する。

三・一五事件後、拘置所に収容が始まった二八年四月、司法省行刑局長は各刑務所長に戒護の際の「細密なる注意」を指示した。担当や護送に従事する者には「思想堅実」で思想問題に理解のある「優秀」な者をあてること、「隔離を厳にし、衣服の捜検、運動、入浴、接見、信書、差入等には特に注意」することなどを通牒した（司法省刑事局『思想事務に関する訓令通牒集』『思想研究資料特輯』二一、一九三五年）。二九年七月の刑務所長会同で小原直次官は判決確定者には「宜《よろ》しく厳正公平にして適切なる処遇を施し、其の思想を穏健中正に復せしむる」（『刑務所長会同席上に於ける訓示演述注意事項集』、矯正図書館所蔵）ことを指示する。

思想犯処遇をめぐる状況は三一年になって思想犯罪の検挙が急増する一方で、司法当局は思想犯受刑者への教化改善に本格的に取り組みはじめた。三一年四月の地方長官会議で渡辺千冬法相は「受刑者の教化」に触れ、思想犯を放置せず「適当なる思想上の薬物と滋養物とを投ずる必要がある」（司法大臣官房秘書課『司法大臣訓示演説集』一九三三年）と訓示した。同年六月の刑務所長会同で塩野季彦《すえひこ》行刑局長は、教化による思想「改善」＝「転向」に努めるように指示している。その「改善」の内容は、一〇月の刑務所教務主任（教戒師）会同における渡辺法相の訓示、「静《しずか》に省みて祖先の思想生活を理解し、我が国民本来の魂に目覚め」（『刑務所長会同席上に於ける訓示演述注意事項集』）させるという抽象的で観念的なものだった。次第に「国体」観念への帰依を目標にしていくが、実際に「転向」を促していくのは拘禁による肉体的・精神的苦痛や家族愛などだった。

司法省の「転向」状況の調査によると、三一年一〇月末時点で二五六人の思想犯受刑者中、「方向転換したる者」は二四・六％、「方向転換を期待し得る者」は三七・九％であった（池田克「思想犯人教化問題の考察」『警察研究』一九三二年三月）。「転向」の雪崩《なだれ》現象を一挙に生み出したのは、思想検事平田勲・戸沢重雄の誘導による三三年六月の党指導者佐野学と鍋山貞親の「転向」声明である。司法当局はこれを大々的に社会に公表するだけでなく、受刑者に積極的に働きかけた。

一二月、行刑局は各刑務所長に治安維持法違反受刑者の「改悛」状態を半年ごとに報告することを指示した。「転向者」を「国体変革は素《もと》より、現存社会制度を非合法手段を以て変革せんとする革命思想を抛棄したる者」（「思想事務に関する訓令通牒集」）と定義し、運動との離脱状況により三分類する。ほかに「準転向者」と「非転向者」に区分する。三五年一月末の調査では「転向」四七・六％、「準転向」三一・五％、「非転向」二〇・九％となった。

「転向」促進策の一つとして三四年一月から「行刑累進《るいしん》処遇令」が施行されている。目的は受刑者の「発奮努力の程度に従いて処遇を緩和」するというもので、「拘禁及戒護」から「接見及信書」、「給養」などの広範囲におよんだ。「転向」の意思を表明しない限り、「厳正独居」や「接見及信書」などのきびしい制限がつづいた。

このような行刑面での施策により、三五年一一月の刑務所長会同で小山松吉法相は思想犯の教化改善が良好と評価するに至った。

獄内闘争・偽装転向との対抗

行刑教化の背後には刑務当局と思想犯未決拘禁者・受刑者との対抗があった。まず獄内闘争である。豊多摩刑務所での獄中体験にもとづく小説「独房」で、小林多喜二は「俺だちの仲間のあるものは、書信室や運動場の一定の場所をしめし合せ、雑役を使って他の独房の同志と「レポ」を交換したり「獄内中央委員会」というものさえ作っている」(『中央公論』一九三一年六月、『小林多喜二全集』第三巻、一九八二年)と描く。四・一六事件で市谷刑務所に拘置中だった西田信春は、メーデーの日に「多少騒いだため……僕は十五日間の図書看読禁止を食っている」(中野重治宛書簡、一九三〇年五月一五日、『西田信春書簡・追憶』)という懲罰を受けた。

当然ながら獄内闘争に対して当局は対策をとる。一九三一年六月の刑務所長会同で塩野行刑局長は「時に行刑規律を紊《みだ》す目的を以て、或はハンガーストライキを為し、或は放歌高吟を為す場合すらある」として、それらを制圧し、「よく恩威併行の措置」(『刑務所長会同席上に於ける訓示演述注意事項集』、矯正図書館所蔵）をとるよう求めた。この制圧には看守の暴行も含まれた。

もう一つは「転向」をめぐる攻防である。拘置者や受刑者のなかには「偽装転向」によって保釈や仮釈放などをかち取ろうとする者もいた。三三年一一月の刑務所長会同で皆川治広次官は「真に改悟せざるに拘らず、恰《あた》かも思想転向したるかの如く装うて、仮釈放を僥倖《ぎようこう》〔思いがけない幸運〕せんとするものあり」として、今後は刑務所と思想検事らの協議によりその手続きの万全を期すように注意を喚起した（「刑務所長会同席上に於ける訓示演述集」一九三三年）。三五年一一月の刑務所長会同では岩松玄十行刑局長が「思想犯に付ては共犯者との関係、其の他社会運動情勢をも顧慮し、本人が出所することに因り社会運動情勢其の他一般社会に与うる影響、他の者が本人に対し再び働きかけ、之を運動に引入るる虞なきや」（「刑務所長会同席上に於ける訓示演述集」一九三五年、矯正図書館所蔵）などについて厳密に考慮するよう注意をあたえている。

「累進得点原簿」

日本国内の行刑資料のなかには見いだせないが、朝鮮の治安維持法運用（第四章）の行刑段階において仮釈放の基準がシステマティックに規定されていた興味深い資料（「仮出獄」韓国・国家記録院所蔵）があるので、ここで紹介したい。おそらく日本国内でも同様な

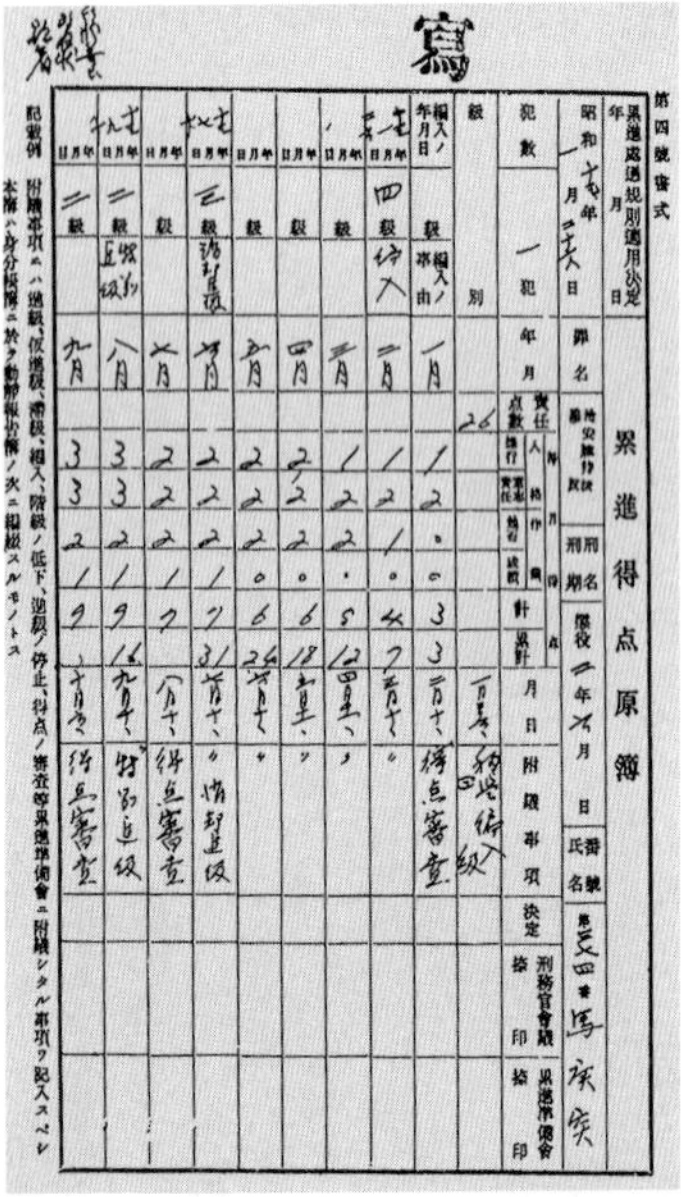

朝鮮では1938年1月から行刑累進処遇制度が実施され、行刑中の態度などを査定した「累進得点原簿」が作成された（「仮出獄」、韓国・国家記録院所蔵）

ことがおこなわれていたのではないかと思われる。

朝鮮では行刑累進処遇規則が制定され、日本国内より四年遅れて行刑累進処遇制度が一九三八年一月から実施された。さらに同年四月には仮釈放審査規程が制定され、治安維持法違反受刑者にとっては「転向」が仮釈放の大前提となった。行刑中の態度などを査定した従来の「行状表」に代わって新たに「累進得点原簿」が作成され、その点数が基準となった。

三七年一一月、懲役二年六月（未決通算五〇〇日）を科された馬庚突《マ・キョントル》は咸興刑務所で服役していたが、執行済期間が一年余となった三八年一一月、「行状善良、改悛の状顕著なる」として仮釈放を「具申」され、残刑一月余で釈放された。馬の「累進得点原簿」をみると、刑務当局に「転向」が認められた三八年一月から規則の適用となって第四級に編入され、責任点数は二六点とされた。馬の「人格点」は二月では「操行」が一点、「意志・責任」が二点、「作業点」は「勉否」と「成績」ともに〇点であった。得点を重ね、六月に三級に昇級、八月には二級に「特別進級」となった。九月からは「操行」「意志・責任」がともに三点と評価されている。一級への昇級が仮釈放の原則となっているが、二級以下でも「改悛の状顕著にして、社会生活に適応し得るもの」と認められると仮釈放への道が開いた。馬の場合は一級昇級となる前に、仮釈放の「具申」となった。

行刑累進処遇制度の発足により仮釈放を望む受刑者は、より模範的になるよう駆り立てられた。懲役二年（未決通算一〇〇日）で釜山刑務所に服役中の許晟道《ホ・ソンド》は「支那事変勃発より皇軍の果敢なる奮闘並新東亜建設の重大なる聖業を認識するに至り、愈《いよいよ》従来の思想行動に一大動揺を生じ……累進の昇級に従い、益《ますます》言動を慎み、最早累犯の虞なしと認めらるるに至」ったという。執行済期間が一年四月強となった三九年七月、仮釈放が「具申」され、釈放となった。

行刑累進処遇規則の適用開始とは、「転向」が認められて厳正独居が解かれ、工場出役となり、日々の行動・生活ぶりが査定されることである。「非転向」や「準転向」の場合はこの累進処遇のラインに乗ることはなく、仮釈放の道は閉ざされたままだった。

朝鮮における二八年から四〇年までの治安維持法違反受刑者のうち、仮釈放の割合は全体の一四・〇%にとどまっているが、行刑累進処遇規則が実施された三八年から四〇年までみると二四・一％に上昇している（朝鮮総督府「思想犯保護観察制度実施の状況」一九四一年一二月、『治安維持法関係資料集』第3巻）。残余の刑が一月や二月余という者も多く、刑務当局は仮釈放の「具申」を出し渋ったうえに恩典を与えたことを強調し、「転向」の促進を図った。

戦時体制下の行刑

大審院検事の池田克は一九三六年一一月の『警察研究』に発表した「思想犯人教化の経験批判」のなかで、行刑教化時代から保護観察時代への移行を説く一方で、「思想犯人教化」を過ぎ去った問題ではなく、なお「今日の問題性」を有していると論じた。

日中戦争全面化のなか、三八年五月の刑務所長会同の協議事項の一つに「時局に鑑み、詭激《きげき》思想懐抱者の処遇に関し考慮すべき事項」があがった。函館の佐藤備太郎所長は非転向者の「「トーチカ」のような頭に大爆撃を加える必要がある」と応じた。「大爆撃」とは適当な刑務所に非転向者を「集禁」し、「其の道の「エキスパート」を揃えて、もっと大規模にもう一度やって見る」ことで、「予防拘禁」の考え方に近づいているといえる。三月末現在、治安維持法違反受刑者二一四人のうち「非転向者」は七一人だった（『刑務所長会同議事速記録』一九三八年五月）

この二週間後に開催された全国刑務所教務課長会同では、「時局に鑑み行刑教化に就き考慮すべき点如何」が諮問されている。教務課長らは「詭激思想懐抱者の教化」について転換の必要を答申した。これまでの「思想的政治的転向」にとどまらず、「全人的転向を期し、親ソ感情は固《もと》より、人民戦線賛成、反戦的意識、広義マルクス主義的思想の一切を抛棄《ほうき》せしめ、現下帝国の国策に対し絶対的に支持せしむる様教化する」（『刑政』一九三八年七月）というもので、「転向」の水準を大きく引き上げようとした。その後、これが実行されていく。

行刑政策の第一人者と目されていた正木亮（広島控訴院検事局検事）は、四〇年五月の思想実務家会同で「日本の思想犯人と云うものは、少くとも数千年来の皇国の精神と云うものが血液の中に流れて居る」としたうえで、「日本の思想犯人」を「矯《なお》すことの出来ないのは是は法律が悪いのではなく、又取扱が悪いのではなくして、日本人たるの琴線《きんせん》に触れることがないから矯らないだけの話」（「昭和十五年五月　思想実務家会同議事録」『思想研究資料特輯』七九、一九四〇年）とする。そこには、日本人であればいつの日か「転向」して真の「日本人」になりうるという確信があった。

三六年から四四年八月までの国内の受刑者は各年末時点で三六年が三八四人と最大で、四〇年前後で減少した後、四三年には二三四人と増加する。仮釈放は三六年には一七一人であったが、以後は急減し、四二年以降は一桁になっている（司法省「治安維持法違反収容者及釈放者」『治安維持法関係資料集』第4巻）。これは、戦時下の治安確保の要請にともなって仮釈放の認定が非常にきびしくなったことを示そう。一九二八年から四〇年四月末までの受刑者は一七七九人（執行猶予二六九二人、司法省「治安維持法違反事件科刑表」『治安維持法関係資料集』第2巻）で、三六年一一月から四四年六月までの満期釈放者と仮釈放者の合計は二一二六人となっている（司法省「保護観察事件処理状況」『治安維持法関係資料集』第3巻）。これらから四五年までの治安維持法運用二〇年の受刑者の総計を推定すると、おおよそ三〇〇〇人を超えるだろう。

戦時下の豊多摩刑務所について受刑者の証言を見よう。「戦争の進行につれてツキ飯は加速度的に小さくなり、麦飯から高粱《こうりやん》飯に、ついで大半が大豆粒のものに変った」と杉本博は回想する。また、「私たちは所内の工場労働に駆り出された。軍用機の鋲《びよう》打ちである。扱うものはすべて金属である。ここは東京であるとはいえ、火の気一つない工場内で厳冬には全身が凍った。栄養失調や凍傷で「受刑者」たちは次々とたおれた」（「土方与志とともに」『獄中の昭和史――豊多摩刑務所』）とも証言する。

南巌は懲役三年の刑を科され、四二年一〇月から在監したが、再起する日のために健康維持を決意し、「官弁の四等食を三等食に格上げさせる闘争を展開」して実現させた。「一九四五年一月を過ぎる頃から私たち治維法違反の仲間の間で、日本帝国主義の敗戦が間近い感じがするとして、敗北の時期」などの討議もおこなっていたという（「豊多摩刑務所の思い出」『獄中の昭和史――豊多摩刑務所』）。

思想犯保護観察制度の概要

保護観察所は二二カ所に設置された。運用の中心となる保護観察所長はすべて思想検事から選任された。大阪・名古屋・広島・札幌（いずれも控訴院所在地）の所長は思想検事から転官した専任者が就き、他は地裁検事局の思想検事が兼務した。東京保護観察所（東京府と埼玉・千葉・山梨県が管轄地域）は全国の「保護観察」の対象の候補者九〇〇〇人余のうち三〇〇〇人余を占めるだけに、この所長の選考は重要だった。森山武市郎は思想検事のエース格の平田勲を現職の大審院検事のまま所長にすえた。

所長につぐ要職は「調査及観察事務を掌《つかさど》る」保護司（定員三三人）で、東京の七人の専任保護司の一人には警視庁特高第二課長の毛利基が加わっていた。毛利の転官には森山の懇願があったといわれ、「検挙時代」から「保護観察時代」への転換を象徴した。「保護観察」の問題点として特高的監視との重複が指摘されていたことへの対策の意味もあったが、実際には特高との関係はスムーズではなく、毛利も一年で警保局外事課に移った。

日本プロレタリア作家同盟における活動や『働く婦人』の編集活動などを共産党の目的遂行罪に問われて、一九三六年三月に懲役二年（執行猶予四年）の判決を受けた宮本百合子は三七年一月、「保護観察」に付された。宮本は自筆「年譜」に「はじめて保護観察所によばれたとき、この毛利が鉈豆《なたまめ》煙管をさげて出てきて、「どうだね、悪いことをしたと思うかね。」と言った。そのときの感情は生涯忘れないだろう」と書きつけている（『宮本百合子全集』第一八巻、一九八一年）。

思想犯保護観察法は三六年一一月から四五年一〇月までの九年間運用された。日本国内で五三五三人が保護観察審査会の審査対象となり、大部分は「保護観察」に付され、不要とされた者は一六人のみであった（四四年六月まで）。「保護観察」に付された割合は執行猶予者が三二％、起訴猶予者が四三％、満期釈放者が一三％、仮釈放者が一二％である。

二年間の「保護観察」期間は更新が認められており、「非転向」を貫く場合には三回以上の更新もありえた。司法大臣官房調査課編『司法一覧』（一九四五年）「保護観察処分成績」表の六三五二人のうち「保護観察」の「転向」完了が認められるなどして「取消其他の終了」となったのは三九一九人、残りの二四三三人が四四年六月末段階の「保護観察」人員となる。その「成績」で「不良」とされるのは一七人だけで、ほかは「良」「稍良《やや》」とみなされている。すでにこの時点では新治安維持法の「予防拘禁」制施行によって「非転向」の「保護観察」対象者中からも移されていた。「良」「稍良《やや》」といっても「思想の指導及生活の確立」のためにはまだ「保護観察」が必要という判断であった。

「保護」重視から「思想の指導」へ

思想犯保護観察法の運用は一九四〇年前後を境に大きく二つにわけることができる。司法省保護局第三課長の平野利は「其の初期に於ける保護に重点を置いた華やかな積極的活動から漸次観察に重点を置いた質実な内省的方向へと移行して行った」(「戦時下に於ける思想犯保護観察制度の一考察」、司法保護協会『昭徳』一九四二年一〇月)と述べる。また、保護局長の森山は「個別輔導」から「集団輔導」、そして「個別輔導」への再帰という流れがあったとする(「思想犯保護観察制度の回顧と展望」同一九四一年九月)。ここでは運用の前半をみよう。

当初、就職や就学を斡旋するなどの「保護」の側面を重視し「生活の確立」を優先する方針がとられたが、被保護者の三分の一強が警察関係の嘱託保護司の下にあるように「観察」機能も働いていた。施行後半年程度で内部から「保護」偏重気味の方針に修正を加え、「日本精神の体得」という「思想の指導」に力を注ぐべきという主張が強まった。しかも日中戦争全面化という事態を受けて、「保護観察」の方向修正が図られていく。

三七年後半以降、各地の保護観察所の活動は活性化し、時局対応座談会、国防献金運動、遺家族慰問などが展開されはじめた。森山は「転向者たちは既に或る程度の社会復帰を完了し、社会人として(正しくは日本社会の人として)の積極的な活動の地盤を確保していた」と評価する(「思想犯保護観察制度施行一年を顧みて」『昭徳会報』一九三七年一一月)。三八年五月の第三回保護観察所長会同において塩野季彦法相は「思想の指導」の強化を訓示する。「未だ思想完成の域に達せざる者に対しては克《よ》く之を輔導して日本国民たる自覚に甦《よみがえ》らしめ、本人に潜在せる国民的性情を顕現せしめ」ることを求めた（「第三回保護観察所長会同議事録」『司法保護資料』第一四輯）。これらを実行するために、三八年八月には保護観察所を拡充し、保護司の定員を八人増員した。

三八年六月、全国の保護観察所によって設立された時局対応全国委員会は国民精神総動員運動を推進し、「特に思想国防に協力参加し、国民思想の確保に努むること」に力を注いだ。すでに三八年末の時点（『保護観察所二年間に於ける活動実績』）で一四六人の「思想転向者」が「満洲国」や中国などに進出している。その実践報告『興亜の礎石　転向者の大陸進出記録』（一九三九年五月）の「序に代えて」のなかで、森山は「思想事件の転向者が大陸に進出し、或は戦火の下を潜って宣撫班に参加し、或は国策の推進力となっていることは取りも直さず国家に忠誠を誓う所以《ゆえん》」と述べている。

各観察所の活動状況は、就職斡旋などの「個別輔導」から講演会やピクニック、国民精神総動員運動への参加などの「集団輔導」に重点が移った。三七年・三八年の二〇保護観察所（東京・大阪を除く）の活動状況の総計では「個別輔導」が横ばいであるのに対して、「集団輔導」では「昭和一二年度」の回数が八六一回、参加人員四万三〇五人から「昭和一三年度」の一三八八回、一九万三〇四四人へと飛躍的に伸びている（『保護観察所二年間に於ける活動実績』）。「集団輔導」への転換は「思想の指導」の強化に連動した。施行当初の「思想の指導」の目標は「転向」の第四段階＝「完全に日本精神を理解せりと認めらるるに至りたる者」におかれていたが、三七年後半以降になると「日本精神を体得して実践躬行《きゆうこう》の域に到達せる者」という第五段階に格上げされた。

新治安維持法下の思想犯保護観察

新治安維持法によって「予防拘禁」制が導入されると、思想犯保護観察制度の運用が早急に見直しを迫られることとなった。「保護」よりも再犯防止をめざした「観察」重視への転換である。一九四〇年一一月、大臣官房内の一課であった保護課が保護局に昇格し、保護観察所の拡充も実施された。保護局長にはそのまま森山武市郎が昇任した。

四一年五月の第六回保護観察所長会同では「予防拘禁制度の実施と保護観察制度の運用」の関係に論議が集中した。「予防拘禁制度」を有効に機能させるため、保護観察制度も対象者への精緻な「観察」がより要請されることになった。かつての「厳父慈母的」性格の両様性が否定され、内外情勢の緊迫化に対応するためとして「厳父」性が強調された。たとえば、林隆行広島保護観察所長は「従来は専ら慈母の態度を以て接して居った、観察所は対象者に対して睨《にら》みが利かぬと云う点に於て厳父の威厳を欠いて居た」と発言する（『少年審判所長・保護観察所長・矯正院長会同議事録』）。大審院検事の平野利は「従来の暗中模索的な消極主義を一擲《いってき》して、明朗闊達《かったつ》なる積極的方針を確立しなければならぬ」（「戦時下に於ける思想犯保護観察制度の一考察」『昭徳』一九四二年一〇月）と述べる。

アジア太平洋戦争を前に保護観察所の受理件数が急増した。四〇年が一五一〇人で施行以来の最低だったのに対して、四一年は上半期だけで一〇五四人を数えた。この期間に保護観察に付した八六四人のうち三四%が期間更新者で、三九%が期間再更新者であることは運用の度合いがきびしくなっていることを物語る。

四一年九月の各保護観察所長宛の保護局長通牒では「転向」基準の見直しを指示している。「転向」の認定は「過去の思想を清算し、日常生活裡《り》に臣民道を躬行し居るもの」だけとなった。「非転向者」を予防拘禁所に送り込む一方で、それ以外の対象者にはこの「日常生活裡に臣民道を躬行」するための「錬成」が課された。

新潟保護観察所が四二年六月頃に作成した『保護観察所のしおり』では保護観察所を「反国家思想の防止絶滅を目的とする官庁」としたうえで、「治安維持法違反者をして再び忠良なる日本臣民に復帰せしめ、更に共産主義運動を絶滅せしむるが為めには、それ等の違反者を個々に、或は集団的に観察し保護し、時に依りては集団的に座談会、精神修養会等を開催して指導誘掖《ゆうえき》し、其間転向の機会を得せしめ、進んで転向を確保することに努力せねばならない」と新たな役割が示された(「布施辰治資料」明治大学図書館所蔵)。

森山も保護局長としてこの制度の「思想戦としての役割」を強調し、「行動鍛錬を主とする厳正な指導」を実行すること、現状の「個別的輔導」を再修正して「集団的輔導、特に錬成の実施に相当の重点を置くべき」ことを論じる(「思想犯保護観察制度の現代的使命」

『昭徳』一九四三年一月）。

戦時下の行政機構の整理にともなって思想犯保護観察の機構は縮小を余儀なくされたが、銃後の治安維持は急務となり、保護観察制度自体の運用は拡大の一途をたどった。大阪保護観察所長勝山内匠は「保護観察」の対象を治安維持法違反者に限定せず、「詭激思想懐抱者が当該思想により為したる所為にして刑罰法令に違反したる者」に拡大すべきだと提言する（「思想犯保護観察の対象に就いて」『司法輔導』一九四四年一月）。

四四年一一月には刑政局で「思想事件関係者勤労動員計画」が立案されている。「直接戦力増強に寄与すべき業務に動員し、勤労を通じ皇国民としての再起奉公を実践せしむると共に銃後思想治安の確保を図らんとす」という目的を掲げ、保護観察対象者のなかからも「思想事件関係者勤労輔導所」に送り込もうという計画である。この計画は実施には至らなかったと思われるが、各観察所では思想保護団体などを通じて「錬成」を名とする「勤労輔導」を実施していた。札幌の尚和会の四三年度活動方針には「特設錬成道場に於て強制的錬成実施の実現を図ること」（司法省保護局思想輔導課「昭和十八年一月思想保護団体報告綴」『資料日本現代史』2、一九八〇年）とある。

三七年六月、小菅刑務所を出獄して自宅に戻った河上肇にすぐに東京保護観察所からの接触があったが、理由は不明ながら「保護観察処分」となるのは四〇年二月だった。四一年六月には保護観察所から左翼文献の提出を求められ、応じざるをえなかった。「マルクスの著作、エンゲルスの著作、レーニン全集等、種々書き入をしたるものなどあり、手離すに当って涙ぐむ感じありき」と「日記」に書きつける。

四一年一二月の京都転居にあたっては保護観察所に「出頭」し、「縷々《るる》陳情、京都移転に就て便宜を与えられんことを嘆願」している。転居後には京都保護観察所に「挨拶」に出かけている（「日記」）。四二年二月に「更新」がなされたのち、その二年後の期間終了とともに解除となった。その感慨を「けふはしも「保護観察」は解かれたり獄を出でしより七年の後」と詠んでいる。

北海道生活主義教育運動事件で有罪となり、執行猶予となった坂本亮は札幌保護観察所の「保護観察」下に置かれていたが、ときどき訪ねてくる担当の保護司に「保身の意味」で麦粉やでんぷんを持たせたと苦々しく回想する（坂本亮『季節点描』1、一九六四年）。

四五年一〇月、GHQ「人権指令」により治安維持法とともに思想犯保護観察法が廃止される段階で、二〇二六人が「保護観察」処分の下にあった（終戦連絡中央事務局第一部『執務報告』第一号、一九四五年）。

「予防拘禁」制の運用

新治安維持法第三章は「予防拘禁」を詳細に規定した。治安維持法違反の満期釈放者、執行猶予となって「保護観察」に付されている者を対象とし、再び治安維持法違反の「罪を犯すの虞あること顕著なる」（第三九条）場合には予防拘禁所に収容し、「改悛せしむる為必要なる処置」（第五三条）が加えられた。期間は二年で、継続が必要と判断されれば「更新」された。

新治安維持法の施行とともに東京予防拘禁所が設置された。一三〇人を収容定員とする新施設の建設が小金井町に計画されたが、資材不足のため豊多摩刑務所の拘置施設を改造し、一九四一年一二月末に開所となった（四五年五月の空襲被害により、六月に府中刑務所内に移転）。職員は教導官二人、教導官補と書記各二人で、刑務所の看守に相当する教導が一八人いた。

初代の所長（教導官）には名古屋地裁検事局の思想検事中村義郎（かつて東京保護観察所の輔導官）が据わった。その意向を反映した「予防拘禁処遇細則」の第一条には「当所は被拘禁者をして国体の本義を自覚し、忠良なる日本臣民たらしむる為、之を指導錬成するを以て目的とす」とある。中村の方針は「彼等が過去の考え方を続けるようなことは断乎として絶対に是は許さない」（一九四三年七月の東京控訴院管内思想実務家会同における中村所長の発言、『現代史資料』(45)「治安維持法」）というものだった。

「予防拘禁」の手続は、刑務所長および保護観察所長から該当者の申立を受けた地裁検事局検事がそれを妥当と判断すると、予防拘禁審査会の意見を聞いたうえで裁判所に請求し、裁判所が本人の陳述を聴いて「決定」すると規定されていた。裁判所の審判手続は非公開・弁護人抜きでおこなわれる。

徳田球一らの刑期が満了となり、出獄の迫った四一年九月、刑事局長から各地裁検事正に「予防拘禁制度活用に関する件」が通牒された。対米英開戦が必至となる時点で、「治安を確保する為、詭激思想に基く反法行為を防遏《ぼうあつ》するの要」があるとして、「非転向者」の「予防拘禁」が指示された。また、「過去の思想に懐疑的又は無関心となり、思想的低徊の状態」にある「準転向者」についても、「非常緊急事態切迫」の場合には「予防拘禁」が必要になるとされた。この通牒を受けて、各検事局からの「予防拘禁」請求が活発となる。「予防拘禁」を想定された徳田や福本和夫らは九月頃までに千葉刑務所や小菅刑務所に移送されていた。

国内における「予防拘禁」対象者は計画段階で三〇〇人と想定されていたが、四五年五月末までに検事局への申立（受理）があったのは七四人にとどまった。しかも検事の判断で八人が「不請求」となり、最終的に裁判所へ請求となったのは六六人で（四三年六月までに五八人）、裁判所は六〇人を「予防拘禁」に付すという決定をする。収容決定を不服として検事からも即時抗告がなされ、最終的な収容者は六五人となった（『治安維持法関係資料集』第4巻）。

「予防拘禁」に付された大部分は広義の共産主義運動関係者で、ほかに朝鮮の民族独立運動関係者と天理本道・灯台社関係者がいた。刑期満了とともに刑務所から収容となったのが三分の一で、三分の二は「保護観察」処分からの収容となっている。

二年の拘禁期間が終わり、「再犯の虞《おそれ》」がないと判断されると退所となった。事前に予防拘禁所長は帰住地の検事と保護観察所長の了解を得た後、司法大臣の許可を得るという手続を踏む。退所式で所長から「卒業証書」と賞品『国体の本義』を授与された退所者は、明治神宮・靖国神社を参拝し、「宮城を遥拝して帰住地に帰」(笠松義資「予防拘禁制度に就て」『思想研究資料特輯』九九)る。その後は「保護観察」下に置かれた。

四五年六月の臨時思想実務家会同で船津宏刑事局長は「予防拘禁」対象者の増大が必要となるとして、「今後対象者の発見に付、一段の努力を致すと共に、常に情勢の変化に留意し、戦時下に於て本制度の効果を最大限に発揮する様努力せられ度《た》い」(『季刊現代史』第3号)と指示をあたえた。敗戦が迫るなか、「予防拘禁」制の活用を図ろうとした。

「予防拘禁」の決定

名古屋の角野真一からみよう。一九四一年一二月の対米英開戦時に一斉検挙された角野は「共産主義の誤謬《ごびゅう》」を悟ったと陳述するが、裁判所は「若《も》し夫《そ》れ局面変転して人心の動揺を来し、従て治安の間隙を生ずることあらんか、本人の思想的炉火、誰か再燃して往時の威を逞《たくましゅ》うせずと断じ得ん」ときびしく判断し、しばらくは「旧同志との交際、実社会との接触より本人を離隔」することが必要として「予防拘禁」を決定した(笠松「予防拘禁制度に就て」)。

また四一年一二月、函館地裁は西館仁を「予防拘禁」に付す決定をおこなった。「非転向」で出獄したものの、社会情勢の激変をみて従来からの思想に疑問をもつようになり共産主義思想を放棄しているとして西館は即時抗告した。四二年一月、札幌控訴院はこの「転向」を認めず、「抗告人は依然過去の共産主義思想を抛棄《ほうき》せず、階級意識を堅持し居り」とした(司法省刑事局思想部編『思想月報』第九一号、一九四二年)。四二年一二月に東京刑事地裁が砂沢喜一郎に下した決定には、「本人を暫《しば》く同臭の旧知共産主義者等より離隔し、潜心反省の機を与えて更生を輔導誘掖《ゆうえき》し、以て信念の確立を全《まっと》うせしむる」とあった(『思想月報』第九九号、一九四二年)。これらは治安確保のための「保安的機能」、つまり「隔離」の必要性の観点からなされていた。

四二年七月、熊本地裁の李康勲《イ・カンフン》に対する決定は「現在尚《なお》民族主義的思想を堅持し、朝鮮をして独立の国家たらしめんとする願望」をもっているという判断にもとづく。李は検事による「聴取書」のなかで、運動にはもう従事しないが、文化的・教育的な「朝鮮民族の精神運動を為し、独立の気運を作ることが必要」(『思想月報』第九七号)と述べていた。天理本道の高橋君市に対する静岡地裁の決定では、「転向」を表明するもまだ「完全なる清算」とはいえず、信仰の経歴に加えて家族や親族間にも天理本道の信徒が多いとみなして、再犯の可能性は大きいと断定した(『思想月報』第九三号)。

そして四三年になると、「隔離」よりも「転向」の促進・完成を期すことに比重が移った。七月の大阪地裁の速水泰妙に対する決定では「転向」が不十分として、「更に専心内省の機会を与え、皇国臣民として更生せしむる」ことが相当とされた（『思想月報』第一〇五号、一九四三年）。最も遅い段階の入所と推測される灯台社の葉《よう》フミイの場合、懲役二年六月の刑を受け、四五年四月に刑期満了となったが、依然として「全く我国体の観念を欠如し、我国の滅亡を確信し激烈なる反国家感情を露骨に表明し居」るとして「予防拘禁」に付された（内務省警保局「特高月報」原稿、明石博隆・松浦総三編『昭和特高弾圧史』「宗教人にたいする弾圧」一九七五年）。

実際の収容者が想定を大幅に下回ったように、この制度は全体としては不振で、活用されたとはいいがたい。四二年二月の臨時思想実務家会同において、東京刑事地検から「将来再犯の虞顕著なりと認定せしむるに足る資料の蒐集」は容易でないという発言がなされる（「昭和十七年二月　臨時思想実務家会同議事録」『思想研究資料特輯』九二、一九四二年）。「予防拘禁」を請求するまでの「転向」状況の判定の難しさと裁判所の決定を含む手続の煩雑さに、思想検事たちの躊躇や消極性があった。

ただし、地裁検事局によっては司法省の指示に忠実に「予防拘禁」制の積極的な活用を図ろうとしたところもあった。一五人の「予防拘禁」を請求した大阪と八人を請求した札幌である。四一年一一月、一度の検事の取調だけで正規の手続を踏まずに予防拘禁所に収容された土屋祝郎は、札幌から「送られてきたものを拘禁所では特に「北海道組」と称して、本来くるだけの資格をもっていないにもかかわらず、遮二無二《しやにむに》拘禁処分にされたものの別称にするようになった」（土屋祝郎『予防拘禁所』一九八八年）と記している。この「北海道組」の多くは二年間の拘禁期間の経過を待たずに、「再犯の虞」がないとして退所となった。

非転向のまま「再犯の虞」が顕著とされると、検事中立から裁判所の決定という手続を経て「予防拘禁」が「更新」される。四三年一一月に期間満了となった松本一三《かずみ》は裁判所に呼び出され、裁判長から「君は改悛していないんだな。それさえわかればいいのだ」（「東京予防拘禁所の回想」『獄中の昭和史――豊多摩刑務所』）と言い渡されて、「更新」が決まってしまった。その理由では「依然共産主義を堅持し、プロレタリア解放の為に　天皇制は之を打倒すべきものと確信」しているとして、内省の機会を与えて「忠良なる日本臣民として更生せしむる」必要があるとされた（『思想月報』第一〇七号、一九四三年）。

天理本道の団野徳一は「更新」の審査に際して、裁判官に対して「天皇が何が神様だ。人間ではないか。神様というものは天理本道の甘露台様（本道の創立者大西愛治郎の尊称）のほかにはない」と言い切ったという（今村英雄「忘れ得ぬ人々」『獄中の昭和史――豊多摩刑務所』）。

「修養場」と「隔離所」

「予防拘禁」に期待された役割は、社会からの「隔離」と「転向」の促進であった。正木亮は予防拘禁所について「被拘禁者を日本人として更生せしむるに足る修養場」であり、「反抗をつづける者に対しては厳然たる隔離所」（「予防拘禁所経営論」『刑政』一九四一年七月、『治安維持法関係資料集』第4巻）と述べていた。「修養場」を正木は「精神入替所」とも呼ぶ。その正木は行刑局長として東京予防拘禁所を視察した際、「治安維持法の罪を犯す惧《おそ》れ顕著なるものとして、当予防拘禁所に収容されている諸君に対しては、その首をチョン切ってもよいことになっている」と威嚇したという（土屋祝郎『予防拘禁所』）。

笠松義資「予防拘禁制度に就て」によれば、一九四一年一二月から入所開始当時は対米英開戦という緊張もあって「隔離」的な性格が強かった。「非転向」は入所時には一三人であったが、「転向」が促進されて四三年二月には六人に減ったという。笠松は実施後二年を経た「予防拘禁」制を、「隔離処分なる強制手段を伴う一種の保護処分」と位置づけた。

予防拘禁所からの退所は、「転向」促進という「修養場」の機能が働いたことになる。「北海道組」の一人向　曉《あきら》は二年の更新を待たずに退所となるが、その理由は「国体の本義を究明するに努めたる結果……今日に於ては小我を捨てて大我に生き、以て大東亜戦を戦い続け、最後の勝利に邁進」しようとする熱意がうかがえるようになり、「共産主義的色彩を認めざるに至れり」というものだった。李白春《イ・ベクチュン》の「退所」は「祖国日本の理想たる八紘一宇《はっこういちう》の精神の下に朝鮮を愛することが祖先に報ずる所以《ゆえん》にして、真に朝鮮を愛する者は真の皇国臣民たらざるべからず」という結論に達したと評価されたからであった（笠松「予防拘禁制度に就て」）。

「予防拘禁」制は文字どおりの「拘禁」によって「隔離」＝保安的機能を果したとはいえ、「忠良なる日本臣民たらしむる」という「修養場」機能の発揮は五分五分だったといえる。「転向」完了による退所者がある一方で、松本一三や徳田球一ら「非転向」組にとって予防拘禁所は「気楽な生活」（山辺健太郎『社会主義運動半生記』一九六七年）であったし、理論学習さえおこなっていた。

徳田球一・志賀義雄・松本一三・山辺健太郎、団野徳一らを含め、最後まで予防拘禁所に収容されていた「非転向者」は一七人であった。

6　軍法会議による処断

軍法会議と思想憲兵の活動

大部分の治安維持法違反事件公判は一般の裁判所でおこなわれるが、ごく一部は軍人・軍属の犯罪を処断する軍法会議でもなされた。軍法会議は一九二一年四月施行の陸軍軍法会議法と海軍軍法会議法によって運用された。一般の裁判所と異なって、部隊長の統率権の下に兵科将校から任命される判士四人と法務官一人で構成された。二審制であり、法務官が判決文を起草するなど実質的に主導した。

海軍関係の治安維持法公判は呉鎮守府軍法会議と横須賀鎮守府軍法会議という、三三年四月の二つの軍法会議にとどまるのに対して、陸軍軍法会議による処罰人数は総計で一〇〇人近くに達すると推定される。三〇年代前半にヤマを迎えたが、戦時下の四〇年代前半にも多くなっている。

陸軍では三〇年から三四年までに治安維持法違反で六〇人が検挙されているが、これらの内偵捜査・検挙・取調にあたったのは各地の憲兵隊に配置された思想憲兵であった。のちに東京憲兵隊長などを務める大谷敬二郎は「昭和四年頃より九年頃までは、軍隊は赤い思想に悩まされ、かつ、あらされていた……憲兵の思想警察は昭和四年頃からようやく積極的になってきた。各隊は競って共産党狩りに躍起となった」（大谷敬二郎『昭和憲兵史』一九六六年）と記している。

取調後の司法処分は二つにわかれる。現役の軍人であれば軍法会議に送致され、軍属の多くと外部からビラの貼撒布などの反戦反軍運動をおこなった一般人は各地裁検事局へ送致された（拙著『日本憲兵史——思想憲兵と野戦憲兵』二〇一八年）。

三・一五事件や四・一六事件に関連して入営前の共産党加入と活動が処罰される事例が多いが、兵営内で共産主義思想の宣伝や「結社加入」を勧誘したとして検挙される場合もある。姫路師団の一等兵は三〇年一月の軍法会議で治安維持法違反と不敬罪で懲役三年（求刑は三年六月）を科された。その予審調書には他の兵卒に対して「吾々無産階級から搾取するものは資本家である、資本家の最高は陛下である、陛下は吾々無産階級に対しては不必要であると言った」と供述したという（憲兵司令部『思想彙報』第九号、一九三〇年一月）。

『思想彙報』第一一号（一九三〇年三月）には二月の「共産党関係の現役兵三、軍属一、軍職工一計五名」の検挙について、「生活の不平不満、私的制裁、勤労過激、階級的矛盾等の意識から現役兵卒が進んで隊外の同志、而《しか》も共産党の幹部に連絡し、其の指導下に兵卒委員会組織を企図せるものであった」とする。これらは憲兵が拘引し、取調のうえ、治安維持法違反で軍法会議に送致している。

『思想彙報』第二〇号（一九三〇年一二月）によれば、軍隊内で「細胞（読書会等を含む）組織を計画せるもの」は二九年に三件、三〇年に五件あり、「隊内兵卒に主義を宣伝し、逐次細胞組織に進展せんとしたるもの」はそれぞれ二件と三件あったとする。大部分が治安維持法違反容疑での検挙となり、「運動は殆んど皆その未萌の間に芟除《さんじょ》せられた」という。その後の司法処分の状況は不明である。

三七年から四〇年にかけて治安維持法違反の検挙はあったが、軍法会議への送致には至らなかったと推測される。四一年は不明だが、四二年には八人、四三年には五人、四四年一一月までに一四人が軍法会議で治安維持法違反として処罰されている（四五年は不明。「陸軍軍法会議処刑罪数表」、松本一郎編『陸軍軍法会議判例集』4、二〇一一年）。

四三年一二月、中島飛行機労働者『真路』発行グループへの弾圧では郡山工場を中心に検挙者は二〇〇人におよんだ。翌四四年三月、箱崎満寿雄ら四人が検事局に送られ、一年後の判決では治安維持法違反として箱崎が懲役四年、もう一人は三年となった（三人は起訴猶予、箱崎満寿雄『郡山を中心とする社会主義運動史』一九六七年）。

初期の独自の治安維持法運用

治安維持法が適用された最初の軍法会議では、第□《ママ》師団の元幹部候補生滝本孝一と倉林梁作の入営前の行動が問われ、一九二九年二月に師団軍法会議は二人に懲役二年を科した。「前衛隊（日本青年共産《ママ》同盟）を組織し、非合法運動を為すべき」と勧誘され、日本共産青年同盟に加入して「研究会」に出席したことや「反軍国主義宣伝の謄写物」の交付を受けたことが、第二条（協議）に該当するとされた。被告は陸軍高等軍法会議に上告したが、六月に棄却された。注目すべきは日本共産青年同盟員としての活動が第一条ではなく、第二条「協議」の適用となっていることである。第一条に収斂した判決が一般的になっていた治安維持法公判とは異なり、軍法会議は独自の判断を下したことになる（小森恵編『昭和思想統制史資料　思想統制史研究必携』別巻下、一九八一年）。

　軍法会議が独自な運用をおこなっていたことを示すもう一つの事例は、一九三〇年一二月、第一師団軍法会議が元陸地測量部陸地測量手の金沢裕之に対して新聞紙法・出版法違反で罰金七〇円を言い渡した判決である。陸地測量部勤務中の金沢が『戦旗』の販売に従事し、発売頒布禁止後に同僚に売却したことが新聞紙法などに問われたが、一般の裁判所であれば治安維持法の目的遂行罪の適用となったはずである（「我判決文」法政大学大原社会問題研究所所蔵）。

　しかし、こうした独自判断は長くはつづかず、軍法会議でも一般の治安維持法公判に準じた判決となっていく。三二年五月、近衛師団軍法会議は〇〇《ママ》喜久雄（一等兵）に懲役一年三月を、〇〇《ママ》金雄（上等兵）に懲役一年を科した。「徴兵による失業反対！」「家族の生活を保証しろ！」「日本共産青年同盟に入れ！」などの共産青年同盟のビラを連隊内に貼撒布したことが第一条の目的遂行罪に問われたが、「犯情憫諒《びんりょう》すべきものである」として量刑は少し軽くなった。三三年一〇月、近衛師団軍法会議は〇〇《ママ》為好（二等兵）に懲役二年

（執行猶予五年）を科した。入隊前の日本反帝同盟としての活動が目的遂行罪に問われたが、被告は近衛師団の在隊を名誉として「軍務に精励し、今や過去の非を悔い、断然判示の如き不逞主義を清算し、同志と縁を絶ち、只管《ひたすら》君国の為尽瘁《じんすい》せんことを誓い居れる」として執行猶予付の量刑となった（『陸軍軍法会議判例集』2、二〇一一年）。

陸軍法務官島田朋三郎

軍法会議の判断が一般の治安維持法違反の判決に準じていく大勢のなかで、一九三二年から三三年にかけて第一師団軍法会議においてなされた判決はユニークなものとなっている。それを主導した同師団の陸軍法務官、島田朋三郎の存在が大きい。島田は東京帝大法学部卒業後、二二年四月に陸軍法務官に任官し、朝鮮軍や第一一師団などを経て、三二年六月に第一師団に配属となった。のちに相沢中佐事件では検察官を務める。

その一つに、三二年一二月に吉野源三郎に懲役二年（執行猶予四年）を科した判決がある。予備役陸軍少尉の吉野は三一年七月、演習召集で陸軍野戦砲兵学校に三週間入校したが、入校前の「上海国際共産党極東事務局と日本共産党中央部との連絡仲介を担任」していたことに目的遂行罪が適用された。執行猶予を付す理由について、吉野が「温厚篤実にして態度厳正着実熱心」であり、演習での成績も第一位であるとしたうえで、「学術的研究の範囲より逸脱し、漸次深刻に陥りたる」ことについて「情状洵《まこと》に憫諒すべき」とする。

さらに刑の執行を猶予すれば、「今後純真なる学者として学術の研究に精進し、相当社会に貢献する所あるべき」と吉野の将来性にも言及する。ここには一般の治安維持法公判にはみられない島田の見識があった。

もう一つ、三三年五月の歩兵第四九連隊機関銃隊の一等兵、三浦秀雄への判決でも「転向」が真摯であるとして、懲役二年に執行猶予五年が付された。横浜電気局車掌として勤務中に共産党に入党し、細胞の「キャプテン」となり、機関紙『パンチ』を発行するなどの入隊前の活動が目的遂行罪に問われたが、検挙前に被告人は「前非を悔悟し……爾来《じらい》全く同志との連絡を断ち、党活動を廃止した」だけでなく、入隊後の勤務も精励だったという評価にもとづく。

これらが綴じ込まれた『判決集綴　治安維持法違反事件』（同志社大学人文科学研究所所蔵）は、裁判官として関与した神保信彦大尉の旧蔵である。その仮表紙には神保の手により「理由及証拠論に於ける島田法務官の名判決を研究すべし」と書かれている。

二つの海軍軍法会議判決

大谷敬二郎は『昭和憲兵史』で「日本共産党の対軍策動」として「共産党呉軍事部事件」と「横須賀における日共細胞組織」を叙述している。二つの海軍の事件はいずれも一九三三年四月のそれぞれの軍法会議で判決が出された。

横須賀の事件では三二年一月に横須賀海兵団に入った西氏恒三郎《にしうじ》（軍艦榛名、海軍三等機関兵）、河田毅（軍艦山城、海軍三等水兵）、吉原義次（軍艦長門、海軍三等水兵）が、「互に所謂同志たることを自覚し」、八月末に検挙されるまで反戦活動――西氏らは共産党軍事部部員と会って「海軍の一般事情を報告説明し、海軍赤化の方法、殊に兵士に対する共産主義宣伝用「スローガン」を研究協議し」たなど――をつづけた。横須賀鎮守府軍法会議の判決文には「自分等無産者階級出身者は帝国主義戦争に絶対に反対し、戦争起らば之を内乱に導き、軍隊を共産主義社会実現の為、其の支援者とならざるべからずと思惟し」ていたとされ、第一条の目的遂行罪の適用により西氏と河田に懲役三年六月、吉原に懲役三年を科した（「横須賀鎮守府軍法会議」法政大学大原社会問題研究所所蔵）。

この横須賀の判決の直後、呉鎮守府軍法会議では五人の被告に判決が言い渡された。広島の特高警察が検挙したなかに呉海軍の反戦活動関係者一八人が含まれ、そのうち五人が軍法会議で懲役六年から三年の有罪判決を受ける。もっとも重い小倉正弘（海軍二等機関兵）は初公判の際、「法廷の正面で、天皇の権威を示している金色の菊の紋章に、「敬礼」の号令をかけられても頭を下げ」なかったという（山岸一章『聳《そび》ゆるマスト　日本海軍の反戦兵士』一九八一年）。

判決文では小倉の共産党入党後に『聳ゆるマスト』や『文学新聞』（日本プロレタリア作家同盟）・『赤旗《せっき》』などを受領したこと、「海軍兵員間に現役満期者の生活保証要求並現役満期強制延期反対の気勢を煽《あお》り以て左翼意識を昂揚すること及之が運動方法に付協議」したことなどを治安維持法違反とみなした。裁判長は判決の最後で「被告たちは極めて悪性の流行共産病にとりつかれたもので、これに対する外科手術もなく、また適合する医薬もない。被告たちは悔恨の情にもだえているが、この病気を治す手段は他にない、心をもって心をなおすほかないのである」と述べたという（山岸一章『聳ゆるマスト』）。

第三章　戦時下抵抗と治安維持法の「法の暴力」

1　唯物論研究会事件

戦時下の文化運動弾圧の意味

治安維持法を運用する特高警察・思想検察にとって、一九三〇年代末以降、文化運動は共産主義運動の取締において主要な抑圧取締対象であった。三九年前半には特高の関心が一時的に国家主義運動に向くことはあったが、後半には再び共産主義運動への警戒が優先された。社会全般に広く細かく張り巡らした監視網によって、それらのなかの戦争批判の芽や社会変革へのわずかな兆候さえも鋭敏に探り出し、治安維持法は襲いかかっていった。それ以前にまして「法の暴力」が振りまかれた。

内務省警保局の年報『昭和十五年中に於ける社会運動の状況』「共産主義運動」では、「文化運動を中心とする運動の状況」に比重がかかっている。唯物論研究会事件、生活主義教育運動事件、京大俳句会事件、神戸詩人クラブ事件など一〇件が並ぶ。翌四一年版『社会運動の状況』でも生活図画教育事件や前衛絵画運動など一〇件が取り上げられている。

四一年二月の司法省刑事局思想部「最近に於ける左翼運動の状況と其の特徴」（「太田耐

造関係文書」、国立国会図書館憲政資料室所蔵）では「同人雑誌を利用する文化運動の分野」に注目し、「反戦反軍的又は反資本主義的意識の昂揚に努むる者が多い」としたうえで、最近検挙した事件として京大俳句会事件や神戸詩人クラブ事件に言及していた。

対米英開戦直後の一二月九日、特高警察は「非常措置」としてかねてからリストアップしていた戦争遂行に障害があるとみなした人物の一斉検挙・検束、予防拘禁を断行した。『特高月報』一二月分によれば検挙事件数は四三件、検挙者数は二一六人におよんだ（ほかに予防検束一五〇人、予防拘禁三〇人）。北海道では「プロ文化グループ」、神奈川県では「芸術クラブ関係グループ」「プロ短歌研究会」、長野県では「いはひば関係」「信毎学芸部」、広島県では「絵画詩歌に依る左翼グループ事件関係」などであり、文化運動関係のものは少なくとも一九件を数える。

四二年二月の臨時思想実務家会同で、池田克刑事局長は「最近の共産主義運動の情勢より看取せらるる」対象を三つあげる。その一つが「芸術其の他文化運動を通じ、隠微の間に左翼的啓蒙の目的を達せんとする一派」で、「殊に学生及知識階級に浸透せる米英的思想を好箇の温床」としており、「其の影響力は想像以上に重大」とする（『思想研究資料特輯』九二、一九四二年）。

これらの弾圧事件が取締当局のフレーム・アップ（でっちあげ）であったことに疑いはないが、こうして弾圧を受けた文化活動の根底に反戦反軍や反ファッショの意識が厳然と存在し、総力戦体制の遂行に対する抵抗の意志があったことを見落としてはならない。官憲のフレーム・アップの部分と被疑者・被告とされた文化運動関係者の抵抗の意志・行動を腑分けして読み取らなければならない。

京都学連事件から河合・津田事件へ

三・一五事件で河上肇らが「赤化教授」として大学から追われたことを手始めに、学問・思想に対する抑圧と統制が進行する。一九三三年の滝川事件では、滝川幸辰《ゆきとき》の刑法学説がマルクス主義につながるとされた。「たとえ研究の独立と云うても、我が国家と相容《い》れざるに於ては許容出来ぬ、それは所謂研究の自由の中に入らぬ」(「文官高等分限委員会議事録(一)」、国立公文書館所蔵)というのが政府の立場だった。これらは治安維持法の「法の暴力」を背景としつつも、その直接の発動ではなく、まだ司法処分が加えられたものでもなかった。

三五年には美濃部達吉の天皇機関説に対する民間右翼を発端とする猛烈な反対運動が展開されると、美濃部はその著書が出版法違反容疑に問われ、起訴猶予と引換えに学者としての生命を中断された。このとき「根本思想に於て民主主義的傾向を有し、国体の本義を尊重せざる」(「田中治昌家文書」、京都ノートルダム女子大学図書館所蔵)として起訴する選択肢があったように、民主主義そのものへの司法の攻撃ももう一歩のところに迫っていた。

三八年二月の人民戦線の教授グループ事件では拡張された治安維持法が発動された。内務省警保局発表の「人民戦線運動の本体」には「赤化の魔手が自由主義、民主々義を利用し、之と協力提携せんとするに及んで、その危険性は愈々《いよいよ》拡大され、普遍化されるに至る」とある（『社会運動通信』一九三八年一月〜二月）が、そこから「自由主義を清算すべし」というスローガンへは一直線だった。警保局のある官僚は「自由主義的イデオロギーこそ、我が思想界を謬《あやま》り、社会を分裂、対立、無秩序に導く頽廃の思想原理である」として、その排除を国家的見地から強調した（警察協会『警察協会雑誌』一九三八年四月）。

次の標的とされたのが東大の河合栄治郎である。河合は三九年、国家思想を否認し国体観念に反する者として休職処分を受けただけでなく、著書『ファッシズム批判』などが出版法違反に問われ、罰金刑を科せられた。翌四〇年には津田左右吉も古代史研究の著書の発禁だけでなく、「皇室の尊厳を冒瀆《ぼうとく》するもの」として出版法違反に問われた（第一審で禁錮三月〔執行猶予二年〕、第二審で「時効完成により免訴」）。

四〇年六月、大審院検事の戸沢重雄は天皇機関説事件についで河合事件・津田事件に言及し、「法学、社会学、国史学等学問の分野に於ても自由主義、個人主義、民主主義的思想を克服して日本固有の学問の成立、日本学の確立の烽火《のろし》が挙げられつつある」と成果を誇った（「昭和十五年　思想研究資料特輯」『思想研究資料特輯』八一、一九四〇年）。

唯物論研究会は何が処罰されたのか

自由主義や民主主義が共産主義の「温床」とみなされるなかで、唯物論研究会（唯研）はその牙城とみなされた。岡邦雄・戸坂潤・永田広志ら三九人が一九三八年一一月に一斉検挙されたことについて、警保局『特高月報』三八年一一月分は「時局の重圧に依り擬装的解散を為したる後、中心分子は秘《ひそ》かに裏面に於て秘密グループを形成して研究会を開催し、或は又労働者学生等の左翼グループの指導に当たる等、益々《ますます》非合法的傾向を示しつつあ」ったとする。三九年一〇月の思想実務家会同で司法省刑事局の清原邦一は「コップ〔日本プロレタリア文化連盟〕落伍者と自由主義者の中の尖鋭なる分子、相寄り集ってより広汎なる大衆を抱擁し得る文化団体」だったととらえている（「昭和十四年十月　思想実務家会同講演集」『思想研究資料特輯』七三、一九四〇年）。

その後も検挙はつづいた。福岡県特高課では三九年一月に福岡商業学校教諭の山川康人を検挙している。『特高月報』三九年二月分には、山川の各種研究会への出席や『唯物論研究』への寄稿、「商業学校生徒への啓蒙宣伝活動」が容疑事実として列挙された。生徒にドストエフスキーや芥川龍之介らの「プチブル文献」を貸与したことも「啓蒙」とされた。

はたして彼らはどのようにして共産主義者に仕立て上げられ、唯研を共産党に関わる団体とされたのであろうか。岡や戸坂が警察で書かされた「手記」が手がかりになる。岡は三九年四月に麹町警察署で、戸坂は五月に杉並署で、ともに「唯物論研究会に対する認識」という手記を書いている。岡や戸坂の意思に反して、特高警察が求めるかたちに「手記」が仕立て上げられたことは確かだろう。

戸坂による「手記」の結論では唯研の目的を「弁証法的唯物論を基調として唯物論の具体的検討展開による研究及び啓蒙を行い、之を以て文化面を通じての共産主義運動に貢献し、従って文化面を通じて日本共産党の拡大強化に資する事」とする。これらを司法省刑事局は『思想資料パンフレット特輯』一四、一五、一九四〇年として刊行するが、その「はしがき」でも唯研を「理論活動の分野に於て「コミンテルン」並に日本共産党を支援する為、共産主義の基礎理論たる弁証法的唯物論を研究して所属会員等の理論水準を高むると共に、大衆に対し其の啓蒙運動を為すことを目的」とするとしている。この「啓蒙」がキーワードとなる。

1936年頃の戸坂潤。唯物論研究会の創設者の一人である戸坂は1938年11月に検挙された（『戸坂潤全集』第三巻より）

中心メンバーに先行して、地方の唯

研関係者に対する司法処分がなされた。四〇年一一月の神戸地裁の栗山一夫に対する予審終結決定では、栗山の『唯物論研究』寄稿を「読者大衆を左翼的に啓蒙」するものとし、「コミンテルン並党の目的遂行」行為とした（司法省刑事局思想部編『思想月報』第七七号、一九四〇年）。四一年二月の神戸地裁は長井一男に懲役二年（執行猶予五年）を科すが、長井は唯研が「共産主義的啓蒙運動を為すことを任務とする文化団体」であることを認識して加入したとし、研究会報告を通じて「会員等の左翼意識の啓蒙昂揚に努め」たことなどの活動を目的遂行行為と認定した。『思想月報』第八〇号ではこの判決を「唯研を「コミンテルン」・党の支援団体たることを認定したる最初の確定判決」としている。

こうした処断の論理は、四一年四月の東京刑事地裁における一斉検挙組の伊藤至郎と沼田秀郷に対する予審終結決定に踏襲される。学生組織・指導の中心とみなした沼田に対して「専ら文化運動の領域に於て一般学生層、知識層を通じて窮極的に前記両結社〔コミンテルンと党〕の目的達成に資せんとする意図の下」に唯研で諸活動をおこなったと断じて、治安維持法第一条第一項後段・第二項に該当するとした。「窮極的に」は目的遂行罪適用の際の常套句である。伊藤の「犯罪行為」とされたものは『数学方法論』を出版して「大衆の唯物弁証法に対する理解を深からしめ、之を通じて共産主義理論水準の昂揚に資し」たことなどだった（『思想月報』第八二号、一九四一年）。

岡邦雄・戸坂潤らの予審終結決定も四一年四月中になされているので、伊藤・沼田らと同じ論理により治安維持法の目的遂行罪の該当とされたはずである。

支援結社の認定

永田広志に対する東京刑事地裁の予審終結決定は一九四一年六月と遅れた。そこでは岡・戸坂らを処断する第一条の目的遂行罪ではなく、施行されたばかりの新治安維持法の第二条の支援結社の規定を用いている。唯物論研究会を「共産主義の基礎理論たる弁証法的唯物論を研究して所属会員等の理論的水準を高むると共に、大衆、特にインテリゲンチャ層に対し其の啓蒙活動を為すことを当面の任務」とすることで、「コミンテルン・日本共産党の活動に寄与する文化団体」ととらえている（『思想月報』第八四号、一九四一年）。「支援結社」とする断定は唯研事件のほかの被告においてもなされ、第一審から第三審の判決に引き継がれた。

同年一二月末、一斉検挙組に対する東京刑事地裁の判決が言い渡された。唯研を「窮極に於て」コミンテルンや党を「支援することを目的とする結社」と認定する。ついで各被告の唯研での活動、戸坂の場合でみると「終始其の中心的指導者として活動し来りたる」こと、自らも十数回の研究会報告を通じて会員の意識の昂揚に努めたこと、大衆啓蒙のために『唯物論研究』に論文を執筆し、『科学論』ほか二冊を執筆したことをあげる。さらに、東京美術学校などの「学校或は地方文化人「グループ」主催」の講演会や座談会に出席し、学生や一般大衆の意識の昂揚に努めたこと、『日本イデオロギー論』をはじめとする著書や『中央公論』などへの執筆寄稿が「一般大衆の「マルクス」主義的啓蒙に資し」たことも加わる。映画評論の岩崎昶《あきら》は、「マルクス主義芸術社会学の立場より映画発達の歴史及映画理論を要約したる研究報告」が罪に問われた。

新治安維持法の適用と量刑では、支援結社の組織とその指導者として岡・戸坂・永田は第二条前段と「私有財産制度」否認の目的遂行として第一〇条後段に該当するとされる。量刑は第二条前段が適用され、岡と戸坂は懲役四年、永田は懲役三年、岩崎は第二条の目的遂行罪を適用して懲役二年・執行猶予三年となった（『思想月報』第九〇号、一九四一年）。

四二年一二月の控訴審判決では岡と戸坂が懲役三年、永田が二年六月とやや軽くなった。岡・戸坂・永田らは大審院に上告する。弁護人海野普吉は上告趣意書で、第二審判決が「支援結社たる「唯物論研究会」と被支援結社たる「コミンテルン」又は日本共産党の関係に付、何等の理由を明示せざる点」を「理由不備」と指摘した。その論拠として「文化面を通じて日本共産党の拡大強化に資する事がその目的」とした前述の「手記」について、戸坂は第一審と控訴審の公判で強く否認し、「唯物論が文化理想として最も高いものとして唯研をつくった」と陳述したことをあげる。

しかし、四四年四月、大審院は上告を棄却し、支援結社について「全般的に被支援結社を支援するを以て足り、其の支援結社と被支援結社との間に客観的に組織上の関連あることを要せざるものとす」（法曹会『大審院刑事判例集』第二三巻、一九四四年）と断定した。支援団体が主観的に「支援」したいという意思があったことを認定すれば、第二条で処断されることになった。支援結社の認定により、目的遂行罪適用以上の厳罰を科すことが可能になった。

唯物論研究会事件のもつ意味

唯物論研究会事件（以下、唯研事件）はどのような意味をもつだろうか。

第一に、その弾圧の規模において「自由主義、個人主義、民主主義的思想」の最後の牙城というべき存在に大打撃を与えたことである。一九三九年一〇月の思想実務家会同で刑事局の清原邦一は「支那事変勃発以来、唯研は其の運動方針を一層尖鋭化し、学生に対する非合法的グループの結成指導、或は各職場に於ける非合法分子に対する実践の指導に従事するに至り、一日も之を放任看過するを許さざるものがありました」として、検挙者は二三四人におよんだとする（『思想研究資料特輯』七三）。

四二年二月の臨時思想実務家会同で、池田克刑事局長は「芸術、その他、文化運動を通じ隠微の間に左翼的啓蒙の目的を達せんとする一派」の実践例として唯研に言及した（『思想研究資料特輯』九二）。

唯研事件は学校・学生におよぶところが多かった。文部省教学局『思想情報』第一一号

（一九三九年一〇月）には、三八年一一月から三九年六月までの数次の検挙による唯研事件の関係校一三、検挙学生一四一人（関西を除く）とある（『文部省思想統制関係資料集成』第七巻、二〇〇八年）。学生の多くは警察限りで訓戒釈放となるか、起訴猶予となったと思われるが、それでも威力は十分だった。

第二に、唯研事件で開拓されたともいうべき「マルクス主義の宣伝啓蒙」、「左翼意識の啓蒙昂揚」がこれ以降さらに目的遂行の範囲を拡張することになり、重宝な処断の武器として威力を発揮することである。次に述べる京大俳句会事件や神戸詩人クラブ事件で具体例をみるが、小栗喬太郎に対する四二年七月の名古屋地裁の予審終結決定によると、「プロレタリヤ階級独自のスポーツを通じ労働者を肉体的、精神的に訓練し左翼意識の啓蒙昂揚を計り、階級闘争に役立つスポーツマンを養成する為のスポーツに依る労働者の大衆組織結成方を企図」し、野球大会の協議をしたことが目的遂行行為とされた（『思想月報』第九七号、一九四二年）。

ただし、唯研事件の第一審判決で支援結社をすぐに適用し、大審院ではそれを追認し、新判例を確立したにもかかわらず、その後の戦時下の治安維持法事件公判においてあまり活用したとはいえない。『思想月報』収録の予審終結決定や判決文を見る限り、支援結社や支援集団（第四条）の適用は少なく、従来どおり第一条の目的遂行罪が活用されている。四一年一二月九日の「非常措置」で検挙され、四三年八月に札幌地裁で懲役五年を言い渡された佐賀徳義の場合、罪とされたのは「現代社会の矛盾を暴露して資本主義社会の崩壊、共産主義社会実現の歴史的必然性を示唆せる革命的芸術理論たる所謂「社会主義リアリズム」を基調とする作品、評論等を発表し、或は作品の合評会等を催し、一般大衆を共産主義的に啓蒙する目的」の活動である。それらの舞台となった北方文芸協会や北海道文芸協会は支援結社や支援集団と認定されてもおかしくなかったが、佐賀への処断は第一条後段の目的遂行罪の適用だった（『思想月報』第一〇五号、一九四三年）。

支援結社適用が不活発だった理由の一つに、現場の検事・予審判事・判事の間では従来どおりの第一条の目的遂行罪の適用に慣れており、使い勝手がよかったことがあげられるだろう。しかも新治安維持法第一条の目的遂行罪の刑期は旧法の懲役二年以上から懲役三年以上となっており、重い量刑が可能となっていた。実際に佐賀徳義には懲役五年という、新治安維持法以前の目的遂行罪ではみられなかった厳罰が科せられた。

2　京大俳句会事件

事件の経緯

新興俳句運動のなかで最初の標的とされたのが京大俳句会である。一九四〇年二月の平畑静塔（富次郎）、波止《はし》影夫（福永和夫）、仁智《にち》栄坊（北尾一水）ら八人の検挙につづき、八月までに一五人が検挙された。京大俳句会を内偵中だった京都府特高課によるもので、「其の指導理論は共産主義芸術理論たるプロレタリアリアリズム乃至《ないし》社会主義リアリズムに在り、且つ支那事変発生後は巧みなる方法に依り反戦思想の宣伝を為しつつある」とされた（警保局『社会運動の状況』一九四〇年版）。

平畑の場合、五条警察署と太秦《うずまさ》警察署で取調を受け、四〇〇字詰原稿用紙一〇〇〇枚以上の「手記」を書かされたが、肉体的な拷問はなかったという。特高の取調に対して平畑は「途中まで頑張ったけれども、いくら頑張ってもだめ、そのまま置いておかれますからね。それからは方針を変えて向こうの言うとおりに、だいたい合うように答えた」と証言する（中田亮「平畑静塔『京大俳句』事件聞書」復刻版『京大俳句』別冊解説・総目次、一九九一年）。取調が一段落した時点で思想係長の警部は「花鳥諷詠の俳句なら又作ってもいいのだよ」と「忠言」（平畑静塔『「京大俳句」と「天狼」の時代　平畑静塔俳論集』二〇〇八年）したというが、平畑は戦時下の句作を絶った。

この京大俳句会事件によって特高では「全国に散在せる所謂新興俳句運動の本質を究明し、之が取締の端緒を得るに至」った（『社会運動の状況』一九四〇年版）とする。平畑は八月の起訴、一二月の京都地裁の予審終結決定を経て、四一年三月の公判で懲役二年（執行猶予三年）を言い渡された。

事件フレーム・アップの構図

新興俳句運動に特高警察の目が光るようになったのは、「戦争俳句」を積極的に発表するようになった一九三七年後半以降のことであろう。京大俳句会についても「徹底的戦争反対の立場を採り、戦争に因る惨禍、物資の欠乏、労働強化、生活不安等を指摘し、現実暴露、戦争反対を通じて共産主義思想の啓蒙を行い居りたるもの」ととらえていた（『社会運動の状況』一九四〇年版）。『京大俳句』が多くの共鳴者を得た理由の一つに「俳句の世界ではまだ自由に物が言え、書けるようだ」というムードがあったからと平畑は語る（『「京大俳句」と「天狼」の時代　平畑静塔俳論集』）。

しかし、特高警察はこれを「新興俳句の名の下に俳句の持つ合法性を巧みに擬装し、反戦反ファッショ運動を通じて共産主義思想の普及に狂奔しつつありたる」と決めつけた

(内務省警保局保安課『特高月報』一九四〇年五月分)。また四〇年夏頃、京都地裁検事局思想検事は「一見何でもない様に見ゆるものが、内部に相当突き進んだものを含んで居り、直感的に反戦反軍的なものを感ぜしむると云う様なものが多く見受けられる……戦傷の寂しき姿、戦死者遺家族、特に寡婦《かふ》の寂しき生活状態、或は下層階級の惨《みじ》めなる生活状態等を表現して居る」(「『京大俳句』関係事件概要」「太田耐造関係文書」)と報告している。

予審終結決定で平畑は雑誌『京大俳句』の編集・執筆・選句にあたって「一般大衆の左翼化を図り、革命運動展開の為の温床を育成し」(『思想月報』第七八号、一九四〇年)、共産党の運動に寄与することを決意していたとされた。この部分の論証の一つとなったのが『京大俳句』第五巻第一二号掲載の「新興俳壇作品の回顧的展望」である。平畑はそこでリアリズムの主張が「所謂プロレタリアリアリズムに迄進展する所がなく、即ち俳壇に階級的な団体運動にまで到達しなかったと云うのは、一つは世情の而《しか》らしめた所でもあり、短詩定型の運命でもあり、又新興俳壇作家の無力にも因るものであろう」と述べていた。

予審判事がこれを「新興俳壇は階級的運動に迄進展すべきものなることを示唆激励したる論文」と読むことは、まだ論理の勝手な飛躍とはいえない。平畑の「戦利砲寡婦とぽつんと市府の暮」(『京大俳句』第七巻第五号、一九三九年五月)という句を「反戦思想を含蓄せしめたる作品」とみなし、「ホスピタル医師は名士となりゆくを」(『京大俳句』第四巻第一号、一九三六年一月)を「資本主義の矛盾搾取性、或は資本家階級の堕落せる現実を象徴的に描写したる作品」とすることは、過剰な読み込みがあるとはいえ、平畑の意図を大きく逸脱しているわけではない。

「一般大衆に階級的反戦反軍的意識を浸透せしめ」というところまでは平畑が意図し、志向するところであったが、それを一般大衆の「左翼化」に努めたものとみなす点に第一のフレーム・アップがあり、ついで「以てコミンテルン並日本共産党の目的遂行の為にする行為」と決めつけたところではさらにははなはだしいフレーム・アップがなされた。標的としてねらったものから反戦反軍的意識や反資本主義的な意識、戦争遂行に障害となる意識をいかに巧妙に抽出するかが、特高や思想検事にとっての工夫の重ねどころであった。そこまでいけば、そのあとは一瀉千里で目的遂行罪の適用となる。

仁智栄坊の場合も同様である。予審終結決定は『京大俳句』第七巻第一一号掲載の「新伝統俳句的傾向に就いて」を取り上げ、新興俳句が活気を失い、戦争俳句がマンネリ化しているのは「畢竟《ひっきょう》マルキシズムの世界観を確保し居らざる為なりと為し、マルキシズムの世界観を根柢としたる社会主義的リアリズムの把握の必要を強調したる論文」とみなしている（『思想月報』第八〇号、一九四一年）。仁智自身の文にはマンネリズム打開の方策として、「一切白紙で先《ま》ず眼を開いて向き直ると云うこと」や「漠然と建設、生産を誇張しないで具体的にはっきりとしっかりした生活力を示すこと」などをあげるものの、「マルキシズムの世界観」の確保や「社会主義的リアリズムの把握の必要」などは影もかたちもない。これらは「畢竟」という一足飛びの手法を用いた予審判事の創作である。

仁智は「「京大俳句」事件――一被告の覚え書き」(『俳句研究』第四六巻第一号、一九七九年)において「ぼくにとって、戦争俳句をつくるということは、戦争反対を示すことで、反戦俳句を創《つく》ることだった」と回想している。それゆえに「君の戦争俳句への認識は……反帝反戦の線やろが?」という予審判事の詰問に「その通りです、はっきり簡潔に」答えたという。自身の「兵となり男のうそがふと消える」などの句には「鉄面皮《てつめんぴ》な欺瞞に震えるほどの怒り」が込められていたと語る。

総力戦体制の進行への強い不満や批判が平畑や仁智らの心中深くに厳然としてあったこと、『京大俳句』に発表した自身の句作や俳論に「階級意識又は反戦反軍思想」表現が込められていたことは確かである。しかし、そうした意識を「コミンテルン並日本共産党の目的遂行の為にする行為」と認定することは、やはり途方もないフレーム・アップだった。特高や思想検事にとってはここが肝心のところであった。したがって、平畑らはそのように認めるまで「手記」を何度も書き直しを迫られ、「訊問調書」ではそうした目的遂行の意図があったと不本意にも書き込まれていった。

あいつぐ新興俳句弾圧

京大俳句会事件を突破口に、全国に散在する新興俳句運動への弾圧が連続した。『特高月報』に載るものをあげると、『広場』、『土上《どじょう》』、『日本俳句』、『俳句生活』、『山脈』、『きりしま』、『宇治山田鶏頭陣会』、『蠍座《さそり》』の検挙とつづく。京大俳句会を含めると、新興俳句運動の検挙者は合計で四四人となった。

「勤労大衆の生活を詠むこと」（『特高月報』一九四一年二月分）を主眼とし、「戦争遂行に伴うて生ずる生活上の不平・不満・社会制度の欠陥により誘発せらるる生活不安等を素材」（同、四三年一一月分）とすることは新興俳句の本領とするところであり、実際にそうした観点から句作がなされたが、特高はそこに「共産主義意識」を嗅ぎ取って、治安維持法の目的遂行罪に結びつけるという非論理的な飛躍を軽々と断行した。

東京刑事地裁検事局の宮下明義検事による起訴のからくりをみよう。宮下検事は一九四二年二月、秋元不二雄（戦後は不死男）の起訴にあたり、三七年二月号の『土上』掲載の「リアリズムに於ける俳句」を「共産主義芸術理論たる「リアリズム俳句」理論を究明論述したる論文」とする。そこで引用するのは、秋元の「今日の資本主義社会の矛盾が生んだ、或は現に生みつつある諸々の相――人間的な、又は社会的な、都市的・農村的な諸相」を「リアリスティックに高い世界観を通してうたうのが真のリアリストである」（「秋元不二雄に対する公訴事実」、司法省刑事局『思想資料パンフレット特輯』三二号、一九四二年）という一節である。「資本主義社会の矛盾」に着目すること、すなわち「大衆の共産主義意識の啓蒙昂揚」を図ったとする宮下検事の論理は明らかに短絡し、飛躍がある。『土上』

発表の「護送囚徒あわれ草鞋を足に穿《は》き」や「冬空をふりかぶり鉄を打つ男」なども秋元が「大衆の共産主義意識の啓蒙昂揚」を図ったものと解釈され、コミンテルン・党の目的遂行行為と断定されてしまった。秋元には懲役二年（執行猶予三年）が科された。

秋元が戦後になって「青き足袋穿いて囚徒に数えらる」、「編笠を脱ぐや秋風髪の間に」という獄中句を発表することは、治安維持法違反とされ、強権的に創作活動が停止されたことへの抵抗心が心中深く秘められていたことを示そう。

新興俳句運動弾圧の意味

ここでもう一度一九四一年二月の司法省刑事局思想部「最近に於ける左翼運動の状況と其の特徴」をみよう。そこでは日中戦争の長期化や英米側からの経済圧迫にともなって「物資の欠乏、物価の騰貴等漸次深刻化するに至りまするると共に、一般国民生活の不安も増大」してきているとする。新興俳句はこの「国民生活の不安」や「戦時下の社会風景を素材」として詠むことをめざした。そこに特高や思想検事は嗅覚鋭く襲いかかった。

その弾圧の矛先はまったくの見当外れでなく、すべてがフレーム・アップであったということはできない。治安維持法による処断は強権にものを言わせて内心の自由に土足で踏み込んだ恣意的な弾圧であったことは疑いないが、一方で弾圧される側には眼前の戦争がもたらすさまざまな矛盾や歪みを直視し、表現しようとする抵抗の意志があった。

プロレタリア文化運動のなかでも各地の新興俳句運動がめざしたものには、仁智栄坊の言葉を借りれば「生活俳句の延長線上」にあって「戦争俳句をつくること」＝「反戦俳句を創ること」もあった。平畑静塔も「一貫して具《そな》わっていたことは、私達の心の中に、戦争は嫌だ、軍部は無茶なことをするという反感がまぎれもなく燃えていた事であります。それが……止めようもなく堰を切って溢れてしまった訳であります」と語る（『「京大俳句」と「天狼」の時代　平畑静塔俳論集』）。

日中戦争が長期化・泥沼化するなかで、社会・生活のあらゆる場面で総力戦体制が不可避的に生み出す矛盾や歪みは至るところに露呈しており、それらを題材に俳句の特性である短詩型をもとに表現して可視化することは、創作者としての本能だった。特高や思想検事は俳句の有する大衆性によって社会に戦争への不満や批判が広がることを強く警戒し、それらを「反戦反軍的意識」と決めつけて一掃することを図った。

3　神戸詩人クラブ事件

事件の経緯

兵庫県特高課は「詩文学運動を通じ同人相互の左翼意識の昂揚を図ると共に、一般大衆に対する共産主義思想の宣伝煽動を目的」とする「噩神《がくしん》」グループの中心人物小林武雄の言動を注視していたが、竹内武男や小林が神戸詩人クラブを結成し、機関紙『神戸詩人』の刊行に進み、姫路高校学生と連結するに至ったとみると、一九四〇年三月、クラブ関係七人、姫路高校映画研究会一〇人を一斉に検挙した。四〇年三月分の『特高月報』は「支那事変の長期化は必然的に国内無産大衆の生活を破壊に導き、自然発生的にもプロレタリア解放運動の発展を急速に招来するものなりと展望し」、広範な活動をおこなっていたとする。

同年一〇月分の『特高月報』ではクラブの本質を兵庫県下の「左翼文化団体の中心指導体」とみなし、「一般大衆、殊に若きゼネレーションに対し反戦反軍反ファッショ機運を醸成せしめ、之をプロレタリア革命にまで指導すべきプロレタリア文化運動の場面に於て党の果すべき職能を代行する非合法組織」と規定した。『神戸詩人』全五冊の刊行を通じて、「人間性が最も良く発揮せらるる共産主義社会の実現が眼の前に到来しつつある旨」を強調したとする。

特高の取調で小林が共産主義者ではないと主張すると、「道場で張手《はりて》と拳固と竹刀《しない》で自白を強要」し、一カ月ほど放っておかれた後、クラブ結成から「コミンテルンの指令にもとづいて反ファッショ人民戦線を展開、天皇制の打倒と軍財閥の崩壊、国体の変革を目的」としていたとする「手記」執筆を強要された。「聴取書」の作成にあたり、警部補は小林に「特高警察としては、現代の日本政府の方針に君たちは賛成するかと聞いているので……賛成以外のものは直接間接にコミンテルンの指令に協力しているものと考える」と述べたという。小林は「彼等の頭脳のなかで犯罪を創作され、その創作のために私たちが犠牲にされたようなものであった」と回想する。

神戸地裁検事局の取調は警察の「聴取書」を追随するだけで終わり、四〇年末までに神戸詩人関係から竹内・小林ら五人が、姫路高校関係では五人が起訴された。予審が開始されたのは四一年八月で、神戸地裁の予審判事は「識《し》っていることと、実行することとは別の問題なのだが、現在は識っていることも他人に知られると罪になる」と述べたという（小林「神戸詩人事件」『詩学』第一〇巻第一〇号、一九五五年）。全員の予審は四二年一月までに終わった。二月、神戸地裁は竹内に懲役五年、小林に懲役二年、他の三人に懲役二年（執行猶予三年）の判決を言い渡した。姫路高校関係の五人は懲役二年（執行猶予三年）となった。

事件フレーム・アップの構図

特高や検察は神戸詩人クラブを県下の「左翼文化団体の中心指導体」であり、「党の果すべき職能を代行する非合法組織」と位置づけていたが、予審ではそれを杜撰《ずさん》なものとして採用せず、新たな構図を描こうとした。クラブは非合法な秘密結社ではなかったし、県下全般のプロレタリア文化運動の指導体という論証も無理であったため、「大衆の反戦反軍反ファッショ機運激成」というところに処断の論理を求めていった。新興俳句運動に比べて「反戦反軍」を志向する創作活動を引き出すこともできなかったため、残る「反ファッショ」をめざす文化運動に焦点をあわせていこうとした。

姫路高校学生の重松景二の予審終結決定で罪に問われたのは、「文芸部の活動を通して学内一般学生の反ファッショ機運の醸成並左翼思想の啓蒙に努力する目的」をもった活動であった。その一つに一九三八年四月に開催された「進歩的作家阿部知二を囲む座談会」があり、そこでは「現在ファシズムを防止し得るものは若き真摯なる学徒の正しきヒューマニズムの昂揚を通してのみ可能なる旨」の講演がなされたとする。

詩人クラブの浜名与志春に対する予審終結決定書を掲載するにあたり、『思想月報』第九一号は「シウルシアリズム《ママ》を利用し、左翼文化運動を展開したる事案として注目に値す」と記していた。「シュールレアリズムが共産主義運動の一翼に参加したることに付、痛く共鳴し」ていた浜名の犯罪の第一に『神戸詩人』における詩作の発表をあげる。第五冊の「若き秩序について」を「読者大衆の反戦反軍反ファッショ思想を鼓吹し、共産主義への共鳴を促し、革命的気運の醸成に努める詩作品」とみなした。

この詩の最後は「こうした明暗のつくる一切の世界が／一九三九年のわかき地域にたつとき／民族とどの一線において繫《つな》るのだろう／窶《やつ》れはてた伝統の柵のなか／いつもシバイもどきの政治に陶酔し／のべつ幕なしの新思潮を嗤《わら》って／再建の日のために毒汁を吐きつづけた」となっていた。「一九三九年」という同時代に対して「窶れはてた伝統」や「シバイもどきの政治」を拒否ないし嫌悪し、「若き秩序」の「再建」を希求すると私は読みとるが、そこに「反戦反軍反ファッショ思想」の鼓吹や「共産主義への共鳴」をうながすものがあるとするには大きな飛躍がある。

小林の回想によれば、浜名が「反ファシズムの意慾的表現をその作品にとっていなかったこと、また文化活動に於ても、殆ど局外者であり、彼は「純粋詩」派に属してい」（小林「神戸詩人事件」）たにもかかわらず、起訴された理由は活発な「訳詩集、詩論集、詩集等」の刊行であったという。予審終結決定では自費出版した詩論集『現代詩に関する七つのテオリア』において、「シュールレアリズムが革命に奉仕する文学となりたることを指摘し、之を讃美」しているなどとする。

『思想月報』第九二号も小林に対する神戸地裁の判決文掲載にあたり、「シウルレアリズムをその戦術として採用した点に於て特に注目に値する」としている。判決文では「昭和十年末頃よりシュールレアリズムの流派に属する詩人としての自覚を持つに至りたる」としたうえで、犯罪として三一年前後の日本赤色救援会や戦旗社などの活動のほか、神戸詩人クラブの「幹事」としての活動を列挙する。小林自身も「私が詩を書き始めてから、いくつかの左翼的行動をなした、その過程を総合して、治安維持法違反という一つの罪に該当するとの判定」だったと述べている（小林「神戸詩人事件」）。

そして機関紙『神戸詩人』第四冊に発表した「三種のDongros」について、「平和産業の工場（パラソル製造工場）が軍需工場に転化したることを揶揄《やゆ》し、ファッシズムの侵略主義を諷刺したる詩」であり、「メンバー及一般大衆の左翼的啓蒙を図りたる」と断じ、「以てコミンテルン並党の拡大強化に努め、之が目的遂行の為にする行為」と認定する。ここにフレーム・アップは明らかだろう。

「時代に対する良心的なる詩人の態度」

小林武雄の「三種のDongros」という詩に「反ファッショ気運を醸成」し、一般大衆の「左翼的啓蒙」を図る意図があったという予審終結決定の解釈は牽強《けんきょう》付会《ふかい》な曲解であるが、やはりここでも抵抗の意志を失わなかった小林らの文化運動に特高や思想検事が嗅覚鋭く襲いかかったというべきであろう。小林は事件を回想するなかで、運動は「合法面でファッシズムに最大限の抵抗をしたにすぎない。吾々は「芸術の自由」が欲しい。「個人の表現の自由」を守ろうとしたにすぎない」（小林「神戸詩人事件」）と明言する。

その「最大限の抵抗」を『神戸詩人』そのものから検証してみよう。一九三七年一月の神戸詩人クラブ結成時の「設立趣意書」では、「強力なる総合的研究団体の内に於て相互扶助的に各自発展の方法」の追究と「自己に、且つ時代に対する良心的なる詩人の態度」の堅持を言明していた。たとえば、それは三八年二月の第四冊の「リアリズムの修正」では「リアリズム一般を語り、現代の特殊なリアリズムを語らない、特にこの邦《くに》の今日の特異性に眼を据え得ぬリアリストや、概念主義の氾濫が、歴史的認識に如何に大雑把な理論をしてきたかが解るであろう」という一節にあらわれる。日中戦争全面化という特異な事態を素通りしようとする文化状況に危機感を抱き、警告を発していると読めよう。

同号の「編輯後記」（小林執筆）に「シュルレアリズムが唯物弁証法を取上げてその後、鬼が出るか蛇《じや》が出るか……一九三八年の初頭、日本の詩人がより学究的な研鑽に恵まれるように期待する」と記すところにも、ファッショに対抗するシュール・レアリズムへの希望が表明されている。

しかし、総力戦体制の進行のなかで「時代に対する良心的なる詩人の態度」を貫くことはさらに困難になった。三九年一一月の『神戸詩人』第五冊巻頭の評論「未定稿」（副題

「神々の沈黙」）のなかで、小林は「日本精神」の絶対視が横行する状況を「低俗」と痛撃し、「沈着なレアリズムの眼」を通して「知性による科学的価値」の再建を確信し、希求しようとしている。この号の「編輯後記」でも「文壇も魂の置処《おきどころ》に疲れている」とつぶやきつつ、最後に「友よ、明日の為めには生々しい行動も振うて《ママ》みようではないか」と閉塞した状況の打破を呼びかけた。しかし、『神戸詩人』はこの第五冊で刊行を断念せざるをえなかった。

小林は出獄後の四四年春、再会した浜名与志春が「僕たちの苦労は決して無駄ではなかった。いまにきっと僕たちの真価がわかります。いまの詩人たちはにせものです」とはげしい語気で語ったと回想したうえで、「純粋詩」派の浜名は起訴・有罪によって「ファシズムの暴力を身を以て体験し、権力に対する不屈の信念を得たようだ」と観測する（「神戸詩人事件」）。

シュール・レアリズムそのものの弾圧へ

一九四〇年三月分の『特高月報』では神戸詩人クラブ検挙の第一報とともに、「前衛美術各派展覧会の開催」を取り上げた。「仏蘭西《フランス》に於て人民戦線運動を支持したるシュール・レアリズムを絵画精神」とする前衛絵画運動が「我国美術新興勢力を形成しつつあ」ると観測し、なかでも福沢一郎の指導下にある美術文化協会と瀧口修造らの指導下にある歴程美術協会について、「其の動向厳重注意中」としていた。

この「動向厳重注意中」を進めて、警視庁は四一年四月、治安維持法違反容疑で福沢と瀧口の検挙に踏み切った。同月分の『特高月報』は「シュール・リアリズムは反ファッショ的傾向を濃厚に持ち、且共産主義理論の革命性と相通ずるもの」とした。九カ月の勾留の末、いずれも警察の取調のみで釈放されたが、ここに絵画方面のシュール・レアリズム運動は遮断された。

警保局編『社会運動の状況』一九四一年版は「前衛絵画運動の状況」に付した解説「シュールリアリズムに就て」のなかで、「共産主義的立場をとり、コンミュニズムの革命に奉仕することを文化的使命となすに至りたるもの」とする。四一年前後に司法省刑事局で作成されたと推測される「シウルレアリズムの本質に就いて」（「太田耐造関係文書」）では、「シウルレアリズムの思想性政治性」について「シウルレアリズムは精神の領域内に於て共産主義革命に奉仕することを文化的使命となすものであり、然《しか》も無意識精神の解放を共産主義社会実現に取って必須の条件とし、精神解放を通して人間解放としての共産主義革命に奉仕せんとする思想体系」と論じている。

神戸詩人クラブ事件ではシュール・レアリズムを「反ファッショ気運」醸成という観点から処断していたが、福沢や瀧口の検挙時にはシュール・レアリズムそのものを弾圧する方向に変化していた。対米英開戦時、特高は「非常措置」を発動するなかで、長野県の

「リアン社」関係者（小岩井源一〔高橋玄一郎〕）と広島県の「シュールレアリズム絵画並詩運動」関係者（山路商・坂本寿）ら五人をも標的とした。これらを取り上げた『特高月報』四二年九月分にはいずれも「反ファッショ」の語句はない。「リアン社」の場合、「プロレタリア革命を通じて共産主義社会建設を究極の目的とする」非合法文化団体とみなされている。いずれもどのような司法処分がなされたは不明である。

文部省教学局の刊行する『極秘思想情報』第三〇号（一九四二年九月、『文部省思想統制関係資料集成』第七巻）は「シュールレアリズムの芸術に就いて」を特集する（教学局への思想情報の多くは内務省から提供）。「その思想に於てシュールレアリズムの宣伝は即共産主義宣伝たるの危険性がある」と断じたうえで、瀧口の検挙に触れて「共産主義革命に奉仕するシュールレアリズムの普及啓蒙に当っていたことが判明した」とする。

この特集ではサルバドール・ダリの「記憶の固執」を例にとってシュール・レアリズムについて説明している。「それが性的慾望の抑圧であれ、又如何なる慾望の抑圧であれ、それが完全に充足される世界はこの正統シュールレアリストにとって完全に人間性が解放さるべき「コンミュニズム」の社会でなければならぬとするもの」という解釈で、総力戦下の治安当局の倒錯した認識ぶりをよく示している。

4　横浜事件と細川嘉六

「世界史の動向と日本」論文の扱いの劇的変化

戦時下最大の治安維持法事件というべき横浜事件の中心にあった細川嘉六と『改造』一九四二年八月号と九月号に発表した論文「世界史の動向と日本」に焦点をあててみよう。

八月号の「反響は、ふだんの月よりもぐっと大きかった。やはり細川論文が話題を呼んだ」（『横浜事件　元『改造』編集者の手記』一九八六年）という青山憲三の証言は、細川論文が社会から待望されていたことを示そう。一方で、当時の言論界はこれを糾弾する論が優勢だった。蓑田胸喜《むねき》は「露骨なる全面的ソ連讃美論がマルクス主義唯物史観の無条件信奉態度から執筆されたもので、看過すべからざる凶兆」（『原理日本』一九四二年九月）と非難し、三井甲

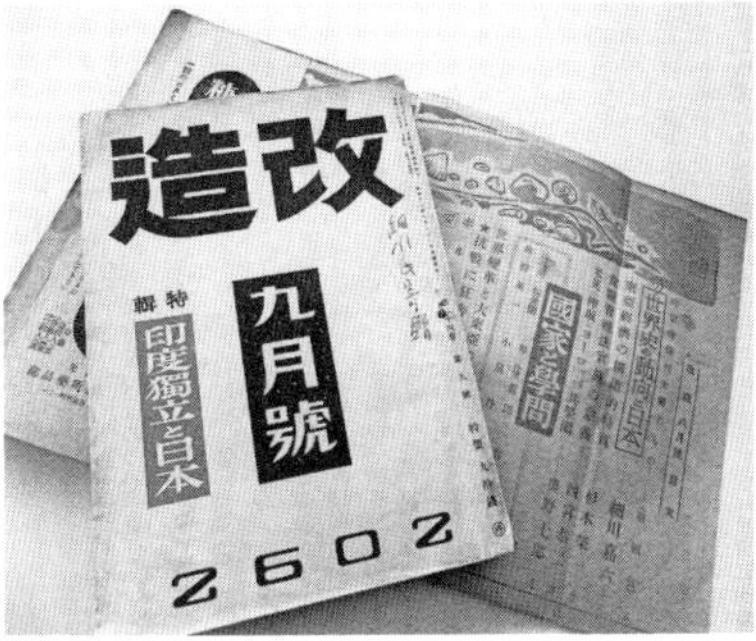

細川嘉六による「世界史の動向と日本」が掲載された『改造』（1942年９月号）

之も「此時局下に帝都の有力なる雑誌に掲載せらるる如きことならば、承詔必謹の臣道規律は空《むな》しく掲示せらるるのみ」（『反共情報』一九四二年一〇月）と問題視していた。九月一〇日の日本文化協会の定例研究会ではこの論文を「批判検討」していた。

こうして細川論文が注目を集めるなか、四二年九月一四日の『日本読書新聞』（日本出版文化協会機関紙）の「戦争と読書」で大本営陸軍報道部長の谷萩《やはぎ》那華雄大佐が「これは共産主義宣伝でしょう。手ぬかりですね。戦争が長期にわたれば共産主義や反戦厭戦や非国家主義的宣伝が相当巧妙に偽装されて這入ってくる」と述べると、警視庁はあわてて九月一四日に細川を検挙した。

「手ぬかり」を指摘された情報局・警保局も九月一五日、「米英の反帝国主義、新民主主義化を以て世界の動向なりと解し、その間に浸潤しつつある共産主義の成果を賞賛して東亜の社会にも共産主義実現の必然性を示唆したる嫌《きらい》あり」（内務省警保局『出版警察報』第一四四号、一九四二年）という理由を付して全頁削除という処分をおこなった。九月号の「支那事変の収拾といい大東亜建設といふも、現世界情勢の停止するところなき広大強力なる動向その発展に即応することなくしてはその目的を達成しうるものではない」などが問題の箇所とされた。すでに刊行から時間が経って読者の手に渡っており、削除といっても実質的な効果はなかったが、改造社に与えた衝撃は大きかった。編集長と論文担当の相川博の引責辞職、『改造』編集部の全員の更迭という「自発的」な処分を強いられた。

警視庁世田谷署で三一回におよぶ取調を経て、翌四三年五月一〇日に東京刑事地裁検事局に送致する際、特高部特高一課の芦田辰次郎警部は論文を「わが国体変革、世界共産主義社会の実現の目的を以て、その目的たる事項を宣伝したるもの」とみなして、新治安維持法第五条＝「宣伝」の適用を求めるという意見書を付した。このあと九月一一日の東京刑事地裁検事局による起訴では長年の評論活動を通して「論壇より一般に対する共産主義的啓蒙に努め」てきたとして、第一条の目的遂行罪に変更されたが（森川金壽編著『細川嘉六獄中調書』一九八九年）、ここまで「日本共産党再建準備会」については何も言及がなかった。四四年五月二三日に東京刑事地裁で第二回目の予審訊問を受けているが、それまでは細川個人の事件とされていた。

同年七月二〇日、横浜刑務所未決監に移送され、横浜地裁の予審に移管された時点で、細川は「非合法党の再建活動」の中心人物に仕立て上げられていた。しかも「世界史の動向と日本」論文は党再建準備会創設を受けて実践的に書かれたものと位置づけられるだけでなく、『特高月報』四四年八月分では「全国同志の蹶起《けっき》を促す指令的論文」とまでエスカレートする。

党再建準備会事件への拡張

神奈川県特高警察による横浜事件への本格的な暴走は、一九四二年七月の富山県泊での出版慰労会を共産党再建準備会と決めつけ、研究者や編集者を一挙に検挙した時点に始まる。木村亨の証言（『横浜事件の真相　再審裁判へのたたかい』増補版一九八六年）によれば、一九四三年五月二六日検挙の翌日の取調で森川清造警部補は「さあ、きさまらが泊でやったことを正直に申し上げろ！　きさまらは泊で共産党の再建会議をやったろう！」と迫り、気絶するほどの拷問で「自白」を強要したという。

四四年一月の警察部長会議における警保局保安課長の説明「治安状況に於て《ママ》」（『特高警察関係資料集成』第二五巻）では、「合法的職場を夫々《それぞれ》自己の不逞活動に極力利用」、「一部が海外との連絡確保に努めていたこと」を事件の特徴としつつ、「「細川グループ」の関係者は、共産党の再建を企図して、自己に接近する之等の左翼グループを漸次其の傘下に納めようとしていた」と、党再建準備会を主軸とする事件像にまとめ上げた。これには司法省も同調をしていた。同四四年一月の衆議院秘密会における司法省刑事局長池田克の説明「日本国内に於ける思想の実情に付て」では、共産党の再建・拡大強化を最近の「中心的な流れ」とみて、「細川嘉六を中心として、共産党の組織の再建準備運動が行われて居た」とする（『帝国議会衆議院秘密会議事速記録集』一九九六年）。

おそらく四四年以降には第二の「ゾルゲ事件」化をめざす試みは断念されていたはずで、もう一方の党再建準備会に発する「つる」が各方面に伸びていった。「愛政グループ事件」は工場労働者の左翼化をめざすものとして、四四年一月の『改造』『中央公論』関係者の追加の一斉検挙では雑誌編集や出版物を通じた「左翼運動」の展開という構図が描かれる。すでに検挙済だった「世界経済調査会」や「満鉄調査部」関係者も、改めて「その検挙メンバーは何れも日本共産党再建準備会を結成しつつありたる事判明せる」（警保局「横浜事件関係者一斉検挙の経緯」国立公文書館所蔵）ととらえ直されていく。

　このように「横浜事件」が党再建準備会事件へ拡張していく際の最重要なピースとして、細川の横浜への移管があった。『特高月報』一九四四年八月分では党再建準備会について、「満鉄系左翼分子と、中央公論社及改造社等に就職せる左翼ジャーナリストの組織たる所謂「細川グループ」とが合体」したものとみなし、それを「中核体」として相互の人的関連をもって一つの組織としたとする。「満鉄系左翼分子」とは平館利雄・西沢富夫・西尾忠四郎らを、「左翼ジャーナリスト」とは木村亨・相川博・小野康人らを指す。

　党再建準備会結成後の筋書きは「再建準備会の結成を見るや、急遽《きゆうきよ》社内共産主義分子を糾合結集に努むるの外、各種言論機関に横断的組織を結成し、党活動に即応し、不逞なる目的達成の為め、報導《ママ》宣伝機能の左翼的発展飛躍を企図狂奔中」と描く。この構図にそって神奈川県特高警察の暴走は加速し、日本編集者会・朝日新聞社・日本評論社・岩波書店などからの芋づる式の検挙があいついだ。党再建準備会を「中核体」とし、各グループはその「下部組織」と位置づけられた。

　この暴走のために神奈川県特高警察は「全機能を挙げて全霊を傾けて、徹底的なる取調べと捜査に当た」ったという。その苦心を強調するために「被疑者は孰《いず》れも稀《まれ》に見る尖鋭共産主義者として革命的信念を絶対堅持し、容易に取調に応ぜざる」状況だったとされ、これを突破してそれぞれ別個の事件を「相互の人的連携を通して、緊密に結合せる一大組織」に仕立て上げるためには、「非合法党の再建活動」という見取図にそった苛酷な拷問による「自白」強要や捏造が必要だった（「横浜事件関係者一斉検挙の経緯」）。

党再建準備会フレーム・アップの破綻

党再建準備会は特高と思想検事による砂上の楼閣だったがゆえに、司法処分の進行とともにそのフレーム・アップは破綻した。

「愛政グループ事件」の場合、田中政雄は「昭和十七年加藤政治より、細川を中心とする党再建準備会事件《ママ》の結成を詳細説示されるや、直ちに之に加盟すべきことを申入れ」（『特高月報』一九四四年八月分）たとされるが、その後、この方面への拡張は実現せずに終わる。関係者とされる広瀬健一と大月勘一は比較的早い時点で（それでも検挙後ほぼ一年）、起訴猶予となった（田中は四四年四月に獄中死）。

「政治経済研究会」グループについては、「本研究会を所謂党再建準備会の一翼として其の傘下に糾合せんと意図せる」という浅石晴世の「供述」をもとに、一九四三年九月九日に高木健次郎・勝部元・由田浩・小川修・森数男・板井庄作・白石芳夫らの検挙に踏み切るが、党再建準備会に結びつけることはできなかった。四五年七月三一日の白石に対する判決では、「共産主義理論の研究並に内外の経済政治等の諸情勢を分析批判して、同「グループ」員の共産主義意識の昂揚、同志的結束の強化を図りたる」（『横浜事件資料集』）などとされるだけである。この前後のグループ員の予審終結決定や判決においても同様であった。グループの一員と目された和田喜太郎への懲役二年の判決は早く四四年八月に言い渡されているが、そこでも「自己の職場の内外を通して一般の共産主義意識の啓蒙昂揚を図ると共に左翼組織を確立する等の運動」とされるのみで、党再建準備会は全く登場しない。

四四年一月の一斉検挙となった中央公論社・改造社関係でも、党再建準備会に直結させることはできなかった。畑中繁雄に対する四五年六月の予審終結決定では「「中央公論」の左翼的編輯及左翼的出版物の刊行等を通して、一般大衆の共産主義意識の啓蒙昂揚に努めたる」とされる。小森田一記に対する九月四日の判決でも長年『中央公論』に「左翼的啓蒙記事を執筆掲載せしめて、編輯部員並に読者大衆の共産主義意識の啓蒙昂揚に努め」という具合で、ここでも党再建準備会は全く登場しない。

実は横浜事件についての最も詳しい記述である『特高月報』四四年八月分でも、中心的存在であるべきはずの党再建準備会は影が薄い。「細川嘉六を中心とする所謂党再建準備会なる非合法グループ事件」について、冒頭で泊における「日本共産党の再建に付協議し、爾来《じらい》之が準備の為活動して来れり」と触れるだけにとどまる。

泊の党再建準備会に直接かかわったとされる「中核体」メンバーの場合をみよう。四五年七月二〇日になされた小野康人に対する予審終結決定では「所謂「党再建準備会」なる秘密「グループ」を結成し、之を速《すみやか》に拡大強化して同「党」の中心勢力たらしむべきことを提唱」とあり（『横浜事件資料集』）、敗戦後の八月二二日になされた西尾忠四郎に対する予審終結決定でもほぼ同様だった。これらは治安当局が一体となって、「中核体」とみなした党再建準備会の存在をまだ強弁しようとしたことを示している。

ところが、八月二七日の木村亨に対する予審終結決定では、泊会議および党再建準備会についての言及は消える。木村への問擬は「現下の情勢に鑑み、自己の職場の内外を通して一般の共産主義意識の啓蒙昂揚を図ると共に、左翼組織の拡大強化を図る」というものだった。益田直彦に対する九月四日の判決も「我国内外の情勢に鑑み、自己の職場の内外を通して一般の共産主義意識の啓蒙昂揚を図ると共に、左翼組織の拡大強化を図る」という木村予審終結とほぼ同文で済ませている。さらに小野に対する九月一五日の判決では予審終結決定にあった党再建準備会は影も形もなくなり、木村予審終結と同一の表記での処断となっている。「中核体」とみなした肝心の党再建準備会は、敗戦後のＧＨＱの介入前に司法処理を済ませてしまおうという姑息さのなかで雲散霧消してしまった。

細川嘉六の抵抗と反撃

ゾルゲ事件での尾崎秀実の検挙後、細川嘉六は制約された文筆活動をもって戦争へと向から時勢にあらがうことを決意した。一九四一年秋頃から「世界史の動向と日本」論文の準備が開始された。対米英開戦直後には若い友人らに「国民に呼びかける論文を発表する」ことを伝え、協力を求めた。そして細川は論文を四二年四月頃までに書き上げている。

細川の『河童自伝』（二〇二四年）によれば、難解さでカモフラージュするという「用心をしながら」、「力の及ぶ限り書いた」。このままでは「戦争はうまくいかない」という考えが根底にあり、それを回避して「幸福なわが国民の前途」を示すことを自らの責務と考えていた。大きく文明史を俯瞰する壮大な構想のなかで、この難局に立ち向かうべき方向性を提示した。現状の世界史的動向への理解の乏しさを克服し、「人類の発展」という根源的な観点から現在を見つめ直すという構想を立て、そこからアジアの問題に目を向け、「依然帝国主義的思想乃至《ないし》非科学的思想が支配的であること」を指摘して、社会全般の蒙を啓くことを意図した。

編集者は細心の注意を払い内務省の検閲を通過させたが、細川は事件の予兆を感じ、「空気がどうも険悪、起るなら起るで、どうもしようがない」という気持だったという。

そして、四二年九月一四日、警視庁によって検挙される。警察や検察の取調で追及されたのは長年の言論活動を通じた「共産主義的啓蒙」であったが、四四年七月以降は横浜地裁の予審に移管され、党再建準備会について追及された。

細川は自らが真実の側に立つことを確信し、検察や予審の訊問に果敢に対峙し、反撃を加えていった。それは妻宛の獄中書簡（『河童自伝』所収）によくうかがえる。書物閲読などの獄中のきびしい制約のなかで、「東洋思想の淵源」の考究に努めていた細川は「毎日毎日、全く喜びと希望」（一九四四年一月五日）をもち、予審訊問が終ったあとの手紙では「これから私にとっては一代のホントーの仕事が私なりに出来ることを自覚されます。誠に誠にうれしく、希望は尽きません」（同年一二月二三日）と意欲に溢れている。こうした意気軒高ぶりは妻を安心させるだけでなく、当局への不屈の意思表示ともなった。

戦局がいよいよ窮迫してきた四五年になると、「東洋思想の淵源」探究から感得した憂国の思いが噴出する。そして、鋭敏な時代感覚は研ぎすまされていった。獄内で聴くラジオのニュースや情報局『週報』・『写真週報』を通じて、それらの官製情報の背後にある戦局の推移や国民意識の変化を感知し、「世の中のこと、国内の出来事、皆自分の掌《てのひら》の中に見るようです」（一九四五年三月六日）とする。過剰な戦意昂揚の言葉が並ぶなかからも、的確に大きな歴史的な流れをつかんでいった。

それを可能にしたのは、細川の自らの学問への絶対的な自信であった。四五年三月六日の書簡には先の引用につづけて、「従来私が深く考え発表して来た通りに続々発現し来り、誠に学問の偉《ママ》力をしみじみ感じます」、「国の内外の事態は更に私の学問の真価を証明するものと毎日想見しています」と書きつけていた。それは「世界史の動向と日本」で論じたことへの揺るがぬ確信であった。

　そうであればこそ、治安維持法違反とされた自らの事件が虚構であるとの強い確信をもちえた。四三年七月五日には「いずれその内片付くこと間違いなきこと、今一息《い》きの辛《ママ》棒《ママ》」とあり、四四年一月五日には「道理のある我が日本において年内に帰えれぬこともないと確信しています」とする。四五年になると戦争の終結が予測された。七月二日には「私の事件は全く公表した諸論文に限ったことであり、それは又我国民中、最良最有識層幾千幾万の人の承知しているところであり、又そればかりでなくここ幾年に亘る日本内外の重大な事態の推移変化によって、所論の正邪当否がこの幾千幾万人の前に証明されているところである」と書きつけた。

　しかも特筆すべきは、敗戦を予測し、出獄後の新たな日本における行動を細川がはっきりと自覚していることである。四五年七月八日の手紙では「私は何としても生きぬき、全力を傾倒して我が国、我が国民のために尽くさなければなりません」と決意を新たにしている。この決意は戦後の細川の行動と思索において果されていく。

　妻宛の獄中書簡においては常に意気軒高で快活な姿を見せる細川だが、「自伝」には共産党再建準備会事件に巻き込まれてしまった若い友人たちの行末に苦悩する姿もある。また、特高・司法当局の狂奔に抗してあえてかぶいたり、ふざけたりしたことも語られる。「コソ泥が一緒になった雑房で、髪の毛をのばしてわざわざ穢《きた》なくしたり、それで縒《よ》りを盛んに縒るんだ」というところまでいった。また、敗戦後の出獄前のこととして、入浴の際にわかめのようになった花模様の手拭を「女の役者のような髪型にかぶって、おいらんのような髪型をしてそうしてふざけ」たともいう。理不尽な長期の勾留に、かぶいたり、ふざけたりした行動をとって憂さを晴らすこともあった。

5 三人の弁護士たちによる弁護活動

鈴木義男の弁護

治安維持法違反事件公判では一九三〇年前後の数年間は自由法曹団から日本労農弁護士団に至る弁護活動が布施辰治を中心に展開され、そのことは多く論じられてきたが、三三年以降は弁護活動そのものが目的遂行罪に問われるようになり、弁護活動は封じ込められた。形骸化した官選弁護が大部分を占めるなか、三〇年代後半以降においてわずかな自由主義的立場を堅持する弁護士たちが存在し、法廷で治安維持法の無法性を糾弾した。

まず、日本国憲法の草案作成にも加わり、片山哲・芦田均内閣の法相（法務総裁）を務めることになる鈴木義男である。その弁護は共産党関係から日本無政府共産党事件、人民戦線事件、宗教関係の事件まで幅広いが、それらの弁論には「個々の共産主義者の検挙・処罰のうちには、牛刀をもって鶏を割くような、いうに忍びないものが少くなかった」（鈴木義男「安倍牧師の手記を読んで」『日本評論』一九五〇年八月）という、治安維持法の運用の現状への鋭い批判が貫かれていた。

四一年一一月、ソ連関係書籍の輸入・出版で知られるナウカ社創業者の大竹博吉の控訴審で、鈴木は「殆んど我国近時の検察活動と云うものは縦横無礙《むげ》、従来の法律の約束を無視するかの如き感を呈して居りまするし、或人は法律の暗黒時代とさえ呼んで居る」と断じ、「法治国」であることさえ疑わしいと弁論した。大竹の罪とされる出版活動を通しての共産主義思想の啓蒙やソビエト国家・社会の擁護を、目的遂行罪で処断することの誤りと危険性を痛烈に指摘する。こうした思想的断罪が横行する要因として「主観主義、認識主義の極端な濫用が為され」、「動機を罰し、思想そのものを罪する」ことをあげ、そのため治安維持法第一条の重刑は「非常に惨酷な結果」を生じているとする（「被告人大竹博吉治安維持法違反並軍機保護法違反被告事件弁護弁論要旨〈控訴審〉」、法政大学図書館所蔵）。

これに先立ち、鈴木は人民戦線事件の大内兵衛・美濃部亮吉・宇野弘蔵らの弁護を担当した。かつて東北大学の同僚だった宇野の第一審公判での弁論（三九年六月）では、「先ずこの人を検挙すると定められたのである。これを定めて置いて、何か物にするような種はないかと探されて四個の事実を見付けて来たと云う形」と事件の構図をあきらかにして、「社会情勢に基く政治的検挙の事案」と断定した。最後は「学問が政権から超然として居らねばならぬように、裁判も常に政権政治的動きからは超然でなければならぬ……裁判は政治の奴婢《ぬひ》となり、後世必ず史家の笑を買うことあるべきを慮《おそれ》る」と論じた。非公開の法廷内という限られた場での弁論であったとはいえ、痛烈な裁判批判、国家批判となっている（「宇野被告治安維持法違反被告事件弁護要旨」、同志社大学人文科学研究所所蔵）。宇野は第一審・第二審とも無罪となった。

鈴木のスタンスは治安維持法自体の処罰は認めつつ、「牛刀をもって鶏を割くような」現状の運用ぶりは鋭く糾弾するというものである。罪刑法定主義の大原則を逸脱したとみて、日本無政府共産党や宗教事犯の公判においては真正面から無罪を主張した。

高田富與の弁護

高田富與《とみよ》は戦前は弁護士として刑事裁判の弁護にあたり、戦後は札幌市長を三期務めた後、自由民主党所属の衆議院議員を二期務めている。

一九四〇年一一月と四一年一月、北海道各地の生活綴方《つづりかた》関係の小学校教員ら六〇人余が治安維持法違反容疑で一斉に検挙された。一二人が起訴され、釧路地裁の予審、そして公判に付された。四一年九月には教員や師範学校生徒二六人が検挙され、一八人が起訴された生活図画教育事件が起こった。高田はいずれの事件においても弁護にあたっている。

綴方教育事件の弁護を親友からの懇請で引き受けた高田は釧路に通い、膨大な訊問調書などを読み込み、「十か月に近い間、殆んどこの事件の調査に没頭した」（高田富與『なぎさのあしあと』一九七〇年）。釧路地裁における弁論は二日間一二時間におよび、被告たちを感激させた。その一人小坂佐久馬は「拘禁されて二年余り、どこにもぶつけようのなかった私たちの憤りや口惜しさを、先生は痛烈果敢に代弁してくださった」（小坂佐久馬「追想・高田富與先生」『追悼高田富與先生』一九七七年）と回想する。

高田を弁護に駆り立てたものは、事件を仕立て上げた警察・検察とその協力者となった予審判事に対する痛烈な憤激であった。徹底した裁判記録の検証と被告らの「獄中メモ」が高田のそれをもたらした。警察から予審までの取調の異常さを読み取り、さらに真相に迫るために被告らに獄中での記録の執筆と提供を求めた。現在、二人の「獄中メモ」が残されている。被告に同情した看守が持ち出し、高田に届けたと推測される。それらを通じて、高田は本来の生活綴方運動が目的とするものや予審終結決定の「犯罪」が拷問と詐術によって作り上げられたものであることを読み取った。

四三年五月、高田の弁論は「被告人等は警察、検事廷・予審廷を通じて、不逞なる意図を自白せしめられて、動きのとれないようにされております」と指摘するところから始ま

1940年11月と41年1月に北海道各地の小学校教員らが検挙された事件などで弁護士としてかかわった高田富與（佐竹直子『獄中メモは問う　作文教育が罪にされた時代』より）

った。弁論の主眼は二つあった。まず「無理なでっちあげ」でできあがった事件のでたらめさを繰りかえし、さまざまな角度から暴露した。そのうえで警察・検察・予審の責任を追及する。「思想取締の官憲が、あまりに神経過敏に過ぎて、真相の調査が疎《おろそ》かであったという誹《そしり》を免れ得ない……被告人等を犯罪者たらしむるべく汲々として、遂に大局を誤るに至った」とし、それは「国家の誤り」だったと断言する。

もう一つは、事件の虚構性を真っ当な「社会通念」から否定したことである。「日本共産党の存否と本件犯罪の成否」について、「かかる結社が存在しなければ、犯罪が成立しないことは論を俟《ま》たないところ」とする。また、「結社の目的遂行の行為と不能犯」では「児童に対して、資本主義の矛盾を自覚させるとか、共産主義社会に志向するその萌芽を培うとかいうような危険性、即ち犯罪の成立を可能ならしめる危険性が、被告人等の実践行動についての具体的な事情を観て、これを基として考えた場合、社会通念に照し、一般的な性質として肯認できるでしょうか」と迫り、「不能犯」ゆえに無罪以外にあり得ないと論じた。そして最後は「裁判所におかれましては、国家の誤りは国家自らが正すの御勇断によって全被告人に対して無罪の判決を賜わられ、被告人等を速かにその家庭に帰されんことを」と結んだ。

判決は目的遂行罪に該当する行為として起訴事実があげる六つの事実の半分を有罪とした結果、八人が懲役二年、二人が懲役一年半などと全員が有罪となったが、それぞれ執行猶予が付いた（高田富與『綴方連盟事件』一九五八年）。裁判長の強権的な指揮のために十分な弁護活動ができなかった生活図画教育事件では、指導者とされた教師は実刑の有罪となった。

海野普吉の弁護

横浜事件の弁護を海野普吉は一手に引き受けた。大部分の公判は敗戦後に予審終結から判決までの司法処分が強行された。横浜地裁の八並《やつなみ》達雄裁判長とのやり取りを海野は「予審終結決定も見ないで裁判をやることはできないと頑強につっぱねました。すると、裁判長は「そういわないで、いいじゃないか、わかっているでしょう」としきりにいうのです。「執行猶予」をにおわせたつもりだったのでしょう」と語っている。

海野は公判では「敗戦になった状態で、連合軍から占領されたということについては、一体なにが原因か。そういうことを阻止しようとしたのは、こういう人々なんだ」（海野

1942年から1945年にかけて起きた横浜事件で弁護にあたった海野普吉。海野は"人権派弁護士"として知られ、戦後の松川事件や砂川事件なども弁護した

普吉『ある弁護士の歩み』一九六八年）という趣旨の弁論をした。青山憲三は「再生日本とともに、諸君も、これからまたまったく新しく出発をしなければなりません。諸君の双肩にかかる責任は、きわめて重大なるものがあります」と述べた海野の弁論を記憶している（『横浜事件　元『改造』編集者の手記』）。いずれにしても、十分に準備された弁論ではなかった。

敗戦後になされた判決は一律に懲役二年、執行猶予三年だった。執行猶予が付されたとはいえ、処断の論理は敗戦前の治安維持法判決と寸分も変わらないものになった。被告の獄中からの釈放を優先させて、公判の開始と判決を受け入れてしまったことに、さらに被告らを説得して上告を断念させてしまったことを、のちに海野は「大いに恥じ」た。その恥辱と反省に立って、被告らの拷問警察官に対する告訴状には弁護士の筆頭に海野の名前があった。

敗戦という緊急事態ゆえに横浜事件の公判では現実的な対応に終始せざるをえなかったが、海野が治安維持法公判で本領を発揮したのは一九四〇年代である。人民戦線事件関係者のうち、海野は山川均・黒田寿男・荒畑寒村《ひさお》の弁護を担当している。四一年七月に山川のためにおこなった弁論をみよう（『日本政治裁判史録』「昭和・後」一九七〇年）。

海野も裁判記録を熟読し、山川の思想・行動が日本共産党の主流だった「福本イズム」と「全然対立相容れざるもの」だったとして、雑誌『労農』発刊とそのための組織は「治安維持法と所謂国体を変革し、私有財産制度を否認する目的を以て組織したるものと謂う能わざるは極めて明らか」とする。また、山川の思想が「何等危険を包蔵するものに非ざること」も「上申書」に明らかとする。「結語」では「本件被告等が従来左翼的傾向を有したるものとするも、其の後の国際状勢の変化に因り方向転換を要すべきことを自覚するもの」であり、「従て被告等の行動が我国の客観状勢に反するものに非ざることも明らかである」として無罪を主張した。

山川は懲役五年という重い判決となった（求刑は懲役七年）。控訴審でも海野は弁護を担当し、「もし山川君たちの戦線統一論がコミュニズムのためにならないものであるならば、共産主義者の団体のために理論を展開したという原審の判決には矛盾がある」という弁論を展開したという（『ある弁護士の歩み』）。控訴審判決では懲役三年となったが、四五年一一月の上告審判決は治安維持法廃止により免訴となった。

この弁論は鈴木の人民戦線事件弁論に比べて、穏やかな言葉遣いながら治安維持法の罪刑法定主義の原則を超えた拡張解釈の誤りを的確に突いているといえよう。もっとも、海野も治安維持法の処罰の必要性は認めていたと思われる。

四四年一二月、第七日基督《キリスト》再臨団本部総理で天沼教会牧師の小倉指郎に東京刑事地裁は「国体を否定すべき事項を流布することを目的とする結社」の指導者として懲役二年（執行猶予三年）を科した。上告審の弁護を引き受けた海野の上告趣意書では「原判決は法律の根本観念を誤り、罪とならざる事実に対し有罪の判決を為したる違法あり」として、「国体」否定の新治安維持法第七条の適用を誤りだとする。本来は「神霊界」に属する問題を「現象界」の問題としてしまったからで、「本件の如く各国の統治組織が壊滅に帰するものなりと説くと雖《いえど》も……純粋なる神霊界の事象として之を説きたりとせんか、憲法上の統治権に触れたるものと云うを得ざるべし」という論理を展開する（「海野普吉関係文書」、国立国会図書館憲政資料室所蔵）。

ここで取り上げた鈴木義男、高田富與、そして海野普吉は、「法の暴力」を欲しいままにする治安維持法の戦時下の運用に勇敢に立ち向かった稀有な存在といえる。それは法廷内の限られた言論空間とはいえ、戦争にひた走る国家への異議申立であり、抵抗であった。

第四章　朝鮮の治安維持法

1　治安維持法の運用開始

植民地の治安維持法を考える意味

韓国や台湾における第二次世界大戦後の長い軍事独裁政権の存続に大きな役割を果したのが、それぞれの強固な治安体制であった。それを構成する治安法令（韓国においては国家保安法〔一九四八年〕や社会安全法〔一九七五年〕など、台湾においては懲《ちょう》治《ち》叛《はん》乱《らん》条例〔一九四九年〕）、その運用にあたる軍隊・警察・検察の治安機構・機能、そして反共を掲げる治安理念は、戦前日本統治期の治安体制の一部を継承したものであり、残《ざん》滓《し》という側面も強くもつ。そうした意味で、両国の軍事独裁政権下の抑圧取締に日本の植民地統治は深くかかわっていた。韓国・台湾いずれにおいても、軍事独裁政権に立ち向かう運動・思想は厳重で苛酷な弾圧取締によって大きな犠牲を強いられた。その実態は、戦前日本の植民地統治期の治安維持法違反の犠牲者をも上回る。

このような視点に立って戦前から現代に至る東アジアの情勢を眺め渡し、朝鮮と台湾という二つの植民地統治を支える治安体制がどのようにかたちづくられ、植民地統治に反対する運動・意識を治安維持法がどのように抑圧し、取締をおこなっていったのかを考えることは、東アジアの民主化と平和を考える現代的な課題と密接に結びついている。

治安維持法施行への期待と反発

一九二五年二月二四日、治安維持法案が審議されていた衆議院の委員会で朝鮮総督府の下岡忠治政務総監は、すでに三・一独立運動を抑え込むために制定された「政治に関する犯罪処罰の件」（制令第七号、一九一九年四月一五日）があるものの、「其れでは少し範囲が狭く、過激派共産主義の宣伝の如きはそれに包含し難い」として朝鮮でも治安維持法を施行することを強く希望した。実は制令第七号とは別に、併合前の〇七年に制定された保安法や各種の出版法令も民族運動・思想を抑え込む役割を果していた。

雑誌『開闢』（1925年12月号）に掲載された「社会運動側への脅威」をテーマにした漫画

総督府の思惑とは反対に、従来の治安法令にさらに屋上屋を架すことになる治安維持法案の出現に朝鮮社会は反発した。雑誌『開闢《かいびゃく》』一九二五年一二月号は二五年を回顧する漫画で、五月にはこの「社会運動側への脅威」を取り上げた。「言論圧迫」や「集会厳禁」という重圧を加えられている民衆の頭をめがけて「治安維持法」が振り下ろされようとしている図である。

表2　朝鮮治安維持法違反事件人員調

年別＼事由別	検挙	起訴	起訴猶予
1928	1418	496	60
1929	1282	447	—
1930	2133	558	71
1931	1755	659	151
1932	4393	1022	1110
1933	2039	543	678
1934	2067	520	706
1935	1696	478	661
1936	667	246	238
1937	1228	413	573
1938	987	283	348
1939	790	366	163
1940	286	141	72
合計	20741	6172	4831

出典：朝鮮総督府『思想犯保護観察制度実施の状況』(1941年12月)
『治安維持法関係資料集』第3巻

それと軌を一にするのはハングル紙の『朝鮮日報』や『東亜日報』の論調である。二五年二月二三日の『東亜日報』社説「治安維持法と朝鮮との関係」は、施行により朝鮮人がさらに大きな迫害にさらされることは「総督政治の本質」からも明らかだとし、「従来の新聞紙法や制令になお治安維持法が加わり、三重の拘束に縛られるようになる」と論じる。また、公布後の四月三〇日の『朝鮮日報』社説「再び治安維持法の実施に対して」では、「干上《ひあ》がった沼地の囲いの中に捕らわれの身となり、絶え絶えの息が一瞬のうちに促迫」しつつある一群の魚族に対して、治安維持法が「一網打尽にした一族全員を滅亡させることなどは朝飯前の簡単なことなのだ」と痛論する。

朝鮮でも日本国内と同じ五月一二日に施行された。

電拳団事件と朝鮮共産党事件

議会審議で濫用に釘を刺されたこともあって施行からしばらく日本国内では治安維持法の抑制的な運用が図られたが、対照的に朝鮮では躊躇することなく積極的な運用がなされた。まず、制令第七号違反や保安法違反として公判ないし予審の進行中だった事件に対して治安維持法の適用を試みるケースがあった。新法によれば治安維持法に、旧法によれば制令第七号に該当し、量刑はともに同じながら、ここでは旧法を適用するという判決もあった。一九二五年後半の判決では、制令第七号・保安法と治安維持法の適用が混在していた。

過渡的な司法処分の一方で、治安維持法を発動した検挙・司法処分も始まった。その一つが中国東北部（満洲）の間島《カンド》の電拳団《でんけんだん》事件である。二五年八月末、「我等は現社会の不合理なる一切の制度を破壊し、大衆本位なる歴史的必然の新社会建設を目標とす」という綱領をもった電拳団が併合記念日に宣伝文を配布したとして、学生を中心に二〇人あまりが検挙された。中国に対する不平等条約により外務省が配置していた外務省警察（領事館警察）によるもので、四人が間島総領事館での領事裁判に付され、有罪となった（『外務省警察史』復刻版　第二三巻、一九九七年）。その後、この地域では外務省警察による数次の間島共産党の一斉検挙がおこなわれ、被疑者らは朝鮮側に大量に移送され、厳重な司法処分を科されていく。

朝鮮内では無政府主義者のグループに発動されていく事例が早いが、治安維持法の威力

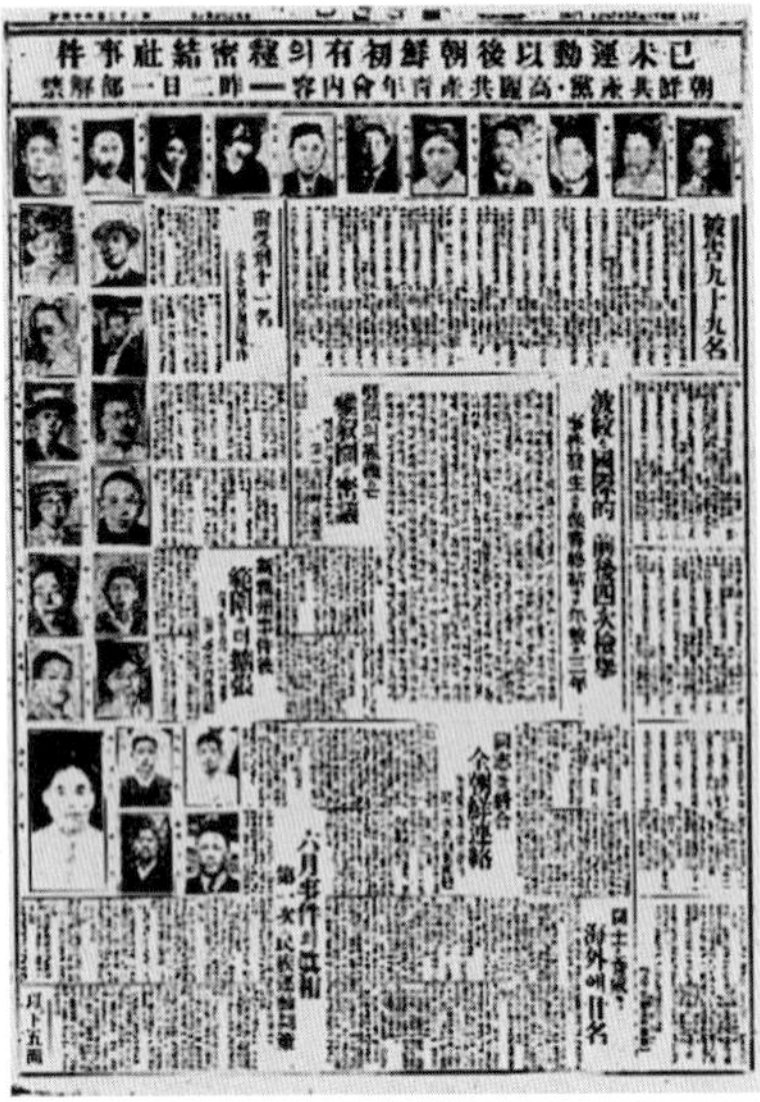
己未運動以後朝鮮初有의秘密結社事件
朝鮮共産黨・高麗共産青年會內容——昨二日一部解禁

朝鮮共産党事件予審終結決定を報じた1927年4月3日の『東亜日報』号外

を見せつけることになったのは朝鮮共産党（二五年四月創設）に対する二度の大検挙である（二五年一一月の新義州と二六年七月の京城）。

日本国内では三・一五事件後、「国体」変革＝「君主制の転覆」という構図が確立していくが、朝鮮では独立運動・思想がこの「国体」変革によって処罰されていった（第七章参照）。その端緒となったのが二七年三月の京城地方法院の予審終結決定である。朝鮮共産党を「朝鮮を我帝国の羈絆《きはん》より離脱せしめ、且《かつ》朝鮮に於て私有財産制度を否認し、共産制度を実現せしむる目的」をもった秘密結社とする定義は、二八年二月の京城地方法院の判決に踏襲されて定着した。この判決では「従前の所謂朝鮮民族解放運動に拠りては到底其所期の目的を達成すること能わざるを覚知したるより、寧ろ純粋の該民族解放運動と対応し、朝鮮民族解放観念に共産主義思想を混和せる一種の共産主義運動を敢行するに如《し》かずとし」たとされ、治安維持法第一条第一項を適用して八二人が懲役六年から懲役八月という量刑となった（高等法院検事局『朝鮮治安維持法違反事件判決㈠』一九二九年、朴慶植編『朝鮮問題資料叢書』第一一巻）。

この公判では警察における拷問が暴露され、新聞で大きく報道された。ある被告は公判で裁判長の問に答えて、鍾路署《チョンノ》の「係官は私の着用せる洋服を脱がせ、椅子を横に置き其の上に坐らせ、両手を首の背後に曲げ、紐で両手を縛りましたので、私は其の苦痛に堪え兼ね四、五回倒れました……厚さ一寸位の板の上に正坐させ少しでも足を横に出すと、正坐せよと手や籐製の〝ステッキ〟で頬や其の他を幾百回となく殴りました。左様にして吉野警部補から二日三夜拷問を受け乍《なが》ら訊問されました」とその内容を具体的に陳述し、拷問を加えた警察官の名前もあげた（「公判調書」「京城地方法院検事局資料」、国史編纂委員会所蔵）。被告らは警察官を告訴したが、検察は不起訴とした。

2　全開する治安維持法

朝鮮共産党再建運動へ連続的弾圧

高等法院検事局による治安維持法有罪確定者の主義別人員によれば、一九二五年五月から二八年二月までは「共産主義」四五人、「民族主義」五一人と拮抗していたが、二八年三月から三〇年一二月まででみると「共産主義」四一二人、「民族主義」一三五人となった。植民地統治に抵抗する主体が共産主義運動となり、治安維持法の発動も当初の民族主義運動から重点が移った。その際、「私有財産制度」の否認のみで処罰される事例もあるが、多くは民族独立をも掲げているとして「国体」変革が適用された。朝鮮総督府高等法院検事局思想部『思想彙報』第五号（一九三五年一〇月）の「治安維持法違反被告人の動機に関する調査」には「日本共産主義運動者とは全然別個な動機として、民族的偏見、日韓併合に対する不満及日鮮人の差別待遇等を挙げることが出来る」とある。

第一次・第二次朝鮮共産党事件後もその再建運動へ連続的弾圧が加わり、組織的なものとしては三二年四月の第六次までつづいた。二八年一〇月の警務局保安課「朝鮮共産党事件の概況」では「数次の検挙弾圧に拘らず、今尚秘密結社朝鮮共産党の組織計画を絶たず、其の行動益《ますます》陰密となり、其の方法は益巧妙にして、之が査察糾弾は最も苦心を要する状況」という現状認識となっている（「公文類聚」第五三編・一九二九年・第九巻、国立公文書館所蔵）。

三一年六月、朝鮮学生革命党の丁寛鎮《チョン・カンジン》の上告を棄却した高等法院の判決をみよう。そこでは「苟《いやしく》も朝鮮の独立を達成せんとするは、我帝国領土の一部を僣窃《せんせつ》して其の統治権の内容を実質的に縮少《ママ》せしめ、之を侵害せんとするに外ならざる」と「国体」変革を定義し、「所謂国体は啻《ただ》に統治権の所在に関するもののみならず、統治権其のものの内容をも包括する概念なり」（「独立運動判決文」韓国・国家記録院所蔵）とした。これは「判例」となり、民族独立運動でも共産主義運動でも当局がそれを「国体」変革とみなせば、もはや説明を省略して治安維持法第一条第一項を発動できることになった。

新興教育研究所事件

共産主義運動のなかでも教育方面への注視と警戒は学生運動にとどまらず、初等教育や夜学校などにも向けられていった。上甲《じょうこう》米太郎・山下徳治らの新興教育研究所事件は、初等教育での最初の治安維持法適用事件となった。

一九三〇年一二月の上甲の検挙に端を発するこの事件について、京畿道《キョンギド》警察部は萌芽段階で幸いだったとしつつ、「苟も子弟教養の重任を帯び、堅実なる国民思想の涵養《かんよう》に重大なる交渉を有する教育者、並に将来是等教職に従事すべき師範生等」の関与は「甚だ寒心すべき事象」とする（「教育者を中心とする治安維持法違反事件検挙の件」、国史編纂委員会所蔵）。同月中に上甲・山下ら五人は、治安維持法第二条（協議）を適用すべきという意見を付されて京城地方法院検事局に送致された。三一年八月に予審終結決定となり、公判に付される。上甲をみると、「現在の教育は資本主義的教育なるが故に、之を排して共産主義理論に立つプロレタリヤ教育を施すべし」として教員組合を作り、共産主義運動を進めようとしていたとされた（高等法院検事局思想部『思想月報』第六号、一九三四年）。

この事件は社会的な反響を呼ぶ。予審終結決定で記事掲載が解禁されると、「京城師範生に共産教育の毒手　『新興教育』の看板で遂に京師生に及ぶ」（『朝鮮新聞』一九三一年八月八日号外）などと報じられた。

同年一一月の京城地方法院の判決は上甲・山下ともに懲役二年を科した。二人は控訴し、三二年六月の京城覆審法院の判決で山下は無罪だが、上甲は懲役二年（執行猶予五年）となった。これを不服とした検事が上告した。上甲については「何等一点の改悛の情なき」とみなされ、「感受性に最も敏感なる小学児を教養するの職責に在りながら、挙《こぞっ》て此等無垢《むく》の児童を赤化せしめんとするに至っては其の責や重く、其の影響する処《ところ》怖《おそ》るべし」（『思想月報』第七号、一九三五年）と断じた。同月、高等法院は上甲・山下に懲役二年（執行猶予五年）の判決を下した。

その後、教育関係の治安維持法違反事件が頻発していく。三三年四月の農村の夜学会への治安維持法違反事件の大邱《テグ》覆審法院の判決では「児童等に対しプロレタリヤ童話、童謡を教授し、雑誌少年戦旗を教材に使用すること等を決議し……団結して資本主義と闘争すべき内容の童話（羊の話、仏国小男士の話）等、童謡等を教授し」たとされた。四人に懲役一年六月が科された（三人は執行猶予三年、金炅一編『日帝下社会運動史資料集』第一〇巻、二〇〇二年）。

三四年七月六日の日本語新聞『朝鮮新聞』は、慶南教員赤化事件の釜山地方法院判決を「思想転向も認めず　殆ど検事求刑通り判決」と報じた。「共産主義の思想的誤謬《ごびゅう》を指摘して、身教職にありながら、その思想的深慮を究めるでなく簡単に雷同し、純応なる児童にその注入をなしたるが如きは許すべからざるところ」という裁判長の談話が載る。

間島五・三〇事件の司法処分

一九三〇年五月三〇日、間島の龍井村・頭道溝を中心に朝鮮人共産主義者約五〇〇人が発電所や鉄道橋梁の破壊などをおこなった。寝耳に水だった一斉暴動に対して外務省警察の弾圧はとくに激しく、年末までの検挙者は一六七〇人に達した。間島五・三〇事件（第五次間島共産党事件）と呼ばれ、司法処分のために朝鮮側に一一回にわたり三二九人が移送された。

主謀者の一人とみなされて死刑となる周現甲《チュ・ヒョンガプ》は、朝鮮人の部落を外れた穴蔵に潜伏中に検挙された。周に関する意見書では朝鮮共産党とともに中国共産党加入を認定したうえで、「最近益々暴動を逞《たくま》しうし、野積穀物放火其他脅迫等甚だしく、彼等は宣伝巧妙にして淳朴なる農民に好餌を以てし、威力を示して漸次共産化せしむる傾向濃厚にして危険極まる」ものとして「厳重処分」を求めた。中国共産党を治安維持法の新たな処断の対象とした(「鮮人犯罪被疑者収容審理其他を在間島総領事館より朝鮮総督府に移管関係雑件」外交史料館所蔵)。

京城地方法院検事局に移送された被疑者は三一年二月頃から取調がおこなわれ、周現甲は三月、京城地方法院に起訴された。三二年一二月に予審が終結し、二七二人が公判に付されることになったが、免訴も一一八人と多かった。公判は三三年九月に始まり、同年一一月まで三〇回におよんだ。京城地方法院検事局の思想検事佐々木日出男は論告で「我国の施政に反対し、朝鮮の赤化及独立を図るが如きは、自ら天与の福祉を抛棄するのみならず、多数の朝鮮人同胞の為に不利を図るものと云わねばなりません。従て被告人等の本件行為に付ては何等同情すべき余地がないのであります」と述べ、周ら一八人に死刑を、二五人に無期懲役を求刑した(『思想月報』第三巻 第一〇号、一九三三年一月)。

一二月、判決が下り、二六一人が有罪となるなかで死刑は周ら二二人と求刑よりも多く、無罪は一六人だった。これは朝鮮の治安維持法による最大の弾圧となった。なかでも他の

間島五・三〇事件の起訴を報じた1931年８月15日の『東亜日報』

刑法犯罪との併合ではなく、中国共産党加入のみで死刑を科せられた周現甲は控訴審、上告審、さらに再審請求と裁判闘争をつづけたが、三六年七月、死刑が確定し執行された。

間島五・三〇事件の司法処分が進められることと並行して、間島総領事館側と朝鮮総督府側の間で対立が生じていた。間島側では不起訴処分や予審における免訴が多いことに不満を募らせていた。朝鮮側では大量の移送による司法処分の負担の重さに不満が高まっていた。それに加えて、間島側の杜撰で不徹底な捜査・取調や並外れた残虐な拷問も司法処分を進めるうえで障害と判断された。両者の対立は決定的となり、ついに間島側は朝鮮側への移送を停止し、自前で司法処分にあたることにした。ただし、この時点で間島の独立運動は下火になり、治安維持法違反事件そのものが少なくなった。

共産主義運動事件の司法処分の特徴

一九三〇年代前半、共産主義運動事件の司法処分を通じていくつかの特徴が浮かび上がる。

朝鮮での治安維持法運用が日本国内の運用と一線を画していたことがわかる。

第一に、朝鮮共産党やその再建運動などには治安維持法第一条第一項・第二項、つまり「国体」変革と「私有財産制度」否認の条項が適用されたのに対して、直接的に党とつながらない共産主義運動の諸事件の判決において、第二項の「私有財産制度」否認のみの適用とするものがかなりの頻度で出現していることである。拓務省管理局「朝鮮に於ける思想犯罪調査資料」（一九三五年三月、『治安維持法関係資料集』第2巻）中にある「治安維持法違反私有財産制度否認のみを以て処罰したるものの人員」という表によると、一九二五年から三三年までの全受刑者のうち、三四％にあたる一〇〇二人に適用されていた。三二年では六二％に、三三年も四五％を占める。この表の作成自体がこうした傾向を当局が意識していたことをうかがわせる。

たとえば、三〇年八月のプロレタリア文化運動に対して大邱地方法院では「朝鮮内に於て私有財産制度を否認し、共産主義制度を実現する目的を以て拳隊と命名せる秘密結社を創立し」として、四人に懲役二年などを科した。この判決では被告らが「国体」変革を目的とした秘密結社を組織したことは認められないとした（「独立運動判決文」）。

また同年一〇月の光州地方法院判決では「現時朝鮮の社会組織に於ては女性は家庭人として男性の為めに、無産大衆として資本階級の為めに、朝鮮民族として日本帝国主義の為めに三重の圧迫を被れる」として私有財産制度を否認する共産制社会を熱望し、「少女会なる秘密結社」を組織したとする。一一人に懲役二年などを科した（「独立運動判決文」）。

第二に、日本国内の運用が「結社」の組織や加入、その目的遂行罪の処罰を規定する第一条に収斂《しゅうれん》していったのに対して、朝鮮の場合は第二条の「協議」や第三条・第四条の「煽動」の適用がかなりあったことである。三三年までの累計で「協議」は六・三%に、「煽動」は三・一%という数値を示し、三三年の「協議」は一〇・二%に達する。

三二年三月の京城地方法院の判決では、ある被告が知人に対して「目下の社会には有産、無産の二階級を生じ、其の懸隔甚しく不公平極《きわま》りなし、斯《か》る不公平は共産制度の実施によりてのみ初めて除去し得べきものなる旨説示」した行為を、「朝鮮に共産制度を実現せしむる目的の下に其の目的たる事項の実行」の「協議」とみなし、懲役二年を科した（『日帝下社会運動史資料集』第六巻、二〇〇二年）。

三四年一一月の清津地方法院の判決では、当面「労働者農民層に於ける意識分子を物色獲得して、之に口頭に由る方法に依り共産主義的意識を注入訓練して教養を施しつつ、其の運動線を全鮮に拡大」し、適当な時期に「秘密結社」を組織することを協議したとする。また、ストライキを実行し、会社構内のガスタンク爆破などを煽動したとする。これらは「協議」と「煽動」にあたるとして、二人に懲役一年六月（執行猶予五年）を科した（『日帝下社会運動史資料集』第七巻、二〇〇二年）。

第三は、朝鮮共産党・高麗共産青年会だけでなく、さまざまな「秘密結社」が認定され、その組織や加入が処罰されたことである。「秘密結社」は日本共産党と日本共産青年同盟に限定されていた日本国内とは対照的である。前述した「拳隊」や「少女会」も「秘密結社」と認定されていた。多くは共産主義運動関係だが、民族主義系も存在する。

当局の記事解禁を受けて新聞は治安維持法事件をセンセーショナルに報じるが、そこには「学生秘密結社　徹底的検挙　鍾路署の大活動」（『朝鮮新聞』一九三〇年二月四日）、「大邱四大秘社事件　廿五名判決言い渡　八名に体刑」（『毎日申報』一九三二年一二月四日）、「天道教内に秘密結社発覚　道員七十余名も検挙」（『釜山日報』一九三四年一二月二一日）などのように、「秘密結社」の文字が躍る。

秘密結社のなかでも、典型的といえるのが「読書会」である。三三年頃に頻出する判決の多くは第一条第二項の適用である。三三年二月の咸興地方法院判決は「私有財産制度を否認し、共産制度社会の建設を目的として読書房なる秘密結社を組織し……社会科学の研究の名の下に共産意識の教養訓練を施すこと」を図ったとして、懲役四年から八月を科した（「仮出獄」）。五月の高等法院判決は、大邱覆審法院の懲役一年の判決を「刑の量定甚しく不当」とした上告を棄却した。弁護人は読書会に入会した被告の活動は「幼稚の状にあったとして減刑を求めたが、判決では被告は読書会で「主要なる役割」を果したとして一蹴した（『日帝下社会運動史資料集』第一〇巻、二〇〇二年）。

社会科学文献やプロレタリア文学を輪読する読書会は萌芽的なものにとどまっていたが、

ここをステップに次の実践的な段階に移行することを警戒して「秘密結社」の名の下に双葉のうちに刈り取った結果が、これらの判決となった。

民族独立運動事件の司法処分の特徴

高等法院検事局による一九二五年から三三年の「民族主義のみを指導理論とする思想犯を治安維持法に問擬したる者」をみると、検挙者の合計は五五六人、起訴者の合計は三八三人で、総検挙者の四・三％、総起訴者の八・六％にあたり、やはり民族独立運動の比率は小さくなっている。ただし、民族独立運動のなかでの起訴率は六八・九％と高い（『治安維持法関係資料集』第2巻）。

民族独立運動事件の司法処分の特徴をみよう。第一に、検察の起訴手続の際、民族独立運動関係の多くがすぐに公判となる公判請求となっていることである。日本国内の治安維持法事件ではほとんどが予審請求され、朝鮮においても共産主義運動は予審請求されることが多かったが、民族独立運動の場合、被疑者は「犯罪」を肯定し、公判で争わずに早く公判を終結させ、服罪することを選択したためと推測される。

第二に、殺人・強盗などとの併合罪の割合が大きいこと、したがって死刑や無期懲役、一〇年以上の懲役などの重罪が言い渡されていることである。三一年四月四日の『朝鮮日報』は「杜撰《ずさん》な朝鮮思想関係法規」と題する社説で、何重にも張り巡らされた治安法令の苛酷さを糾弾するとともに、「その上一般思想関係の刑法及び治安維持法を重ねて適用しておる今日、朝鮮の法的負担こそ文字の如く重いものと言わねばならぬ」と論じた。

第三に、検挙が朝鮮外でなされ、司法処分のために朝鮮に移送されてくることが民族独立運動事件の過半を占めたことである。多くが中国東北部・中国関内からとなるのは、民族独立運動の中心勢力である正義府・統義府・新民府などの団体の活動がこれらの地域でおこなわれ、日本の外務省警察によって検挙されたからである。高等法院検事局「朝鮮治安維持法違反調査」(二)(『思想月報』第四号、二八年三月から三〇年末までの確定判決)によれば、「民族主義」の結社四〇の活動地域のうち、朝鮮は一、「満洲」が二一、「支那本部」が一七であった。「共産主義」結社二九のうち、朝鮮が二二であることと対照的である。

前述のように中国東北部の間島での検挙は主に京城地方法院に移送されるが、民族独立運動の場合は新義州《シニジュ》地方法院に移送された。たとえば、二九年五月、奉天総領事館の海龍分館警察署は「不逞鮮人団正義府義勇軍」を検挙し、「殺人罪、治安維持法違反」適用の意見書を付して六月に新義州地方法院に移送、七月に死刑判決が下されている(『外務省警察史』復刻版第一〇巻〈満州ノ部〉)。

十字架党事件――検挙から起訴まで

国史編纂委員会編『韓民族独立運動史資料集』四七・四八は、十字架党事件の警察段階から公判までの記録をほぼ収録しており（予審終結決定と判決は欠）、一つの事件の司法処分の全過程が一望できる。中心人物と目された南宮檍《ナムグン・オク》は旧大韓民国の高官を務めた著名人で、事件は社会的に大きな注目を浴びた。

十字架党事件は、洪川《ホンチョン》警察署による一九三三年一一月の南宮檍らの任意同行、家宅捜索と「不穏教材」の差押から始まる。警察段階の「犯罪報告」では保安法違反に関する南宮檍について、一九一〇年の牟谷《モゴツク》学校開設以来、校長として「継続的に同校生徒に対し民族意識を高潮せしむべき不穏歴史並不穏唱歌を教授し、或は朝鮮の独立を煽動するが如き言動を弄」し、児童らに独立思想を注入するほか、一般民に対しては無窮花《ムグンファ》（朝鮮を象徴する花）の植培を奨励するなど、民族意識の昂揚にあたったとする。

治安維持法違反とされた同校牧師の劉子勲《リユ・ジヤフン》は「宗教機関を利用し多数党員を募集、団結の力に依り日本帝国の羈絆を脱し、完全なる朝鮮民族の独立を策し」、キリスト教的共産主義社会を建設しようと四月に十字架党を結成し、党員募集などの活動をおこなったとされる。劉に対する訊問では「十字架党の目的は現在の社会制度に公認せられたる私有財産制度を否認して、共産主義社会を建設すると云うのではないか」などと予断にもとづく追及がつづいた。劉は目的が「現社会制度を根本から破壊して、公平なる理想の新社会を建設すること」にあったという供述に追い込まれるが、公判では劉はこれを否定し、拷問によって強要されたと訴える。警察の「犯罪報告」段階ですでに事件の枠組は固まっていた。

警察では牟谷学校の生徒も証人とされ、「校長南宮檍は朝会の際、生徒に対し朝鮮を忘れてはならぬと云うことを謂《い》ったと謂うが、事実なりや」などと訊問している。検事局送致の際に添付された「素行調書」では、「素行並本人に対する世評」や「改悛の見込の有無」などの項目について警察官の見解が記入される。南宮檍の場合、「性強情にして、常に民族思想を抱持し居り、総督政治に不満不平を抱き居りたり」、「全く民族思想に固まりて、改悛の見込なし」などと書かれていた。

三三年一二月、南宮檍・劉子勲ら一四人が洪川警察署から京城地方法院検事局に送致された。添付の意見書では南宮檍の場合、「政治に関し不穏の煽動を為すと共に日本帝国の政治より離脱し、朝鮮の独立を画策し」たとされる。劉子勲の場合、十字架党の結成の意図と目的が「世界大戦の混乱に乗じ一大革命を起し、日本帝国の羈絆より脱し、朝鮮を独立せしめ」、「労農露西亜の如く唯物的に偏したる共産主義社会より超越したる真の理想的平和社会を造り、之を漸次全世界に波及すべく」というところにあったと決めつけた。

京城地方法院検事局では思想検事の佐々木日出男がこの事件を担当した。佐々木検事は、被疑者の行動の背後に朝鮮独立や「私有財産制度」否認の意図がなかったかどうかについて執拗に訊問している。南宮檍への訊問では「此歴史には朝鮮人に対し民族的意識を注入し、朝鮮の独立を煽動する様な事が書いてあるが、如斯《かくのごとき》煽動の目的でやったのか」などと詰問するが、南宮は「左様《さよう》な意味は少しもありませぬ」と否定する。劉子勲への訊問では「十字架党は表面は基督《キリスト》教の宣伝に名を藉《か》り、其内実は朝鮮をして帝国の羈絆より離脱せしめ、朝鮮に共産制度を実現せしむる結社ではないか」などと迫るが、劉は「左様な目的はありませぬ」と否定する。

二週間ほどで南宮檍・劉子勲ら六人が京城地方法院に起訴（予審請求）された。南宮に対しては「政治に関し不穏の言動を為し、因《よっ》て治安を妨害し」たとして保安法に該当するとした。そして唱歌で取り上げた「無窮花」については、「桜花を日本に譬《たと》え、無窮花を朝鮮に譬え、両花の優劣を比較し、暗に日本を排斥する意を寓す」という解釈を加えている。劉の「犯罪」からは十字架党が消え、「私有財産制度」否認についても言及がない。劉から治安維持法第一条第一項の「組織」を適用するに足る供述を引き出せず、第二条の「協議」にトーンダウンせざるをえなくなった。

十字架党事件――予審から判決まで

京城地方法院における予審は一九三四年一月に始まり、三、四回ずつおこなわれた。南宮檍に対する予審訊問の焦点は朝鮮の独立をめぐってである。「朝鮮民族として朝鮮が独立すればよいと思うとは、如何なる根拠に基いて謂うのか」などと手を変え品を変えて独立思想の違法性を供述させようとしたが、教育活動が犯罪性を有していると認めさせることはできなかった。

劉子勲に対しては「共産主義とは如何なるものか」、「朝鮮の独立に付ては如何」などの訊問に否定の供述がかえってくるだけで、やはり犯罪性を認識させることができないため、「其の方は此の世の国家の存在を認めぬと云う思想を持って居るのではないか」などと責め立てていく。八月に予審終結決定となり、四人が公判に付された。七二歳の高齢となった南宮檍の保釈はようやく終結決定直前に認められた。

京城地方法院で公判が開始されるのは遅れて三五年一月である。南宮檍が朝鮮独立をめざしていたことを肯定したため、裁判長は「併合後の今日では朝鮮の一般民衆は働きさえすれば旧李朝時代に比し、より幸福なる生活を営む事が出来る状態になって居るのではないか」などと総督府の施政による良結果を強調して、南宮の言動を誤ったものと認めさせようとした。これに対して南宮は「年を取った今日では何も考えて居りませぬ」と述べて取り合おうとしなかった。訊問の最後に裁判長が「為政者は民衆の生活を向上せしめんと努力し居る」と述べると、南宮は「左様な趣旨で総督政治が行われて居るのであれば、私はそれに大賛成であります」と応じた。

劉子勲に対して裁判長は「朝鮮を日本より独立せしめて天国を作る為、十字架党を組織し、之れを全世界に拡《ひろ》めて世界を統一する団体を組織せんとしたのではないか」と、十字架党結成の背後にある意図を供述させようとする。これに対して劉は「朝鮮の独立運動等には何等の関心を持って居りませぬ」としたうえで、検察や予審における供述が拷問によるものだったと述べた。

証拠調が終わると、検事は南宮檍に保安法に該当するとして懲役一〇月を、劉子勲に治安維持法に該当するとして懲役一年六月を求刑する。劉子勲は最後の陳述で「毫《ごう》も政治的意味を含めるものに非ざるに不拘《かかわらず》、自分が朝鮮人なるが故を以て、其純真な宗教運動を目《もく》するに共産主義運動を以てせられたる事は遺憾に堪えざる」と訴えた。南宮檍は「別に無之旨《これなきむね》」答えた。

三五年一月末、第二回目の公判で判決が言い渡された。南宮檍は保安法違反で懲役一〇月、執行猶予三年、劉子勲は治安維持法違反で懲役一年六月という量刑となった。事件の経過が大きく新聞で取り上げられ、民族独立運動の処断としては一年有余と長くかかったことからすると、十字架党事件の弾圧の程度は比較的軽度であった。当局の思惑は竜頭《りゅうとう》蛇尾《だび》に終わったともいえるが、私立学校とキリスト教を要素とする民族独立の動向に対して、治安維持法や保安法を発動するという威嚇を加えたことは大きな意味があった。

3 拡張する治安維持法

吉田肇「朝鮮に於ける思想犯の科刑並累犯状況」

東京刑事地方裁判所の判事吉田肇は一九三八年度の「思想特別研究員」として、「朝鮮に於ける思想犯の科刑並累犯状況」というテーマの調査・考察に従事した。三八年一二月には朝鮮にも出張している（報告書は司法省刑事局『思想研究資料特輯』六一〈一九三九年〉収録）。吉田の主眼は、「従来朝鮮に於ける思想犯の科刑は内地の夫《それ》よりも相当重いと云われて居る」ことの検証にあった。

まず法務局行刑課「思想犯受刑者の罪名刑期別調」にもとづいて一般状況を分析し、無期または長期の懲役刑の受刑囚がきわめて多いことに注目する。治安維持法違反受刑者三四六人中（三八年九月末現在）、懲役五年以上は六九人で、日本国内の四一六四人中（有罪判決を受けた全員、三八年一〇月まで）、一五七人と比べると歴然としている。朝鮮における死刑が「相当の数に上る」ことや執行猶予の数・比率が少ないことも指摘する。

そこから朝鮮においてなぜ科刑が重いのかを考察していく。一つは「独立を夢想する所謂民族的共産主義」という「朝鮮思想犯の特殊性」である。それゆえ社会への「影響、実害は極めて大きく、其の危険性、拡大性亦《また》甚だ大なり」と論を進め、厳罰を科すのは当然とする。もう一つは「朝鮮の思想犯には同時に刑法犯や他の特別法犯の罪名が付加せらるる場合が極めて多い」という「犯罪の複雑性」である。清津地方法院に係属中のある思想事件の被告二八二人のうち、治安維持法単独の起訴者は一人もいないとして、「朝鮮に於ける思想犯人が民族独立乃至個人経済生活の不平より出発して直ちに実践運動に入るため、直接行動に出で、他の犯罪を為す場合が多」いとする。

さらに「転向問題」をあげる。日本国内の「転向」の雪崩現象に連動して朝鮮においても転向者は多くなっているが、それでも判決時に多くが「非転向」のままだったために科刑が重くなり、執行猶予が少なくなっているとする。また、日本国内の転向者が「本来の日本精神に立戻る」のに対して、朝鮮の転向者は「帰るに家なき有様で、革命思想は抛棄《ほうき》しても之に代るべき思想」はないととらえた。これは「結語」で、朝鮮人が民族意識を棄てて「日本精神を会得するに至る迄には矢張り数百年の歳月を要する」とみて、朝鮮の思想運動が「一時に無くなるものとは到底考えられない」と繰りかえされる。民族意識を棄て去ることはできないという朝鮮人観は、日本国内における在日朝鮮人に対する治安維持法の発動にあたって、国内の警察・司法当局者に共有されていた。

一九三〇年代後半の共産主義運動事件処分の特徴

朝鮮総督府警務局『最近に於ける朝鮮治安状況』(一九三六年五月)は「最近漸く狂暴過激なる突発事件は其影を潜め、民心次第に安定に向い……思想浄化の曙光を認めらるる」とする。高等法院検事局思想部『思想彙報』第八号(一九三六年九月)も共産主義運動は「漸次落潮の傾向」をたどりつつあり、京城地域から「北鮮へと移動し、近時に於ては咸鏡北道が其の策動地たるの観を呈する」とする。

一九三九年八月、各道高等外事警察課長事務打合会で決定された「思想浄化対策要綱」には「共産主義、民族主義の不逞思想を根本的に排除清掃し」、朝鮮民衆に「真に皇国臣民たるの自覚に基く日本精神の振起昂揚を図る」(朝鮮総督府警務局保安課『高等外事月報』第二号、一九三九年八月分)ことを掲げた。これを受けて「鮮内有数の思想悪化地帯」の咸鏡南道で「非転向者」に対して実施を予定された特殊工作は、「警戒其の他機会ある毎《ごと》に予備検束をなす(不断に視察を反覆し、本人及家族の迷惑を顧慮せず、調査訊問、家宅捜査をなす)」、「微罪と雖も検挙し、寛大なる処置を執《と》らざること」、「居住、交友、通信の制限」という徹底ぶりである(『高等外事月報』第三号、一九三九年九月分)。

三〇年代の治安維持法違反事件の司法処分をみると、量刑の標準が引き上げられて厳罰化の傾向が顕著になり、規模の小さな事件でも中心人物とみなされると懲役六年から五年が科されることが一般的となった。同時に、三〇年代前半であれば立件が見送られていた事案も地表下からえぐり出されていった。

三八年一月の清津地方法院の判決では、朝鮮共産党再建のためには「先ず意識確乎たる前衛分子のみを以て前衛組織を結成せざるべからずと協議決定し」、秘密結社「朝鮮共産党再建闘争準備委員会」を組織したとして第一条第一項前段と第二項を適用し、懲役五年から一年を科した（『日帝下社会運動史資料集』第七巻）。

三九年二月七日の清津地方法院判決は「無産階級たる貧農大衆を団結せしめて鞏固《きょうこ》なる団体を作り、共産制社会の実現を目的とする吉州郡左翼農民組合」を組織したとして、第一条第一項前段・第二項を適用し、懲役一二年から二年を科した（「在所者資料」国家記録院所蔵）。

「私有財産制度」否認のみの適用は、三〇年代前半と比較して三〇年代後半はやや減少する。朝鮮独立の端緒が見いだせれば「国体」変革を適用するが、強引なこじつけによってでも困難な場合はこの「私有財産制度」否認のみの適用を選択したと思われる。

三七年一二月の清津地方法院判決は、「世仙洞相助会」という「秘密結社」が十数回にわたって社会進化論や経済恐慌、共産主義社会などの問題を議論し、「共産主義の指導教養」をおこなったとして第一条第二項を適用し、懲役二年六月から一年六月を科した（『日帝下社会運動史資料集』第七巻）。三九年一一月の光州地方法院判決では社会科学研究会や読書会の組織のほか、「仏国会」を組織したことを「犯罪」とする。被告人四人は仏国会の「会合を利用して仏教の欺瞞性を暴露し、同会員を唯物論に誘導し、以て同志に獲得せんことを企画し」たとする。第一条第二項が適用され、懲役二年から一年六月が科された(『思想彙報』第二一号、一九三九年一二月)。

朝鮮において第二条=「協議」と第三条・第四条=「煽動」を積極的に適用する傾向は三〇年代後半もつづいた。起訴・起訴猶予者を合計した罪態別数値をみると、三八年六月から四〇年六月の合計は「協議」二二%と「煽動」三%となった。

三六年四月、咸興地方法院は元山赤色労働組合組織運動事件の七人に懲役四年から一年六月の判決を下した。沖仲士などの運輸労働者を中心とする既存の合法団体に喰い込み、「革命的反対派」を結成し、赤色労働組合化をめざしたことや工場内で分会の機関紙発行などを「協議」したことに対して第二条を適用した(『思想彙報』第七号、一九三六年六月)。

三六年三月、懲役一年六月を科した大邱地方法院の判決は第三条を適用している。学生や父兄にメーデーの説明をおこなってメーデー歌を合唱したこと、村民の集まりで「十年目に帰った息子」と題する無産者の悲哀や資本主義制度を排撃する素人劇を上演したことなどを、共産主義的意識の注入のための「煽動」とした(『日帝下社会運動史資料集』第七巻)。

教育実践への発動

教育方面への治安維持法の発動は一九三〇年代後半にもしばしばみられた。

三六年六月の大邱覆審法院判決は夜学会を通して無産児童に国語、算術、作文、習字などを教え、階級意識を注入したとして第二条・第三条を適用し、二人に各懲役一年、執行猶予三年を科した。日曜日夜などに革命歌や団結歌を歌わせ、「一日も早く一字をも多く習得し、現在の矛盾甚しき社会制度を改革せざるべからず、少年少女は団結して優秀なる闘士となり、彼奴等と闘い、奪われた朝鮮を取戻し資本主義制度を破壊せざるべからざる」（「独立運動判決文」）と講話したとする。

三八年六月、咸興地方法院は公立普通学校訓導に第三条「煽動」を適用して懲役二年六月を科した。「純真なる児童」に「左翼文献より教材を取り、現在の資本主義制度の不合理、貧富の懸隔の差より生じる弊害、帝国主義者権力者の無産者に対する搾取圧迫」を暗示し、共産主義意識を注入し、実践運動への展開を企てたとする。その教材の一つとされたのが小林多喜二『蟹工船』で、イカやカニ漁の盛んな清津地方の児童に「無産者に対する搾取圧迫」への悲憤や怒りを呼び起こしたと思われる。しかし、「自由平等なる共産主義社会の実現を図らざるべからざる旨を織込」（「仮出獄」）んでいたとする認定は、治安維持法を適用するためのレトリックであった。

高等教育でもその教育内容に治安維持法が牙をむいた。四〇年一二月の京城地方法院判決は、元延禧専門学校教授三人に対して第三条を適用し、懲役二年、執行猶予四年を科した。その「犯罪」とされたのは担当科目の「経済原論」を一〇年以上も講義するにあたり、マルクス主義経済理論の立場から「近き将来、歴史的必然的に現在の資本主義経済組織は崩壊し、共産主義社会に転化すべき旨」（「独立運動判決文」）を論じ、学生が卒業後に就職したときには指導的立場に立ってマルクス主義社会の実現を助成するよう活動を「煽動」したというものである。

朝鮮外の独立運動への発動

朝鮮総督府高等法院検事局「昭和十年度に於ける鮮内思想運動の状況」（『思想彙報』第六号、一九三六年三月）には、「民族主義運動が殆んど其の影を潜めた」とあるが、「昭和十一年度に於ける鮮内思想運動の状況」（『思想彙報』第一〇号、一九三七年三月）になると「在外民族主義団体からの鮮内への働きかけ」が相当あったことに注目する。『思想彙報』第一二号（三七年九月）では「近時内鮮を問わず共産主義運動の沈滞したるに伴い、更に又日支事変の悪化深まるに連れ、之等民族主義運動は今後益々増加し露骨化するの虞なしとせず」とある。

国史編纂委員会編『韓民族独立運動史資料集』四三から四六にはそうした一九三〇年代

後半の民族独立運動関係の警察・検察・公判関係の文書が多数収録され、「中国地域独立運動」と一括されている。中国各地の朝鮮人民族独立組織の一員としての行動が治安維持法処断の対象となった。

三六年四月、京城地方法院検事局は全 奉南《チョン・ボンナム》について公判請求する（検挙日時など不明）。全が金九《キム・グ》によって指導される愛国団に加入し、「朝鮮人青年に対し専ら朝鮮革命工作に直接必要なる学術科を修習訓練せしめ、革命闘士を養成する」南京中央陸軍軍官学校洛陽分校に入校したことなどを「犯罪」としてあげた。同月の京城地方法院公判で、裁判長は全に「朝鮮が吾が日本帝国の羈絆内にあることに対して不平不満を抱き、其独立を希望する様になったのではないか」、「今後は絶対に斯様《かよう》な運動に従事せぬか」などと訊問している。「転向」を表明した全に検事は第一条第一項後段を適用し、懲役二年を求刑した（判決文は不明。『韓民族独立運動史資料集』四四「中国地域独立運動　裁判記録二」）。

朝鮮革命党関係をみよう。三六年六月、京城西大門警察署で「革命軍政府の主張する主義は何か」を問われると、柳光浩《ユ・グアンホ》は「民族意識のある以上、完全に中国共産党と握手する事が出来ないので、満洲国内に中国共産党の伸長と共に朝鮮革命党の勢力は漸次縮少《ママ》され、最後には自滅の状態となるを憂慮して居る」と答えた。柳ら六人に対する八月の「意見書」には「日本帝国の対満国策及朝鮮総督政治を覆滅し、延《ひい》て我が国体の破壊を敢行するもの」として厳罰を求めた。柳に対する京城地方法院検事局の「予審請求」の「犯罪」

では朝鮮革命党の「宣伝部に属し、党の宣伝文、警告文等を印刷頒布して同党の目的達成に努め」たこと、新たに民族革命党結成後も「数回に亘り、朝鮮内に於ける思想運動状況等」を通報したことをあげる（『韓民族独立運動史資料集』四四）。予審は三七年一〇月に終結し、三八年三月、京城地方法院は柳に懲役五年を科した（予審終結決定・判決文は不明）。

民族主義・民族意識への発動

一九三〇年代後半の治安維持法は愛国団・朝鮮革命党などの朝鮮外での民族独立運動とともに、朝鮮内で発現する民族主義の萌芽にも発動されていった。四〇年一二月の京城鍾路警察署長報告「時局を利用し朝鮮独立を計画する等、治安維持法、保安法違反並に造言蜚語《ひご》事件検挙に関する件」には「昨年十月以来、学生間に於ける思想動向も従来の共産主義的傾向を脱し、民族的運動活発となれる」として、学生の動向を厳重注意中とある（「京城地方法院検事局資料」国史編纂委員会所蔵）。

三六年六月、京城鍾路警察署は安在鴻《アン・ジエホン》を検挙した。安は「日韓併合当時より朝鮮の独立を夢想し、主義の為には一生を犠牲にすべきことを覚悟して実行運動を継続し来たりたるものにして、朝鮮民族主義者間には絶大の信用を有し、広く内外主義者間に膾炙《かいしゃ》せられ居る」（京城鍾路警察署「意見書」）人物だった。

鍾路警察署の第二回訊問でなされた安と警察との間でおこなわれたやりとりが注目され

る。総督政治はどのようなものかと問われて、安は「朝鮮総督の政治は朝鮮人を一文化民族の生活単位として政治、産業、教育等を朝鮮人本位にしなくてはならないに拘らず、一律に同化政策の下にやって居るから間違って居る」と明言している。「素行調書」には「終始一貫したる民族主義抱持者」であり、「改悛（民族主義転換）の見込み無し」とある。七月の京城地方法院検事局送致の「意見書」では「主義目的の為には手段方法を選ばざるもの……朝鮮民衆をして自から独立運動をなさしむべく常時執拗なる不穏の言動を弄しつつありたる不逞の徒なり」と断じ、治安維持法第一条に該当するとして起訴処分を求めている。

京城地方法院検事局では「其方は朝鮮の独立を希望し居るのか」という訊問に、安は「純然たる独立と云う事は現在の情勢に於ては望み得ない事でありますから、将来は連邦組織になる事を望み居りますが、其の前提として内政の自治と云う事を望みます」と供述する。七月末の「予審請求」では「執拗に朝鮮民族独立の必然性を鼓吹し来りし者」となっているが、安の抵抗が強かったためか、罪名は治安維持法ではなく、政治に関する不穏な言論により治安を妨害したとして保安法違反に変更となった（『韓民族独立運動史資料集』四五「中国地域独立運動　裁判記録三」）。

その後の安に関する予審と公判の記録は残されていない。三七年一〇月、京城地方法院は保安法を適用して懲役二年（求刑二年）を言い渡した。安は控訴、上告したが、量刑は変わらなかった。過去の言動にさかのぼり、その民族主義の保持と鼓吹が「犯罪」として掘り起こされた。

三八年一二月の小学校訓導に対する釜山地方法院判決は治安維持法第三条を適用し、懲役一年を科した。公立普通学校の六年生約三〇人に反英運動の指導者ガンジーの例を引いて、「朝鮮も亦日本の植民地にして同胞は印度民衆と同様、自由を持たず、左《さ》れば各自は朝鮮少年たることを自覚し、将来に於ける朝鮮民族の幸福、即ち自由解放の為活動せざるべからず」旨を語ったことが「煽動」とされた（「仮出獄」）。

保安法の頻用

一九三〇年代後半、治安維持法自体が拡張されていく一方で、その拡張でもカバーしきれない民族主義・民族意識の領域には保安法が積極的に活用された。制令第七号の発動は三五年以降、ほとんどなくなっている。

『思想彙報』第一九号（一九三九年六月）によると、三七年七月から三九年四月までの保安法違反の検事局受理数は六六件三〇一人、起訴は五二件九九人で、併合罪を含め四九人が有罪となっている。量刑はほとんどが一年未満である。犯罪動機別では宗教団体の「教徒獲得手段」が圧倒的に多く、ついで「日韓併合不満」、「神社参拝不満」とつづく。日中戦争が全面化したため「従来は放任せられていた程度の不穏言動が、銃後治安の確保と云う意味から検挙、送局」となったことや人心の動揺、それを利用した「類似宗教団体の暗躍」などが主な原因と観測している。

具体的な保安法の発動状況をみよう。三八年九月の京城鍾路警察署長報告「徽文中学校の紀年写真帖に関する件」では「寄書《よせがき》は民族主義的のもの多く、且非学生的、不真面目なる点は覆うべくもなく、彼等の頽廃せる裏面は悉《ことごと》く曝露された」としながらも、保安法違反の疑いはあるが、卒業生であるため訓誡にとどめたとする（「京城地方法院検事局資料「思想に関する情報一〇」」国家記録院所蔵）。

三八年四月の京城覆審法院が保安法ほか横領罪に該当するとして、重い横領罪を適用し、懲役一〇月を科した判決をみよう。三六年九月、被告が呉服店店頭で日本水兵狙撃事件の新聞記事に関して「近頃日支間に事件が多く起るのは、日本が支那人一部の悪徒を買収して、故《ことさ》ら事件を惹起せしめ、以て支那より利権を獲得せんと計画し居るもの」と高声で語り、「公然政治に関し不穏の言論を為し、治安を妨害し」たものとされた（「独立運動判決文」）。流言蜚語《りゅうげんひご》とみなした日常生活の不満や愚痴が対象となっていった。

そうして発現した民族主義・民族意識に対する摘発は出版物検閲においてもみられ、三〇年代後半には検閲基準が厳重化していった。朝鮮総督府警務局『朝鮮出版警察月報』第九六号（三六年八月）では孫基禎《ソン・ギジョン》の日章旗抹消事件に端を発した『東亜日報』の発行停止処分について、他のハングル新聞への警告であり、この機会に「従来動もすれば《やや》民族的感情に駆られて朝鮮統治に好感を抱かず、延《ひ》いては我国旗国章に対しても赤誠を示さざるが如き蒙昧なる徒輩の抱懐せる謬想《びゅうそう》の掃滅《そうめつ》を期せんとす」と記していた。

『朝鮮出版警察月報』第一二三号（三八年一一月）は、詩集『水車』の「其の昔、世紀は生気潑溂《はつらつ》として／脈打てる詩想が泉の如く湧出したるも／今日の此の種族は荒蕪たる砂漠の如く／弱者の呻吟の声のみ沸《わ》き返るなり」という箇所に注目し、「併合前の朝鮮を讃美し、現在の統治を呪うが如く全体を通して民族意識涵養《かんよう》の虞ある」として発行停止とした（国家記録院所蔵）。

新聞や雑誌記事にとどまらず、文学作品でも民族主義や民族意識の発現があるとみなされると根こそぎ刈り取られてしまった。

常緑会事件

一九三〇年代後半の民族主義運動弾圧を象徴する春川《チュンチョン》中学校の常緑会事件と修養同友会事件をみよう。

春川中学校に開校以来継承される伝統的な排日気運を警戒していた江原《カンウォン》道春川警察署は日中戦争全面化後、「学生の態度明朗を欠き、稍《やや》反戦的気風さえ察知されたる」ため鋭意内偵中だった。三八年一〇月、学校当局に抗議する五年生の集まりを「密会」とみなして一一月に一斉検挙に踏み切った。春川署報告によれば、学生らは常緑会を三七年三月に結成し、同志の獲得と拡大を図り、四月には読書会も結成するほか、学外に出て少年団や敬老会などを組織して指導中だったという（『韓民族独立運動史資料集』五八「常緑会事件訊問調書、公判調書」）。

　春川署による取調で、常緑会組織の目的について「将来朝鮮の指導階級となる中堅人物に民族主義を抱懐せしめ、期せずして朝鮮独立を目的とするもの」という供述を引き出した。前述の十字架党事件の南宮檍の甥にあたる南宮玷《ナムグン・テ》への訊問は八回におよび、独立達成のための手段・方法などが追及された。三九年二月の訊問では「幾何級数的に同志獲得せば十年ならずして全朝鮮人を同志と為す事を得、その団結せる精神力を以て武力抗争を為し、日本の全勢力を撃滅して朝鮮独立を図る」と考えていたと供述させている。さらに共産主義に対する考えや「現在の心境」なども追及する。南宮は「如何にしても実現出来ざる朝鮮独立の思想は断然擲《なげう》ち、今後は民族主義行動は全然やらない考え」としつつ、「朝鮮に対する搾取、圧迫及差別待遇に対する不満は政策の改めざる限り、私の脳裡より消滅させる訳には行きません」と述べた。

　春川中学校の卒業生のある被疑者は「日本が朝鮮を統治する方針は一視同仁に非ず、政治的には差別待遇と圧迫を以てし、朝鮮人の幸福と自由を奪いつつある」としたうえで、「朝鮮は朝鮮人の手に依り統治する前提とし、常緑会なる秘密結社を組織しました」と供述している（『韓民族独立運動史資料集』六〇「常緑会事件　裁判記録Ⅲ」）。

検挙から六カ月後の三九年五月、春川警察署から京城地方法院検事局に三八人が送致された。「意見書」では「偏狭熾烈なる民族運動を以て銃後攪乱《かくらん》の不逞行為を為したる犯情、洵《まこと》に憎むべきものあり」、しかも非転向であるとして一二人を起訴処分とすべきとした。二三人は「深く前非を悔い、改悛の情顕著なる」として起訴猶予処分相当とされた（三人は犯罪の嫌疑なし、『韓民族独立運動史資料集』五八）。

検事局の取調は簡略だったらしく、まもなく一二人が公判請求された。同年一二月、京城地方法院は治安維持法第一条第一項を適用し、「組織」にかかわった一〇人に懲役二年六月、「加入」の二人に一年六月（執行猶予三年）を言い渡した。読書会は常緑会の「派生団体」として位置づけられ、「朝鮮独立の目的達成の為めの闘士を養成し、究極に於て朝鮮をして日本帝国の羈絆より離脱独立せしむることを目的」としていたと断じた（『思想彙報』第二二号、一九四〇年三月）。

修養同友会事件

民族主義者の合法団体として一九二二年の結成以来活動し、社会的影響力を有していた修養同友会に三七年六月、治安維持法は襲いかかり、李光洙《リ・ガンス》・安昌浩《アン・チャンホ》らの著名人を含む多くの知識人が検挙された。警察では「同友会は内外民族主義者を網羅して、広汎なる民族運動を展開し、其の中核たらんことを企図せるもの」という構図を早くから描いていた

(『毎日申報』一九三七年六月一〇日)。

京城地方法院検事局への送致は三九年三月までに一八一人という大規模なものとなった。検事局の処分は「求予審」が四二人、「求公判」が一人、起訴猶予が六五人、起訴中止が七〇人、公訴権なしが三人となった。起訴猶予や起訴中止人員の多さは、関係者を一網打尽的に検挙することが優先されたことをよく物語る。

一斉検挙直後から検挙を免れた修養同友会員はそろって恭順の意を表明した。転向を表明し、「内鮮一体」に賛同し、国防献金にも応じたのである。当局の合法的な民族主義者の根本に打撃を与えるという目論見は成功した。

無理に犯罪に仕立て上げるために、警察での拷問や検察での詐術がなされたことを、弁護人は高等法院への上告趣意書で暴露している。三〇年前後には予審判事として治安維持法事件にかかわった経験をもつ脇鉄一は「自白の調書の信ず可からざること」は明らかとして、被告らが警察の取調で「「飛行機乗り」(腕を後に廻して縄にて吊し上げ、身体を打つ方法)又は「水攻《ママ》め」(仰向けにして口及鼻より水を灌《そそ》ぐ方法)によって肉体上の苦痛に耐え切れず心にもないことを陳述し、取調官の意の儘《まま》に書いた調書に捺印をした」ことに加え、検事訊問において被告らが白紙の調書に前もって拇印を強要され、最後に読み聞かせがされずに訊問調書が作られたことを糾弾する(「独立運動判決文」)。

予審終結決定では当初四一人が公判に付され、七人は免訴となったが、免訴に対する検事の抗告が認められた。三九年一二月の京城地方法院の判決で全員が無罪となると、検事が全員を控訴した。四〇年八月の京城覆審法院判決では四一人全員が懲役二年以上を科された（二四人は執行猶予を付された）。懲役五年を科された李光洙（香山光郎〔創氏改名、以下同〕）の場合、「日韓併合を憤激したる結果、民族主義思想を抱懐し、遂に朝鮮の独立を妄想するに至れる」（『思想彙報』第二四号、一九四〇年九月）とされた。

最終的にこの事件では三六人が上告した。四一年七月、高等法院は自らが事実審理をおこなうことにし、同年一一月の判決では覆審法院判決を破毀し、全員を無罪・免訴とした。修養同友会については「検挙せらるるに至る迄前後十六年間団体としての行動に指弾を受くるものあることなく、当局より解散を命ぜらるることなくして経過せる消息」（「独立運動判決文」）からみても、朝鮮独立を志向する団体でなかったことは明らかとする。ここからも警察・検察当局の立件と司法処分がいかに強引で乱暴であったかがわかるが、修養同友会を解散に追い込み、民族主義・民族意識を畏縮させたことは、戦時思想統制にとって十分すぎる意味をもった。

「類似宗教」取締

日本国内では一九三五年末の大本教事件検挙を嚆矢《こうし》として、治安維持法は宗教の領域に拡張されていくが、朝鮮でも三〇年代後半には宗教の領域が取締対象となってきた。

三五年四月の道警察部長会議で、笠井健太郎高等法院検事長は類似宗教団体の取締を取り上げ、「深く裏面の実相を究め、苟《いやしく》も其の行動、又は教義に於て国法に触るるものあらば、仮借なく検挙絶滅を期して時弊を匡救《きょうきゅう》し、以て健全なる国民思想の確立に尽され度《た》い」と訓示した（『思想彙報』第一一号、一九三七年六月）。これは七月一九日の『毎日申報』が「惑世誣民《ぶみん》する邪教　徹底弾圧　全北道の方針断乎」と報じるように、すぐに実行に移された。三八年一月一五日の同紙には「昨今両二年間に二万余邪教徒検挙　物心両面に今後の善導　警務局の断乎方針」とある。ただし「二万余」の検挙は過大である。

三九年八月の各道高等外事警察課長事務打合会決定の「思想浄化対策要綱」には「類似宗教の幹部又は教徒に対する啓蒙に努め、之を漸次脱教せしめ、又は公認宗教へ転宗する様指導すること」などとされている（『高等外事月報』第二号、一九三九年八月分）。そして、一〇月の検事長・検事正会同で増永正一高等法院検事長は「類似宗教団体の横行は社会の安寧秩序を紊乱《びんらん》し、人心を誑惑《きょうわく》せしめ、銃後治安の確保に支障を生ぜしむるのみならず、教義の裏面に民族意識の色彩濃厚なるもの多く」として、取締の強化徹底を指示している。さらに四〇年一〇月の同会議では、増永高等法院検事長は類似宗教団体の害を「一般左翼運動と何等逕庭《けいてい》がない」として速やかな検挙弾圧を指示した（『日帝下支配政策資料集』第八巻）。

『思想彙報』第二二号（一九四〇年三月）掲載の「思想犯罪から観た最近の朝鮮在来類似

宗教」では、「東学系統」「吽哆《うんし》系統」「仏教系統」などに分類して活動状況を述べたのち、三八年一月以降の類似宗教関係事件の大部分は保安法違反とする。保安法の側からみても七割以上が類似宗教関係者となり、日中戦争全面化後の急増が著しいという。三七年以降三年間の類似宗教関係は保安法違反事件一〇四件に対して、治安維持法違反事件三件としている。

では、類似宗教団体に治安維持法はどのように発動されたのだろうか。三九年八月、京城地方法院は金 重爕《キム・ジョンソプ》らに懲役五年などを科した。金重爕は朝鮮の独立を目的とする仙道教を組織して副教主となり、「表面は修業により不食長生、神仙と化し得べき旨説き、以て教徒を獲得し、将来帝国の危機に瀕する時に於て一挙に革命を遂行せんことを決意し」とされた。一〇月の京城覆審法院の判決では量刑が変わらなかっただけでなく、判決文も一審と同じだった(「独立運動判決文」)。この仙道教事件の検事局受理数は六一人におよぶことから、教徒は一斉に検挙され、教団はつぶされたと思われる。

黄極教に対する全州地方法院の判決は三九年一〇月に言い渡された。殷世龍《ウン・セヨン》に懲役四年、金 霊植《キム・リヨンシク》に懲役三年六月などが科刑された。この事件も検事局の受理数は八九人という多さであった。旧韓国官吏だった金は「総督政治は徒《いたずら》に内地人を偏重し、内地の為に朝鮮を犠牲に供するものなり」と誤信し、二六年に殷世龍らとともに黄極教の前身を組織したとする。「天書十六字なる呪文を唱うるに於ては天、地、水災等の三災八難を免るべし」

と宣伝して教徒を獲得し、独立意識を植え付け、「朝鮮独立の際は之を利用すること」を決定したことなどが「犯罪」とされた（『思想彙報』第二五号、一九四〇年一二月）。

灯台社事件

一九三九年六月の灯台社一斉検挙を前に、京畿道警察部は周到な「灯台社事件被疑者取調要綱」を作成している。「通則」では「灯台社の本質及其の国体変革の目的に関する認識並に其の目的実現の手段方法に関する認識、意図及同結社に加入し居りたる事実」は、治安維持法を適用するために必須な要件とする。「各則」では「灯台社の教理に関する点」や「地上「神の国」の展望に関する点」などの訊問項目が列挙され、「改悛の見込の有無」の追及が焦点とされた（「京城地方法院検事局資料」「思想に関する情報一三」国史編纂委員会所蔵）。

京城地方法院検事局の受理者は六六人となった。四〇年六月、朝鮮における指導者と目された文泰順《ムン・テスン》（文野泰雄）は、思想検事から「エホバの神を唯一至上絶対のものとすれば我国の天皇陛下、皇族、天照大神を拝む事は出来ないか」と問われて、「左様であります、私の信仰から云うたら天皇陛下や皇族方、或は神宮、神社に対しては拝む事は出来ない」と答えている。

四一年八月、予審は終結し、文泰順ら三三人が公判に付された。灯台社は「「ハルマゲドン」により我が国の国体変革を始め、其の他世界各国の統治組織を変革し、神権政治下の「地上神の国」の建設を目的とする結社」と定義され、新治安維持法第一条後段に該当するとされた（「独立運動判決文」）。

四二年七月、京城地方法院で下された判決には灯台社について「地上神の国」実現を窮極の目的とし、「証言宣明の方法により我国民の国体観念を腐食せしむるとともに、現存秩序の混乱動揺を当面の主要任務とする結社」とある。文泰順の判決文は不明だが、申浣《シンワン》ら三人には新治安維持法第一条後段を適用し、懲役二年を科した。金秉鎮《キム・ビヨンジン》（玄澤太郎）は懲役三年を科せられた。神社参拝を拒否し、「天皇陛下も神「エホバ」の被造物にして之を拝することは偶像礼拝となるを以て宮城遥拝をも為し得ざる」と発言したことが、第一条後段に該当するとされた（「仮出獄」）。

灯台社という宗教結社の処断にあたり、新治安維持法第七条の「国体」否定や「神宮若《もしく》は皇室の尊厳」冒瀆の適用ではなく、より重罪となる第一条の「国体」変革の適用としたことが注目される。

4 暴走する治安維持法

新治安維持法の施行

一九四一年三月一〇日に公布となった新治安維持法では「予防拘禁」制を実現するが、約一ヵ月早い二月一二日、朝鮮では朝鮮思想犯予防拘禁令が公布されていた（施行は三月一〇日）。先行して予防拘禁制度の実施を必要とする「朝鮮の特殊事情」として、朝鮮が「大陸前進兵站基地」としての使命を有するとともに「半島の思想浄化」が現状の急務であること、「思想犯人は全部偏狭固陋なる民族主義思想を抱懐」しているため「思想転向極めて困難」（『治安維持法関係資料集』第4巻）であることなどがあげられた。

四一年二月、増永正一高等法院検事長は「異端不純の分子」の速やかな一掃のため、「仮借するところなく鉄槌」（『日帝下支配政策資料集』第九巻）を下すことを指示する。五月には「思想犯人暗躍の温床は充分醸成せられ居る」として、放置すれば「民族主義、共産主義運動の熾烈化が予想せられ、洵《まこと》に憂慮に堪えざる」という状況の下、新治安維持法を「実に画期的立法」（『日帝下支配政策資料集』第八巻）と歓迎する。

日本国内では対米英開戦後に言論出版集会結社等臨時取締法を施行し、造言蜚語・人心惑乱の取締に威力を発揮していくが、朝鮮では一二月二六日、朝鮮臨時保安令が施行された。「併合以後統治に不満を有する者は宗教、学芸又は体育に藉口《しゃこう》して団体を結成し、暗に反国家的なる政談を事とするもの多し」（「公文類聚」第六五編・一九四一年・第一二八巻、国立公文書館所蔵）という理由で、強い偏見と差別視に満ちている。この臨時保安令のなかで便利に使われたのは造言蜚語を罰する第二〇条の規定であった。

新治安維持法の運用をみると、三〇年代後半と比較して再び大きく増加した。『思想彙報』各号の検事局受理数では四〇年は四三件二八六人であったが、四一年には一四三件一四一四人と急増した。四二年は微増だが、四三年は八月までの数値ながら二四四件二〇五〇人（とくに七月と八月が多い）と激増傾向といってよい。

起訴と不起訴の割合では、おおよその傾向として不起訴が多くなった。軽微な事案が過半を占め、警察の検挙と検察への送致だけでも十分に治安の引締めに効果を発揮しえた。「求予審」と「求公判」の割合も「求公判」が優勢になっている。民族主義関係と分類される事件が多数を占めてくることに加えて、司法処分の迅速化・簡略化が推奨された結果である。

治安維持法違反罪態別では「国体」変革が「私有財産制度」否認よりも三倍近く多くなっており、民族主義関係の事犯が多かったことを示す。量刑でみると、四〇年下半期から四三年上半期の受刑者四六八人のなかで懲役三年未満は七〇％弱で、懲役一年六月が最多の二四％となっている（『思想彙報』続刊、一九四三年一〇月）。

四四年一二月、法務局は治安維持法違反事件が急増しているとして「殆ど大部分が民族独立運動事件にして、所謂左翼運動事件と雖《いえども》、其の殆ど全部が民族主義を基調とする朝鮮民族の共産主義国家の建設を策するもの」（朝鮮総督府『第八十六回帝国議会説明資料』『日帝下支配政策資料集』第三巻）という見解を示している。

少年への不定期刑

高等法院検事局「最近に於ける治安維持法違反事件に関する調査」（『思想彙報』続刊）によると、一九四〇年七月から四三年六月までの検事局受理者の一八％を「少年」が占めていた。『朝鮮総督府司法統計年報』によれば、四一年の一八歳未満の検事局受理数は六六人で、受理者総数の四六％にあたる（「有罪確定裁判人員」になると二〇歳未満は一一人で五％となる）。思想事件に限らないが、戦時下において少年犯罪が増加していた。これに対処するため、四二年三月、朝鮮少年令が施行され、治安維持法犯罪も含まれることになり、不定期刑が科せられるようになった。刑期の短縮をほのめかして、受刑中の「転向」をうながそうとした。

その具体例の一つが、九月に咸興地方法院が李根在《リ・グンジエ》（平本茂夫）に短期一年長期二年の刑を科した判決である。李が同窓生に、独ソ開戦は「窮極に於て蘇連の勝利に帰し、其の結果必然的に日蘇開戦と為るべきも、日本は今や支那との長期戦にて軍勢が極度に衰退し居るを以て……我々朝鮮人は斯《かか》る好機に乗じて朝鮮の独立運動を為さざるべからず」（「仮出獄」）と話したことが、新治安維持法第五条に該当するとされた。

四四年六月の全州地方法院では中学校教員のほかに、「少年」四人に短期一年長期三年の懲役などを言い渡した。その一人は公立中学校在学中、厳格な訓育方針に反感を抱き、「我々は朝鮮人なるが故に苛酷なる訓育を甘受せざるべからず……内鮮両国民の一体化は到底実現不可能なり、朝鮮民族幸福の途は一に独立の外なしとの信念」をもつに至ったという。「犯罪」とされたのは、「印度民族の独立と自由の為に闘争しつつあ」るガンジーにならって、我々も「朝鮮の為奮闘せざるべからず」（「独立判決文」）と語り、共鳴を得たということである。

「内鮮一体」政策批判への発動

新治安維持法施行後に目に付くのは、戦争遂行体制の確立に向けて実施する総督府の「内鮮一体」政策に対する批判への発動である。植民地統治への不満や不平を知人らに吐露するという個人の言動が「協議」・「煽動」＝第五条・第六条の該当とされる事例が多い。

一九四一年八月、釜山地方法院は「内鮮人間には差別待遇多く、結局這《いわ》ば植民地統治に対する偽瞞《ママ》政策に基くものなりと曲解」した被告が、総督府による『東亜日報』・『朝鮮日報』廃刊について「之を黙過せば朝鮮民族は全く滅亡するにより、我等青年学徒は一致団結して之に対抗して反対的革命行動に出でざるべからず」（「仮出獄」）と友人宛の封書に記したことを「国体」変革のために協議したとして第五条を適用し、懲役一年六月から一年を科した。封書が押収され、事件が「発覚」した。

四二年一一月、釜山地方法院は第五条を適用し、中村東璇《ドンソン》に懲役三年、梧川郁憲《ウクホン》に懲役二年を言い渡した。中村が数回にわたって梧川に、東条首相はインドやビルマ、フィリピンに独立の約束をしながら、朝鮮の「独立を認めざるは正に朝鮮統治の欺瞞を曝露するもの」として、一斉蜂起する際の武器調達が研究課題となると「勧説」したこと、梧川は「共に挺身すべき旨誓約し」たことが「犯罪」とされた（「仮出獄」）。

四四年九月、光州地方法院は光州西中の生徒が諺文《おんもん》統制、国語常用制度、志願兵制度などの総督府の施政について「畢竟《ひっきょう》右は朝鮮民族を滅し、内地人の勢力伸長を計る欺瞞政策なりと妄断」し、「修養して自己完成に努め、朝鮮独立の時機到来に備えん」としていたとして第五条を適用し、懲役二年を科した（『日帝下社会運動史資料叢書』第一一巻）。

総督府の重要施策を批判・否定する言動は止まず、一九四五年にも治安維持法が発動される。七月、京城地方法院は金重鎰《キム・ジュンイク》（松原茂）に第五条を適用し、懲役四年を科した。日本から帰鮮し、陸軍特別志願兵制度が学生間に衝撃を与えているのを知ると、「之が反対の気運を醸成し、朝鮮独立思想を鼓吹せんことを企て」、白紙に「朝鮮仮政府樹立、学兵に出るな」などを墨書し、電柱や板壁などに貼付したことが「犯罪」とされた（「独立運動判決文」）。

「内鮮一体」を掲げた総督府の諸政策に対する「欺瞞政策」という批判を「曲解」・「妄

断」とみなし、それらの個人的な言動に容赦なく襲いかかっていく一方で、素朴な民族意識の発現にも牙をむいた。

一例だけあげれば、四二年五月、全州地方法院は文大植《ムン・デシク》に第五条を適用し、懲役一年六月を言い渡した。偶然、併合前の世界地図に朝鮮が独立国の韓国として表示され、太極旗が図示されていることを目にして「朝鮮の独立国時代を連想」するようになっていた文が、朝鮮人に独立意識を注入するために「進楽山の岩壁に旧韓国国旗を描き置かば、之を目撃したる登山者に於て独立国たりし韓国時代を追想し、朝鮮独立運動を為さんとの念を惹起せしめ得べし」と知人に話したことが「協議」とされた（「仮出獄」）。

悪化する「学徒の思想」への発動

学校関連での摘発では、朝鮮人差別への反発を契機とする民族主義に発動されるケースも多い。一九四一年五月、検察会同で増永正一高等法院検事長は「本来純真無垢《むく》なるべき初等学校の児童又は中等学校の生徒の間に不穏の言動を為す者」あることを「甚だ憂慮すべき」として、徹底した査察内偵を強調した（『日帝下支配政策資料集』第九巻）。

四一年三月に検挙された京畿公立中学校四年生（二〇歳）の姜祥奎《カン・サンギュ》（大山隆実）の反日言動をめぐる事件をみよう。京畿道警察部の「顚末書」によれば、中学校入学後から「民族主義的革命思想に対する信念」が固かった姜は「革命十年間予定」をたて、朝鮮の主要都市の地図の購入や兵書の耽読、「自己の革命運動に対する同志としての適格者」の物色などをおこなっていたとされる。「素行調書」には「性活発にして、短気、闘争心に富む」が、「改悛の見込充分」とあった。

検事局の訊問では検事から「其方の考える事が実現出来ると思ったか」と問われて、姜は「朝鮮人全部が私と同じ気持になれば容易に出来ると思い、私と同じ気持にさせる為に種々な人に説いた」と答えている。現在の心境については「長い間留置場にいて種々考えられる事があり、従来の私の考えが間違っていたと云う事が判りました」と供述する。

四一年七月、京城地方法院に公判請求がなされた。一〇月から始まった公判で、裁判長は「被告人が朝鮮独立をせねばならぬと思った主たる理由は何か」、「日本の圧制と云うのは如何なる点か」などを質問し、姜から「朝鮮人を幸福にするには内鮮一体によらなければならない事が判りました」という陳述を引き出している。検事は被告の民族意識は深刻で、「到底一朝一夕にして之を清算し得らるるものに非らざる」と断じて、懲役三年を求刑した。懲役二年の判決となった。

以上のような一連の司法処分の記録とともに、西大門刑務所に拘置中の姜に関する記録が残っている。判決を前にした刑務所長から京城地方法院宛の「思想犯人の動静等に関する件通報」には、「刑務所内に於ける言動並行状」として「官吏に対する態度　良」、「処遇に対する態度　従順」などとある。最後に「入所後過去の非を悟り、謹慎自重益々国民的教養に努めつつある」という評価が下されている。

また、「手記」で姜は「日本と朝鮮が真に一家族の如くなり、それが固い基礎となって東洋諸国が一致団結し、相提携してのみ東洋人たる東洋なるを得、且つ朝鮮の真の意味の幸福もそこにあるという結論を得た」として、「誓って立派な皇国臣民になって見せる決心です」と結んでいる（『韓民族独立運動史資料集』六七「戦時期反日言動事件II」）。これらの心証が判決に反映されたと思われる。

四二年三月の京城西大門警察署長報告「蹴球を表現団体とする民族的秘密結社発覚に関する件」によると、京城私立薬学専門学校では内地人学生と対立する朝鮮人学生がサッカー部を独占し、「民族的に結合し活動中なるを探知」して九人を検挙し、取調中という。朝鮮人クラスの級長はサッカー部を通して日本人学生に意識的に対抗しなければならぬと、「婉曲に朝鮮独立運動を煽動した」としている（「京城地方院検事局資料」「思想に関する情報（警察署長）」）。その後の司法処分の状況は不明である。

四三年五月の光州地方法院は金健鎬《キム・コンホ》に有罪を科したが、執行猶予が付されていた。検事は執行猶予という「寛大」な量刑は「甚しく不当」として、高等法院に上告した。「殊に青少年の思想頓《とみ》に悪化し、各地に於て学生若《もし》くは中等学校卒業生の思想犯罪頻発する傾向あり……断じて之を根絶せざるべからず」として、厳罰に処して「一罰百戒の実を挙《あげ》て銃後治安の万全を期せざるべからず」（「独立運動判決文」）と主張したが、上告は棄却となった。

教員の民族意識鼓吹への発動

前述の一九四一年五月の検察会同で増永高等法院検事長は学生への警戒を述べたあと、「之等学校の教師にして講義の際、民族思想を鼓吹せんとする者があります、斯《かく》の如きは最悪質なるものであります」として厳重取締を指示していた（『日帝下支配政策資料集』第九巻）。

四一年八月、京城地方法院は小学校訓導に自己の教職を利用し、生徒らに民族意識を注入したとして新治安維持法第五条を適用し、懲役二年を言い渡した。校長が長男と朝鮮人児童の喧嘩に対して「偏頗《へんぱ》なる処置」をとったことに「悲憤の涙」を流し、六年生に対して「之れが悲しくなくて何が悲しいか、自分はお前達の将来のことを考えて泣くのである」と話したことが「煽動」とされた（「独立運動判決文」）。

また同年一二月、全州地方法院は小学校訓導に対して懲役一年六月を科した。その地位を利用して普通学校五年生約六〇人に古代朝鮮の歴史を教えた後、「朝鮮風俗慣習が内地式に変るから嬉しい」と生徒が感想を述べると、「君は朝鮮が亡《ほろび》たるのが左様に嬉しいか、朝鮮にも新羅百済のような立派な文化があったのだから、其の祖先の頭を受け継いで一生懸命朝鮮の為めに尽さなければならぬ」（「仮出獄」）と語ったことが、「暗に朝鮮独立運動

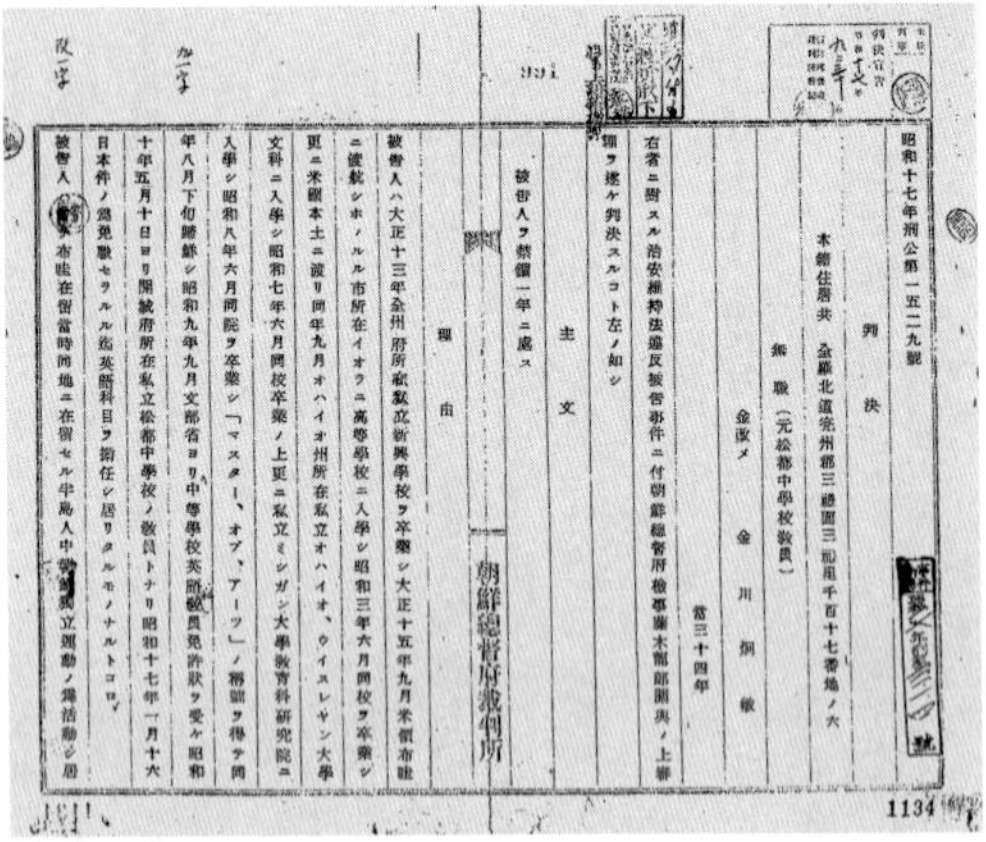
昭和十七年刑公第一五二九號

判決

本籍住居共 全羅北道完州郡三禮面三禮里千百十七番地ノ六

無職（元松都中學校教員）

金敬メ 金川炯敏

當三十四年

右者ニ對スル治安維持法違反被告事件ニ付朝鮮總督府検事廣木龍郎關與ノ上審理ヲ遂ケ判決スルコト左ノ如シ

主文

被告人ヲ禁錮一年ニ處ス

理由

被告人ハ大正十三年全州府所在私立新興學校ヲ卒業シ大正十五年九月米領布哇ニ渡航シホノルル市所在イオラニ高等學校ニ入學シ昭和三年六月同校ヲ卒業シ更ニ米國本土ニ渡リ同年九月オハイオ州所在私立オハイオ、ウイスレヤン大學文科ニ入學シ昭和七年六月同校卒業ノ上更ニ私立ミシガン大學教育科研究院ニ入學シ昭和八年六月同院ヲ卒業シ「マスター、オブ、アーツ」ノ稱號ヲ得テ同年八月下旬歸鮮シ昭和九年九月文部省ヨリ中等學校英語教員免許狀ヲ受ケ昭和十年五月十日ヨリ開城府所在私立松都中學校ノ教員トナリ昭和十七年一月十六日本件ノ發覺セラルル迄英語科目ヲ擔任シ居リタルモノナルトコロ

被告人ハ布哇在留當時同地ニ在留セル半島人中獨立運動ノ爲活動シ居

朝鮮總督府裁判所

治安維持法違反で1942年１月に検挙され、同年９月30日に言い渡された金（金川）炯敏の判決文

を為すべきことを慫慂《しょうよう》し」たとみなされた。四四年六月に、全州地方法院は全州北公立中学校教員に第五条を適用して懲役五年を科した。民族意識注入の「犯罪」が九件列挙される。その一つが、四年生五〇人に「今の時局は我々朝鮮人にとっては最も関心を持つべき重大な時であり、朝鮮青年として大いに奮起すべき時に当って君等は余り呑気過ぎる、君等の祖国を思え」と語ったことであった（「独立運動判決文」）。

もう一つ、対米英開戦当日の松都中学校教員の授業での言動が不穏とされた事件をみよう。内偵中だった英語科教師金《キム》（金川）炯敏《ビョンミン》が授業中に「布哇《ハワイ》には我が朝鮮人同胞が相当多数居住して居るが、日米戦争を動機として独立運動を為すであろう」と話し、蔣介石を賞揚したことなどを開城警察署が「聞込」み、四二年一月に検挙となった。金の授業を受けた生徒多数が証人として訊問を受けた。「斯様《かよう》な話しが一般に知られる場合は、国家に如何なる影響を及ぼすものと思うか」と問われて、ある生徒は「一つの流言蜚語となって民心に不安を与えて国家に不利になるものと思います」と答えている。検事局送致時の「意見書」では「被疑者は中等学校教員たる職分を悪用し、純真無垢なる半島人中学生に対し、朝鮮独立に関する意識を認識煽動せしめ、刻下非常時の銃後民心を惑乱せしめたるは情状洵に憎むべきもの」として「厳重処分」を希望している。

検事局による訊問の最後で、金は警察署による第三回目以降の供述そのものが存在しない「虚偽」であると訴えた。検事はこれを取り合わず、七月、京城地方法院に「暗に朝鮮人たる右生徒等に対し帝国が苦境に陥り、朝鮮独立の機会あるべきを教示して其決意を促し、右生徒等の民族意識の啓発高揚を図り」、朝鮮独立を「煽動」したとして公判を請求した。

公判は四二年九月に開廷された。裁判長は「朝鮮人の中には今次大東亜戦争勃発を以て朝鮮の独立を計る好機なりと考えて居る者が多いのであるから、被告人も左様な考えを持って居たのではないか」などと問いただした。検事は第五条を適用し、懲役二年を求刑した。金は最後の弁論で「私の不注意から生徒に対し穏当でない話をしましたが、私自身は不穏な思想を持って居るものではありませぬ」と述べた（『韓民族独立運動史資料集』六八「戦時期反日言動事件Ⅲ」）。

判決では新治安維持法の適用ではなく、陸軍刑法の造言蜚語罪として禁錮一年を言い渡している。蒋介石を賞揚したことには触れられなかった（「独立運動判決文」）。この判決に対して金は「該判決全部に対し不服」として上告をしたが、一〇月になって取り下げた。

朝鮮文学・歴史・文化希求への発動

戦時下において朝鮮人としてのアイデンティティ確立をめざそうと、朝鮮の歴史や文学、文化が志向、希求された。それらに民族意識の芽があるとみなすと、すぐに治安維持法が襲いかかっていった。

一九四三年二月、全州地方法院が新治安維持法第五条を適用し、懲役三年の判決を言い渡した判決をみよう。張《チャン・》（張本）基龍《ギヨン》が知人に「東亜日報の廃刊は総督府の朝鮮文学に対する弾圧政策にして、此の為、将来朝鮮の一般民衆に対し朝鮮文学を注入し、其の向上を図り、朝鮮の為に働くべし」と語ったことが「煽動」とされた（「仮出獄」）。

四四年三月、高等法院は四三年一二月の平壌地方法院判決に対する千秋承福《チュンチュ・スンボク》らの上告を棄却した。懲役八年とされた千秋は上告趣意書で、警察の訊問調書で被告らが「秘密結社を組織し、朝鮮独立運動を目的として文学を研究し、民族思想を普及したる如く書いていますが、実際は刑事達の造り言葉に過ぎない」と訴えた。文学研究を志すサークルであった同文会に対して警察は文学を通して朝鮮独立をめざす秘密結社という虚構を描き、「被疑者の言語の自由を束縛し、苛烈なる拷問をかけて彼等の意見通り被疑者に強制的に言わしめた」と被告らは訴えた。高等法院は「供述が所論の如く警察官の強制又は誘導に基き為したる不実の陳述なることは記録上認め難く」と一蹴し、上告を棄却した（「独立運動判決文」）。

五月、京城地方法院は李在日《リ・ジェイル》（本原実）に対して第五条を適用して懲役三年を科した。知人に「朝鮮人は内地人と血統が同じであるにしても、二、三千年間言語・風俗・習慣を異にして来たのみならず、朝鮮文化はビルマ・フィリピンに劣らないものなれば独立を認めらるべきである」と述べたことなどが「煽動」とみなされた（「独立運動判決文」）。

演劇活動への発動は九月の全州地方法院の金芳洙《キム・パンス》（金光成恒）に対する判決にみられる。知人に「自分は演劇研究を為しつつあるを以て俳優となり、広く鮮内各地を巡りて民心の動向を察知すると共に、朝鮮歴史劇を演出して朝鮮人元来の民族意識の昂揚に努むべし」と語ったことが第五条に該当するとされて、懲役二年を科された（「独立運動判決文」）。

四五年五月、京城地方法院は朴《パク・》（井原）泰哲《テチョル》に第五条を適用し、懲役一年を科した。「文学を通して民族意識の昂揚を図らんが為」、友人三人とそれぞれの諺文の文学作品を集めて冊子を作ることを提議した。冊子を「朝鮮人は放たれたる羊の如き状態なるも……適当なる指導あらば朝鮮独立の為に蹶起《けっき》すべき意味を含めて「牧羊」と命名」し、五冊を作成したことなどが「犯罪」とされた（「独立運動判決文」）。

諺文研究会事件

文化活動を通じて民族意識を注入し、昂揚させたとして処断された事件には、さらに諺文研究会事件と朝鮮語学会事件がある。

一九四二年八月、水原警察署は鄭 周永《チュン・ジュヨン》（松島健）・閔 丙 駿《ミン・ビョンジュン》（宇川甫）ら四人の水原高等農林学校の卒業生を検挙した。在学中に「朝鮮人学生に於て東寮会なるものを組織し、民族意識の昂揚に努め、朝鮮の独立を企図、卒業後に於ても同志を獲得策動中」だったとされる。

取調は、諺文研究会が「国体」変革を目的としていたかどうかに重点が置かれた。「朝鮮民族意識を昂揚し、朝鮮魂を練成し、朝鮮の文化を保存すると云うことは国民の国体意識を変更せしむるものではないか」、「而《しか》らば国体を変革することを目的として諺文研究会を組織したと云うことになるではないか」と繰りかえし「国体」変革の意志があったことを認めさせようとした。そして「日本臣民として国体の大義に照すときは、私の申したことは悪いことで日本臣民として言うことは出来ないことであります」と追い詰めていった。「素行調書」をみると、鄭周永については「温順にして極めて理智的なるも、激し易く稍《やや》雷同性に富む」、「改悛の情ある」とされた。閔丙駿については「一見温順を装うも、陰険にして他人を狐疑し、和合せざる性癖を有す」とされ、相当なる処分を与えて「改悛を促す要ある」とされた。

同年一二月になって水原警察署から京城地方法院水原支庁に被疑者五人が送致された。「秘密結社」諺文研究会を組織して継続的に「秘密裡に会合し、意識の昂揚に努め」たほか、鄭周永が「将来の為に」という講演で「東寮精神を生かすことは吾朝鮮を生かすものなり」と煽動したこと、金象泰《キム・サンテ》（青山秀章）が「朝鮮を独立せしむるには先ず朝鮮文化を復興せしむるに在りと為し、諺文を他人に教えて之を後世に伝えざる可からず」として『朝鮮文法及語学史』などを購入し、諺文の研究に没頭したことも「犯罪」とされた。

検事局の訊問では「朝鮮の文化たる諺文を維持し、以て同諺文を通し朝鮮民族意識を昂揚し、朝鮮独立の目的を以て斯様な諺文研究会と云う結社を組織した」という供述を引き出すことに努めている。一二月、京城地方法院に公判請求がなされた。

京城地方法院の公判は四三年二月に開廷した。裁判長は「警察及検事廷に於ては朝鮮文化の保存と朝鮮の独立の為に利用する為に諺文研究会を作ったと述べて居るが、如何《ど》うか」、「仮に独立の目的はなかったにしても、諺文の研究によって朝鮮人たる意識を持たしめて、独立の為に利用せんとしたのではないか」と追及するが、鄭周永は「警察では拷問を受けたので、刑事に強いられる儘《まま》に供述したのでありますが、検事に対しては否定したのでありますす」などと陳述した。被告らは恭順の意を示したものの、独立の目的はなかったという点は譲らなかった。しかし、裁判長は警察や検事の訊問調書を証拠として採用した。

検事は新治安維持法第一条と第五条に該当するとし、鄭周永ら三人に懲役五年を、他の二人に懲役三年を求刑した（『韓民族独立運動史資料集』六九「戦時期反日言動事件Ⅳ」）。三月の第二回公判で判決が言い渡された。金象泰が懲役二年六月、鄭周永が懲役二年で、三人が懲役一年六月となった。金を除く四人は上告を放棄して服罪したが、金は高等法院に上告した。五月、高等法院は上告を棄却した。

朝鮮語学会事件

一九四二年一〇月、咸鏡南道《ハムギョンナムド》洪原警察署は朝鮮語学会関係者二九人を検挙した。李熙昇《リ・ヒスン》は、朝鮮語辞典の編纂は「固有文化を維持保存する最も大きな器《うつわ》であり、したがってこれを用いて民族精神を伸長・高揚させることになり、民族精神の高揚は即、独立戦取の手段であるという三段論法式の詭弁」とはげしい拷問によって犯罪を仕立て上げたと回想する。辞典原稿のカードを押収し、「太極旗・大韓帝国・李王家・大闕（王宮）・白頭山・檀君・李花・無窮花」などの語釈が不穏で反国家的とするほか、「京城」に対する評釈が東京の評釈よりも何倍も詳しいのは「明らかに反国家的思想の表現である」と恐喝したという（李熙昇「朝鮮語学会事件回想録〈Ⅱ〉」『韓』一九七七年九月）。

四三年九月、検事局は咸興地方法院に一六人を予審請求するが、予審中に二人が獄死している。四四年九月の予審終結決定では「語文運動は民族固有の語文の整理統一普及を図る一の文化的民族運動たると共に、最も深謀遠慮を含む民族独立運動の漸進形態なり」として、学術的な朝鮮語辞典を装いつつ、実は朝鮮の固有文化を向上させ、民族意識を喚起昂揚する意図のもとに編纂が進められたとする。一二人が公判に付され、二人が免訴となった。

一二月から咸興地方法院の公判が開始され、九回の公判を経て、四五年一月、五人に懲役六年から二年の刑が言い渡された。四人の被告、検事がともに上告した。

弁護人平川元三は拷問によって自白が強制されたと論じるとともに、「国体」変革の適用自体に疑義を呈した。その適用は共産主義運動などの「積極的直接的なる方法」に限られるべきであり、「消極的間接的なる方法」にまで拡大することは認められないと論じた。これに対して、八月の高等法院判決は「固有の言語の普及統一の如き間接的消極的なる文化運動なりと雖も、国体変革の危険なしと断ずるを得ざること勿論なり……行為其れ自体は元来違法のものにあらずとするも或る違法なる目的と結合することに依て犯罪を構成することあるは必しも異とするに足らず」と反駁した。高等法院判決がここまで論述するのは異例で、それだけ朝鮮語学会事件の社会的反響を考慮せざるをえなかったというべきだろう。被告・弁護側の上告は棄却された。

一方で、検察側は被告の一人が無罪となり、四人が「犯情憫諒《はんじょうびんりょう》すべきものあり」と認められて減刑されたことを不服として上告した。警察や検察での供述をひるがえすことと自体が「毫も改悛の情なきもの」とされた。この検察側上告に対しても、高等法院判決は棄却した（『韓民族独立運動史資料集』六九「戦時期反日言動事件Ⅳ」）。

日本敗戦のわずか二日前だった。

日本敗戦予測への発動

一九四四年半ば、当局者は民族主義運動について「戦時下民族生活の凡有《あらゆる》不平不満を捉えて民衆を煽動し、企図の拡大を図り、或は国外不逞分子の活動に呼応し、之と密絡を保ち展開せらるるの状況」ととらえて、「空襲其他重大事態発生の場合、一気に蜂起」するかもしれないという強い危機感を抱いていた（朝鮮総督府『第八十五回帝国議会説明資料』一九四四年八月、近藤釼一編『朝鮮の治政：太平洋戦下終末期』一九六一年）。戦局の悪化にともなって日本敗戦を予測する言動が増大すると、それらに治安維持法は発動されていった。

四四年一月、咸興地方法院は国民学校に勤める清川浩に新治安維持法第五条を適用し、懲役一年六月を科した。「内鮮人の給料の差異」に不平不満を抱いていた清川がもう一人の被告にやがて日本やドイツが敗戦すること、「結局世界は資本主義国家たる米英と共産主義国家たる蘇《ソ》連の勢力下に二分せられ、日本は地理的関係等より蘇連の支配下に入るべく、然る時には朝鮮は日本の支配より離脱して独立国となる」旨を述べ、その意識昂揚に努めたことが「煽動」とされた（「仮出獄」）。

同年四月、全州地方法院は金原相権《サンコン》に第五条を適用し、朝鮮少年令により短期一年、長期三年の懲役を科した。友人に対して「山本元帥戦死後、日本は其の戦況振わず、又アッツ島玉砕等の事例に鑑みるに日本軍勝算なく、而《しか》も戦争長期化するに伴い日本の困窮は漸増し、敗戦必至ならん」としたうえで、戦勝国アメリカは朝鮮を保護して独立を許容するだろうと予測し、青年が奮起して独立運動に立ち上がろうと話したことが「煽動」とみなされた（「独立運動判決文」）。

敗戦直前でも治安維持法による処断がつづいた。四五年七月、京城地方法院は芳岡実に懲役三年を科した。出征する知人に、入営後は幹部候補生に志願して上官の信頼を得たうえで「好機を捉えて敵陣に投降し、敵軍に参加して日本軍に抗戦し、因《よつ》て日本を敗戦せしむべし」と述べたことに第五条と刑法の外患罪（抗敵）を適用した。

同じ七月には、大田地方法院清州支庁は金正洙《キム・ジョンス》（金星勝照）に第五条と朝鮮臨時保安令を適用し、懲役一年六月を科した。海上に出ると「朝鮮は独立せよ、米国には朝鮮の仮政府が出来て居り、日本が敗けても朝鮮は必ず独立する」というアメリカのラジオの朝鮮語放送が聞こえるとして、お互いに努力しようと話したことが「煽動」とされた（『日帝下社会運動史資料叢書』第一二巻）。

八月四日、京城地方法院は第五条を適用し、金《キム・》（金原）永圭《ヨンギュ》に懲役三年を科した。四四年一月、金は他の被告にやがてドイツや日本は敗戦するから、その機会に「乗じて在外朝鮮独立団と相呼応して一斉に蜂起せば、朝鮮独立の目的を達成し得べき……互に協力して革命意識昂揚は勿論、同志の獲得に尽力して其の準備を進め、革命運動の指導者たる役割を果すべし」と提起して賛同を得たことなど一〇件が列挙され、「協議」罪とされた（「独立運動判決文」）。

共産主義運動・意識の最終的えぐり出し

一九四〇年代前半、治安維持法発動の重点は民族運動・意識にあったものの、共産主義運動・意識への発動もつづき、地表下からえぐり出された。

新治安維持法の施行にあたり、四一年五月二日の検察会同で増永正一高等法院検事長は共産主義運動が「従来の形体《ママ》たりし統一的組織的運動形体より、分散的個別的運動形体に移行」しつつあるとみていた（『日帝下支配政策資料集』第八巻）。四四年八月、朝鮮総督府『第八十五回帝国議会説明資料』では共産主義運動の現状について「合法場面に匿《かく》れ、所謂人民戦線戦術を採用」する一方で、戦時生活の窮迫に対する「国民の不満乃至は怨嗟《えんさ》の声の擡頭に乗じ、是を以て資本主義国家の没落過程にありとなし、民衆獲得の機に出でつつあり」ととらえていた。

まず「分散的個別的運動形体」についてみてみよう。四二年五月、大邱覆審法院は朴来《パク・レ》秀《ス》に新治安維持法第一一条（「私有財産制度」否認の協議・煽動）を適用し、懲役二年を言い渡した。三七年六月頃、朴が思想犯前歴者の朴 源根《パク・ウォングン》と「「プロレタリヤ」一般大衆を指導訓練し革命的気分を醸成すれば、終局の目的を達し得べき旨」協議したこと、「其の実践運動闘士の育成、教養の意味」について朴から指導を受けたことなど四件が「犯罪」とされた（「在所者資料」）。

四二年一一月、清津地方法院は金日虎《キム・イルホ》に第五条と第一一条を適用し、懲役一年六月を言い渡した。以前に治安維持法違反で懲役二年の刑を受けたことがある金は工員として勤務中、日本の敗戦を「妄断」して「多数無産者を煽動する」ことを決意し、工場の便所内の板壁に鉛筆で「無産者青年に告ぐ、無産者半島青年男女よ、我々は一日も早く共産主義運動を煽動宣伝して帝国主義を打破しよう」（『日帝下社会運動史資料集』第七巻）と書き、工員一人にそれを読ませたことが「犯罪」とされた。

四四年九月、京城地方法院は京城高等工業学校在学中の万《マン》（万山）容模《ヨンモ》に懲役二年を科した。友人に自然科学の徒も社会科学を学ばなければならないと説き、「之が為には同志を獲得すべき旨申向け」（「独立運動判決文」）たことが第一一条の適用となった。なお、この判決では予審終結決定の「犯罪」の半分以上が無罪とされた。

こうした「分散的個別的運動」のえぐり出しがなされる一方で、この時期にも「結社」や「集団」に対して発動された事例もある。

四二年一二月、京城地方法院は宋 澤永《ソン・テクヨン》ら一三人に懲役五年などを科した。宋は京畿中学校の「国語〔日本語〕常用強制方針に対し、国語常用は結局朝鮮民族の滅亡を招来するものとし、遂に民族主義思想を抱懐する」一方、共産主義に興味をもって各種の左翼文献を繙読して共鳴し、朝鮮の独立とその共産化を希望するに至ったとされる。四〇年一一月、宋ら六人が朝鮮独立を当面の目的として「朝鮮民族解放の為挺身すべき旨提議し、種々協議の上」で朝鮮人解放闘争同盟を組織してさまざまに活動したことに第一条を適用した（「独立運動判決文」）。

四四年七月、大邱地方法院は林時憲《リム・シホン》ら一〇人に第一条を適用し、懲役八年から三年の懲役刑を科した。三八年四月頃、林は「我等友人間に楔を組織し、広く各地の知友と緊密を図り、団結を堅固にせば万事成就すべし……共産運動を展開し、以て朝鮮独立の暁は一切の差別待遇解消し、安楽なる生活を享受し得べし」と提案して「準香楔《スンヒヤンケ》」と称する秘密結社を組織したとされる。準香楔への加入を勧誘する際、「表面は親睦楔を装」うことを提案したという（「在所者資料」）。

四四年一〇月、京城地方法院は洪仁義《ホン・イニ》ら一六人に判決を言い渡した。懲役七年を科せられた洪は、「朝鮮独立の段階を経て朝鮮を共産主義化する意図の下に」ロシア共産党の目的遂行為があったとみなされ、第一条と第一〇条が適用された。洪から「朝鮮の我々労働者の恵まれないのは、資本家が僅《わずか》の賃金を与えて残《のこり》の総《す》べてを取得するが為なる旨教養」されて、共産主義社会実現を希望するようになったという山本秉喜《ビョンヒ》ら四人には第一一条を適用し、懲役二年から一年六月を科している（「独立運動判決文」）。

「国体」変革を目的とする「集団」の結成・参加を処罰した事例もある。四二年七月、京城地方法院は山岡龍範《ヨムボム》ら九人に第四条を適用した。被告らは「交友の感化、社会科学に関する書籍の耽読、若《も》くは生活難の環境」から発して、共産主義社会実現を熱望していたとされた。山岡の場合、水原芸術互研倶楽部の結成や参加の勧誘など一五件が列挙される。「我等は今後実力を養い、朝鮮人たる精神を涵養して同志の獲得に努め、団体の力を以て目的を達成すべきなり」として、無産者児童への民族意識の注入について協議したことなどが「犯罪」とされた（「独立運動判決文」）。山岡ら三人は三年以上五年以下の懲役となった。

「分散的個別的運動」は主に「協議」や「煽動」の罪の適用で量刑は比較的軽かったが、「結社」や「集団」となると懲役八年や五年などの重い量刑となった。

「日本的基督教」への統制

朝鮮において一九三〇年代後半に始まった「類似宗教」弾圧は灯台社事件を経て、四〇年代にはキリスト教全般におよんだ。

警務局『高等外事月報』第一五号（一九四〇年一〇月分）掲載の「朝鮮に於ける基督教の革新運動」では「朝鮮基督教の欧米依存関係を禁絶して、日本的基督教に純化更生せしむる」という指導を実施しているとする。四一年の長老派の大会で警務局保安課長古川兼秀がおこなった講演「基督教の進むべき途」では、「国体国策に反せぬ限り無茶な断圧《ママ》は加えぬが、従来動《やや》もすれば教徒中邪道に踏み入った向《むき》が尠《すくな》く無かったのは甚だ遺憾である……依然として異心を抱き、其の態度を改めぬ者は断乎取締る方針である。灰色は如何なる思想部門に於ても許されぬし、不純な転向も亦《また》許さぬ。速《すみやか》に国体の本義に基いて、軌道に乗った真正日本的基督教の建設に努めて貰いたい」（『警務彙報』四一八号、一九四一年二月）という強い威嚇となっている。当局にとってあるべきキリスト教とは「日本的基督教」であった。

　それが日本国内よりはるかに厳重に強力に統制されたことは、四〇年九月のキリスト教の「頑迷なる教徒」一九三人におよぶ一斉検挙にあらわれている（司法処分の状況は不明、『高等外事月報』第一四号、一九四〇年九月分）。四一年二月の全国的な万国婦人祈禱会事件では朝鮮不穏文書臨時取締令および陸軍刑法・海軍刑法が発動され、実質的に外国人宣教師は国外に追放された。

『思想彙報』続刊（四三年一〇月）の「朝鮮重大思想事件経過表」には四二年五月、平壌地方法院に予審請求された李基宣《リ・キソン》ら三五人の「耶蘇教徒の神社不参拝教会再建運動事件」が載っている（検事局の受理は六八人）。長老派の牧師や信者は「近く基督の再臨により地上神の国は実現するものとなし、窮極に於て我が国体を変革して千年王国を建設することを目的とする神社不参拝再建総会組織準備会なる秘密結社を組織」し、活動をつづけていたとされる（判決文は不明）。

四二年八月、光州地方法院は第五条を適用して伝道師金龍洙《キム・ヨンス》（華山正一）に懲役二年六月を、二人に懲役一年六月を科した。いずれも「末世論的思想の伝道に依り我国民の国体意識を麻痺せしめ、国家観念を動揺せしめつつ、徐々に現存秩序の混乱を誘発し、基督の再臨を俟《ま》ちて基督王国の建設を実現せんことを究極の目的」としていたとする。金については神社参拝問題の発生以来、キリスト教は現状の腐敗堕落のまま推移すれば「地上天国の実現を到底之を望み得」ないと考えて、今後は「聖書研究に依り信仰を浄化し、教勢の復興を図る以外に方途なしと確信」したなどの言動を一六件列挙する（「独立運動判決文」）。

そして一ヵ月後の九月には、光州地方法院は長老派の牧師朴《パク・》（新本）容義《ヨンイ》に第五条を適用して懲役三年を科した。長老派については「自由主義的且民族主義的色彩濃厚にして国家信念に乏しきもの」とする。「犯罪」とされた朴の言動とは、三九年五月から四〇年九月にかけて毎週二回、教徒二〇〇人から三〇〇人に、再臨したキリストは「万王の王となりて千年王国を建設し、世界を支配するが、信仰篤《あつ》きもののみ右王国の民となり、不信者は地獄に陥《おと》さる」と説いたことが「国体」変革の「煽動」とされた（「独立運動判決文」）。

「類似宗教」の「国体」変革・否定結社としての処断

増永正一高等法院検事長は一九四〇年一〇月の司法官会議で「類似宗教団体の取締」に言及し、「不穏の言動を弄して人心を誑惑《きょうわく》せしめ、治安を妨害しつつある」として、合法的な宗教団体の教理とその「裏面の思想動向」について再検討の必要があるとした。宗教団体への発動は保安法が主だった三〇年代後半に対して、四〇年代になるとより強力な治安維持法中心となった。

四一年一〇月には大邱地方法院が中原庸錫《ヨンソク》らに懲役三年六月を科した。「近く全世界に大戦争起り、悪疫流行して日本を始め各国滅亡する際」、篤信者は「其の神通力に依りて朝鮮を独立せしめ、将来永く朝鮮独立建国の大功労者として国家並に全国民より優遇崇敬せらる」という教義を説き、朝鮮独立を目的とする宗教団体を起こそうとしたとして第一条後段を適用した。

中原らは上告趣意書で「神通力に依りて朝鮮が独立すと云うが如きは、全然其の結果発生の可能性なきものにして……危険性あるものにあらず、所謂《いわゆる》不能犯に属し、罪と為らざるもの」、「帝国の朝鮮に対する統治に変動を来すべき筈《はず》なし」と論じたが、四二年一月、高等法院は「国体」変革は「布教其の他の方法に依りて民族意識の昂揚を図り、徐々に独立の機運を醸成し、平和的手段に依りて其の目的を達成することも亦其の一方法たるを失わず」として上告を棄却した（『高等法院判決録』第二九巻、一九四二年度）。これは判例として確立し、「類似宗教」を「国体」変革結社として処断することが加速した。

四三年後半以降の判決では、「類似宗教」に対する新治安維持法の適用に変化がみられる。「国体」変革の結社（第一条）から、「国体」否定ないし神宮・皇室の尊厳冒瀆の結社（第七条）と集団（第八条）の適用が急増した。

たとえば、四三年八月の京城地方法院の「無極大道教」に対する予審終結決定をみよう（検事局の受理人員は五二人。一〇人を公判に付し、一五人を免訴、五人を公訴棄却）。無極大道教の創唱者の金《キム・》瓚《チャン》鎬《ホ》は四一年九月頃にはすでに検挙されていた模様である。金は三九年一二月頃から「世界には近く悪疫、凶作、兵乱等の三災が到来し、当時の支那事変を始めとして昭和十七年頃迄には世界大戦乱に移行し、人類の死滅、国家の滅亡等が相続くに至る」として、このときには「玉皇上帝より善者と判定さるる者のみが死滅を免」れると説いたとされた。この「無極大道」を「国体を否定し、且皇室の尊厳を冒瀆すべき事項を流布すること」を目的とする集団と断定し、一二件にわたる具体的な布教・祈願などをあげて第八条を適用しようとしていた（「独立運動判決文」、判決については不明）。

四四年一月一〇日、全州地方法院は洪《ホン・》（山本）淳玉《スンオク》ら一六人に懲役四年から一年を科した。「日支事変勃発し、世界の情勢重大化するや、是れ即ち姜《カン・》一淳《イルソン》の教理たる後天仙境開《かい》闢《びやく》し、五万年の新天地実現し、姜一淳が現世に再臨し、其の支配の下に何等不平不満なき不死不滅の平和世界が創造せられ、朝鮮は独立するの前兆なり」として「無名の結社」（のちに「天子教」と称した）を組織し、祈願祭をおこなったとされた。これを第七条の「国体」否定の結社に該当するとした（『日帝下社会運動史資料叢書』第一一巻）。

四五年二月、光州地方法院は鄭大建《チョン・テコン》（河東万寿）に第八条を適用して懲役四年を言い渡した。壊滅に瀕していた「弥勒仏教」の再建を企図し、「弥勒仏教信者のみは神明の霊力に依り其の三災（凶、兵、病）八難を免れて生き残り、朝鮮に弥勒仏の再生たる聖人出現し、朝鮮法を作り内地は固より全東洋を支配し、弥勒仏社会なる宗教社会を建設し、其の宗教徒が社会の実権を掌握して之を統治」するという内容の布教が、第八条の「国体」否定の集団に該当するとされた（「独立運動判決文」）。

5 治安体制の崩壊

獄中からの解放

一九四五年八月一五日、朝鮮総督府がその権力行使を断念した結果、治安体制は崩壊した。朝鮮民衆は文字どおり「光復」＝「独立」を獲得した。

西広忠雄警務局長は「終戦決定と同時に、第一に政治犯・経済犯を釈放すること」を考え、遠藤柳作政務総監に進言した。一五日の午前三時頃までに高等法院検事長、朝鮮憲兵隊司令官、法務局長の了解を得ると、遠藤政務総監は呂運亨《ロ・ウニヨン》と会談して治安維持への協力を求めた。呂は受刑中・拘禁中の政治犯の釈放を求め、一六日午前には京城西大門刑務所と京城刑務所におもむき、政治犯・経済犯の釈放に立ち会った。「午前十一時から、釈放された政治犯を先頭に、各思想団体の示威行進が鍾路街頭でおこなわれた。……いたるところに朝鮮独立を明示する太極旗がひるがえり、トラック・自動車・電車には民衆が鈴なりに乗って太極旗をかざし、独立万歳、解放万歳をさけんだ」（森田芳夫『朝鮮終戦の記録――米ソ両軍の進駐と日本人の引揚』一九六四年）。

朝鮮語学会事件で咸興刑務所に在監中の崔鉉培《チエ・ヒヨンベ》は、八月一五日の朝、看守から「無言の中に喜しい知らせ」を暗示されていたが、「昼食の直前、日本の無条件降伏の知らせが漏れて来た。わいわいさわぐ声が監房の廊下にまで響いて来た」と回想する（「ハングルをめぐる闘争と支援」『韓』一九七九年九月）。咸興刑務所の元刑務官は「玉音放送」後の状況を「知らせは稲妻のようでした。午後一時になるや、全ての監房の収監者たちが解放の知らせを知り……祖国と自身の解放を一度に得た収監者たちの歓呼の声に監獄内はまるごと抑えようのない興奮に陥ってしまいました」と証言する（『朝鮮日報』一九七〇年八月一五日）。

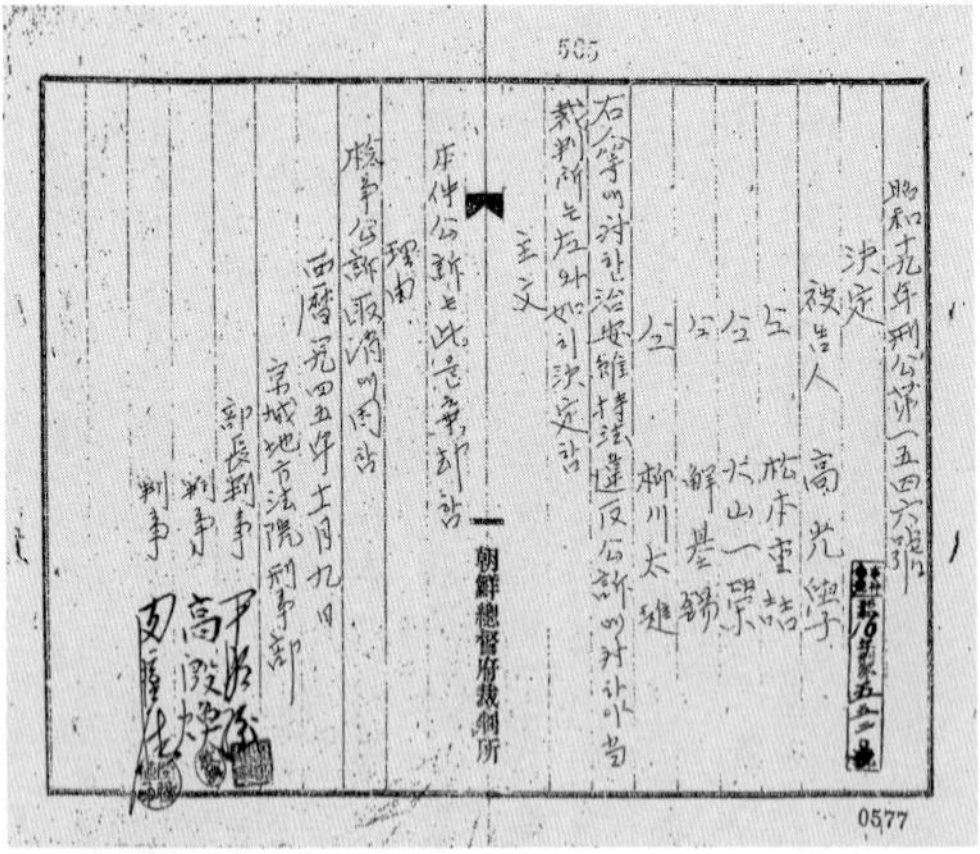

1945年11月９日に京城地方法院は検事の公訴取消を理由に公訴棄却の「決定」を下した。ハングル、漢字表記、西暦表記が用いられ、いずれも朝鮮人判事の手によってなされた

　四五年八月時点の朝鮮全刑務所の在監者のうち、「思想犯受刑者」は約一〇〇〇人と推測される。これに警察・検察段階の被疑者や予審・公判係属中の被告が加わる。「保護観察」人員は四四年八月時点で約二九〇〇人、「予防拘禁」人員は四四年九月時点で五九人だったので、政治犯・経済犯として釈放された人数は五〇〇〇人前後であったと思われる。

　公判中の治安維持法違反事件はどうなったのだろうか。八月一五日、京城地方法院は治安維持法違反事件の判決内容を急遽変更し、検事から公訴の取消があったとして二人の被告に「公訴は孰《いず》れも之を棄却す」という「決定」を下した（「独立運動判決文」）。一五日から二〇日までに公訴棄却となったものは高等法院「決定」を含めて一八件五五人を確認できる（「独立運動判決文」）。公訴棄却となった被告の身柄はすぐに釈放されたはずで、警察・検察での被疑者や

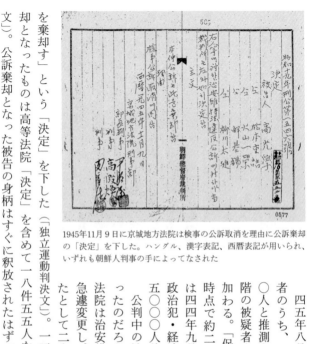

予審中の被告も八月一五日直後から釈放されたと推測される。

一一月九日になって、京城地方法院は六件二二人の被告に検事の公訴取消を理由に、公訴棄却の「決定」を下した。それらはいずれもハングル、漢字表記、西暦表記であり、朝鮮人判事の手によってなされている（「独立運動判決文」）。法院・法院検事局が朝鮮人司法官の手に移り、執務態勢が整備された段階で、係属中で未処理だった治安維持法違反事件にこのような後始末の法的措置がなされたと推測される。

九月七日にアメリカ軍が南朝鮮の軍政開始を宣言すると、二一日、アーノルド軍政長官は「指令（法令）第五号」を発し、治安維持法・朝鮮臨時保安令・出版法などの実質的な廃止を指示した。その後、一〇月九日に正式に廃止となった。もちろん、八月一五日を境に治安維持法は実質的に機能停止となっていた。

日本人警察・司法関係者の検挙と裁判・抑留

ブルース・カミングス『朝鮮戦争の起源』（二〇一二年）によれば、アメリカ軍政は「旧総督府官僚機構そのもの」に依存しなければならなかった。司法部は「ほとんど例外なく対日協力分子」であり、警務部の八〇％以上を「日帝時代」の警察官が占めた。

では、植民地統治体制の崩壊後、治安維持法運用をになった日本人警察関係者・司法関係者はどのような扱いを受けたのだろうか。

八月一五日まで権勢を振るっていた特高警察官は、報復を恐れて姿を消した。高峻石《コウ・チユンソク》は「肩で風を切り、がに股で威張りちらしていた日本人巡査たちは、猫に追われた「どぶ鼠」のように逃げ出し、日本人植民者の手先であった朝鮮人巡査たちは、過去における親日協力の罪を問われ処断されることを恐れて雲隠れしてしまった」と述べる（高峻石『朝鮮1945–1950』一九八五年）。

三八度線を境とした南朝鮮と北朝鮮の状況は大きく異なる。これからの叙述はすべて森田芳夫『朝鮮終戦の記録』による。

アメリカ軍が進駐した南では警察・司法関係者についてその経歴自体での検挙はなかったと推測されるが、九月下旬過ぎに警察・司法関係者を含む日本人官公吏らが拘引され、取調を受けている。容疑は八月一五日以降の政府および公共団体の不法な経費支出、政府の重要記録などの文書の不法な焼却、機密費の使途などであった。西広忠雄警務局長は機密費の使途について、早田福蔵法務局長は重要書類の焼却について取調のために抑留されたが、その後、日本に追放された。京城保護観察所長長崎祐三は記録焼却に加え、機密費を用いて治安隊を結成し、「世論指導・拘留日本人釈放などの運動をさせたことなどの責任」を問われて四六年三月、懲役一年六月の判決を受けた。

地方では警察官署に対する襲撃・占拠・接収要求、銃器・弾薬の略奪、日本人警察官に対する暴行・脅迫・略奪、親日の朝鮮人警察官に対する暴行・脅迫・接収要求などが報告されている。日本人・朝鮮人警察官に対する殺傷事件もあった。日本人警察官が拘留、処罰された事例もあった。全羅南道では木浦警察署長が武器不足を理由に一〇月に検挙され、一二月のアメリカ軍の軍事裁判で懲役一年の判決を受けた。司法関係では、大邱覆審法院検事長五井節蔵や大邱地方法院検事正の江上緑輔が戦後の書類焼却などの責任を問われた（五井は釈放となるが、江上は懲役八月を科される）。

ソ連軍が進駐した北では、対照的に日本人警察・司法関係者の責任がきびしく追及された。江原道北部では警察部長や地方法院長・検事正・判検事らが九月に検挙され、平壌のソ連軍刑務所に送られた。平安南道では八月に警察部長や各課長、平壌府内の警察署長、覆審法院長のほか地方法院関係者と検事が検挙された。平安北道では九月、知事・警察部長・高等課長・新義州警察署長、新義州地方法院長・新義州地方法院検事正・次席検事・新義州刑務所長らが検挙されて平壌に送られた。

平壌での司法関係者の検挙者は四五年八月から四六年二月までに一八二人にのぼる（日本人官僚全体では二四二一人）。定州では四五年九月、検事・判事・警察署長・特高課長を含む二四人が「民族運動の取締りに関与した者として暴行をうけたのち」、新義州刑務所を経由して平壌に送られ、ソ連軍に引き渡された（一部の人は定州に帰された）。検挙・抑留された人々はその後、朝鮮の裁判を受ける者、ソ連軍の裁判を受ける者、シベリア抑留となった者、釈放された者という運命をたどる。

小野沢龍雄の証言によれば、平壌人民教化所の受刑者で、一九三七・三八年頃の平安北道警察部長はその経歴によって「政治犯」とされ、一審の死刑判決後、二審で懲役一五年になったという。平壌覆審法院検事長の山沢佐一郎ら五人は「その経歴と在職年限に応じて無期、一二年、五年、三年」の刑となった。ソ連軍による元山の裁判では咸南高等課長が二五年の刑、元山警察署長が死刑などとなった。平壌の裁判では平安北道警察部長が死刑、巡査部長が一〇年の刑を受けている。

受刑状況をみると、四六年一一月時点で平壌と新義州の人民教化所に未決・既決の約五〇人が収容されていたという。平壌人民教化所には平壌の司法関係者が多かった。未決四の内、数人の判事・検事は四六年五月と六月に釈放されたが、平壌覆審法院部長・判事・保護観察所長らはソ連軍に引き渡され、シベリア抑留となった。四八年七月の時点で平壌人民教化所に残った一四人の受刑者のうち、一〇人が司法・警察関係者だった。

中国・延吉のソ連軍下の日本軍捕虜収容所はシベリア抑留の中継的性格をもっていたが、ここに平壌・咸興などから警察官・司法官・官公吏ら約二八〇〇人が移されていた。これらは四五年一二月末、ソ連送りとなる者を除いて釈放された。五〇年一月現在で、ソ連地区に抑留されていた七三人のほとんどは警察関係者であった。これらの人たちの多くは四月までに引揚げとなった。

第五章　台湾の治安維持法

1　治安維持法の運用開始

匪徒刑罰令の猛威

児玉源太郎台湾総督の下で民政長官になった後藤新平の著書『日本植民政策一斑』（一九二一年）には、一八九八年から一九〇二年の「匪徒殺戮《ひとさつりく》数」について「捕縛若《もしく》は護送の際抵抗せし為」に殺害五六七三人、「判決に因る死刑」二九九八人、「討伐隊の手に依るもの」三二七六人とある。「判決に因る死刑」は全体の二五％にあたる。

このほとんどは一八九八年一一月制定施行の匪徒刑罰令（全七条）による。制定の理由は「本島施政の妨礙《ぼうがい》を為すもの匪徒の害より大なるものなし、而《しこう》して其多数結合して所在出没するや、普通犯罪の例を以て律すべからざる」というもので、第一条は「何等の目的を問わず暴行又は脅迫を以て其目的を達する為、多衆結合するを匪徒の罪」とし、「首魁及教唆者は死刑に処す」、「謀議に参与し、又は指揮を為したる者は死刑に処す」などと規定された。第四条・第五条では匪徒に対するすべての援助行為者を死刑・無期徒刑（懲役）とする（「公文類聚」第二二編・一八九八年・第三〇巻、国立公文書館所蔵）。軍事討伐時の射殺・斬殺などを匪徒刑罰令での断罪が取って代わったもので、形式的に合法による処断という体裁が整えられた。

匪徒刑罰令の濫用ぶりは「匪徒膺懲《ようちょう》の実を示し以て一般予防の策を採り、更に之と相併用して屢々《しばしば》匪団の大掃蕩を行いたる為め、明治三十五年に至り全島悉《ことごと》く匪徒の跡を滅絶するに至れり」という台湾総督府法務部編纂『台湾匪乱小史』（一九二〇年、『現代史資料』(21)「台湾(一)」一九七一年）の一節がよく物語る。同書によると、「匪徒」の死刑判決は四三二二人に達する。王泰升は「1902年を例にとれば、匪徒罪の被告は地方法院で5割から7割が死刑に処されている」と指摘する（「植民地下台湾の弾圧と抵抗——日本植民地統治と台湾人の政治的抵抗文化」（鈴木敬夫訳）、『札幌学院法学』二一巻一号、二〇〇四年九月）。『台湾匪乱小史』によれば、一九〇三年から〇六年に至る四年間は「匪徒全く其影を没し、台湾の天地未だ曾《か》って見ざる静穏に経過したる」だったが、〇七年以降、「一部の奸徒

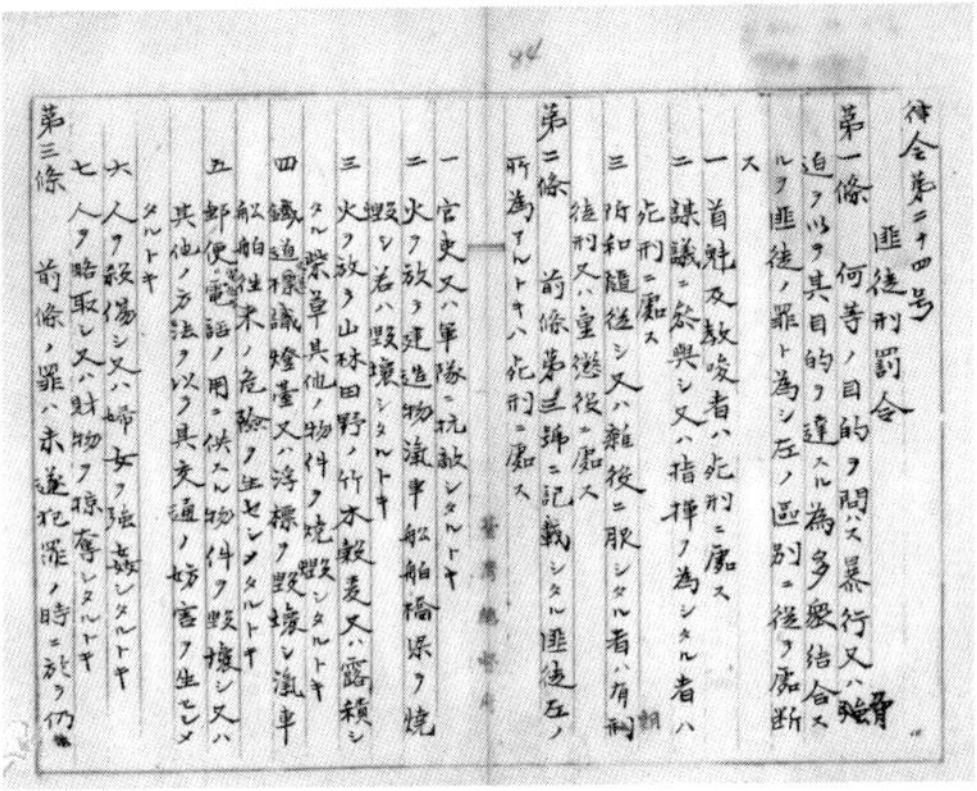
律令第二十四号
匪徒刑罰令
第一條　何等ノ目的ヲ問ハス暴行又ハ脅迫ヲ以テ其目的ヲ達スル為多衆結合スルヲ匪徒ノ罪ト為シ左ノ区別ニ従テ処断ス
一　首魁及教唆者ハ死刑ニ処ス
二　謀議ニ参與シ又ハ指揮ヲ為シタル者ハ死刑ニ処ス
三　附和随従シ又ハ雑役ニ服シタル者ハ有期徒刑又ハ重懲役ニ処ス
第二條　前條第三號ニ記載シタル匪徒左ノ所為アルトキハ死刑ニ処ス
一　官吏又ハ軍隊ニ抗敵シタルトキ
二　火ヲ放テ建造物汽車船舶橋梁ヲ焼燬シ若ハ毀壊シタルトキ
三　火ヲ放テ山林田野ノ竹木穀麦又ハ露積シタル柴草其他ノ物件ヲ焼燬シタルトキ
四　鐵道標識燈臺又ハ浮標ヲ毀壊シ汽車船舶往来ノ危険ヲ生セシメタルトキ
五　郵便電信及電話ノ用ニ供スル物件ヲ毀壊シ又ハ其他ノ方法ヲ以テ其交通ノ妨害ヲ生セシメタルトキ
六　人ヲ殺傷シ又ハ婦女ヲ強姦シタルトキ
七　人ヲ略取シ又ハ財物ヲ掠奪シタルトキ
第三條　前條ノ罪ハ未遂犯罪ノ時ニ於テ仍

1898年11月５日に台湾総督児玉源太郎によって制定された匪徒刑罰令（「総督府公文類纂」国史館台湾文献館所蔵）

往々無智の島民を煽動して暴挙を企つるあり」となった。なかでも最大規模となったのが一五年八月の西来庵事件である。余清芳らが武力による抗日蜂起を計画中、総督府官憲の知るところとなったために逃走、警察官派出所などを襲撃して警察官とその家族らを多数殺害した事件で、総督府は軍隊を派遣し鎮圧を図った。

検挙の本格化とともに匪徒刑罰令による司法処断のため、台南に臨時法院が開設された。警察では検察に一七三三人を送致した。送致「意見書」では「台湾に新皇帝現われ、内地人を駆逐して支那政府の治下たらしめん陰謀の企てに入党加盟せんことを勧誘せられ、各被告は何れも事の成効《ママ》を信じ、成効後の報酬を得んと欲し入党を決意するに至れるもの」とし、匪徒刑罰令第一条を適用すべきとする（「匪徒事件報告〈臨時法院〉」国史館台湾文献館所蔵）。検察官は一四三〇人を起訴し、八月から一〇月におよんだ臨時法院の判決では、事件を政治的意図をもたない暴動とみなし、死刑の言い渡しは八六六人におよんだが、まもなく七五九人は恩赦により死刑から無期懲役に減刑となった（九五人の死刑は執行）。

一三年の苗栗《びょうりつ》事件では辛亥革命の波及を警戒して政治的意図を追及したのに対して、警察官殺害におよんだ西来庵事件では「暴動」と決めつけて、植民地統治への不満や抵抗を徹底的に押しつぶした。これは台湾民衆に威嚇と恐怖をもたらした。

治安警察法の施行

匪徒刑罰令が猛威を振るうことによって、総督府統治に対する抵抗や批判は困難となり、社会運動の空白期が生じた。それがやや揺るぎはじめるのが一九二〇年前後からであり、世界的な民主主義と民族自決の潮流、なかでも朝鮮の三・一独立運動にも刺激を受けた知識人の文化運動が勃興しつつあった。台湾人留学生が東京台湾青年会を結成して機関紙『台湾青年』の発刊（一九二〇年七月）に至るとともに、島内では蔣渭水《しょういすい》・林献堂《りんけんどう》らにより二一年一〇月に台湾文化協会が創立された。

こうした社会運動再興の兆候に総督府は対応し、二三年一月から治安警察法を施行させた。日本国内では労働運動や社会主義運動の勃興に対処して治安警察法が一九〇〇年に施行されていたが、植民地には施行されていなかった（朝鮮では保安法や三・一独立運動後の制令第七号施行によって新たな社会運動の高まりに対処していた）。台湾での施行にあたり、結社の届出に二段の手続を必要とすることや集会開催の制約をより厳重とすることなどを特例とした。総督府の御用紙『台湾日日新報』は二三年一二月二四日の社説で第一次世界大戦後の思想激変の潮流に言及し、「朝憲紊乱《びんらん》に等しき無政府主義、共産主義の宣伝さえ冥々裡《めいめいり》に行われつつあるが如き今日」、治安警察法は「防衛的障壁」として期待されると論じていた。

施行となった治安警察法はすぐに萌芽的な「民族自決主義的啓蒙運動」に襲いかかった。台湾議会期成同盟会への発動である。蔡培火《さいばいか》は蔣渭水らとともに第三回台湾議会請願運動を進めるために期成同盟会の結成を図り、二三年一月に結社組織の予告届を提出したが、警務局では「其活動は本島の安寧秩序保持上、憂慮すべき性質のものなる」として「組織中止方」（台湾総督府警務局編『台湾社会運動史』一九三九年）を諭示した。これに対して結成を断行し、発会式や政談演説会の開催を予定すると、二月、総督名で治安警察法第八条による結社禁止を言い渡した。その直後、蔡・蔣らは東京に本部を置く期成同盟会を結成し、警視庁から受理されると、五月から八月にかけて台湾各地で文化講演会を開催した。

そして同年一二月に一斉検挙を断行し、二九人を台北地方法院検察局に送致、二四年一月には一八人を起訴し、蔡・蔣ら一八人が台北地方法院の公判に付された。三月二日の

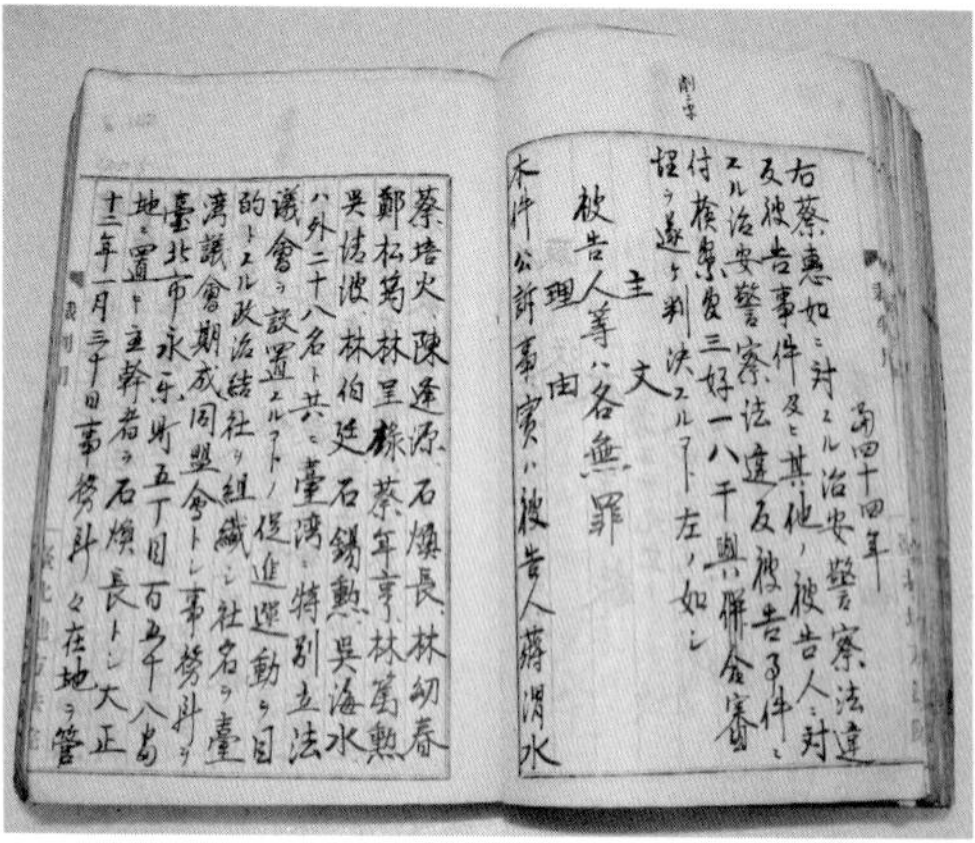

台湾議会期成同盟会事件では1923年12月に一斉検挙が行われ、1924年1月に18人が起訴された。その後8月18日に台北地方法院は18人全員に無罪を言い渡した（「台北地方法院—刑事判決原本」「日治法院档案」資料庫、台北大学図書館）

『台湾日日新報』は「本島の内治独立を画策せる　台湾議会設置請願運動をなす秘密結社治安警察法の槍玉に挙《あが》る」と報じた。台北地方法院での公判は七月から八回開かれたが、検察官の論告は「民族解放、民族自決、自由平等を唱え、内地延長主義を排斥し、ますます増長不遜《ふそん》の行為が見える……同化政策を喜ばないならば此際台湾から立去ると良い」（『台湾民報』第二巻第一六号、一九二四年九月）と居丈高で、蔣と蔡に禁錮六月を求刑した。判決で一八人全員に無罪が言い渡されると、検察は控訴した。一〇月、高等法院覆審部は第八条に該当するとして蔣と蔡に禁錮四月を科した。

この期成同盟会事件の司法処分と連動して、治安警察法の行政警察的な発動がつづいた。『台湾社会運動史』によれば、台湾文化協会関係の講演会の中止度数は二三年に一九件、二四年に三六件、二五年に六四件、二六年に一五七件と増加している。また、講演会の解散処分度数も二三年に五件、二四年に一二件、二五年に七件、二六年には三五件となる。中止や解散命令に抵抗した場合には司法処分が科された。二五年二月、台北地方法院が二人に禁錮三月（執行猶予二年）を科した事件では、演説の中止・解散命令を受けながらも「場内中央腰掛の上に起立し、拍手しつつ大声にて遣《や》れ遣れと連呼して退散せざりし」ことなどが処断された（「日治法院档案」資料庫、台湾大学図書館）。

こうした行政警察的な運用の急増は、一九二〇年代を通じて台湾各地で台湾文化協会や台湾農民組合を中心とする社会運動の気運が高まっていったことを物語る。

黒色青年連盟事件と台湾革命青年団事件

治安維持法の施行を前に、一九二五年四月二四日の『台湾日日新報』で坂本森一警務局長が「今の所幸い本島には其適用する必要はなさそうだ」と述べるように、二五年中の発動はなく、二六年になって最初の発動があった。その後、二七年と二八年に急増するが、二九年と三〇年はわずかとなる。そしてその後、三〇年代前半に再び急増する。

台湾における最初の発動は二六年七月の無政府主義者范本梁の検挙（新台湾安社事件）と推測される。警務局編『台湾社会運動史』には「東京及び支那の各無政府主義者、或は無政府主義団体との連絡の下に発展し来り」とある。北京で無政府主義結社「新台湾安社」を結成、雑誌『新台湾』を発行していた范は基隆港《キールン》で検挙され、二七年一二月に予審が終結し、二八年二月、台南地方法院嘉義支部から懲役五年を科された。

二番目の発動となる二七年二月の黒色青年連盟事件の検挙者は四四人におよんだ。検察局送致の警察通報によれば、東京の労働運動社社員小沢一《はじめ》と周和成および台湾無産青年会員らが共謀し、「革命的直接行動により現在の国家的秩序を破壊して一切の法律制度及び権力を否認し、平等無差別自由無秩序の理想的社会を実現することを目的とせる」台湾黒色青年連盟を秘密に組織したとする。二一人が起訴され、一〇月の台北地方法院の予審終結決定では小沢ら四人が公判に付されることになり、二八年二月の判決で小沢に懲役二年六月を科すなど、全員が有罪となった。「暴行虐殺其他あらゆる革命的直接行動に依り現在の国家的秩序を破壊して、以て絶対的自由平等の社会の実現を図らんことを目的とする」連盟を「国体」変革の結社と断じ、治安維持法第一条第一項前段を適用した（「台北地方法院―刑事判決原本、昭和三年第一二冊」、「日治法院档案」資料庫）。

ついで発動の標的となったのは、主に中国の革命状況や共産主義運動の影響を受けて組織された上海・南京・広東などの留学生・青年らによる共産主義系団体である。その一つ、台湾革命青年団事件をみよう。

二七年三月創立の広東台湾革命青年団は機関紙『台湾先鋒』を刊行し、「被圧迫の台湾民衆よ起《た》て！　起て！　起って彼等と提携し全世界の革命民衆と提携せよ……東方の大不列顛《ブリテン》を打ち倒し、自由平等より世界大国に到達せよ」（『台湾社会運動史』）と宣言した。八月の上海の外務省警察による張月澄にはじまる検挙者は七〇人にのぼり、三二人が台北地方法院検察局に送致され、一三人が起訴となった。二八年二月に予審が終結し、「台湾に於ける日本帝国の統治権を否認し、之より離脱して台湾を独立せしめ、又は支那に復帰せしめ、因《よっ》て国体を変革する目的」で宣伝ビラの撒布や演説などを協議したとして、張月澄ら四人が公判に付された（その後、二人追加）。一二月の台北地方法院判決では第一条第一項を適用して、林文騰に懲役四年、張月澄に懲役二年（執行猶予五年）などを言い渡した（「台北地方法院―刑事判決原本昭和四年」）。

2　治安維持法運用の全開

一九三〇年代前半の治安維持法運用をめぐって

台湾における治安維持法の発動は一九二七年と二八年を最初の山としたのち、二九年・三〇年はほとんどなかったが、三一年になると台湾共産党事件を機に一挙に一五八人、三二年には三一〇人と検挙者が激増する（三三年は急減するが、三四年には五八人となる）。三〇年代前半に治安維持法がもっとも威力を発揮したという点では日本国内・朝鮮の場合と同様であるが、その量的規模においては一割に満たなかったと推測される。社会運動全般の量的な小ささに起因するが、量刑においては日本国内よりも重く、朝鮮に匹敵するほどだった。

三三年五月の地方長官会議で中川健蔵総督は「民族的偏見を固執し、又は詭激《きげき》なる思想に汚染して治安を紊《みだ》すが如き者に対しては之が排除に仮借なきを要す」（『台湾日日新報』一九三三年五月九日）と訓示し、高等警察の積極的活動と厳重取締を指示した。三二年八月には高等警察の拡充を、三四年七月には思想検察官の拡充を実現させていく。後者の必要性を説明した総督府官房法務課「思想犯罪概説」（「昭和八年至十年官制改正に関するもの」

表3　台湾における治安維持法違反人員調①

区分／年度	警察・検察局						予審		死亡	摘要
	検挙総数	法院送致	予審請求	起訴猶予	起訴中止	不起訴	予審免訴	公判請求		
1926	1	1	1	-	-	-	-	1	-	
1927	85	50	28	-	7	14	21	7	1	
1928	81	42	19	-	4	19	1	18	1	
1929	2	2	-	-	-	2	-	-	-	
1930	-	-	-	-	-	-	-	-	-	
1931	158	124	60	7	13	48	-	46	3	予審中12
1932	310	154	87	4	1	60	-	3	2	予審中82
1933	6	5	-	-	-	2	-	-	1	検察局捜査中2
1934	58	25	-	-	4	-	-	-	-	取調中
計	701	403	195	11	29	145	22	75	8	

出典：拓務省管理局「台湾に於ける思想運動調査資料」（1935年3月、『治安維持法関係資料集』第2巻）

表4　台湾における治安維持法違反人員調②

区別／年度	検察官受理人数			起訴	起訴猶予	其他（中止処分）	未済
	旧受	新受	計				
1931		86	86	24	1	5	56
1932	56	226	282	55	7	57	163
1933	163	98	261	75	1	55	130
1934	130	2	132	1	47	83	1
1935	1	170	171	6	58	29	78
1936	78	272	350	30	279	38	3
1937	3	21	24	4	14	6	-
1938	-	3	3	1	-	2	-
1939	-	4	4	-	2	2	-
1940	-	141	141	62	10	69	-
計	431	1023	1454	258	419	346	431

出典：「公文類聚」第65編・1941年・第1巻（国立公文書館所蔵）

国史館台湾文献館所蔵）では「本島の特殊事情」について「抑《そもそ》も本島の社会運動たるや、名は共産主義と謂《い》い、民族主義と謂うも亦左翼と右翼と謂うも夫《それ》は理論を弄するものにして、畢竟《ひっきょう》するところ民族意識の発露に外ならず」とみていた。

台湾で思想犯罪が急増する三〇年代前半にあって、それらの背後には日本の台湾統治に対する多くの不満や批判があった。台北在勤のある海軍武官は「民族的思想に依り台湾人の台湾たらしむるを希望し居れるも、止むを得ず現状に甘じ居る情況なり……現在時局に対しては官憲の厳重なる取締と内地人に対する気兼《きがね》とにより一般に表面的沈黙を守り居れるも、決して無関心なるに非ず」と観測していた（「海軍省公文備考」一九三三年・外事巻七止、防衛省防衛研究所図書室所蔵）。

高等法院思想検察官の下《しも》秀雄（三三年六月、名古屋控訴院検事から転官）は三六年一月、数次の検挙により台湾共産党は終息したかにみられたが、「之は全く皮相の見解で、事実に於て裏切られ、今日尚思想犯罪の検挙に忙殺せられて居ると云う状態」と述べる（『語苑』第二九巻第一号、一九三六年一月）。

三四年の治安維持法改正案の説明に拓務省管理局が作成した資料によれば、台湾共産党検挙に触れたうえで台湾反帝同盟、台湾赤色救援会、台湾農民組合などの「非合法組織を持ち、無智な島民を煽動して戦争反対、帝国統治の覆滅《ふくめつ》等、不穏なる赤化運動を拡大しつつあります」とする。台湾農民組合については「台湾共産党の貯水池にして、其の左翼派は全く党支持拡大の為の活動に終始す」として、三二年七月以降の検挙が六九人に達したという。また、「概ね執拗なる民族的観念を持し、転向の傾向を認め難し」とする。

警務局編『高等外事警察報』第三号付録の検挙一覧表によると、二六年から三二年までの検挙者は五五八人で、二八四人を検察局に送致している。罪状別の人員では第一条第一項（「国体」変革）・第二項（「私有財産制度」否認）の適用は八七人、第一条第一項のみ（民族独立運動事件と推測）は四四人、第二条（協議）は七人（そのうち赤色救援会事件が五人）、第三条（煽動）は三人である（「治安維持法改正問題一件／拓務省関係資料」外交史料館所蔵）。朝鮮における罪状別の統計と同様に第一条第一項・第二項に集中していないことは、日本国内の適用と異なる。

台南地方法院検察官長の石橋省吾は三四年の治安維持法「改正」案に関連した時評のなかで、「社会運動に対する警察官の取締の横暴」がさらに加速しかねないと予測し、警察当局に「深く自省し、自戒」することを求めた。「社会運動、大衆運動、特に所謂学校騒動に於ける警察官の取締振りに付ては、騒擾に無関係の傍観者をも有無を云わさず捕縛し留置する等、血迷える処置が尠《すくな》からず起」こっていると指摘し、かえって治安が悪化し、台湾統治への影響も出かねないと危惧する（「治安維持法の効果」『台湾警察時報』第二二〇号、一九三四年三月）。

台湾共産党事件

一九二八年四月、日本共産党台湾支部として上海で結党された台湾共産党は当初は振るわなかったが、三〇年になって状況が変化した。警務局保安課「台湾共産党検挙に関する件」(一九三一年一一月)によれば、三〇年「後半期頃より農民組合左傾分子にして其の所在を韜晦《とうかい》して地下運動に入るもの増加し、之と共に農民運動労働運動愈々《いよいよ》尖鋭化の情勢となることを察知した当局は、三一年三月の「文化協会オルグ」「農民組合オルグ」の検挙を突破口に、六月には謝氏阿女(謝雪紅)・楊克培らの三八人の一斉検挙を断行した。その後の検挙者は一〇七人に達し、三三年一二月末までに七九人が台北地方法院検察局に送致された。なお、二九年の四・一六事件以降の日本共産党との連絡は切れ、中国共産党の援助の下での活動となっていた。

検察局の処分では起訴四九人、不起訴二〇人、起訴中止一〇人となった。三三年七月、台北地方法院の予審が終結し、謝氏阿女・潘欽信ら四七人を公判に付した(予審中に二人死亡)。台湾共産党は「政治上に於ては本島に於ける台湾総督に依る日本本国の統治権を推翻し、以て台湾を独立せしめ同区域に於ける我国体を変革して労農独裁の政権を樹立し……階級なく搾取なき所謂共産主義社会の実現を所期する秘密結社」とされた。謝氏ら党の組織者に対しては第一条第一項前段と第二項を適用した(「台北地方法院―予審終結決定

昭和八年（台共事件）」、「日治法院档案」資料庫）。

この予審終結決定とともに事件関係の記事が解禁され、台湾・日本国内の新聞はセンセーショナルに報じた。七月二五日の『大阪毎日新聞』は「情痴の暗《やみ》に――動く赤の魔手　上海を本拠に潜行の一味　四十九名起訴さる」という見出しで、「事件は風俗習慣特殊な台湾を背景に民族的感情を重点とする実行運動である点に重大性を認められ」と報じた。また同月二四日の『台湾日日新報』号外には台北州警務部長の「若き青年学徒よ、純朴なる勤労大衆よ、汝等本然の姿に立ち換《か》えれ、而して万代不易の我国体を見直せ」という談話が載る。

台北地方法院における公判は三四年三月に開廷した。裁判所の周囲は非常警戒線の「一間毎《けんごと》に正私服の警官、憲兵を配置、更に廷入口にも正私服の係官が詰めかけると云う物々しい厳戒振り」であった（『台湾日日新報』一九三四年五月二七日）。

五月、結審にあたって古屋貞雄弁護士は四時間におよぶ弁論で「彼等が民族的偏見を持つに至った問題の諸事情」などを力説し、「各被告に同情ある判決」を要望した（『台湾日日新報』一九三四五月二七日）。潘欽信のみが非転向を貫いた。判決文では予審終結決定と同様に、台湾の独立＝「国体」変革ととらえ、全員が有罪となった。潘の懲役一五年がもっとも重く、謝氏は懲役一三年だった。懲役一二年が三人、懲役一〇年が五人と、全般的に重い。

謝氏ら八人が控訴した。一一月の高等法院覆審部の公判で、謝氏は控訴の理由として運動は日本国体の変革でないこと、一審の刑の量定が重すぎたことをあげる。ただし、「台湾に共産主義社会を建設する事の愚かなる事を痛感し、今後は一切この種の運動から足を洗い、一女性として真面目に働きたい」旨を陳述したという。また、非転向だった潘も転向を表明したという（『台湾日日新報』一九三四年一一月一〇日）。一一月の判決では謝氏は変わらず、潘が懲役一三年となるなど五人が第一審より軽くなった。裁判長は「台湾は一視同仁の下に内地延長主義、内台融和の根本原則で統治され、聖上陛下の恩沢を受けて今日の進歩発展を来らしたのを忘れてその統治権を奪い、総督政治の転覆を計り台湾を独立せしめて、共産社会の実現を企図するが如き行為は実に獅子身中の虫にして言語道断の沙汰である」と説示したという（『台湾日日新報』一九三四年一二月一日）。同時期の朝鮮においても裁判長が総督政治の恩恵に言及することがあったが、ここでも総督政治により台湾社会が豊かになったことを強調し、天皇の「恩沢」に抗することを最大の罪としている。

台湾共産党の外廓団体への発動

台湾総督府警務局編『台湾社会運動史』では一九三一年以降を社会運動の「沈衰期」とし、台湾共産党の「検挙進行中、未検挙党員は陣容再建に狂奔し、臨時中央機関を設置し、文化協会、農民組合の勢力を中心に台湾赤色救援会を組織し、党再建の貯水池的役割を果さしめん」としたが、これらも三一年末からの検挙で壊滅したとする。

三一年一二月の台湾赤色救援会関係の検挙者総数は三一〇人に達し、一五〇人が検察局に送致、四五人が起訴となった。三四年六月に予審が終結する。六月一五日の『台湾日日新報』社説は「台湾共産党の執拗な策謀　民族的偏見への転化を憂う」として、「無産階級の利益増進という漠然たるものに釣られ、反帝主義、植民地解放のスローガンに眩惑され、徒《いたず》らに民族的偏見を醸成され、革命意識のみを激化されたもの」と論じている。

三四年一〇月、台北地方法院では治安維持法違反事件八件三七人に対する判決を言い渡した。赤色救援会について「台湾共産党の指導の下に階級運動犠牲者及其の家族を救援し、該救援活動を通じ同党を支持し、其の拡大強化を図る団体」とし、第一条第一項後段・第二項に該当するとした。台南グループ九人の判決では呉丁炎が懲役七年ともっとも重く、ほかに八人が懲役四年から二年（三人が執行猶予五年）となった。呉は台湾文化協会に加入し、台湾共産党や赤色救援会の目的を「知悉」しながら活動したとされる。三一年九月には柳条湖事件に端を発し、「日米両国開戦の為、第二次世界戦争勃発するときは之を機とし、直《ただち》に交通機関及官庁を襲撃破壊し、又資本家及官吏を殺戮して暴力革命を起すこと」などを協議したとされたが、これは官憲側による虚構と思われる（「台北地方法院―刑事判決原本昭和九年第一〇冊」）。

台湾農民組合中央委員らのグループに対する判決では、台湾共産党に加入したとして張行と湯接枝が各懲役六年という重い量刑となった。張の場合、台南州の座談会で農民に対して「「ロシア」の現状を説きて台湾にも革命的手段に依り労農独裁の政府を樹立し共産主義社会を実現すべく煽動し、以て台湾共産党の主義政策等を宣伝し」たことが目的遂行罪に問われた。証拠とされたのは、主に公判廷における供述や「予審訊問調書」だった。張ら三人が控訴し、三五年四月の高等法院覆審部の判決では「情状憫諒《びんりょう》すべき」として懲役二年に減刑されている。「転向」の表明があったのだろう（「台北地方法院―刑事判決原本昭和一〇年第五冊五月」）。

三二年四月、台湾農民組合大湖支部に対して一斉検挙が断行された。検挙総数は九二人で、七一人が検察局に送致された。そのうち三七人が起訴となり、三四年七月の予審終結決定で三四人が公判に付された。記事が解禁されると、七月一七日の『台湾日日新報』は「排日の真最中に　台湾独立の大陰謀　日本無援孤立に陥る機逸する勿《なか》れと　無智の農民、主義者の魔笛に踊る　危機一髪の直前に発覚」と大きく報じた。

台北地方法院の予審終結決定によると、台湾農民組合について三一年一月に共産党支持を決定し、「同党指導下に広汎なる貧農層大衆を獲得し、之が革命的養成を為し、因て同党の下属組織として其の拡大を図り、併《あわ》せて農民組合運動を通じて経済闘争、政治闘争を革命化することを任務とする赤色農民組合に移行した」とする。大湖支部委員の林華梅は「武装蜂起の時機成就したりと做《みな》し暴動決行を決定し、武装蜂起の際に於ける同支部担当の襲撃目標箇所を大湖郡役所と決定」したとされた（「台北地方法院―予審終結決定昭和九年〈思想事件〉」）。

一二月、台北地方法院は被告三四人に判決を言い渡した。大湖支部関係では林華梅ら四人が懲役八年となり、他の一三人は懲役七年から二年となるなど、全体的に重い量刑である。林華梅の場合、台湾農民組合本部から「暴動指令の伝達」を受けて、「各自革命暴動に参加すべき優秀分子を組合員非組合員を問わず、急速且多数獲得すること」などを協議決定したとされた。竹南仮支部関係では張阿艶の懲役八年がもっとも重く、ほかの一三人は懲役七年から二年となった。三一年九月、張らは「暴動の具体的方法として其の暴動の前夜全島各所に集会を催し多数民衆を煽動して暴動への蹶起《けっき》を促し、警察官吏との衝突を端緒に暴動を開始し、先ず全島の火薬庫に一斉放火して之を爆破すべき旨の指示を受け」、その後も鉄道橋脚の爆破などの具体的な行動を協議したとする。これらが台湾共産党の目的遂行行為にあたるとされ、第一条第一項後段が適用された。

「本島人青年学生が帝国の統治に弓を引く　上海を中心に島内に及ぶ　反帝意識を激発し」と、三二年一二月二五日の『台湾日日新報』は上海台湾反帝同盟事件を報じた。三一年四月、上海台湾反帝同盟は検挙までの三カ月間に上海で機関紙『反帝報』を刊行し、「六、一七台湾施政記念日闘争」などの活動をおこなっていた。ビラ撒布時に租界工部局警察に検挙された同盟員二人は外務省警察を経て、九月に台湾に移送された。帰台中だった王渓森ら一三人も検挙され、その後も検挙はつづいた。三二年七月、三〇人が検察局に送致されると、検察局では一三人を起訴した。

三四年六月、台北地方法院の予審が終結し、王溪森ら六人が公判に付された。一一月、判決が言い渡された。一人ずつの分離公判で、懲役五年から二年の刑となった。王溪森は中国共産党や台湾共産党に加入したこともあって、懲役五年の刑となる(「台北地方法院―刑事判決原本昭和九年第一一冊一一月」)。

民族独立運動への発動

警務局編『台湾社会運動史』は「満洲事変以来、支那側の排抗日運動、或は失地回復運動と関連する陰謀事件」として、一九三四年七月の台湾民主党事件と九月の衆友会事件を取り上げている。前者からみよう。

劉邦漢は林雲連・鄭鑑洲・劉福栄とともに、上海事変に触発されて三二年三月、広州で「民族自主の精神に根拠し、異民族日本帝国主義者の統治を推翻し、而して台湾漢民族の台湾民主国建国を目的と為す」を掲げて台湾民主党を結成した。広東省内各地で宣伝募金をおこない、機関紙『台湾革命運動』を発刊するが、内部対立や資金難のために党は瓦解を余儀なくされた。再建途上の三四年七月、総督府広東派遣員らによって林雲連ら四人が検挙され、台湾に移送された。連動して島内でも一六人が検挙され、三五年二月、林ら七人を台北地方法院検察局に送致、四人を起訴とした。

六月に予審が終結し、林ら三人を公判に付す決定をおこなった。一〇月の判決で林雲連に懲役八年、鄭鑑洲に懲役五年、林日青に懲役二年の刑が言い渡された。広東各地の県市当局や中国国民党支部、学校、新聞社、地方有力者を訪問して賛助を求め、「船中、学校、劇場、公園等に於て演説会を開催し……同党影響、組織の拡大に努め」るほか、八百余人から「革命資金七百数十元」を募集したことなどが列挙され、第一条第一項前段が適用された。鄭鑑洲が控訴した。一二月の高等法院覆審部判決で懲役三年に減刑された（台北地方法院―刑事判決原本昭和一〇年第一二冊Ａ一二）。

衆友会は二七年一一月、曾宗（三四年九月の検挙後に死亡）が台中州清水街に結成した団体で、同郷で中国国民党福建省党部幹事・徳化県知事を務めた蔡淑悔が二九年に加盟すると、その規模は拡大し活動も本格化した。『台湾社会運動史』によれば、曾宗を中心とする行動派が「漢民族の所謂易世《えきせい》革命の思想と、日本の統治上にあるを欲せざる民族意識とが本能的猪突的に行動――武装暴動」に向う一方で、「三民主義民族革命の理想」をもつ蔡淑悔が中国国民党要人と連絡を図り、「日支関係の悪化と戦争の危機を予想し、島内に武装蜂起準備を進めた」という。

警察当局は規模を拡大しつつある衆友会に注目し、曾宗の内偵を進めていたが、銃器試射などの情報をつかむと、三四年九月、皇族来台を前に曾宗ら二五人の検挙を断行し、さらに台中・高雄州で四二七人を検挙するに至った。検察局に送致した三八一人のうち三五六人が「改悛の情顕著」として起訴猶予となったことは、乱暴な一網打尽的検挙を物語る。二五人(台中一五人、高雄一〇人)が起訴となった(『台湾社会運動史』)。

台中地方法院の予審は三六年一〇月に終結し、蔡ら一五人全員を公判に付した。蔡ら三人は第一条第一項前段に、残る一二人は第一条第一項後段に該当する。蔡は「民族意識の激発方法、同志獲得方法、暴動決行の必要性、其の時機方法等に付之が指導を為し」、中国側に「時機至らば軍資金武器等の援助ありたき旨を懇願」していたとされる。また、三五、三六年と予測する日中戦争勃発を「暴動決行の好機」として銃器製造計画を練り、衆友会の組織改変を実施するほか、「武軍七条規則、暴動の際一般民衆に告知すべき安民布告文、英雄の蜂起を喚起する檄文等を草案し、暴動の際使用すべき号旗、令旗の図案を作成する等諸般の準備」も図っていたとする(「司訓所―昭和一一―一九年予審終結決定綴」)。

台中地方法院の判決は三七年二月に言い渡され、懲役一二年から二年という重い量刑となった。蔡の場合、求刑が懲役八年だったのに対して、判決は懲役一二年ときわめて重くなった。記事が解禁になると、三六年一〇月一九日の『大阪時事新報』は「台湾総督政治に弓　支那復帰の陰謀　〝宗教〟の仮面で本国から資金　蔡一味四百余名の暴力革命全貌」と報じた。一〇月二〇日の『台湾日日新報』社説では事件の本質を「無智文盲の徒の盲動」ととらえたうえで、「大部分は初等教育さえ受けた者なく、其の職業も無職、日稼、或は苦力《クーリー》、行商人等で如何に無学者に煽動の焰《ほのお》が燃え易いかを如実に示している」と論じた。

また、伴野喜四郎高等法院検察官長は「台湾の独立などを考えるのは今日の日本の実力を知らない結果で、その無智蒙昧真に驚くべきものであり、全く夢の様な話であるが、実は此無智蒙昧が恐ろしい」(『台湾警察時報』第二五二号、一九三六年一一月)と語る。植民地統治者の傲慢さに満ちている。

三六年一〇月、生徒一八人が検挙され、四人が起訴された台湾二中「列星会」事件をみよう。前章でみた朝鮮の常緑会事件とほぼ同じ内容となる民族主義の発現に対して、治安維持法が発動された。

三八年二月に台北地方法院でなされた予審終結決定によると、李沛霖・林水旺ら台北二中の生徒四人は同校の内地人生徒に反感を抱き、「民族意識濃厚にして台湾に於ては本島人は内地人に圧迫せられ、到底発展の望なしと做し、我帝国の台湾統治に反感を抱き居りたる者」とされる。三六年四月、李は生徒一二人を集めた「内地生徒に対抗する会」の発会式において「我々の祖先は其の生地を守ること能わずして多民族に奪取せられ、我々は其の圧迫と搾取の下にある……我々は他民族の統治より脱し我々の生地を我々の手に依て治めて行く様にせねばならぬ」と論じたという。こうした言動が第二条・第三条に該当するとされ、四人は公判に付されることになった(「台北地方法院―予審終結決定昭和一二―一三年」)。

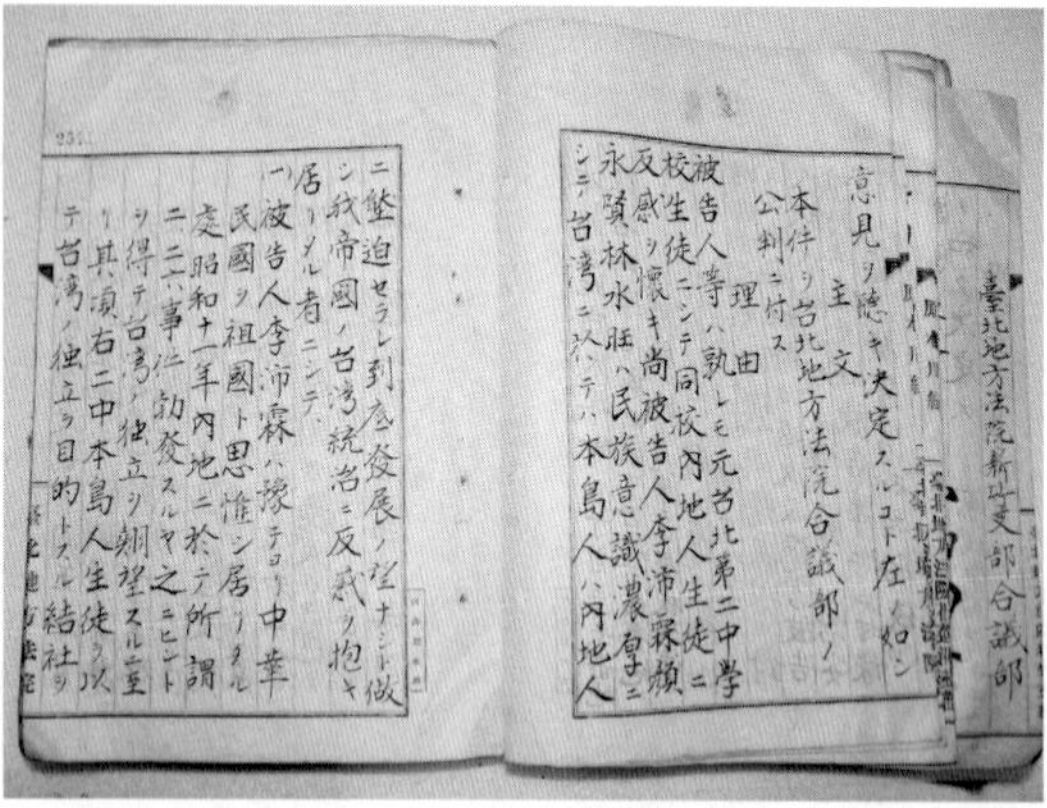
臺北地方法院新竹支部合議部
意見ヲ聴キ決定スルコト左ノ如シ
主文
本件ヲ台北地方法院合議部ノ公判ニ付ス
理由
被告人等ハ孰レモ元台北第二中学校生徒ニシテ同校内地人生徒ニ反感ヲ懐キ尚被告人李沛霖頼永賢林水旺ハ民族意識濃厚ニシテ台湾ニ於テハ本島人ハ内地人
ニ壓迫セラレ到底發展ノ望ナシト做シ我帝國ノ台湾統治ニ反感ヲ抱キ居リタル者ニシテ
(一)被告人李沛霖ハ豫テヨリ中華民國ヲ祖國ト思惟シ居リタル處昭和十一年内地ニ於テ所謂二二六事件勃発スルヤ之ニヒントヲ得テ台湾ノ独立ヲ翔望スル至リ其頃右二中本島人生徒ヲ以テ台湾ノ独立ヲ目的トスル結社ヲ

1936年10月、18人の生徒が検挙され、４人が起訴された台湾二中「列星会」事件予審終結決定書（「台北地方法院―予審終結決定昭和一二‐一三年」「日治法院档案」資料庫、台北大学図書館）

判決は四月、台北地方法院で言い渡された。傷害罪が加わった李は懲役三年六月、林ら三人が懲役三年となった。三六年四月の発会式で「当面の方針として内地人を排撃し、且闘志武力を訓練する為、主として内地人と喧嘩を為すこと」などを協議決定し、「台湾に於ける日本帝国の統治権を排除し、我国体を変革することを目的とする秘密結社」を「列星会」と名付けたとされる。李沛霖は台北国民中学校生徒を殴打したが、この殴打事件が一斉検挙の端緒となった。

予審終結決定では第二条と第三条の適用とされていたが、判決では第一条第一項の適用となった。被告らの犯罪に「情状憫諒す可きものある」として量刑は軽減された。「転向」の表明があったと推測される（「台北地方法院―刑事判決原本昭和一三年第四冊四月」）。

「転向」と行刑の状況

日本国内では一九三〇年代前半に「転向」が大きな焦点となるが、台湾では状況が異なった。台南地方法院検察官長の石橋省吾は台湾の思想犯罪者に対して、「イカに声を大にして我国体を見よと絶叫した所で効果ある反響は期待されない」とする（『台湾警察時報』第二一四号、一九三三年九月）。それでも警察の検察送致、検察の起訴処分、予審終結決定、公判での判決などの司法処分の各段階において、運動からの離脱や「主義の放擲《ほうてき》」、反省の態度に「情状酌量」や「改悛の情」を考慮して釈放・起訴猶予・予審免訴、量刑の軽減や執行猶予を付すことなどの判断が加えられ、実質的に「転向」誘導が図られた。

三七年四月に総督府法務課が調査した思想犯受刑者の「転向」状況では、八四人のうち「準転向」が五人、「非転向」が一人で、ほかは「転向」と分類されている。懲役一三年の翁沢生は「準転向（革命運動は抛棄《ほうき》せざるも、一切の社会運動より離脱せんことを誓いたる者）」で、動機は「近親愛、其の他家庭関係」とされる。懲役一三年の謝氏阿女は「転向」分類中の「革命思想を抛棄したるも、合法的社会運動に対する態度未定の者」となっており、動機は「共産主義理論の清算」「国民的自覚」とされた（「嘉義地方法院―嘉義機密関係往復文書」、「日治法院档案」資料庫）。

「転向」の確保と推進を目的とした思想犯保護観察制度に台湾の司法当局は意欲を示した

が、中央・司法省の判断で実施に至らなかった。台湾での保護観察対象者が約六〇〇人と少なかったことが理由とみられる（実施となった朝鮮の対象者は九六〇〇人余）。

受刑者の行刑の状況をみよう。治安維持法違反の受刑者数を各年一二月末でみると、三二年一人、三三年三人だったが、三四年に八七人と急増し、三五年九〇人、三六年七二人、三七年七一人となる。三〇年代後半になると、「思想犯」の被告・受刑者は減少し、釈放者が増えている。

台南刑務所の教誨師、閑林利剣は「本島思想犯者は民族意識極めて濃厚にして、強固なる民族意識を基礎として培《つちか》われたる共産主義思想なるが故に、其の深淵たるや容易に抜くべからざるものあり」として、「その教化は一層至難と云わねばならぬ」（『台湾刑務月報』第二巻第四号、一九三六年四月）と述べている。

3 戦時体制下の治安維持法

新治安維持法の施行

日中戦争の全面化とともに、台湾の存在が軍事的重要性を加えるだけでなく「南方」への展開の拠点となるという認識が高まった結果、台湾の治安的安定は一段と不可欠とされ、高等警察や思想検察の拡充が図られていった。

一九四〇年三月、総督官房法務課が法務局に昇格した。現法務課の貧弱さが第一の理由であるが、「本島は地理的には南支と一衣帯水の間に、人種的には福建族、広東族、大多数を占むるの実情に在り、依て事変の影響、殊にコミンテルン、中国共産党の魔手に対しては万全の警戒を為さざるべからず」という戦時体制ゆえの理由もあった（「公文類聚」第六四編・一九四〇年・第四二巻）。

四一年七月の司法官会同の場で長谷川清総督は治安状況について、日中戦争の長期化と統制経済の進行にともなって「一部島民中には窮屈を歎じ、不満倦怠を招来して不知《しらず》不識《しらず》の間に反戦的思想に陥り、或は帝国の経済産業に不安の念を抱きて時に秩序を紊《みだ》る者無きを保し難い」と訓示する。「治安確保の完璧」を期すために、「苟《いやしく》も我国体に背反せるが如き不逞の徒に対しては彼等を慴伏《しょうふく》せしむるに足るべき法規を整備して之が絶滅を図る」べきことを強調した（台湾総督府高等法院『台法月報』一九四一年八月）。一〇月に開催された司法保護実務者錬成会では、高等法院検察官下秀雄が「本島特種事情として山間僻地《へきち》に居住する無智蒙昧な民衆中には動《やや》もすれば迷信を信じ、荒唐無稽なる造言を盲信し、軽挙妄動する虞《おそれ》がある」（『台湾司法保護』一九四一年一〇月）と注意を喚起するのは、かつての苗栗事件や西来庵事件などの「匪徒事件」が想起されているからである。後述するように宗教団体・集団に治安維持法や他の法令をもって襲いかかっていくのも、こうした警戒にもとづいている。

長谷川総督のいう不逞の徒を「慴伏せしむるに足るべき法規」とは、第一に四一年五月一五日に施行となった新治安維持法を指すだろう。先の司法官会同では「改正の諸点は既に各位が実務の経験上改正の必要を痛感せられて居た点」（中村法務局長指示事項）とされる（『台法月報』一九四一年八月）。ただし、その施行直前に政府は「台湾に於ける思想犯人の現状に鑑み、当分の内、予防拘禁は之を行わざるものと為す」という措置をとった。現受刑中の思想犯人が四七人と少なく、「其教養の程度も低く……社会全部に亘《わた》る思想指導の能力あらず」という理由もあげて、「予防拘禁」制の必要性は乏しいと判断した。

この判断は思想犯保護観察制度の未実施という現状も考慮されていたはずだが、台湾側にとってはおそらく不本意なものだった。「改正治安維持法特例勅令案資料」として準備したものでは、「本島に於ける思想犯は強度の民族意識に基き、又は民族意識より階級意識に進展し、台湾の独立乃至支那復帰を策せるものにして、彼等の根強き士気は容易に払拭し得ざるべし」として、過去の釈放者総数中の約一割にあたる五〇人から七〇人は「将来予防拘禁の必要ある」と予測をおこなっていたのである（「公文類聚」第六五編・一九四一年・第一巻）。

民族独立運動への最終的追撃

治安維持法違反事件で検察局受理数は一九三七年から三九年にかけて激減するが、四〇年になると新受理数一四一人、起訴数六二人と急増する。四一年と四二年は不明ながら、四三年の検察局の司法処分は二一一人にのぼり、そのうち四七人が起訴となる。四四年と四五年にも多数の治安維持法違反事件があった。しかも量刑の重さは際立っており、民族独立運動に治安維持法が追撃的に襲いかかり、徹底的に根絶を図ろうとしたといえる。

大蔵省管理局編『日本人の海外活動に関する歴史的調査』通巻第一七冊（一九四八年）の「付録　台湾統治概要」は、共産主義運動について「大東亜戦争勃発を契機として大東亜民族たるの自覚と過去の思想的誤謬を反省し、何れも良民として転向するに至り、遂に本島思想界より其の影を没するに至りたる」とする。一方、民族主義運動については四三年以降に戦況が不利になると「米英軍の本島来攻を予想し、日本の敗退を必至なりとする敗戦思想漸く醸成せらるるに及び、本島の独立又は中国復帰を目的とする民族運動は漸次擡頭の気運」を示したととらえている。

台湾軍司令部作成の「支那事変と本島人の動向」（一九四〇年五月）では、四〇年四月に検挙した一二人は官庁勤務の青年が多く、「常に台湾統治に内台差別あり、本島人の向上を阻止し愚民政策に依り島民の発展を阻害するものなり」として反感を抱き、かねてから台湾独立や中華民国復帰を念願していたとある。警察での取調時、彼らは「転向」を拒絶したうえで、台湾人は公学校時代までは「真に日本国民たらんと純真なる気持にて日本の教育を感受する」も、中学校時代には「自己は台湾人なり」との意識の下に「内地人に対する抗争心」を生じ、専門学校時代になると「我等の祖国は支那なり、我等の同胞は漢民族なり」という民族意識の下に内心は抗日的思想に培われていると豪語したという(「陸支密大日記」一九四〇年、第二一号、防衛省防衛研究所図書室所蔵)。

江保成事件

取締当局は対岸の中国本土で組織された中華台湾革命党、台湾革命党、台湾同胞抗日復土総連盟などの「不逞団体」が「台湾の祖国復帰を画策すると共に、島民の抗日団体への参加を強調するもの噴出し」ていると観測していた(「公文類聚」第六四編・一九四〇年・第四〇巻)。厦門在住の台湾人民族主義者による台湾同胞抗日復土総連盟は、一九三七年の結成直後に四、五人が検挙されたという(向山寛夫『日本統治下における台湾民族運動史』一九八七年)。

対岸に呼応して台湾島内で民族独立の動きが高まると、三七年から三八年にかけて弾圧が連続した。なかでも江保成事件は起訴者数の多さや厳罰という点からみても注目される。高雄州旗山郡の江保成が「住民多数の参加をえて企図し、一九三八年初め蜂起直前に発覚して弾圧された抗日蜂起計画」で、「住民の多くは、西来庵事件の軍隊による住民に対する暴圧を見聞し、抗日気分が旺盛であった」という。江自身は西来庵事件に参加し、指名手配されながら一五年も山中に潜伏して時効完成後に自首して免訴されたという経歴の持主だった。

三三年、江保成は在台湾華僑組織の旗山中華会館の阮賓治から「将来日支開戦の際……台湾進攻の支那軍に協力し山地に於て謀叛を起し、日本軍の後方攪《かく》乱《らん》を企図せられ度《た》き旨依頼」されると快諾し、各地で「中国の国力兵力武器等の強大優秀性、暴力に依る台湾総督政治の転覆及台湾の中国統治下に復帰の確実性等」を説いて同志の獲得に奔走、三七年四月に台湾華僑抗日救国会旗山支部を結成したという。一二月には翌年一月一日を「暴動決行」と決め、警察官派出所などの襲撃を準備したが、この決行前に発覚し、一斉検挙となった。山中に逃走した江らも三八年三月に検挙された。四〇年二月、一〇九人が検察局に送致された。九月、台南地方法院の予審が終結し、江ら四四人を公判に付した（司法省刑事局思想部編『思想月報』第七八号）。

判決は四〇年一二月に下され、江保成は死刑、五人が無期懲役、五人が懲役一五年などの厳罰が科された。江は高等法院上告部まで争ったが、四一年九月に上告は棄却となり、九月二二日に死刑が執行された（『台湾総督府官報』に公示）。この死刑判決は台湾の治安維持法運用において最初であり、判決確定直後に執行となったことは台湾総督府が民族独立運動への断乎たる処断方針を示したといえる。

「帝国の本島統治に不満」を標的に

一九四〇年に治安維持法の運用は急拡大した。四一年五月、三民主義台湾青年党が摘発された。台南州東石郡の公学校教員李欽明ら数人が「中国と相呼応して日本を敗北させ、台湾の中国復帰を実現しよう」と組織したもので、李らは取調で「堂々と信念」を述べ、懲役一〇年以上に処せられたという(向山寛夫『日本統治下における台湾民族運動史』)。

四三年の状況が判明する。思想・時局関係犯罪として、起訴(起訴猶予は二件一〇七人)となった五件四七人のうち主なものをみよう。台北州基隆郡下在住の金鉱業従業員請負業者らの「日本軍の敗退、支那軍の台湾来攻は必至なりとして秘密結社を組織し、来攻する支那軍を援助し、本島の支那復帰を企図」した事件(四二年)では起訴二三人、起訴猶予三五人という処分である。この事件では死亡が一二人もあり、凄惨な拷問が加えられたのかもしれない。台南州嘉義市周等郡の台湾人が中国人をも加えて組織した秘密結社も、「類似の陰謀」を企図したとして起訴二人、起訴猶予一人となっている。

また、かつて無政府主義運動のために処罰されたことのある台湾人が「事変の勃発に乗じ、前同様の陰謀を企図」したとして起訴一人、起訴猶予二一人となっている。これは起訴猶予者の多さからみて、萌芽的な段階の予防的検挙ないし無政府主義思想の持主という点での発動だった可能性がある。

　注目されるのは「寺廟《じびょう》廃止、神像焼却の政策に反感を抱ける台南州北港郡下在住の農民を中心」に組織された「類似宗教団体」が、「支那事変に際し支那側と呼応し台湾の独立を企図」したというもので、起訴二人、起訴猶予八人となっている。「類似宗教」については三〇年代後半から不敬罪を発動することが多かったが、治安維持法発動の段階に至っている（台湾総督官房法務部民刑課「高等法院検察官長より通報「治安維持法、国防保安法の刑事手続を受くべき事件」」、国史館台湾文献館所蔵）。

　もう一つ、高雄州下東港《とうこう》郡、同鳳山《ほうざん》郡の事件は次項で取り上げる。ほとんどが「帝国の本島統治に不満」とあるように、これらは民族独立運動に属するといってよい。江保成事件と同様に中国軍来攻の際に加担する秘密結社を組織し、後方攪乱をおこなって台湾独立を企図するという構図で、取締当局の過剰な警戒ぶりと未然の予防的発動が顕著である。

東港鳳山事件

　高雄州の東港鳳山事件は、アジア太平洋戦争期、連合軍の台湾来攻に加担し、後方攪乱をおこなって台湾独立を企図したとされる。この事件については、敗戦後の一九四六年一月の高雄州潮州郡特高課長仲井清一に対する報復殺害事件に関連した「東港鳳山事件の概要」（国家発展档案管理局所蔵）が手がかりとなる。
日米開戦を前に高雄州では日本軍の軍事施設が米英軍の来攻に備えて急拡大していたが、それにともなう軍人の住民に対する暴行、「軍の威を借る軍関係者の横暴」などに起因して「厭戦気運並に反軍的感情醸成」という状況下、上陸予想地点の東港鳳山郡下での組織活動が活発化していた。その「関係者の大部分は智識階級者にして各地方の指導的立場に在り、且つ運動主能《ママ》部は自由職業者なるため其の運動手段は常に合法的組織を利用する等巧妙なる秘密活動を継続し」、米英軍の来攻を四二年一月頃と予想して「着々と武装蜂起計画を進めたりしもの」とされた。

警察当局は四一年八月から「何物か秘密計画あるに非ずや」と内偵を進めていたが、一一月、「不穏事態防止の為の早期検挙」として二二人を検挙した。漠然とした容疑だったため取調は困難をきわめたが、ここで猛烈な拷問によってであろう、「陰謀計画あること判明」したとする。次第に州会議員で開業医の呉海水と弁護士の欧清石を中心とする陰謀事件とする構図ができあがり、検挙の範囲も鳳山方面から東港方面へ広がった。四三年九月の第一一次まで断続的な検挙がつづいた。

呉と欧については「政治的社会的に自由を得んためには台湾総督政治を転覆し、台湾の独立を企図せざるべからざるなる信念を抱懐し居りたる」とされた。呉は鳳山方面で、欧は東港方面でそれぞれ「無名の秘密結社」を組織し、同志や資金の募集に努め、欧は四二年三月までの間に、「軍事施設其他の状況調査、計画実行方法等に関する具体的方針等に関し会合謀議」をおこなったという。東港方面では約二〇〇人が検挙されたが、欧らの起訴処分後は大部分が釈放された。鳳山では現職助役ら一二人が検挙され、六〇数人が取調を受けたという。全体では三〇〇人近い検挙者と多くの証人の取調があった。

四二年一二月から検察局への送致が始まった。四三年九月に欧清石ら一〇人が起訴され、一一月に呉ら二人が起訴された。四四年一月に東港事件、ついで鳳山事件の予審が終結し、一二人全員が公判に付されることになった。高雄地方法院の公判状況や判決は不明であるが、東港事件では欧清石は死刑に、張明色（東港漁業主事）が無期懲役となり、懲役一五年三人、懲役七年二人、懲役五年一人という重罪だった。「無名の秘密結社」が「国体」変革＝台湾独立を目的とするとみなされ、第一条の適用となった。一一月の高等法院上告部判決では欧清石は無期に、張明色が懲役一五年となるなどやや減刑され、刑が確定した。

東港鳳山事件では拷問によって４人が死亡した可能性が高い。「東港鳳山事件の概要」（国家発展档案管理局所蔵）には、拷問図「座飛行機之図」が掲載されている

鳳山事件の判決では呉海水が懲役一五年、蘇泰

山（鳳山国民学校保護者会長）が懲役一〇年となった。

なお、四五年五月、欧清石と洪雅（懲役七年）は台北大空襲によって「爆死」している。四人の受刑中の「病死」は、拷問を原因とする獄中死であった可能性が高い。四五年九月に出獄できたのは四人のみだった。

台湾独立・中国復帰を志向する運動への発動

一九四四年四月、台中地方法院は蘇宗に懲役一〇年、張富と頼有来に懲役七年を言い渡した。三菱竹林事件（一九二七年）で田畑山林などを取りあげられたことがある蘇宗は「台湾に於ける帝国の統治に民族的反感を抱」き、さらに祖父や伯父が台湾領有時の「土匪討伐」の際に日本軍に銃殺されたことを知り、「愈々《いよいよ》帝国に対し怨恨を深くし密《ひそか》に右鬱情を霽《は》らし、本島人に対する圧迫を排除すべき機会の到来せんことを念願」していたとされる。そのための結社を組織するときには「同志糾合の手段として相互扶助を標榜する結拝〔神前で義兄弟を誓うこと〕を盟約し置くに如かず」と考えたという。

民族意識に燃えていた頼と張も対米英開戦が迫ると、「近き将来に於て帝国の敗戦に帰すべしとの民族的反感より発したる希望的妄断」をもつに至り、蘇宗の企図に賛同して三八年三月に「無名の秘密結社を組織」し、六回にわたって「所謂相互扶助を標榜する結拝を為し」たとされる。秘密結社が「無名」であるように事件の実態は茫漠としており、中国軍来攻時の蜂起計画などもフレーム・アップの産物であろう。しかし、公判では蘇宗らの警察官の訊問調書などが証拠とされ、有罪が認定された。第一条前段を適用し、懲役一〇年などを科した（「司訓所―昭和十九年禁錮以上合議部判決原本」第六冊）。

三六年七月、台北地方法院検察局は謝氏娥・中山英昌（改姓名）らを台北地方法院に起訴した。「戦局の進展に伴《つ》れ漢民族は帝国の侵略に遭《あ》い、既に滅亡に瀕せるものと妄断し、寧《むし》ろ漢民族の一人として民族と共に滅亡せんと決意」した医師の謝氏は、四二年六月頃より重慶で女軍医として蔣介石軍に協力しようと企て、「渡支の機を窺《うかが》い居りたる」とされた。中山は台北工業学校在学中、日本人学生に対する反感憎悪の念を抱き、日本人の侮蔑的言動や官憲の専恣横暴に憤慨し、「台湾を支那に復帰せしめんと念願」していたとする。

彼らは四四年一月頃から交友を重ね、民族意識を高め、「台湾をして帝国統治権の支配より離脱せしめ、以て国体を変革する事を目的」とし、重慶の蔣介石軍の一員として活動することや重慶軍の台湾進攻時には一斉蜂起し、謝氏は「兵営内の水道に注入して将兵屠殺の為毒物の準備を為し」、中山は勤務先の炭鉱からダイナマイトを持ち出して手榴弾を製造することなどを協議したとされた（台湾総督官房法務部民刑課「高等法院検察官長より通報」）。その後の予審、公判・判決については不明である。

四五年一月、寥大賓の死刑が執行された。常習賭博、殺人、治安維持法違反などの併合罪で四四年八月に台南地方法院で死刑判決が下され、一二月に高等法院上告部で上告が棄却となった。犯罪とされた内容は不明である。

台北地方法院が四五年三月に李蒼降に言い渡した懲役五年が治安維持法違反事件として確認しうる最後の判決である。濃厚な民族意識をもつ李は日本の敗戦を予想し、四三年一〇月頃には「台湾の支那復帰に関する計画書を作成」したとされる。中学時代以来の友人と「本島人大衆、殊に青年階級の民族意識昂揚の基底たるべき民族文化の発揚振興の為めには書籍又は雑誌等の平易なる記事を以て直接大衆及青年層を啓蒙すべきか」、または指導的立場にある知識階級への指導啓発に重点を置くべきかなどを協議したとして、第五条(「国体」変革の協議・煽動)が適用された(「台北地方法院―刑事判決原本昭和二〇年第三冊三月」)。

4 治安体制の解体

敗戦と治安体制の動揺

朝鮮においては敗戦とともに朝鮮民衆が「光復」=独立を獲得したが、台湾の場合には総督府による支配は動揺しつつも、なお治安体制は存続し機能していた。総督府は「当面の警察措置」として一九四五年八月一五日以降、「思想動向、経済治安に関する情報の積極的蒐集を為すと共に、之が敏速なる通報連絡を為すこと」、「本島独立を希望する気運に付ては厳に之が査察を為し、独立運動を策する動向は断乎弾圧すること」などの方針をとった（大蔵省管理局編『日本人の海外活動に関する歴史的調査』通巻第一七冊「付録　台湾統治概要」）。

警務局が八月中にまとめた「大詔渙発後に於ける島内治安状況並警察措置」第一報では「民心漸次平静に帰し、現在に於ては感情に激し静謐《せいひつ》を紊《みだ》るが如き事象発生の懸念無き」としつつ、今後の治安維持は「漸次困難となるべき」と予測した。八月下旬の第二報では警察力を軽視する傾向があらわれ、日本人と台湾人の間に「稍《やや》疎隔傾向を生じ、漸次不穏なる一部底流を生じつつあり」とみている。当面の治安上の憂慮すべき問題としてあげるのは、民族独立運動系の「思想要注意人物」の動静や「一般本島人中濃厚なる民族意識保有者の動向」である。なかでも高等警察に従事した者に対する反感憎悪は想像以上と戦々恐々としている。

八月一五日以降、警察力弱体化のなかで新たな治安維持法や他の治安諸法令の発動はなかったと思われる。実質的にそれらを行使する力を失っていた。九月上旬より中旬にかけて、「大詔渙発後に於ける島内治安状況並警察措置」第三報では台湾民衆のなかに「光復（祖国復帰）意識」が出現する一方で、「無警察乃至反警察的事案次第に多きを加え来れり」

と悲観的である（河原功編・解題『資料集　終戦直後の台湾』編集復刻版第一巻、二〇一五年）。

敗戦後、日本政府は植民地の現状の情報収集に努めていた。九月二八日の閣議で配布された「台湾治安概況」（九月一三日付）では「八月末、台南州（北港）下に於て本島人八名共謀の上、内地人殺傷の目的を持って鉄製鋒先を製作しつつありたる事実を発見、未然に之を防止し得たり」、「新竹州に於て夜間巡査二名通行中、数名の部落民は之を殴打せり」などをあげている。また、思想方面では「共産主義運動並に国民党運動を展開せんとする兆候」がみられるとして、「愈々《いよいよ》重慶軍の上陸、我皇軍の武装解除、台湾総督府撤収後の本島人の内地人に対する圧迫等、治安上相当重大化する」と悲観的に予想している（「閣議事項綴」一九四五年、国立公文書館所蔵）。

四六年五月の台湾総督府残務整理事務所「終戦後在台邦人の蒙りたる迫害状況（議会説明資料）」では「官公吏中最も迫害を蒙りたる者は地方警察官なり……思想外諜事件検挙に対する報復を企図し」、「官憲を謀殺し、元高等法院長、判官（裁判官）、検察官（検事）、司法警察官等多数を告訴」する事態を生じ、「警察は終戦後死亡三名、逮捕拘禁せられたる者五十余名、暴行傷害を受けたる者二百人以上（何れも概数推定）に達する犠牲を出せり」とする（『資料集　終戦直後の台湾』第二巻、二〇一五年）。これに関連して『日本人の海外活動に関する歴史的調査』には一般官吏と司法官で検挙された者は二〇人以上、暴行傷害は一〇〇人以上とある。

抗日蜂起の容疑で治安維持法違反を問われ、重罪を受けた東港・鳳山事件関係者の「怨みは甚だ深く」、捜査と検挙を指揮した高雄州潮州郡警務部特高係長だった仲井清一警部は一九四六年一月に進駐した中国軍の憲兵隊に呼び出されて事件関係者などに惨殺され、裁判に関係した判官と検察官も投獄されたという（向山寛夫『日本統治下における台湾民族運動史』）。

司法にかかわる資料は乏しい。八月一五日以降、思想犯罪に対する起訴や予審終結決定・判決などがあったのかどうかも不明である。四六年四月二日付の新竹州総務部総務課「終戦後に於ける新竹州の諸状況概要報告」中にある「終戦後台湾に於ける刑務所収容者の処置に関する件」によれば、八月一五日以降、「台湾の特殊事情より発生したる犯罪なる思想犯（台湾の中華民国復帰を企図したるものにして治安維持法の適用を受けたるもの）（台湾には共産主義による受刑者なし）」については、中国側の進駐あるときに「無用の拘禁を避くる」ため、九月一四日付で「治安維持法関係の既決囚約六十数名を刑の執行停止」により釈放し、未決囚も同時に釈放した（『資料集　終戦直後の台湾』第一巻、二〇一五年）。警察段階の被疑者の取扱は不明である。

治安体制の消滅

一九四五年一〇月五日、国民政府軍の第一陣が台湾に到着し、六日から執務が開始され、

「当地一切の行政司法事務は従来の如く台湾総督府以下現有各級機関に依りて現状を維持継続せしむ」などという指令が発せられた（『資料集　終戦直後の台湾』第二巻）。台湾総督府情報部嘱託の池田敏雄（民俗学者）は一〇月一〇日に訪ねた石橋警察部長から「正式の接収あるまで、日本側官憲は現任務を続行せよというも、民衆が警察を信用しなくなった現在、警察行政ははなはだ困難なり」と聞き、民衆は「警察の威信を失墜させることにむしろ快感を覚えている」と日記に書きつけている（池田敏雄「敗戦日記」『台湾近現代史研究』第四号、一九八二年一〇月）。

台湾省行政長官兼台湾省警備総司令に任命された陳儀《ちんぎ》は一〇月二四日に台湾に到着し、二五日に受降式がおこなわれた。台湾は正式に中華民国に接収され、台湾総督府による植民地統治は終焉し、それを強力に支えた治安体制も消滅した。敗戦とともにすでにその効力を実質的に喪失していた治安維持法や他の治安諸法令の廃止の日時は、総督府統治が消滅した一〇月二四日といえる。その法的確認が、台湾行政長官公署が「台湾省民を搾取・圧迫するすべての法令を廃止」と指令した一一月三日となる。一一月一日から台湾総督府や軍所属機関などの接収が開始され、約一ヵ月で完了した。一一月二日には高等法院庁の接収も完了した。

第六章　「満洲国」の治安維持法

1　関東州と在満外務省警察の治安維持法運用

関東州における治安維持法の運用

一九〇五年、旅順や大連のある遼東半島の租借権はロシアから日本に移行された。日本は「関東州」と呼び、関東都督府を設置し、一九年に関東庁となる。

二五年五月一二日、関東州（および南洋群島）でも治安維持法が施行された。関東庁の警察や法院・検察局が発動の対象としたのは、中国共産党、日本人の共産主義運動、在満朝鮮人の民族独立運動である。関東州内だけでなく州外の満鉄付属地での検挙を含み、二六年から三三年の検挙総数は四二〇人、起訴者一六五人にのぼる。このうち約二割が朝鮮の新義州地方法院に送致され、朝鮮側で司法処分がなされた。運用の初期段階において禁錮刑を選択するなど、関東庁の法院は日本国内・朝鮮とは異なる独自の運用をおこなっていたが、次第に懲役刑に平準化されていく。

関東州における治安維持法の最初の発動は、二七年七月の中国共産党大連委員会事件である。鄭和高を首班とする組織を探知して五三人を検挙、八月に関東庁地方法院検察局に送致、二三人が起訴となった。一〇月の判決では、秘密結社を組織して委員長となった鄭に禁錮一〇年を科すなど一八人全員が有罪となった。中国共産党大連地方委員会を第一条の「私有財産制度」否認の結社とみなした。

ついで、杜継会・曲文秀ら五八人が検挙され、四九人が起訴された中国共産党関連の事件では二九年四月、杜が禁錮八年、曲が禁錮六年などの重い量刑となった。

1942年頃の満洲国地図（『「満洲国」の治安維持法』より）

関東庁警務局「関東州内外に於ける共産党活動概況」（一九三二年、『治安維持法関係資料集』第1巻）は日本人共産主義者について「母国に於ける周密なる取締を避くる為、若《もしく》は蘇連邦を憧れ入露の機会を得べく来満するもの」などと注視しており、二九年一二月には満鉄勤務の松田豊や旅順工科大学生広瀬進ら一八人を検挙した。「ケルン協議会事件」と呼ばれる。全員が起訴され、公判に付されたが、三〇年六月、地方法院は全員を無罪とした。旅順工大内の思想研究会は「実践的方面」に進出し、全満洲学生連盟会の設立を図ったとされたが、判決では研究会の会合は「マルクス主義の研究に関する利便と同主義研究の普及とを企図」するほか、労働運動のための救援資金の募集を協定したにとどまるもので、治安維持法違反とは認めがたいとした（『法律新聞』第三一四四号）。

これに検察が控訴した。三一年四月の関東庁高等法院覆審部は第一条第二項の「私有財産制度」否認を適用し、広瀬を懲役二年、松田豊ら四人を禁錮一年六月（執行猶予五年）とした。三一年一一月、被告の上告を高等法院上告部は棄却した。弁護人大内成美は「治安維持法はマルクス主義の思想を罰するものにあらず、其の思想の研究、若《もしく》は研究の勧誘を罰するものにもあらざる」と論じたが、判決ではその主張を一蹴した（『法律新聞』第三三九一号）。

三一年一〇月・一一月、大連と撫順で三七人が検挙された日本共産党満洲地方事務局事件をみよう。ケルン協議会事件で執行猶予となった広瀬進・松田豊らは運動を継続し、三・一五事件で検挙されたのち保釈となって大連に戻っていた松崎簡を中心に、三一年九月中旬、日本共産党満洲地方事務局を創設した。警務局「関東州内外に於ける共産党活動概況」（一九三二年『治安維持法関係資料集』第1巻）では「満洲事変勃発するや数回に亘り会議を開きて機関紙たる満洲赤旗《せっき》、パンフレット及檄文を作成し、党の外廓機関たる満洲労働組合協議会関係者、其の他の赤色分子に頒布し、党の拡大強化を図り居りたる」とされる。

予審が終結して二〇人が公判に付され、記事が解禁されると、三三年五月一〇日の『神戸又新日報《ゆうしん》』は「反戦闘争を行わんとし、又十一月七日の労農革命記念日を期して労働者より大衆への宣伝、大工場のゼネスト、更に進んで全満の赤化を画策中発覚し」と報じた。五月の判決では「転向」を表明していた松崎が禁錮五年、ほかは三年となった。判決文には党員数とその質、細胞やフラクションの組織率においても「見るべきものなく、反戦闘争の影響せるところは極めて局部的」で、「事務局は萌芽の形態に於て崩壊した」と断じている（朝鮮総督府高等法院検事局思想部『思想月報』第四巻第五号、一九三四年）。控訴審・上告審でも量刑は変わらなかった。

在満朝鮮人の問題は二〇年代以降、関東庁にとって治安上の重要課題となっていた。三一年末の関東庁警察は「不逞思想運動の尖鋭化は管内の治安を脅《おびやか》すのみならず、延《ひ》いては鮮内に及ぼす影響尠《すくな》からず」と認識し、運動が民族独立から共産主義に転換しつつあるととらえている（「関東庁警務局資料」）。

検挙した在満朝鮮人を新義州地方法院に送致するルートがある一方、関東州内でも司法処分がなされている。二八年五月、新民府事件に対して地方法院は第一条第一項の「国体」変革に殺人・強盗罪などを併合して黄 徳 煥《ファン・ドクファン》を無期懲役とするほか、五人全員に懲役一〇年以上の厳罰を科した。吉林省に本拠を置く新民府を「中国領土内に僑居《きょうきょ》する革命的韓族を以て民衆的議会機関を組織し、管内一般韓族を統治し、韓国独立に供する実力を準備することを綱領」とする結社と認定する（朝鮮総督府高等法院検事局『朝鮮治安維持法違反事件判決（二）』一九二九年、『朝鮮問題資料叢書』第一一巻）。

三四年九月の地方法院検察官の義烈団員六人に対する起訴状をみると、義烈団を世界戦争勃発の機に乗じて「朝鮮民族を動員し、武装蹶起せしめ、日鮮要人の暗殺、官衙、鉄道其他重要施設の爆破等の暴力手段により朝鮮に於ける日本の統治権を転覆し、朝鮮民族を解放せん」（司法省刑事局『思想月報』第五号、一九三四年）とする結社とみなした。三六年一月に予審が終結して公判に付されたが、その後の判決・量刑は不明である。

義烈団に加入後、南京の軍官学校で学び、日本での任務を受けて大連港で検挙された安淳永《アン・スニヨン》は三六年五月、懲役二年（執行猶予三年）を科せられている。第一条第一項後段の適用である（『思想月報』第二五号、一九三六年）。

在満外務省警察の治安維持法の運用

中華民国東北部の間島《かんど》地方（現在の吉林省延辺朝鮮族自治州）において治安維持法が施行直後から発動されていたことについては、本書第四章でみた。一九二五年八月の電拳団事件、二〇年代後半の数次におよぶ間島共産党事件である。いずれも在満外務省警察による。

間島以外にも「日本人」の在住する中国各地には外務省警察が配置されており、治安維持法を発動した。二八年と二九年はまだないが、三〇年になると七人、三一年二四人、三二年に一一人、三三年に二一人、三四年に一九人、三五年に一八人、三六年に一八人、三七年に四人となっている。三三年までは間島における人数が含まれるが、残りは吉林・ハルビン・奉天・長春（新京）などである（外務省条約局第二課『領事裁判関係統計表』）。間島や上海などを含む外務省警察による検挙人数は全体では二〇〇人に満たないが、多くは在満朝鮮人である。日本の主権外でも治安維持法が発動されていたという事実は重要である。傀儡国家「満洲国」が建国されてからも在満外務省警察は三七年一一月末の治外法権撤廃までそのまま存続し、治安維持法を発動している。

間島を除く在満外務省警察において治安維持法が最初に発動されたのは、奉天総領事館海龍分館警察署による二八年一二月の正義府幹部二人の検挙と思われる。「常に各地を徘徊し、義務金、教育費等の名義にて在住鮮人に対し不当なる要求を為し、応ぜざれば人質拉致、虐殺等を擅《ほしいまま》にし、惨忍甚しきものあり」として検挙に至ったという。二人は二九年一月、新義州地方法院検事局に送致された。七月、新義州地方法院は「殺人、強盗、治安維持法違反」という罪名で一人に死刑、もう一人に懲役六年を言い渡した。

ただし、二九年一一月から三〇年七月にかけての海龍分館から「不逞鮮人」の朝鮮側送致では、制令第七号による処分の意見が付されるように、制令第七号と治安維持法の適用が混在していた。三一年の「在海龍分館警察事務状況」では殺人及治安維持法違反が二人、殺人及制令第七号違反が一人、治安維持法違反が六人となっていた。優勢となった「共産派不逞朝鮮人」に対して治安維持法の適用が次第に一般的になった。「満洲国」建国後、三二年の「在吉林総領事館警察事務状況」では「救国軍たる匪賊、共産党員及民族主義不逞鮮人」を「三大癌腫」(『外務省警察史』復刻版第一三巻)と呼んだ。

ハルビン総領事館警察署は三四年四月から六月にかけて、四次にわたり中国共産党満洲省委員会の四四人を検挙した。ハルビンがほぼ半数を占め、奉天・新京・東部沿線などにおよんだ。さらに三五年一二月から三六年六月にかけて「中共党員、国際工作班員、中共系農民委員会及民衆郷政府関係者」五三人を検挙している(同第一六巻)。

ハイラルでは三六年四月と六月に「中共海拉爾《ハイラル》支部、反帝同盟、蒙古共産党並に満蒙委員会」関係者二〇人を検挙するほか、七月にも「通「ソ」容疑者」として七人のソ連人を検挙している(同第一八巻)。

これらは外務省警察の高等警察機能の強化の産物であった。三五年四月実施の「高等警察服務内規」では「赤化反満抗日運動」と「匪賊情報」が重視されている。前者については「蘇連領及支那方面よりする赤化乃至反満抗日運動は治安維持上速《すみやか》に之を内偵し、報告を要す」とあった。三月に新京・ハルビン・間島で開催された各警察署高等主任会議では「反満抗日或は共匪等、所謂政治匪は寧《むし》ろ増加の傾向を示しある」ことに注意が喚起され、コミンテルンの策動による共産主義運動への警戒が呼びかけられた（同第九巻）。

三七年一一月末の治外法権撤廃により「満洲国」内の外務省警察は消滅し、多数の警察官は「満洲国」警察に委譲となった。

2　反満抗日運動の取締法施行

暫行懲治叛徒法・暫行懲治盗匪法の施行

一九三二年の「満洲国」建国後、「国内治安は甚だしく悪化し……所謂無警察状態の観を呈する」という状況だった（治安部警務司編『満洲国警察史』上巻、一九四二年）が、三五年には「往時華かなりし排日分子も今や僻地《へきち》に跼蹐《きよくせき》し、辛うじて其の余喘《よぜん》を保ち居るに過ぎず」（民政部警務司『満洲国警察概要』一九三五年）と楽観視するようになった。三〇万人ともいわれた反満抗日勢力は三五年頃には数千人にまで激減した。参謀本部編『満洲事変に於ける匪賊討伐戦』上（一九三四年）の「序言」に「満洲事変に於ける戦闘の大半は匪賊討伐戦にして、其地域の広大なる殆《ほとん》ど南、北満洲全土に亙り、其回数の夥《か》多《た》なる正《まさ》に千余を以て算すべく」とあるように、関東軍を主体に、関東憲兵隊や「満洲国」軍・警察が一体となった治安戦というべき軍事的討伐が猛威を振るった。

「満洲国」政府は反満抗日運動の高まりを軍事的な討伐によって抑え込むとともに、治安維持のための取締法の制定を急いだ。三二年九月一〇日に暫行懲治叛徒法と暫行懲治盗匪法を公布し、即日施行する。叛徒法は全一六条で、第一条は「国憲を紊乱し、国家存立の基礎を急殆《きたい》若《もしく》は衰退せしむる目的を以て結社を組織したる者」のうち「首魁《しゅかい》は死刑」、「役員其の他の指導者は死刑又は無期徒刑〔懲役〕」などの厳罰を規定する。叛徒法違反事件の公判は第一審が高等法院となり、二審制とした。

盗匪法は全九条で、第一条では「強暴又は脅迫の手段に依り、他人の財物を強取する目的を以て聚《しゅう》衆《しゅう》又は結夥《けっか》したる者は之を盗匪とす」とし、「首魁又は謀議に参与し、若は多衆を指揮したる者は死刑又は無期徒刑」などと規定する。第五条では「上訴を許さず」、一審で最終審とした。第七条と第八条が注目される。軍隊および警察隊では「盗匪を剿討《そうとう》粛清《ママ》するに当りては臨陣格殺《りんじんかくさつ》し得る」、つまり現地において射殺・斬殺などの処分を合法として可能とするほか、司令官および高級警察官が「事態急迫にして猶予を許さざる事情ある」と判断したときは「盗匪」に対して「裁量措置」による処分を下すことを規定した。

叛徒法は反満抗日運動のなかの秘密結社などに対する特高的な処断のために、盗匪法は反満抗日運動そのものの軍事的討伐を補完するために制定されたといえよう。

実は叛徒法は、中華民国時代にすでに施行されていた危害民国緊急治罪法に準じていた。

表5 「満洲国」暫行懲治叛徒法・暫行懲治盗匪法の司法処分状況

区分／年	暫行懲治叛徒法					暫行懲治盗匪法				
	検察庁				受刑者	検察庁				受刑者
	新受	旧受	起訴	不起訴		新受	旧受	起訴	不起訴	
1933	-	-	-	-	171	1707	149	1105	512	-
1934	136	13	53	18	148	2155	183	1424	679	2689
1935	154	40	68	60	74	2242	135	1459	678	2454
1936	-	-	-	-	404	-	-	-	-	3436

出典：司法部総務司調査科編『満洲帝国司法要覧』各年度

これは全一一条で、三一年一月に施行されていた。さらにその前身は第一次国共合作崩壊後、国民党政権による共産党弾圧のために二八年三月に施行された暫行反革命治罪法（全一三条）にさかのぼる。また、暫行懲治盗匪法は二七年一一月に中華民国政府が施行した盗匪懲治暫行条例（全一二条）を踏襲していた。

暫行懲治叛徒法の三三年の運用状況を司法部『満洲帝国司法統計年報』（一九三五年）でみると、奉天・吉林・北満特別区の各高等検察庁への送致数合計は二〇一人で、七九人が起訴され、前年の起訴者を含めて高等法院では一一五人が公判に付された。最終的な有罪は六九人で、死刑一人、無期徒刑一人、一〇年以上の徒刑四人などとなる。

一方、暫行懲治盗匪法の各地方法院検察庁の受理数は合計二〇五三人で、一二一七人が起訴された。前年を含めて各地方法院で三二〇七人が公判に付され、有罪となった二五五八人のうち死刑は三一六人、無期徒刑が一三〇人、一五年以上の徒刑が一八八人などと厳罰が科された。無罪は約一五〇人とみられる

（『満洲帝国司法統計年報』一九三五年）。三四年以降をみても、盗匪法の発動がきわめて多い。盗匪法の場合、死刑を執行する際には高等法院長の「核准」（審査のうえ許可する）と司法部の「覆准」（審査のうえ承認する）という手続が必要となった。

暫行懲治叛徒法の発動と処断

一九三四年一二月の日本・司法省刑事局『思想月報』第六号掲載の「最近の北満における思想運動の大要」では、中国共産党は満洲省委員会の再組織化を図り、ハルビンを中心として「全満に其の下部組織を設くる等の思想運動漸次激化の傾向に在り」としたうえで、四月以来の検挙として五件一七九人を列挙する（その後の司法処分は不明）。このうち中国共産党関係事件とは、治安回復傾向にともなって関東軍が分散配置を撤収したことを好機に活動が活発化しはじめると、ハルビン・奉天などで党幹部や党員四四人を検挙したというものである。北鉄東部線列車妨害事件では内偵中の北満鉄路警処が検挙を開始し、関東憲兵隊もつづいた。六八人の検挙者のなかから二八人が叛徒法違反で北満特別区高等検察庁に送致された（その後の司法処分は不明）。

三四年八月の全国司法官会議では「共匪及盗匪の取締」が諮詢された。司法部刑事司長の飯塚敏夫（前職は東京控訴院判事）が「共匪盗匪の取締を如何にすべきかは現在満洲国に於ける最も重大なる問題」と述べると、北満特別区高等検察庁検察官の丸才司（前職は東京地裁検事）は「共匪に対しては最も厳正なる検挙処分を為すの外なし……憂《うれい》を嫩葉《わかば》の内に剪除《せんじょ》すべきなり」と応じている。飯塚や丸にとって、日本国内での治安維持法を駆使した思想犯罪処断の経験が生かされているといってよい『第三次 民事刑事司法官会議録』。

暫行懲治叛徒法を適用した判決として三五年以降のものが確認しうる。吉林高等法院の荘紹俊と劉成典に対する判決からみよう。二人は「中国共産党が満洲国社会制度を打破し、革命の手段に依り無産者独裁政治を実現せしむることを目的とする秘密結社」であることを認識しながら加入したこと、党の目的遂行のために手榴弾を窃取《せっしゅ》したことが罪に問われ、結社加入には第一条第三項を、目的遂行には第二条第一項を適用し、重い第二条第一項により徒刑一五年を科した。三四年八月の警察官による聴取書の供述が証拠とされた。

二人の被告は上告した。聴取書は新京首都警察庁が「極端なる強暴脅迫に依り取調を為したる結果作成」したものなどと主張したが、三五年一一月、最高法院は「被告等の任意に非ざる供述を録取したりと認むべき根拠なく」などとして上告を棄却した。

三六年一月、最高法院は叛徒法違反の上告をはねつける判決を下している。吉林高等法院は吉林省立第一中学校生徒の金景、呂紋、常家椿（三三年五月検挙）が中国共産党を秘密結社と認識しながら加入したとみなして叛徒法第一条第三項に該当するとし、「犯情憫恕《びんじょ》すべき」と考慮して刑を半分に軽減し徒刑五年を言い渡した。関東憲兵隊による聴取書を証拠とした。被告らは吉林憲兵分隊における聴取は拷問による強制であり、「拷問の事実は被告等の身体の傷痕あるに依り証明せらるべき」と上告したが、三六年一月、最高法院判決は拷問の「根跡」はなく、「仮に傷痕を証明し得たりとするも、之を以て直ちに拷問の事実を推認せざるべからざるものと為すを得ず」と否定した（法曹会『最高法院刑事判決例集』第一巻第二巻、一九三六―一九三七年）。

暫行懲治盗匪法の発動

一九三三年二月、司法部は暫行懲治盗匪法第八条の解釈について「集団盗匪討伐」にあたり、「臨陣格殺」のほか「盗匪を捕獲し事態急迫猶予の余地なき場合は、該高級警察官の裁量に依り斟酌《しんしゃく》措置するを得」るものの、それは「高級警察官が盗匪に対し自ら審判をなし、或は事実上の刑罰を科するを謂《い》うに非らず」（満洲司法協会編『満洲国　検察警察法規総覧』一九四一年）という指令を発した。これから推測されることは「盗匪」に対して高級警察官（名目は県長や公安局長、実際には現場の指揮官）が第八条の「裁量措置」を名目に、「自ら審判をなし、或は事実上の刑罰を科する」ことが一般的におこなわれていることをも問題視して、濫用気味の措置に釘を刺したということであろう。「事態急迫猶予の余地なき」という事態に限って例外的に認められるという第八条の公式の解釈は、第一線においては無視されることが多かったと思われる。

盗匪案件については上訴を認めないことになっていたが、死刑判決執行の承認を求めた際に司法部から高等法院に再審の指令を出すことがあった。富裕《ふゆう》県（現在のチチハル市）公署が盗匪法第二条違反で死刑判決を言い渡し、その承認を求めると、三四年五月、司法部は黒龍江高等法院に再審を指令した。司法部高等法院が「賭博の借金のため」に「偶発的に本件強盗罪を犯したるものなるに拘らず……被告を死刑に処したるは刑律の適用を誤れる違法の判決」と判断した。さらに一〇月、湯原《とうげん》県（現在の佳木斯《ジャムス》市）公署が死刑判決の承認を求めると、司法部は黒龍江高等法院に再審を指令した。集団匪の一員として被告が「強法掠奪を為したること四、五回なる旨」の事実を判決は認定したが、唯一の根拠が被告の自供事実であり、しかもその調書末尾には「被告の署名捺印後、更に五行を添加しあり、被告の自認なりや否やに付き甚だ明瞭ならず」と司法部は指摘した。そして事実認定不十分のまま死刑を科したことは「甚だ軽率にして、審理手続きも亦不充分の点尠《すくな》からず」と断じたのである（司法部刑事司『重要訓令指令類編』）。いずれも黒龍江高等法院の再審の結果は不明である。

これらの司法部による高等法院への再審指令は一見奇妙に思える。草創期の「満洲国」司法体制の未整備も一因と推測されるが、盗匪法による死刑判決の乱発への悪印象を和らげるために、あまりに粗雑な判決内容に是正を加えようとしたことも考えられる。

しかし、こうした司法部による再審指令が盗匪法違反事件全般に対する審判で慎重な抑制的な運用をもたらすことはなかっただろう。盗匪法の発動が検察庁への送致に限っても年間二〇〇〇人を超える状況がつづくことに加えて、三五年前後の死刑判決・執行数がおそらく毎年三〇〇人を超えることもそれを物語る。

『満洲国警察史』中の「匪賊現出及討伐効果表」において、三二年から三五年にかけての「討伐効果」中、交戦時の射殺などの「死」が三万八五六六人、「逮捕」は六四三〇人となっている。「逮捕」者が司法処分に付されるとすれば、主に盗匪法の適用となるだろう。なお、討伐時の現場において「臨陣格殺」・「裁量措置」という「厳重処分」が多数あったはずだが、その実態については不明である。

3 暫行懲治叛徒法運用の全開

思想的討伐の本格化

「満洲国」日本人官僚のなかで最高幹部の一人であった古海《ふるみ》忠之は「満洲国」建国から一九三七年までの「治安第一主義の時代」の前半は軍事的討伐中心だったが、三五年には思想的討伐という新たな課題が浮上したとする（撫順戦犯管理所における「供述書」、中央档案館編『日本侵華戦犯筆供選編』7、二〇一五年）。この課題に取り組むために三五年九月、関東軍は日満軍警機関の警務連絡委員会を設置した。それ以前に設けられていた清郷委員会などを改編し、各種の軍警機関の円滑な「連絡協調」を図ろうとした。三五年九月から三六年一月までの検挙者（武器密輸やアヘン密売などを含む）は一万六〇〇〇人におよんだが、各機関の協調は不調でバラバラの活動にとどまっており、期待とおりの成果はあがっていないとみなされた。

この三五年一二月というタイミングで東条英機が久留米の歩兵第二四旅団長から関東憲兵隊司令官に就任した。それは東条にとっても、憲兵という組織にとっても画期的だった。東条は全満の軍警を一元的に統制する警務統制委員会を設置して反満抗日運動を抑え込み、一躍頭角を現した。

三六年四月、警務連絡委員会に代わって警務統制委員会が中央・地方・地区に設置された。中央委員会委員長は関東憲兵隊司令官（東条）とし、委員には関東憲兵隊総務部長・大使館警務部第一課長（在満外務省警察を指揮）・関東局警務課長・民政部警務司長・鉄道総局警務局長らを網羅した。「警務統制委員会は思想的警防弾圧を主眼とする思想対策に関し、関係各機関の協同動作を円滑ならしめ、関東憲兵隊司令官の統制を容易ならしむるを以て目的とす」と規定され、憲兵の統制権の強化を図るとともに、各警務機関のエキスパートを集めた対共専門特務組織の確立をめざした。地方や地区では憲兵隊長や分隊長がそれぞれの委員長となる。

警務統制委員会はすぐに活動を全開した。三六年四月からの一六ヵ月間での検挙者は約三万八六〇〇人となった。しかも殺害＝「厳重処分」と法院送致の割合が格段に増えた。三六年四月から六月までの「逮捕者処理統計表」によると、検挙者五五四一人のうち法院送致が一二三〇人、「厳重処分」が七六八人、スパイとして「利用中」が八〇人、釈放が二二五五人、取調中が一二〇八人となっている（中央档案館ほか編『偽満憲警統治』一九九三年）。

四・一五事件と三・一五事件

一九三七年四月、ハルビン警務統制委員会の指揮により四・一五事件と呼ばれる大検挙がおこなわれた。関東憲兵隊司令部治安課長として実質的な指揮を執った斉藤美夫《よしお》の手記「特務」（中帰連平和記念館所蔵）には「一斉検挙につづくものは、つきものの拷問取調であった……拷問をやらない取調などは取調の中に入らなかった」とある。検挙者は「中共党員一七二人、その関係者約三五〇人、計五二〇人」にのぼり、「そば杖を食って拉致された人が二千人を超え」、女性や少年も含まれていたという。党員は学校教職員が四〇％を占めていた。

このうちハルビン東特別委員会関係者は五月に第四軍管区軍法会議に送致され、二五人が六月に暫行懲治叛徒法違反の判決を言い渡された。死刑判決を受けた一三人はすぐにハルビン郊外で銃殺された。「事犯の性質並に満洲国発展の現状に鑑みて一般予防的見地より厳重なる処分」となった（内務省警保局『外事警察報』第一八一号、一九三七年八月）。

四・一五事件全体に関する記事が解禁されると、三八年二月一二日の『満洲日日新聞』は叛徒法により八五人が死刑に、六四人が有期徒刑となったと報じた。『大阪朝日新聞』満洲版には治安部警務司長渋谷三郎の「吾人はますます官民一体、五族協和の実を挙げるとともに……赤魔をしてこの王道楽土に敢て一指をも触れしめざるの決意と信念とを堅持する必要を強調してやまない」という談話が載る。

三八年になって佳木斯憲兵隊は中国共産党の北満臨時省委並吉東省委の組織を突きとめると、あえて日本の三・一五事件にならって三月一五日に佳木斯・湯原などで一斉検挙をおこなった。検挙者には県公署職員、小学校長・教員、国民高等学校長・教員、村長、警官らも含まれ、年齢的には中年以上も多かった。「満洲国」警務総局特務処『特務彙報』第四号（一九四三年、『治安維持法関係資料集』第4巻）には、浜江・北安・三江地域における検挙者が四六〇人にのぼったとある。手記「三・一五事件と憲兵」（中帰連平和記念館所蔵）で、勃利憲兵分隊の土屋芳雄は「荒縄で後手《うしろで》とされ、既に顔面に血を流した人々が留置場に、倉庫に、厩舎に投入監禁され、共産党なるが故に日頃より更に強度な水攻め、火攻め、電気、棍棒殴打の拷問に苦痛の悲鳴と泣き声、反抗の怒声は憲兵の訊問のダミ声と入り混《ま》じってあたりを覆《おお》い、街《ま》ち行く人の耳を覆った」と記している。

三九年九月の司法部刑事司思想科の三・一五事件通報によれば、ハルビン地方法院検察庁に一一二人が送致、一〇三人が起訴され、下された判決では八九人が有罪となり、八人が死刑（全員上訴）、五人が無期徒刑、二人が徒刑二〇年、六人が一五年などとなった。すべて叛徒法違反とされ、第一条第二項の「領導」が三人、第一条第三項の「結社参加」が六四人、第二条の「不法行為」が一七人などである（中央档案館ほか編『東北歴次大惨案』一九八九年）。

「厳重処分」と軍法会議による処断

一九三〇年代後半、反満抗日運動の検挙後の選択肢として検察庁・法院による「司法処分」のほかに、「厳重処分」と軍法会議での処断があった。

三六年七月、関東憲兵隊司令部は各憲兵隊長に「共産党関係者処理要綱」を通知する。「厳重処分」について「共産党関係者であると同時に抗日分子の最重要人物に対して、軍事行動の理由により日本の憲兵が執行すること」とする。警務統制委員会が発足した三六年には検挙者の一割強が「厳重処分」とされている。四月分以来の累計では検挙人員一万六六〇七人のうち「厳重処分」は二一六七人にのぼった（『思想対策月報』『日本関東憲兵隊報告集』第一輯第五巻、二〇〇五年）。

反満抗日運動の激震地とされた三江省では関東軍主体の特別治安粛正工作が実施されて

いたが、三七年の「捜査班」活動による検挙者一九三八人のうち一一八人が「厳重処分」とされている（思想匪四四人、政治匪六人、土匪三〇人、通匪三一人など）。三八年になると検挙者は四〇五四人と激増するのに対して、「厳重処分」は一二四人と減少した（思想匪五五人、政治匪一〇人、土匪二六人、通匪二七人など、中央档案館ほか編『偽満憲警統治』一九九三年）。これは関東憲兵隊司令部の抑制の指示があったことのほか、「満洲国」司法体制の整備拡充が進み、司法処分に委ねられることが多くなったことが影響している。

五六年七月の瀋陽軍事法廷における斉藤美夫の陳述によると、「厳重処分」には「匪賊」との戦闘時に検挙した抗日兵士や民間人を「その場で殺害」してしまう場合（盗匪法による「臨陣格殺」と「裁量措置」）と、検挙して取調をおこなったのち一定数がまとまると年に数回、憲兵隊長の承認を得て殺害する場合があった（王戦平主編『正義的審判』一九九一年）。

憲兵の須郷秀三は手記「厳重処分と憲兵について」（中帰連平和記念館所蔵）のなかで、その殺害方法は「主に銃殺、斬殺」であり、「特殊なものは軍用犬に咬《か》み殺させたもの、刺突の標的としたもの、射撃の標的としたもの、毒瓦斯《ガス》試験用としたもの、生体解剖に使ったもの」もあったとする。毒ガス試験用や生体解剖は七三一部隊に「特移扱」として送られたものであろう（後述）。須郷は三七年八月から三八年一一月の間に東部の錦州省だけで二〇〇〇人以上を検挙し、二〇〇人以上の「厳重処分」執行があったと記している。

「厳重処分」は憲兵隊に限らず、「満洲国」警察や鉄路警察でもおこなわれていた。熱河省公署警務庁警務科長三宅秀也は三六年度に錦州省で「共産党及反満抗日思想を有する中国愛国者七四人、思想遊撃隊一〇三四人、一般遊撃隊一三七九人」を検挙し、一三五人を「厳重処分」に付したとする（『日本侵華戦犯筆供選編』11）。

鉄路警察の細谷香は先の手記のなかで、綏化《すいか》監獄の「房が満員になると、所謂「厳重処分」をもって処断していった」とし、三六年一二月に六三人を前後三回にわたって殺害したと記している。

このように「厳重処分」は大いに活用されたが、「共産党関係者処理要綱」では「日本軍が法に基づいて処理せず、法治国家の準則に背き残虐行為を行ったなど」と非難されかねないとしていた。一方、三六年時点の司法処分では「物的証拠の収集」や事件の複雑性のために明確な審理をおこなうことが困難という欠点があるとして、「満洲国の治安粛正を徹底するためには別途、より適切な処理方法を採用しなければならない」とする（「偽満憲警統治」）。そこで軍法会議による処断が「より適切な処理方法」として選択された。

前述のようにハルビンの共産党事件では三六年五月、軍法会議による処断がなされていたが、ほかにも散見する。チチハル警務統制委員会による共産党員検挙では龍江省教育庁長、龍江中学校長・教職員・学生、龍江日報社主筆・編輯局員ら三八人がチチハル軍法会議に送致されており、五人が死刑に、その他は無期ないし二〇年や一五年の徒刑となったという（有馬虎雄手記「斉《チ》斉《チ》哈《ハ》爾《ル》に於ける中国共産党員の検挙」中帰連平和記念館所蔵）。

特務警察

一九三七年七月、「満洲国」では民政部警務司が軍政部と統合して治安部を創設した。治安部警務司のなかで高等警察を担当する特務科は特務股《こ》〔係〕・思想股・検閲股で構成される。同年一二月の満鉄付属地行政権の委譲により在満外務省警察と関東局警察は役割を終え、多くの警察官は治安部警務司に移った。一二月時点の警察官総数は約九万人、一割強が「日系警察官」で、中央・地方ともに幹部の大半を占め、特務警察を独占した。

警務司創設とともに人事股長となった三宅秀也は、「治安情況」の改善にともなって抗日遊撃隊に対する「討伐」は警察独力をもって可能であると判断し、「討伐能力」の増強に努力したと供述する。三宅は四〇年一月からは警務科長として「残存」する「抗日連軍の「消滅」、特に「東辺道地区」に在る楊靖宇部隊の「消滅」に重点を指向」したと供述する（『日本侵華戦犯筆供選編』8）。

島村三郎は三八年一月から興安西省や三江省の警務庁特務科長などを歴任した。興安西省特務科の場合、庶務・文書・情報などを担当する特務股（五人）と、思想・宗教・外事・検閲を担当する思想股（四人）から成る。各県の警務科にも特務股が、各警察署・分駐所にも特務系警察官が配置されていた。

三江省特務科長在任中、島村は三九年五月頃に県特務股長会議で「共産党の地下組織の破壊、潜伏抗日連軍の発見検挙、一切の宗教団体・思想容疑者の偵諜の強化に全力を注ぐ様」指示を与え、この結果、在任中の検挙者は「潜伏愛国者」「抗日連軍連絡者」「流言蜚語及反満抗日言動者」ら四三〇〇人以上、検察庁への送致者一二八〇人以上を数えた。さらに取調中の拷問による死者約一〇〇人、「現地殺害者」、つまり「厳重処分」は一二〇人におよんだと供述する(『日本侵華戦犯筆供選編』10)。このような活動を経て、特務警察の活動は三〇年代末には警察全般のなかで中枢的位置を占めるに至った。

前中央警察学校教授末光高義の『特務警察要論』(一九四〇年)によると、特務警察の目的は「国家並に国体を擁護し、国家の存立安固に繋《つなが》る処の危害排除に在り」とする。叛徒法の意義について「満洲帝国の組織大綱たる国憲を紊乱して無政府主義を行い、又は国家存立の基礎を危殆若《もし》くは衰退せしめて、共産主義を行うが如きことを目的とする、結社の根絶を期したるもの」とし、対象は「政府の顚覆、封土僭窃《せんせつ》等、統治権の破壊は勿論、国体変革の企図をも意味するのみならず、広く政体の変革も当然包含され」るとしている。

三七年一二月、治安部次長を長官に、警務司長を次長とする保安局が新設された。国境地区の保安機能の整備と防諜組織の確立、諜報業務を担当する秘密組織で、特務警察の影の役割をになった。解学詩『歴史的毒瘤』(一九九三年)は保安局によるテロと暴行は「法的手続を踏まず、いかなる法的拘束も受けない、いわゆる「超法規」的な行為であり、何人もの志士や民間人が理由もなく逮捕され、非業の死を遂げている」と指摘する。

思想司法体制の整備

一九三六年七月の法院組織法施行による三審制の実施、三七年一二月までに日本司法省・法学者の協力を得た民法・商法・刑法などの主要法規の完成により、「満洲国」の司法制度は確立した。司法部庁舎は三六年に、最高法院・検察庁などから成る中央法衙も三八年に竣工し、威容を誇った。そして、三八年は治安庭の設置と司法部刑事司思想科の新設に加えて、「日系司法官」の大量任用により思想司法体制の整備が進んだ年になった。

「満洲国」司法部として1935年に建設が開始され、36年に完成した司法部庁舎。現在では吉林大学医学院が使用している

関東軍や関東憲兵隊には法院の審理速度が緩慢で、戦時下の速やかな治安処理要求に対応しきれていないという不満が根強かった。これに応えるかたちで三八年五月、高等法院と最高法院に治安庭が設置された。治安庭を構成する審判官（裁判官）や治安係検察官は「共産主義其の他不逞思想運動に関する精確なる知識を有する人物、力量共に第一流の日本司法官を招致して之に充《あ》つるこ

と」（司法部大臣官房資料科『司法要覧』一九四〇年七月）とした。

新設の刑事司思想科長に赴任した杉原一策（前職は大阪地方裁判所検事局思想検事）は、治安庭の設置は「専ら審理の迅速」を主眼としたもので、「この種事件の審判は印象の未だ生々しき内に了してこそ、犯人に対する自懲と世人に対する他戒の効果を挙げ得る」（「治安庭の設置と思想科の新設」『法曹雑誌』一九三八年九月）と説明している。これにともない、各高等検察庁に日系の治安係検察官を配置した。日本国内の思想検事に相当する。

治安庭の設置と連動して三八年六月、刑事司に思想科が新設され、杉原一策が科長となった。杉原は先の「治安庭の設置と思想科の新設」の結びで「神速且徹底的弾圧の旗幟《きし》を鮮明にして不逞策動に対する一大脅威たらしむる」と決意表明する。思想科ではすぐに『思想月報』と『思想特報』を発刊した。杉原「供述書」によれば、『思想月報』は「愛国行動弾圧絶滅を目的とし、各高等検察庁が処理した治安事件の処断、高等法院治安庭の裁判の結果等の報告に基き、事件の本質、処断の内容等を総合類別し」たもので、各法院・検察庁などに配布して「裁判上の資料」とした。

「日系司法官」の大量任用が本格化した三六年の場合、日本からの採用計画は審判官・検察官を合わせて二一人とされた。約五〇人の書記官の任用もある。四〇年でみると、審判官・検察官各四人が任用された。東京控訴院判事西久保良行は奉天高等法院次長（その後、司法部次長）に、東京区裁検事藤井勝三は新京地方法院検察庁検察官（その後、刑事司思想科長）となる。西久保の「満洲国」入りに影響されて飯守重任・八田卯一郎ら東京刑事地裁の若手判事も司法部入りしたという。多くは三年程度の在籍が目安となった。「満洲国」司法界へ赴任した動機について、ハルビン高等法院次長などを務めた横山光彦《てるひこ》は「日本の社会に何かしら大きな矛盾を感じ」つつ、「満洲国司法部ならば多少とも自分が理想的に活躍する余地があるだろう」という期待を抱いての赴任であったと供述する（『日本侵華戦犯筆供選編』9）。

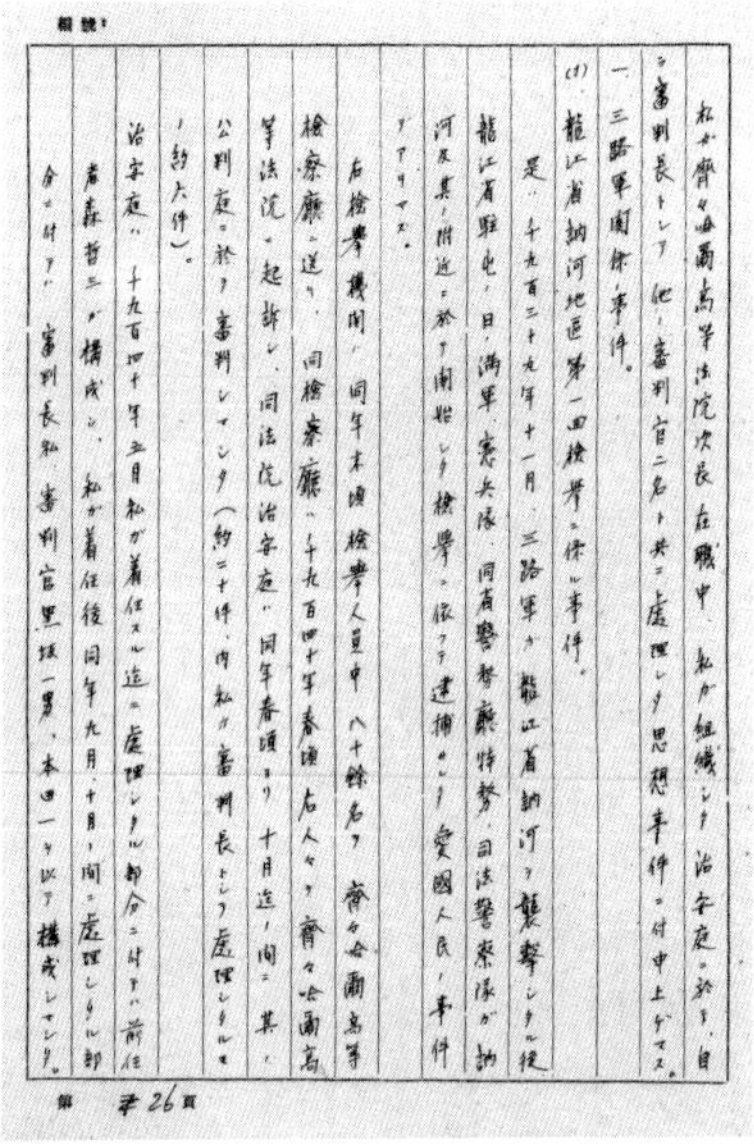
私ガ齊々哈爾高等法院次長在職中、私ガ組織シテ治安庭ニ於テ、自
ラ審判長トシテ他ノ審判官二名ト共ニ處理シタ思想事件ニ付申上ゲマス。
一、三路軍関係ノ事件。
(1)、龍江省訥河地區第一回検擧ニ係ル事件。
是ハ千九百三十九年十一月、三路軍ガ龍江省訥河ヲ襲撃シタル後
龍江省駐屯ノ日、滿軍、憲兵隊、同省警務廳特務、司法警察隊ガ訥
河及其ノ附近ニ於テ開始シタ検擧ニ依ツテ逮捕セル愛國人民ノ事件
デアリマス。
右検擧機関ハ同年末頃検擧人員中八十餘名ヲ齊々哈爾高等
検察廳ニ送リ、同検察廳ハ千九百四十年春頃右人々ヲ齊々哈爾高
等法院ニ起訴シ、同法院治安庭ハ同年春頃ヨリ十月迄ノ間ニ其ノ
公判庭ニ於テ審判シマシタ（約二十件、内私ガ審判長トシテ處理シタルモ
ノ約六件）。
治安庭ハ千九百四十年五月私ガ着任スル迄ニ處理シタル部分ニ付テハ前任
者森哲三ノ構成シ、私ガ着任後同年九月、十月ノ間ニ處理シタル部
分ニ付テハ審判長私、審判官黒坂一男、本田一ヲ以テ構成シマシタ。
第26頁

ハルビン高等法院次長などを務めた横山光彦による「供述書」（『日本侵華戦犯筆供選編』9より）

しかし、横山のような動機はむしろ例外で、赴任した多くの司法官は日本国内でのとった治安維持法事件での峻厳な処断の姿勢をそのまま「満洲国」の治安裁判でも持続・一貫させていたとみるほうが妥当と思われる。飯守重任がその最たるものといえるが、田中魁や杉原一策もあてはまる。田中は起訴免除で帰国後は司

法界に復帰するが、「中共抑留記」(『法曹』一九六二年四月～六三年五月)という回想記で中国側の意図が「思想改造の強要」にあったとみて、関東州の思想検察官として「日本の国の法律に従って裁判検察の職務を執ったわれわれの行為は戦争犯罪を構成せぬ」という立場をとっている。

もう一つ、給料の高さが「満洲国」入りの誘因の一つになった。飯守重任は手記で、「満洲国」の官吏になると「月給も多くなり生活が楽になるということに魅力を感じ、それが有力なる動機の一つであった」(「カトリック教徒たる親友に宛てた手紙」中帰連平和記念館所蔵)と記している。旭川地方裁判所検事局書記官だった板橋潤の場合、給与七八円が四二年六月に錦州高等検察庁書記官として赴任すると四五〇円に跳ね上がったという。

「日系司法官」任用で最大の出来事は、思想検事の先駆であった平田勲の三八年八月の最高検察庁次長就任である。平田は三九年五月の全国司法官会議で、ソ連や中国共産党とつながる「思想匪は更に国内諸制度の不備欠陥に乗じ社会各層の内部に潜入し、裏面的活動を秘密裡に展開する事必然なり」という認識を示して、「思想事犯の査察内偵」に一層努力することを指示する(司法部『第八次全国司法官会議録』一九三九年)。

三肇事件の現地司法処分

一九三八年の三・一五事件による打撃から回復した東北抗日連軍所属の遊撃隊は、四〇年になるとハルビン近郊の三肇地区（肇源県《ちょうげんけん》・肇州県《ちょうしゅう》・肇東県《ちょうとう》）で活発な活動を展開し、四〇年一一月には肇源県城を襲撃し、日本人を殺害する。浜江省警務庁はすぐに「通匪者」を検挙し、報復的に警察官や村長も含む一九人を「厳重処分」としている。同年一二月、日満軍警は三肇地区討伐隊を編成し、軍事的討伐を実行するとともに、潜伏匪徒や共産党員の検挙を進めた。三肇事件と呼ばれる。

この事件の司法処分の特徴は、関東軍の強い要求にしたがってハルビン高等法院検察庁と高等法院治安庭を現地である肇州と肇源に臨時に移したことである。現地で一七五人が起訴され、全員が有罪（死刑七二人、無期徒刑四〇人、有期徒刑六三人）となった。死刑でみると叛徒法違反の五五人以外に、盗匪法違反も一七人あった。判決直後、死刑はハルビン監獄で警察隊によって執行された。ハルビン高等法院検察庁次長の杉原一策は裁判と死刑が現地でおこなわれたことについて、「同地区内の中国人民を威圧し、恐怖に陥れ」る意図があったとする（『日本侵華戦犯筆供選編』9）。

その後も検挙と処断がつづいた。四一年五月、浜江省警務庁により遊撃隊指導者徐沢民らが検挙され、検察庁に送致、叛徒法違反で起訴された。ハルビン高等法院は九月から一一月にかけて三四人に有罪判決を下し、徐を含む七人が死刑となった。徐の犯罪事実は抗日軍への加入、三肇地区県公署などの襲撃、殺人・放火・略奪とされる。判決の数日後、徐は未決監で自決した（最高検察庁「三肇事件判決結果月報」『東北歴次大惨案』）。

杉原一策の三肇事件への関与は、のちに瀋陽軍事法廷における起訴・有罪の重要な要素となった。証人として出廷した黄永洪は拷問をともなった自らの取調について、「腰掛けと縄を持ってきて私を腰掛けに縛り、急須に水を入れ、その中に一摑《つか》みの粟を入れ、タオルで私の目隠しし、口から鼻まで水を注ぎました。水が注ぎ込まれると息ができず、注がないときにようやく息ができました」などと証言する。さらに郊外の丘で巨大な穴を掘らされ、翌日、この穴の前で二〇人ずつ二度、銃殺されるのを目撃したことを語る。杉原はこれらの証言を肯定し、「取調では拷問や虐待で起訴前に二〇人が死亡しています」とも陳述する（『正義的審判』）。

三肇事件の司法処分を迅速に進めたことを司法当局者は自賛した。四一年五月の司法官会議において井野英一最高法院長は「被告人が二百人に垂《なんなん》としたるに不拘《かかわらず》、検察官六人、審判官六人の努力に依り、検察官が之を受理したる時より治安庭の審判を終る迄二十日余り、上告審の裁判確定する迄二十日に足らざる期間に於て之を終了し」たとして、その迅速性を高く評価する（司法部『第十次 司法官会議録』一九四一年）。三肇事件の現地での司法処分は関東軍・関東憲兵隊などの司法不信を払拭させただけでなく、後述する特別治安庭の設置を直接導くものとなった。

最高法院治安庭の上告棄却

思想的討伐が本格化して暫行懲治叛徒法違反容疑で検挙された被告は一九三〇年代後半、どのような判決を下されたのであろうか。三八年と三九年の合わせて七つの最高法院判決を確認できる。

邵有聲と韓徳和の事件は「満洲国の国憲を紊乱し、其の国家存立の基礎に危害を加うる目的を以て組織せられたる東北抗日軍の総司令宋竹梅に隷属し」、湯原県下の各自衛団長に任命された被告らが対抗する自衛団長の楊玉山を殺害したというものである。判決では叛徒法第二条第二項に該当するとしながらも、「犯罪の情状憫諒すべき」として無期徒刑から減刑して徒刑一五年を科したが、邵有聲が上告した。抗日連軍に加入したのは脅迫されたためであり、「緊急避難」のためであったと主張したが、最高法院治安庭は三八年一一月、「緊急避難」行為とは認めず、上告を棄却した。

奉天高等法院安東分庭は翟兆栄に死刑、四人に徒刑一〇年などを言い渡した。上海救国会に加入した翟は四人を勧誘して加入させるほか、上海密航計画を立てるなど、安東地方の指導者として活動していたとされ、叛徒法第一条第二項に該当するとされた。翟ら六人は上告する。翟は「警察庁に於て拷問を受け、其の苦痛に耐えず、已むなく虚偽の供述を為したるものにして、斯の如き事実は存在せず」などと上告理由を述べるが、三八年一二月、最高法院治安庭は「拷問の行われたりしことを認むべき何等の証跡なき」と断じて上告を棄却した（『最高法院刑事判決例集』第三巻、一九三八年）。

王林章は「他匪団と共同し、中華民国と連繫し、日本帝国の勢力を満洲国内より駆逐して我満洲帝国を顚覆し、之が領土を中華民国に奪還せんことを目的とする秘密結社東北抗日革命軍を組織し」、自ら総司令に、高振玉を副司令として数人を加入させたとされる事件に、奉天高等法院は叛徒法第一条第一項に該当するとして王に死刑を、高と劉世有に無期徒刑を科した。王と劉世有が上告する。王の上告理由は「撫松警務科に於て惨酷なる拷問を受け、両腿を圧せられ、膝骨は完全に切断せられ、今日尚歩行不能なるが、斯《か》る厳刑に堪えずして罪状を自白したるもの」というものだったが、三九年九月の最高法院治安庭は「司法警察官の筆録が拷問を以て作成せられたりと為すべき証跡の認むべきものなき」として上告を棄却した（『最高法院刑事判決例集』第四巻、一九三九年）。

高等法院次長横山光彦の審判

日本の地方裁判所で判事を一〇年あまり務め、一九三八年四月に奉天高等法院審判官となり、その後チチハル・錦州・ハルビンの各高等法院次長を歴任した横山光彦の「供述書」（『日本侵華戦犯筆供選編』9）に依拠して、どれほど多くの治安事件の判決を言い渡したかをみよう。

奉天高等法院審判官（陪席）としてかかわった東北抗日連軍関係では東辺道治安粛正工作で検挙された約二〇〇〇人のうち一五〇〇人が送致され、三九年二月から五月頃までに高等法院渉外庭で十数回にわたって審判された。まだ治安庭は設置されていなかったが、審判官三人は日本人だった。死刑が一二、三人、無期徒刑が四、五人だったと供述する。

四〇年七月、横山は次長に昇進してチチハル高等法院に赴任する。治安庭審判長として四三年五月まで暫行懲治叛徒法違反・軍機保護法違反事件として合計八九件三三一人を審判し、死刑は一八人、無期徒刑は一〇人などだったとする。このうち、龍江省訥河地区の第二回検挙事件の判決では五人が死刑、約二〇人が有期徒刑一〇年以上、約一五人が有期徒刑一〇年未満となった。いずれの事件も上告はなく、刑はチチハル監獄で執行された。

横山がチチハル高等法院の治安庭審判長として龍江省訥河県本部委員会破壊事件に下した判決文の一つが判明する（『東北歴次大惨案』）。日満軍警が抗日連軍第三路軍を攻撃した際に一一七人を検挙し、五二人をチチハル高等検察庁に送致、四一年六月から一二月までに起訴した。事件の内容は、四〇年九月から一一月にかけて龍江省訥河県本部委員会の尹子魁らが「人民を抗日救国会に組織して三路軍を援助せしめ、又自ら情報蒐集、宣伝、連絡等を為したる事実」、三路軍に糧食、宿泊所、情報を提供した事実とされた。

四一年八月、尹子魁ら七人に言い渡した判決文の「理由」冒頭には中国共産党が「日本帝国軍を追放し、我帝国を破壊しようとする秘密結社」であり、東北抗日連軍は「日本帝国勢力を武力で駆逐し、我々と戦うことを目的とした武装結社」とある。尹はそれらを十分に認識したうえで抗日連軍に加入し、各地で遊撃戦を展開したこと、「訥河県親仁村で訥河県党委員会書記を務め、県内で民衆の獲得と党員の育成に尽力した」ことなど七つの犯罪事実をあげる。

これらにより「被告人尹子魁は我国憲を紊乱し、国家存立の基礎を揺るがすことを目的とする結社の責任者であり、その目的のために尽くした罪がある」と断じ、判示事実は治安庭での供述や警察官による調書などで証明されるとする。最後に「法律に照すに」として尹の行為は叛徒法第一条第二項に該当し、他の被告の行為は同法第一条第三項や第七条に該当するとされ、尹には死刑が科された。「情状酌量の余地」があるとして二人が減刑される。上告はなく刑はチチハル監獄で執行された。

4 「満洲国」治安維持法の猛威

アジア太平洋戦争期の関東憲兵隊

一貫して「満洲国」治安体制の基軸であった関東憲兵隊は、一九四一年四月の編制改正で定員五九三四人に大幅に拡充された。東辺道地方の治安の沈静化が進む一方、熱河省国境地域の治安は逆に悪化していった。

対ソ防諜態勢の整備拡充とともに「思想警察」の遂行が一九四〇年半ばから本格化した。四〇年五月の憲兵隊長会議では思想警察の甲目標を「抗日思想闘争党団（共産党、国民党等）、抗日政治党団及之に属する者、反軍思想運動者、治安攪乱工作をなす団体分子」とし、「防犯、鎮圧しなければならない目標」であるとした。新たに設定された乙目標は、各民族の日本軍に対する思想動向・「満洲国」主要機関および特殊会社の動向・「類似宗教」・物資供給方面の動向・開拓問題に関する動向・文芸著作の動向・デマなどの広範囲におよぶ。また「戦時有害分子処理要綱」にもとづき、対ソ戦に向けて「容疑要視察人」の名簿登録（甲・乙・丙）も指示された（斉藤美夫供述、『日本侵華戦犯筆供選編』8）。

関東憲兵隊司令官「昭和十七年度思想対策服務の要点」の二番目には、「満洲人中の知識人と学生の共産抗日組織を重点的に捜査・鎮圧する」（『偽満憲警統治』）とあった。関東憲兵隊の『思想対策月報』掲載のこれに関連した弾圧事例は枚挙にいとまがない。四三年三月分には「浜江、北安省下に於て北満党匪系民衆組織を徹底的に剔抉《てっけつ》せり」として四六七人を、五月分には同第二次検挙として一五九人を検挙とある（吉林省档案館ほか編『日本関東憲兵隊報告集』第一輯第一三巻、二〇〇五年）。

共産党地下組織の存在をつかんだチチハル憲兵隊では関係者と目した人物の「偵諜培養」や尾行などの「田白工作」を進め、四一年一一月、チチハル鉄道局従業員ら一三五人を検挙し、四一人を暫行懲治叛徒法違反としてチチハル高等検察庁に送致した（釈放九二人）。この「田白工作事件」は「大衆組織化せる在満共産運動の新形態として注目」される事件だった（「第二部　国内思想情勢」『日本関東憲兵隊報告集』第一輯第一六巻）。チチハル憲兵隊の特高班に所属した土屋芳雄曹長は「短時日の捜査でこれだけの組織の全容を解明できたのは、拷問に明け暮れたすさまじいばかりの取り調べがあったからにほかならない」という（『聞き書き　ある憲兵の記録』一九八五年）。チチハル高等法院治安庭の判決は四二年一二月で三人が死刑、六人が無期徒刑などとなった（詳細は後述）。

対米英開戦直後、「貞星工作事件」ではチチハル・ハルビン・吉林・奉天などで国民党関係の抗日愛国者が検挙された。土屋芳雄らが「田白工作事件」から端緒をつかんで断行した事件で、「芋づる式検挙」によって検挙者はチチハルで六十数人、「満洲国」全体で五〇〇人にのぼった。二百数十人が送検され、叛徒法違反で二十数人が死刑となった。

この事件で四二年一月に検挙された李蘭田は五四年六月の「告発状」のなかで、憲兵隊による拷問の様子を七回の水責め後、「電気ショック、吊り下げ、縛り付け、雪の中に生き埋め、火かぎで火傷、ろうそくで燃やすなど、さまざまな非人道的な罰がありました」と記している。検察庁に送致されると訊問は二日間のみで終わり、重い足枷をつけられた監獄では「寒さと飢え、拷問の傷の痛み、拷問器具で体を束縛され、鉄格子の窓に閉じ込められた夜に大声で泣く者もいました。看守はその声を聞くと、すぐに彼らを侮辱して鞭打ちました」という。夏から秋にかけて発疹チフスが発生し、多数の中国人が死亡した

(『東北歴次大惨案』)。

思想司法の拡充と厳重化

最高法院検察庁次長の平田勲が病気のために一九四一年一月に辞任すると、後任の選考は難航するも、一一月に松山地裁検事正の石井謹爾《きんじ》が着任する。かつて石井は台湾の高等法院検察局の思想検察官として台湾共産党事件などの指揮にあたったことがある。

石井以上の存在感を示したのが司法部刑事司長に就任した司法省刑事局第六課長で、新治安維持法の立案にあたった太田耐造である。四二年九月に赴任する。太田を慕う思想検事経験者の玉沢光三郎・神保泰一らも司法部入りし(玉沢は思想科長となる)、思想司法の態勢を刷新した。

東京地裁検事、司法省刑事局第6課長を経て1942年9月に赴任、司法部刑事司長を務めた太田耐造(『太田耐造追想録』より)

四三年四月、太田の主導で検察庁と法院の拡充が実施される。「日を逐《お》うて激増の趨勢にある思想事件、経済事件等の処理に遺憾なきを期する為」という理由で、最高検察庁および各高等検察庁に一人から三人ずつの専任思想係検察官を配置する。さらに激増する思想事件の処理に満系検察官をあてるため、その訓練では「第一に満洲国建国理想に付て堅固なる信念を抱き、如何なる誘惑も断乎として之れを排除し得る心構を養成すること」が必須とされた（『第十二次 司法官会議』一九四三年）。

太田は四三年末の「刑事司法の運用」（満洲産業調査会編『満洲国政指導綜覧』一九四四年）において、今後の刑事政策の基調は戦時的要請に応えて「自由主義より直接に国家並民族の防衛に指向する全体主義へと推移」するものであり、「刑事司法は寔《まこと》に国防国家態勢に於ける中核的意義を帯有するに至りつつある」と論じた。このような考え方の下、「満洲国」の戦時司法では日本国内以上に徹底した運用がなされた。

四二年三月の司法官会議で最高法院検察庁次長石井謹爾は「底流には共産主義思想其他反国家思想抱懐者の策動之れなしとしない」として、「反国家的行動に出づるものありたるときは機を逸せず、迅速果敢なる検挙断圧《ママ》を敢行して之を潰滅し、以て彼等に蠢動の余地を与えざる」ことを指示した。つづいて北村久直刑事司長は「思想事犯の処理」について「潜行的本質的となり、執拗、陰険なる活動の様相を露呈し来りつつあ」るとして、「検察に裁判に国家刑罰施行権行使運用の妙を発揮」することを求めた。これは治安維持法と特別治安庭の積極的な発動と読み替えられて「現場」での全開となる（『第十一次 司法官会議録』一九四二年）。

四三年六月の司法官会議では戦局の悪化に対応してより厳重な取締・弾圧の指示があい

つぐ。石井最高法院検察庁次長は「早期検挙に重点を置き厳重処断の方針を堅持し、之が防圧に遺憾なきを期せられ度」と訓示するが、「早期検挙」と「厳重処断」の指示は反満抗日の微小な芽さえも根こそぎにするように第一線の警察・検察・法院を駆り立てることになった。太田刑事司長はコミンテルン解散を機に「東北赤化の中心策源地の移動前進及び運動方針の大転換等も推測せらる」として、反満抗日運動の動向に「特段の注意」を求めた。

なお、この指示のなかで「捜査の合法化に就て」注意を喚起していることが注目される。警察官が「自ら法を枉《ま》げ、権利濫用の弊に陥るが如きは……絶体に看過し得ざるところ」と釘を刺す意図がみえるが、それは黙認の度を超えて苛酷な拷問が日常的におこなわれていることに加え、「民心の不安を醸成し、非常事態の場合に於ける国内治安維持に重大なる影響を与うる虞《おそれ》多分に存する」という事態が現実化することを憂慮しているからである（『第十二　次司法官会議録』）。ただし、指揮命令系統が異なる「満洲国」警察や憲兵の拷問行使の歯止めとなることはなかっただろう。

「特移扱」

一九三〇年代後半まで、軍事的討伐において現地での「厳重処分」という名の殺害が頻繁におこなわれていた。三八年頃からその濫用がかえって治安の不安定化を招くという懸念が強まり、司法処分に移行することになったが、それとは別の処理、すなわち七三一部隊に送致して生体実験に供する「特移扱」が実施されはじめた。

四一年五月、国境地帯の東安分隊長は東安憲兵隊長に防諜容疑者朱雲岫について「性狡猾《せいこうかつ》且生来怠惰にして阿片癮者《いんじゃ》なるを以て生活の為には手段を選ばざる主義にして、聊《いささ》かの改悛の情なく……之が処分には聊かの苛責の要なく特移送に付するを至当」と報告する。東安憲兵隊長は「斯種《このしゅ》不逞分子の徹底的掃滅の見地より分隊長の所見に同意」し、この報告を関東憲兵隊司令部に送って指示を求めた(その後の経過は不明)。

関東憲兵隊司令部は四一年六月、対ソ開戦の可能性が高まるなかで二重スパイを警戒してその整理を各憲兵隊に指示したと推測される。国境地帯の東安憲兵隊がこれを実施し、七月末の第二次報告で輸送の交通事情から「特移送予定者は時局柄、各現地に於て厳重処分するを適当とす」と報告すると、関東憲兵隊司令部は「厳重処分」を認めず、すべて

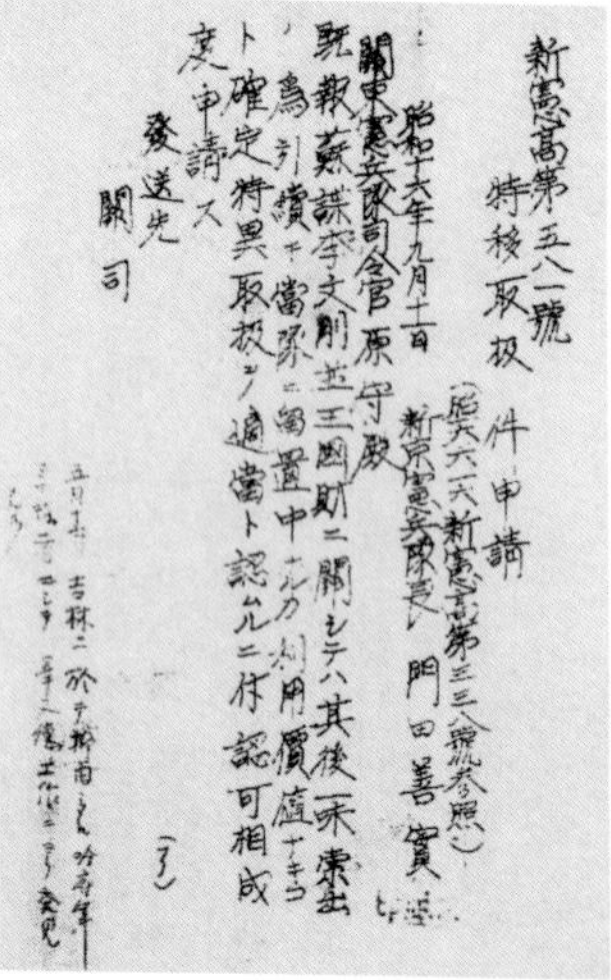

1941年９月11日に作成された新京憲兵隊長の「特移取扱の件申請」（庄厳主編『鉄証如山』より）

「特移扱」とすることを指示した。その結果、東安憲兵隊からは一四人が「特移扱」として七三一部隊に送致された（中国黒龍江省档案館など編『「七三一部隊」罪行鉄証　関東憲兵隊「特移扱」文書』二〇〇一年）。

　東安憲兵隊と推測されるが、四一年度のスパイ処分では二二六人のうち「特移扱」が三八％の八八人で、「事件送致」六五人、「利用」三〇人などとなっている。これは前年の六％から急増している。四二年度では全体で九五人のうち「事件送致」三九人、「特移扱」二九人などとなる。また、四一年度のハルビン憲兵隊の場合は、全体で一七人のうち「特移扱」が八人、「事件送致」が八人などとなっていた（中国吉林省档案館など編『「七三一部隊」罪行鉄証　関東憲兵隊「特移扱」文書』二〇〇三年）。このように限られた史料ながら、四〇年から四二年の範囲では「特移扱」の割合は検挙者のおおよそ二〇％前後といえよう。多いときには三分の一強に、少ないときは一割以下のこともある。「事件送致」として起訴・審判・判決に至る司法処分は四割から五割前後となった。「不逞分子」の処分にあたり、「特移扱」が重要な選択肢となった。

　四三年三月の関東憲兵隊警務部長通牒「特移扱に関する件」には、「特移扱」として移送される者の区別表がある。「諜者（諜略員）」と「思想犯人（民族、共産主義言動事犯）」に分けて、七三一部隊送致の処分基準を示している。「諜者」の処分は「犯状」のほか、前歴・性状・見込みなどの「具備条件」を基準とする。具体的には「事件送致するも当然死刑又は無期と予想せら」れ、「逆利用価値なきもの」、家族などの身寄りのない者などとされる。「思想犯人」処分の基準の一つには「重要なる機密事項に携りたるもの等にして、其の生存が軍乃至《ないし》国家に著しく不利なるもの」というものもあった（吉林省档案館など編『「七三一部隊」罪行鉄証　関東憲兵隊「特移扱」文書』）。そのように憲兵が判断すれば、躊躇なく「特移扱」とすることができた。

四二年一〇月から四四年八月まで関東憲兵隊司令部高級副官を務め、「特移扱」に関する事務を一括していた吉房虎雄は「抗日愛国者を細菌戦試験材料」とした人数は三〇〇人だったと供述している（『日本侵華戦犯筆供選編』11）。

上坪鉄一は鶏寧憲兵隊長（四四年八月から一〇月まで）と東安憲兵隊長（四四年一〇月から四五年七月まで）時代、四四人を「特移扱」にしたと供述している（『日本侵華戦犯筆供選編』12）。上坪隊長の下、東安憲兵隊の戦務課長だった長島玉次郎は四四年一二月に中国抗日組織責任者六人を、同年一一月から四五年六月の間に「ソ同盟諜者」とみなした中国抗日組織中国人民一五人を七三一部隊に送ったと供述する（『日本侵華戦犯筆供選編』82、二〇一七年）。

「特移扱」の多くは憲兵によるものだが、四〇年一〇月から四三年三月頃まで興安北省地方保安局に勤務していた原口一八の供述によれば、「通ソ容疑者」などの名義で九〇人を検挙し、「一、殺害。二、ハルピンの石井部隊送り。三、阜新炭鉱に送って労役に就かせる。四、特務として逆用」という処分方法のなかで、七三一部隊への送致が四〇人にのぼったという。黒河省璦琿県の国境警察隊特務係であった関山順作は、四五年五月上旬、浮浪者の激増が治安に影響するという名目で七四人を検挙し、六二人を鶴崗炭鉱に送るほか、七人を「抗日関係者」という名目で七三一部隊に送致したと供述する（中央档案館ほか編『証言人体実験』一九九一年）。

七三一部隊における犠牲者数は約三〇〇〇人といわれるが、史料上から「特移扱」として判明するのはまだその一割程度にとどまる。

特別治安庭の設置

一九四一年八月、反満抗日運動を集中的に司法処理するために特別治安庭が設置された。刑事司思想科長の藤井勝三は「現下我国思想検察の第一の対象となっている反国家的運動は共産匪、即ち在満共産党軍の活動と西南辺境地区に暴威を逞《たくまし》うしている中国共産党第八路軍の活動である」としたうえで、それらの背後にある「外郭団体の破摧《はさい》、通匪網の弾圧」という「司法討伐の重要性」を強調し、煩雑な手続と長い時間を要する従来の司法制度では「司法当面の任務達成」は不十分とする（『法曹雑誌』一九四一年一〇月）。ポイントは、司法部大臣の認可がなくても「法院以外の場所で開廷し得ること」、官選弁護人の選任をしなくてもよいこと、原則として絞首刑であった死刑の執行において銃殺を可能としたことである。

これは直接的には熱河省西南地区で第八路軍と対峙する関東軍の強い要請に応えたものだが、五月の司法官会議ではチチハル地方法院から社会的に注目を集めることになった事件について「一般民衆に膺懲《ようちょう》の目的を達せしむる為、其の記憶の新たなる間に現地に於て之が裁判を為し、且其の場に於て執行も為し得る様改正せられ度《たし》」という提案がなされていた。これに対して司法部側は「目下之が為に必要なる措置を考究中」と回答している（『第十次 司法官会議録』）ので、特別治安庭の骨格はすでに固まっていたといえる。

「満洲国」治安維持法の制定

暫行懲治叛徒法を施行して数年が経過し、思想的討伐の武器としてその運用が本格化してくると、より強力な治安法立案が浮上してきた。刑事司内では一九三九年夏、「現行法を廃止し新法を制定するを可とするや、改正を以て足るや」、「第一条の結社の目的を現行法の儘《まま》とするべきや、新《あら》たに規定するを要するや」など多岐にわたる検討作業をおこなっていたことが確認できる。そこでは目的遂行罪や予防拘禁なども検討されており、念頭に置かれているのは日本の治安維持法である。

この検討作業をもとに具体的に「叛徒法改正案」も作成されており、第一条は「国家の存立を否認することを目的として結社を組織したる者、又は結社の役員其の他指導者たる任務に従事したる者は死刑又は無期徒刑、若《もし》くは十年以上の徒刑に処す」となっていた（「太田耐造関係文書」、国立国会図書館憲政資料室所蔵）。

その後の改正作業は不明であるが、四一年一二月二七日、「満洲国」治安維持法が制定施行される。すでに五月の司法官会議で北村久直刑事司長が「思想対策の根本的、全面的確立の時期至れりと云うべく目下鋭意之が攻究中」（『第十次 司法官会議録』）と述べ、特別治安庭の新設や国防保安法の制定を示唆していたが、おそらく「目下鋭意之が攻究中」のなかには治安維持法の立案も含まれていた。日本国内で新治安維持法の運用が始まることも、その作業を促進させただろう。

一二月八日の日本の対米英開戦は、治安維持法の制定を急がせた。二〇日の『満洲日日新聞』は「国本攪乱を許さず 治安維持法制定 不逞分子に断」という見出しで報じる。記事には「最近に至って敵性国家群は凡《あら》ゆる悪辣な謀略手段を弄して策動を図る兆《きざし》が見え、特に類似宗教方面にその傾向が顕著であり……このまま放置しては到底国内治安の確保は不可能である」として、司法部では先手を打ち、「国家の安寧を乱す不逞分子を断乎処罰、取締るため新法の制定となった」とある。

制定の手続について一二月二七日の『満洲日日新聞』によれば、一九日の国務院会議上程、二五日の参議府会議諮詢、二七日の勅令により即日施行となる。制定理由は「最近に於ける思想事犯の態様に稽《かんが》え最も有効適切なる方法に依り、此の種犯罪の徹底的掃滅を図らんが為」、暫行懲治叛徒法と暫行懲治盗匪法を統合して新たに治安維持法を制定したとされた。二八日の同紙社説「思想戦に備えよ」は一六日施行の国防保安法に治安維持法を加えて、「満洲国の法的思想戦対策は完璧化された」と歓迎した。

「満洲国」の治安維持法は全一一条から成る。第一条では「国体を変革することを目的として団体を結成したる者、又は団体の謀議に参与し、若は指導を為し、其の他団体の要務を掌理したる者は死刑又は無期徒刑に処す」とし、加入や目的遂行も規定する。第三条は「国体を否定し、又は建国神廟、若は帝室の尊厳を冒瀆すべき事情を流布することを目的として団体を結成したる者」という宗教団体に対する新たな取締規定となっている。

「経過法」として施行された治安維持法施行法では叛徒法と盗匪法は廃止するものの、懲治盗匪法第七条の「臨陣格殺」と第八条の「裁量措置」は当分の間なお効力を有するとされた。この存続には関東軍の強い要求があったと推測される。

実は日本の新治安維持法に範をとっているものの、審理の促進と簡易化を図った「刑事手続」の規定や「予防拘禁」は見送られた。すでに特別治安庭の新設によって審理の迅速化と簡易化が実現していた。「予防拘禁」については四三年九月の思想矯正法に規定されていくが、「厳重処分」や容赦ない死刑判決が横行しているため実質的な意味はなかった。

史履升の治安維持法違反事件判決

反満抗日運動事件で治安維持法適用を唯一確認しうるのは、前述の「田白工作事件」の史履升に対する一九四二年一二月のチチハル高等法院治安庭の死刑判決である（『東北歴次大惨案』）。この判決を下した横山光彦は事件の内容を、王耀均ら二八人が満鉄のチチハル鉄道局列車区を中心に共産党組織を確立し反満抗日運動をおこなっていたものと供述する（『日本侵華戦犯筆供選編』9）。

判決は責任者王耀均と組織者史履升、組長周善恩が死刑、六人が無期徒刑、一人が徒刑二〇年、三二人が徒刑一五年から一〇年などとなった。まもなく死刑はチチハル監獄で執行された。判決文によると、チチハル鉄道局貨物係員だった三三歳の史履升は「満洲の人々の貧しい生活をしているのは日本人と満洲人の異なる待遇、経済統制、物資配給不足、および価格の高騰によるもの」とし、その不満を抱きながら「旧体制の復活を試み、同僚と三民主義を研究し」ていた。東北抗日連合軍の地下工作員王耀均と知り合い、勧誘を受け、「大日本帝国の軍隊を満洲国から追放し、国土を回復し、大日本帝国を滅ぼす目的で団体」の組織を決心したとされる。

ついで、同志の勧誘・獲得、執行委員会の開催、北満抗日救国会チチハル分会の組織などの活動を列挙したうえで、被告が「国体」変革を目的とする団体の中心的役割を果したとする。これらの事実は審判における陳述によって証明されたとする。「法律」に照らし、治安維持法第一条第一項が適用され、死刑が言い渡された。

一二・三〇工作事件と巴木東事件

刑事司長太田耐造は一九四三年末の「刑事司法の運用」（満洲産業調査会編『満洲国政指導綜覧』）において、各高等法院の四二年度の思想犯罪事件の受理数・人数は前年度に比して約二倍半の増加を示し、その内容もそれまでの散発的な「匪賊的盗匪的事件形態」から「執拗な共産主義思想乃至は民族主義意識に基いて官吏、知識層、学生、青年等を目標として地下組織を企図して居る」と記している。

学生や青年を中心とした事件を象徴するのが四一年の一二・三〇工作事件である。ハルビンでの検挙以降、新京・奉天などの各地で主に国民党系の学生・文化人らへの弾圧がつづいた。解学詩『歴史的毒瘤』によれば総検挙者は五〇〇余人にのぼり、二三九人が新京・奉天・ハルビンなどの高等検察庁へ送致された。四三年四月に新京高等法院が下した判決は無期徒刑四人、徒刑一五年三人などとなっている（『東北歴次大惨案』）。

その一人、経済部財務職員訓練所生の陳樹万は「民族意識啓蒙を目的とせる文芸作品の読書会等により革命的同志の獲得を目ざし」、四〇年五月に「読書会」を結成する。一二月の第二回全国大会では、撫順炭鉱・本渓湖炭鉱などの内情の偵知や「治安部に同志を軍官として潜入せしむること」などによって得られる資料は重慶の国民党政府に提供することなどを決定したとするが、その後、会員の熱意が冷め、解散に至っていたとされる。

「読書会」メンバーだった劉栄久らは財務職員訓練所生の同期生に働きかけて別の読書会を組織し、魯迅・巴金の作品をテキストに「革命意識の昂揚」を図るほか、新京軍官学校生徒や在新京の学生らとともに東北大衆革命党結成の準備を進めたとされる。これは頓挫したが、四一年一二月、劉ら七人は「東北大衆の困難を解放し、現在の障害物(日本を指す)を駆逐し、理想的社会の建設を期す」ことを目的とした鉄血同盟を結成したとされた。ここに弾圧が加わった(「太田耐造関係文書」)。

北満の反満抗日運動は三肇事件弾圧により一時下火になっていたが、四二年になって盛り返してきた。その状況をハルビン高等検察庁の畠中二郎治安検察官は救国会や武装組織に「内通する協力者の数は計上し難い」ほど多く、「まさに背筋の凍る思い」と報告している(『東北歴次大惨案』)。そうした脅威と恐怖を実感するがゆえに、しゃにむに弾圧を加えていった。

四三年二月、抗日連軍第三路軍に対する軍事的討伐と抗日救国会に対する弾圧を協議する警察・検察の会議が開催された。三月、第一次の一斉検挙が断行される。巴木東事件と呼ばれる。ハルビン高等検察庁次長の杉原一策は検察官五人を現地に派遣し、ハルビン地方検察庁からも二人が応援に加わった。検察庁への送致は浜江省で三二七人、北安省で八六人におよんだ。監督指導にあたる最高検察庁の野村佐太男検察官との間で「抗日救国組織に加入した者、又は組織に加入せずとも組織の行動を積極的に援助した者は全部起訴」、

「組織の幹部又は幹部でなくても、組織加入者で行動の活発な者は死刑」などの「処理標準」が作成された（『日本侵華戦犯筆供選編』9）。

五五人の取調を担当したハルビン地方検察庁の溝口嘉夫は監獄で四人が死亡したと供述するほか、「警察に於て取調をうけた愛国者は拷問のため身体が弱り、健康を害して」いるにもかかわらず、療養させることもなく「そのまま監獄に勾《ママ》禁してこの人達を殺した」とする（『日本侵華戦犯筆供選編』12）。杉原も勾留期間中の生活条件不良や警察の拷問を原因に約二〇人の死亡者があったと供述している（『日本侵華戦犯筆供選編』9）。

五月の第二次検挙では一三九人が検察庁に送致された。起訴者数は第一次では二八一人、第二次では一三九人となる。その八割が農民だった。八月、ハルビン高等法院治安庭の判決は六六人が死刑、六〇人が無期徒刑、二〇年から一五年の徒刑が二三人などとなった（『東北歴次大惨案』）。

戦時下末期の思想事件の処理状況

戦時下末期の治安状況の一層の緊迫化は、日満軍警の特高警察機能と思想検察機能を最大限に発揮させた。解学詩『歴史的毒瘤』は、「統治の終末期」の三大重点が「国民党地下組織と抗日連軍、そして熱河地区に進出した八路軍」にあったと指摘する。

一九四四年七月の「桃園工作」事件は奉天省地方保安局（局長は警務庁特務科長の兼務）

の探知によるもので、国民党東北部の抗日組織への弾圧によって七つの国民党組織と三つの外廓団体が破壊された。奉天市のほか本渓湖市・営口市などにおよび、三一八人が検挙され、一〇〇人以上を検察庁に送致、約一〇人が死刑となり、ほかは有期徒刑となった。

国民党関係の検挙では国民党が基盤を置いた学生組織も大きな弾圧を受けた。四四年四月の「黎春工作」事件は奉天第四国民高等学校の学生愛国組織興志会を、四五年四月の「嶺雲工作」事件は奉天第三国民高等学校の学生愛国組織復興会を破壊した（解学詩『歴史的毒瘤』）。

抗日連軍への弾圧である通河事件の発端は、矯正輔導院（後述）に勾留中だった抗日運動関係者二四人が検察官の厳重な取調によって拷問死となる事態に四五年四月、通河県警務官の王金財が蹶起して勾留されていた人々を救出し、県公署などを占領した反乱である。日満軍警は激しい討伐活動を展開し、一カ月後に鎮圧した。交戦中の射殺六五人、餓死や重傷による死亡二四人、投降後の拷問による死亡二七人のほか、牡丹江高等法院分院（佳木斯）の治安庭の審判では三一人に死刑を科したという（『東北歴次大惨案』）。

ハルビン高等検察庁の溝口嘉夫が主任検察官となった双城事件、三路軍事件、教会事件で、いずれも治安庭審判の審判長を務めたのはハルビン高等法院次長の横山光彦である。双城事件は四四年一〇月、双城県の警察署を襲撃した三路軍下の自衛団・救国会員四〇人を検挙し、送致してきたもので、二六人を起訴、判決では九人が死刑に、一七人が一五年以上の徒刑となった。

三路軍事件は四四年一二月に断行された。北安省綏稜・慶安県下に救国会を組織し、衣服や食糧を提供するなど抗日連軍第三路軍を支援したとして孫国棟ら約五〇人が検挙され、四五年五月、ハルビン高等検察庁に三五人が送致となった。七月の判決で孫国棟ら一五人が死刑、二〇人が徒刑一五年から三年を言い渡された。孫らの死刑は「満洲国」崩壊時に強行された。

教会事件では四五年一月、浜江省で五〇人が検挙され、二七人が起訴された。横山光彦の供述によれば「全東北に散在せる邪教、孔教、道徳教、一心天道龍華政教会等を利用した」国民党員による反満抗日運動で、七月中旬の治安庭審判で三人が死刑に、二七人が一五年以上の徒刑を科せられた。そして同年八月一〇日から一三日の間に三人の死刑が執行された(『日本侵華戦犯筆供選編』9)。

溝口嘉夫は上記の三事件のほかに延安の地下工作員事件を加えて九四人を起訴し、二八人が死刑判決を受けたと供述する。横山の場合、上記の三事件のほかに二つの事件を合わせて死刑の言い渡しが三二人となったという。

熱河省西南地区粛正工作

国境地帯の反満抗日運動対策を迫られた熱河省では一九四一年九月から「特別粛正工

作」を開始して成果をあげたかにみえたが、対米英開戦とともに抗日運動は勢いを盛り返した。関東軍主体の軍事的討伐と並行して、関東憲兵隊は同省西南地区での思想的討伐に全力をあげることになった。熱河省の治安回復は「満洲国」全体にとっても最重要課題であった。

実質的に「満洲国」官僚トップの総務庁次長古海忠之は四二年以降、治安工作の重点を熱河省に置き、「無住地帯」の設定や「集団部落」の建設をおこなう一方で、「愛国者又は無辜《むこ》の人民を屠殺、拷問其他残忍な危害を加え、特別治安庭に送致して何等の救済法なき非道なる裁判制度に依り極刑を科した」と供述する。古海自身も熱河へ出張して視察督励するほか、四三年九月には東辺道《とうへんどう》粛正工作で実績をあげた岸谷隆一郎を熱河省次長に、皆川富之丞を熱河省警務庁長に任命した（『日本侵華戦犯筆供選編』7）。

「集団部落」建設は四三年六月までに集中的に推進された。一八万戸を対象に一〇〇戸以上を基準とし、耕地との距離は六キロとした。特定の許可証がなければ出入りと耕作が禁止され、違反者は「盗匪」とみなされた。実際には「盗匪討伐の対策効果」は十分にはあがらなかった（司法部刑事局「中国共産党の対満策動及び其の治案対策――冀［河北省］東、熱河を中心に」『思想特別研究』第一号、中央档案館ほか編『東北「大討伐」』一九九一年）。

四二年三月、西南地区防衛委員会で安藤忠一郎西南軍防衛司令官は「八路軍は山塞を利用するから無住地帯を作って糧道を遮断する。一切の糧食は八路軍に食わせてはならぬ。

八路軍は一人も逃さず殲滅《せんめつ》せよ」（木村光明手記「無住地帯」中帰連平和記念館所蔵）という指示をおこなった。住民は労働者や農業移民として強制的に移住させられた。四四年三月分の承徳憲兵隊『西南地区粛正月報』に「中共は無住地帯残存の反集家民衆に対し生活必需物資及春耕資金等を貸与、下山阻止に努むると共に之が武装化を図りあり」（『日本関東憲兵隊報告集』第二輯第一巻）とあるように、住民の争奪がおこなわれた。

粛正工作の実態

西南地区粛正工作は具体的にどのように実施されたのだろうか。

一九四二年一月の興隆県南東部地区の地下組織の一斉検挙事件をみよう。検挙のきっかけは前年の戦闘で押収した文書から地下組織をつかみ、承徳憲兵隊の偵察により主要分子の状況を明らかにしたというもので、二四の青年報国会などを破壊し、四二三人を検挙したという。一五〇人を検察庁に送致した。内訳は工作員と「共匪」が各二人、組織の幹部級六一人、構成員一四人、「通匪」七一人である（『東北「大討伐」』）。

四二年上半期の粛正工作の重点は興隆県と青龍県の中共系組織の破壊にあり、検挙者総数は一二九二人にのぼる。「共匪」五一人、「共産組織関係者」五〇人、「群衆」九八一人、「通匪」二一〇人である。処分は検察庁送致五一一人、「特移送」四人、「利用」九一人、釈放者六八六人である（関東憲兵隊司令部「満洲共産抗日運動概況」『東北「大討伐」』）。釈放者の多さは民衆が一斉に検挙されたことを推測させる。

四三年一月、関東軍の一部の南方転出にともない、熱河省国境地帯の治安が急速に悪化した。承徳憲兵隊長安藤次郎は「之は憲兵の責任だ。八路軍は一人残らず殲滅せよ。八路軍に高粱《こうりやん》や粟等食糧を与えた者も皆死刑にせよ」（木村光明手記「無住地帯」）という命令を発した。この督励の結果は関東憲兵隊司令部『思想対策月報』の「服務実績」にあらわれる。四三年一月分では「工作員」一〇人、「共匪」一一人、民衆地下組織一六五五人、その他九八人を検挙したとする。「処分別」にみると検察庁送致五〇七人、「利用」一人、「宣撫放遣」一〇九五人、取調中五二人である（『日本関東憲兵隊報告集』第一輯第一一巻）。

承徳憲兵隊『思想対策月報』の二月分には「承徳県南部及興隆県一体に亘り中共党匪の有力分子並地下組織の剔抉芟除《さんじょ》に重点を指向し、敵糧道遮断を併行実施し、概《おおむ》ね所望の目的を達せり」（『日本関東憲兵隊報告集』第一輯第六巻）とある。これは「二・一事件」と呼ばれ、八路軍関係者と抗日人員一〇〇〇余人が検挙され、そのうち二五四人は殺害され、残りの者は承徳特別治安庭に送られた。

警務総局特務処『特務彙報』第四号（一九四三年、『治安維持法関係資料集』第4巻）の巻末には「特高関係主なる検挙者一覧表」がある。四三年一月から三月までの期間の各省警務庁などからの報告で、検挙者総数では熱河省だけで八三四六人となる（「満洲国」全体では約八八〇〇人）。大部分は「共産党関係」であり、熱河省関係だけで全体の九割以上を占める。一月一〇日から二八日にかけての「中共党政匪関係者検挙」一六五五人、二月一日から二八日にかけての「中共党政匪関係者検挙」五〇四三人はとりわけ規模が大きい。いずれも承徳憲兵隊によるものである。

粛正工作期間と重なる四二年八月から四四年九月の間、古北口憲兵分隊長・熱河第一遊撃隊長だった長島玉次郎があげる「中国人民革命戦士、愛国農民」の検挙者数は一万六六五六人である。そのうち熱河特別治安庭で審判されたのは約三六〇〇人、死刑となったのは九八〇余人で、投獄されたのは二六〇〇人あまり、獄中での拷問死は五〇％以上で、「秘密裡に殺され、あるいは人体解剖で死亡した人もいた」と供述する（『東北「大討伐」』）。

ほかの史料も勘案すると、西南地区粛正工作を通しての総検挙者数は一万一〇〇〇人から一万三〇〇〇人にのぼる。これに軍事的討伐、さらに「厳重処分」による殺害が加わった。

特別治安庭の審判

西南地区粛正工作において検挙した中国共産党員・八路軍兵士、反満抗日運動にかかわるとみなした農民・学生らのうち、四〇〇〇人前後が検察庁に送致された。

錦州高等検察庁の書記官だった板橋潤の「供述書」には「「粛正」することが最大の目的であり、極刑を以て臨」んだとある。必要に応じて各地で開廷される特別治安庭では検察官も現地に出張し、取調も地方法院や区の検察庁、憲兵分隊などでおこなわれた。犯罪とされた多くの容疑は「愛国組織の村長、屯《とん》長、牌《はい》長及び日本軍の道路破壊、電柱切断及び八路軍に物資の提供等」とされた。

検察庁の取調においても拷問が日常的にあったことを板橋は自らもその一人だったとして、四三年九月上旬の青龍県の「中国農民愛国者」二〇〇人と八路軍兵士三人の取調では「私は直接被害者五名に対し竹刀《しない》で処《ところ》かまわず数十回殴りつけ、拷問しました」などと供述している。拷問によって作成された虚偽の調書が特別治安庭における有罪の証拠となった(『日本侵華戦犯筆供選編』99)。検挙されてから「特別治安庭」に送致されるまで八割が一〇〇日以内に処理された。

西南地区粛正工作の司法処理に対応するために新設された特別治安庭は、実際に熱河省で集中的に、つまり錦州高等法院の下で開廷された。設置箇所は一五程度で、「特に承徳は普遍的に設置」されていた(板橋「供述書」中帰連平和記念館所蔵)。飯守重任の「供述書」では一四カ所で二五回開廷され、四二年と四三年に集中している(『東北「大討伐」』)。

開廷の様子を板橋の手記「特別治安庭」は「憲警から審判に到るまで一人の被害者の方に対し、五枚の紙で処理されてしまったのが多く有りました。そしてその審判は一人一人をやって居らず、通常五人十人と云う具合に審判官の前に被害者を並べて置いてなんの発言も許さず、審判官は検察官の「起訴状」を読み上げ、それによって適当な残酷な刑を科して居りました」と伝える。四三年一〇月に青龍区法院に設置された特別治安庭では山田通審判官が一人で一日五〇人を重刑に処したという。「八路軍五人を宿泊させた理由の下で徒刑二十年」、「生きんが為に部落の人々を集めて話合った」というだけで死刑となった。特別治安庭による処断がさらに重要性を増してくると、その運用はより簡略で効率的なものに変更された。四四年五月には地方の治安情勢などへの考慮なしにどこでも開廷が可能となり、単独審判も可能とし、さらに死刑の執行も監獄以外の適当な場所で可能とした。

五六年七月、瀋陽軍事法廷で横山光彦は被疑事実について裁判官から訊問を受けた。錦州高等法院では「巡回特別治安庭」と呼ばれ、「高等検察庁の思想検察官は承徳に常住していて、抗日運動事件で中国人を逮捕し、その人数が相当数に達すると、承徳に「特別治安庭」を開くように求めました」と陳述する(『正義的審判』)。四三年八月の「治安粛正委員会」の決定を受け、青龍・興隆地区の開廷では約六〇件、平泉・古北口地区の開廷では一二件を処理している。横山はこれら以外にも大きく五つの事件を錦州高等法院特別治安庭で処断している。判決結果の合計は死刑五四人、無期徒刑三〇人、一〇年以上の徒刑五〇四人、一〇年以下の徒刑二六七人となる。自らが審判長となった事件では死刑二二人、無期徒刑一五人、一〇年以上の徒刑八六人、一〇年以下の徒刑二九人とする(『日本侵華戦犯筆供選編』9)。

飯守重任は撫順戦犯管理所における手記「カトリック教徒たる親友に宛てた手紙」に、

治安維持法により熱河粛正工作のみでも一七〇〇〇人を死刑に、約二六〇〇〇人を無期徒刑その他の重刑に処していると記している。「供述書」にも同様の数値がある（『偽満傀儡政権』）。帰国後に飯守はこれを釈放・帰国するための方便としてひるがえした。

この飯守の記述に照応するものとして、書記官だった板橋潤の手記「特別治安庭」がある。特別治安庭が設置され、敗戦に至る期間、「死刑にされた中国愛国者の方は一七〇〇〇名以上、無期及び有期徒刑二九〇〇〇名以上に達しております」とある。これは、四四年一〇月より板橋自身が「満洲国」建国一〇周年記念の特赦についておこなった事務のための調査による数値で、信頼性は高い。おそらく飯守もこの数値にもとづいての供述だったと推測される。

板橋「供述書」では西南地区粛正工作にともなう特別治安庭とは区別して、錦州高等法院における「治安庭」審判も述べられている。四二年七月から四四年一一月までの間、中国共産党関係三件四三二人が検察庁に送致され、そのうち三二五人を錦州高等法院の普通「治安庭」に起訴し、三五人が死刑判決を受けたとする。

合作社事件

一九四三年八月、関東憲兵隊司令部の武本実中尉作成の「最近に於ける日系共産主義運動と捜査着眼」（小林英夫・福井紳一『満鉄調査部事件の真相――新発見史料が語る「知の集団」

の見果てぬ夢』二〇〇四年）には、反満抗日運動の取締弾圧に比重がかかっていたため、「日系共産主義運動の如き合法場面に寄生して展開しありたる陰性思想運動の剔抉は勢い思想対策の重点目標外に置かれありたる」とある。これは「満洲国」建国から四〇年前後までを指すだろう。

　そのなかで新京憲兵隊は警視庁による協和会中央本部の平賀貞夫の検挙を契機に内偵捜査を進め、「農事合作社に於ける左翼前歴者の集団的策動の背後に、思想関係が伏在しありとする容疑極めて濃厚なる結論」を導き出した。佐藤大四郎や情野《せいの》義秀ら「農事合作社に於ける左翼前歴者」に対する尾行や身辺調査、スパイによる言動の把握、信書類の「速写」などをおこなって、交友関係や思想動向の把握に努めた。一時、関東軍司令部の意向によりストップがかかったものの、公金横領の容疑で検挙した情野の自供を突破口に四一年一一月、「満洲国」治安維持法違反として一斉検挙が断行された。憲兵隊による検挙には情野・岩間義人・佐藤大四郎らが含まれ、二六人にのぼった。新京以外で検挙した井上林《りん》・進藤甚四郎・田中治は新京に連行された。「満洲国」警察は二五人を検挙した（関東憲兵隊司令部『在満日系共産主義運動』一九四四年、復刻版一九六九年）。

　新京憲兵隊では応援を得て、「文字通り不眠不休の取調を続行した」。「中核体」関係者と目された情野・岩間・井上・進藤・田中の取調が優先的に進められ（平賀は東京刑事地裁検事局で取調）、四二年二月、新京高等検察庁に送致された。治安維持法第一条第一項

「団体結成罪」の適用＝「満洲帝国の国体の変革を目的とする結社を組織」（「意見書」）とされた。憲兵隊関係では大半を検察庁に送致した。

藤井勝三ら治安係検察官による訊問を経て四月、情野ら五人が起訴された。四一年四月の天満ホテル会談において「現に分散状態に在る我国日系共産主義運動の指導統一を図る為の中核体たる「核」を結成」し、「在満日系共産主義者及満系優秀分子、就中満洲国軍、満系警察官、其の他満系青年優秀分子等を漸次獲得して組織の確立を図ること」を当面の運動方針としていたとされた。

五人の「中核体」関係者については四二年六月、新京高等法院の治安庭において公判が開始された。八月の判決では第一条第一項を適用し、全員に無期徒刑を言い渡した。判決文は不明である。「日本人」ゆえ「転向」可能という判断があったためだろう、「死刑」ではなく「無期徒刑」が選択されたと思われる。最高法院へ上告せず、刑が確定した（『在満日系共産主義運動』）。

四三年四月になされた「浜江コース」の判決では第五条第一項の宣伝罪を適用し、佐藤大四郎は徒刑一二年（求刑は徒刑一五年」）、ほかは三年から七年の徒刑だった。佐藤に対する判決では「農村協同組合運動の中心目標を勤労階級たる中貧農に置き……階級的自覚を促し、半封建的支配に反発する気運を醸成してブルジョア民主主義革命に導き……窮極に於ては我が国体を変革して共産主義社会を実現せんことを企図し」たとみなし、具体的行動としてパンフレットの刊行・配布、機関誌『農事合作報』刊行、『満洲評論』寄稿などをあげている（司法省刑事局編『思想月報』第一〇二号、一九四三年）。佐藤はまもなく奉天監獄で栄養失調に肋膜炎を併発して獄死する。

なぜ無期徒刑の重罰だったのか

情野義秀の供述をもとに憲兵隊・検察庁が描いた「中核体」像は平賀貞夫を軸としている。平賀が情野と進藤甚四郎を渡満させ、在満日系共産主義者を「糾合」し、「満洲国」内における共産主義運動の統一発展を意図し、潰滅に瀕した日本共産党再建をめざしたという構図である。憲兵隊の「意見書」段階では日中の共産主義運動の「相呼応」という把握だったが、検察官の「起訴」段階では「同時武装蜂起」とされた（『合作社事件関係資料』二〇〇九年）。『在満日系共産主義運動』では「日本共産党の流れを汲み、共産主義世界革命の一環として日・満・支同時武装蜂起に依る暴力革命の意図を内蔵していた」とさらにエスカレートする。

しかし、「手記」や「訊問調書」から浮かびあがる「中核体」の実態は茫漠としている。「中核体」の結成と目され、最初で最後となる六人全員が揃った一九四一年四月の「天満ホテル会談」における状況について、情野は「平賀から抽象的ではありましたが、運動の正しい発展の為には政治的性格を有する核を持たなくてはならないと切出しました」（検察「訊問調書」）という。「中核体」の定義についてもメンバーのなかで微妙に異なり、「北満」地域に限定的な情野と「満洲」全体とする平賀・進藤らとではくいちがっている。それは「中核体」の存在自体が虚構の産物であったことに由来する。

一方で、六人の「聴取書」や「手記」からは戦時下の日本および「満洲国」の国民の社会的不安・動揺――「日支事変が長期化したので国民には厭戦的空気が漲《みなぎ》って来たのみならず……次第に社会的不安が生れ、国民も動揺して来た」という平賀の報告――について彼らが認識を共有していたことが読みとれる。また、彼らにはグループを作ることによって個人の生活を立て直し、合作社事業方針を足並揃えて進めば「最後には組織的運動の足場ともなるであろうと、一石三鳥の効果」（進藤甚四郎「手記」）とあるように、左翼運動再興の志があったことも確かと思われる（『合作社事件関係資料』）。そこに憲兵や検察官はめざとく襲いかかった。

「中核体」関係者とされた五人に下った無期徒刑は、東京刑事地裁での平賀への科刑が懲役七年だったことと比較しても、全員が執行猶予付となった満鉄調査部事件と比べてもはるかに重い。「中核体」を「満洲国」の「国体」変革団体として仕立て上げたことは、必然的に第一条第一項の適用に導いた。ほとんど具体的な活動がないにもかかわらず、無期徒刑という処断は牛刀をもって鶏を割くに等しい。関東憲兵隊の強硬な姿勢は検察庁送致の「意見書」に「厳重処罰の要ある」だけでは飽き足らず、その上に「最も憎む可べきものにして」を付していることに明らかである。それは検察庁や法院の司法処分においても一貫していた。

満鉄調査部事件

合作社事件の「浜江コース」関係者の取調を通じて鈴木小兵衛《こへえ》らの協和会関係者が浮上し（中間検挙）、満鉄調査部事件に接続していった。『在満日系共産主義運動』は二つの連続する事件を「理論と実践の関係」ととらえている。合作社事件が「実践活動」であり、満鉄調査部事件が「主として理論活動」である。満鉄調査部は在満日系共産主義運動の本命であり、最大の標的とされた。

関東憲兵隊司令部は「国策調査に便乗し、専ら調査執筆活動を通じ、主義の宣伝啓蒙をなしある」という予断に立って、満鉄調査部関係の出版物・印刷物の「精細厳密なる検討」を加えた（『在満日系共産主義運動』）。憲兵の今関喜太郎の供述によれば、鈴木小兵衛らを脅迫し、「満鉄調査局《ママ》内における共産主義者の氏名、活動状況を供述せしめ」たという（『日本侵華戦犯筆供選編』93）。

一九四二年九月、三三人が一斉検挙された（第一次、四三年七月の第二次では一〇人を検挙）。「九・二一事件（満鉄調査部職員を主とする在満日系共産主義運動）検挙に関する件報告（第一報）」（『満鉄調査部事件』『満鉄内密文書』第三〇巻、二〇一五年）では、満鉄調査部について「満洲建国当時より左翼分子の巣窟となり、在満日系共産主義運動の貯水池的役割を果し」ていたとみて、『満鉄経済年報』などの論文類の大多数が共産主義の立場からの執筆で、宣伝啓蒙の効果を有していたとされる。

同年一二月の「九・二一事件に関する件報告」第二報では運動形態として、合法運動を隠れみのに「其の究極意図を秘匿し、非合法性を露呈せざるが故に長期間弾圧を免れ来れるものにして……所謂人民戦線戦術なる新戦術に則りたるもの」ととらえて、非合法運動よりも「遥《はるか》に悪質危険なる運動」とする。そのうえで満鉄首脳部などの責任を追及し、「特に国家的調査機関に於ける監督を透徹して左翼分子の欺瞞を看破」することが急務とする。「左翼分子の欺瞞」性と危険性の未然防止こそが、関東憲兵隊が満鉄調査部事件に求めたものであり、満鉄調査部の解体に至ったことで目標を達成できたことになる。

関東憲兵隊ではゾルゲ事件や中国共産党諜報団事件との結合の可能性を模索していた形跡がある。具島兼三郎は取調の内容が予想と異なり、「尾崎秀実や中西功との関係に集中」していたと回想する（『奔流――わたしの歩いた道』一九八一年）。満鉄上海事務所調査室の加藤清に対する関東憲兵隊司令部の「意見書」には、「支那抗戦力調査」において「中西功の指導の下にマルクス主義的観点より支那抗戦の発展過程並特質を明瞭にする」行動などがあったとの一節がある（関東憲兵隊司令部「九、二一事件に関する件報告」第四報、『満鉄調査部事件の真相』）。しかし、こうした調査部事件を「日支に於ける運動」、具体的には尾崎や中西と結びつけようという試みは頓挫する。

関東憲兵隊司令部は第二次検挙分も含めて四三年一二月末までに四〇人を新京高等検察庁に送致し、事件を一段落させた。その際の関東憲兵隊司令部の「意見書」をみると、「処罰に関する意見」として「厳重処罰の要」と「相当処罰の要」と区分されている。合作社事件にならって「非合法運動」に結びつけようと画策していたが、その関係者とみなした数人を「厳重処罰の要」とした（『在満日系共産主義運動』）。

四二年九月の一斉検挙組の野々村一雄の場合、四三年七月に新京高等検察庁に送致されたあと、一〇月から検察官の取調が始まり、一二月まで集中的につづいた。野々村は「憲兵隊で書いたとほぼ同じ趣旨の手記を書かされた」と回想し、「検察官が憲兵の予め敷いたライン以外の線で、われわれを取調べることは、思いもよらなかったであろう」と推測する（野々村一雄『回想満鉄調査部』一九八六年）。

新京高等検察庁の「起訴」をめぐる「処理状況」表（四四年夏頃、『在満日系共産主義運動』）をみると、鈴木小兵衛ら合作社事件からの編入三人を含めた二八人のうち大上末広ら五人は獄中で病死し、一五人が起訴（その後、五人が追加となる）となり、八人が起訴猶予となった。適用されたのは治安維持法第五条第一項の「宣伝罪」で、第一条第一項の「団体結成罪」ではなかった。これは新京高等検察庁の段階で、関東憲兵隊とは異なり「非合法運動」の存在を否定したことを意味する。

野々村の場合、新京高等法院で四五年一月に三回の単独公判があり、その後に保釈となった。五月、野々村を含む二〇人の最後の公判があり、検察官は「被告たち一同が、日本共産党、中国共産党との直接の連絡はないが、これらが主体となっておこなわれるプロレタリア革命の展望を予め確立しておくために総合調査をおこない、また、そのために宣伝活動をおこなったことがいけない、これが一種の人民戦線的な運動である」という趣旨の最終論告をおこなったという（野々村一雄『回想満鉄調査部』）。

五月の判決ではすべて「宣伝罪」を適用して二〇人中一六人に徒刑二年（執行猶予三年）を科した。重要なことは有罪を下すことであった。具島兼三郎は「裁判長はわたしを有罪とすることによって関東軍《ママ》憲兵隊の顔を立て、執行猶予とすることによって、わたしに実質的な自由をあたえたのであった」と回想する。

関東憲兵隊が「非合法運動」関係者として固執していた四人は徒刑五年（執行猶予五年）と徒刑三年（執行猶予三年）が二人ずつと、やや重くなった。稲葉四郎の場合、検察庁送致の「意見書」で「満鉄調査部に於ける左翼理論水準の最高峰として理論的指導者的地位に在りたる」と指摘されて、「厳重処理の要」が求められていた。

なお、満鉄調査部事件でも最高法院への上告はありえたはずであるが、新京高等法院の判決が確定判決となった。それはすべての被告が「思想清算」の完了者とみなされ、国家に反攻する「上告」はありえないとされたからである。

「思想清浄」

満鉄調査部事件弾圧を考えるうえで、『在満日系共産主義運動』第三編にある「事件処理より得たる教訓及将来の対策」が手がかりとなる。そこには「憲兵の行う思想対策は其の有害思想を根底より覆滅掃蕩し、清浄なる状態に帰せしむる所謂抜本塞源的措置でなければならぬ」、「大東亜指導民族として発展しつつある今日、我民族間に於ける思想清浄は急務中の急務」という一節がある。「有害思想」として「思想清浄」の対象となったのは「左翼分子の巣窟」であり、「在満日系共産主義運動の貯水池的役割」とみなした満鉄調査部そのものであった。

この「思想清浄」という言葉からは、第二次で検挙された石堂清倫の証言が連想される（井村哲郎編『満鉄調査部――関係者の証言』一九六六年）。憲兵や検察官は「国家非常の時局に銃後を固める当局としては、将来万一の点から見ると、お前たちの抗弁する態度自体が大いに危険なのだ、行為にたいしてだけ罪を問われると思うのは間違いである」と放言していたという。この痛烈な体験から石堂は治安維持法違反という処断は「将来その人の精神または思想が、行動を起こす可能性に対して未然に懲罰するという、予防的な措置でしかなかった」と思い至る。

戦争遂行体制を揺るがす恐れがある言動だけでなく、被疑者・被告にはその根源にある

「精神」や「抗弁する態度」を一掃し、天皇・国家に帰一する「精神」・「態度」に完全に転回することまでが求められた。『在満日系共産主義運動』の冒頭には、関東憲兵隊の取調において「熱誠と温遇を以て彼等の迷蒙を解き、皇民意識に大悟して思想清算への努力を誓約せしめ」とある。被疑者らは取調当初、「左翼調査の継続発展を擁護せんとする心境態度」にとどまっていたが、取調官の熱意と時日の経過により「凡《すべ》て其の知悉しある左翼運動を剔抉芟除して国家の安泰を希求し、自己を懺悔するの心境」に立ち至ったとする。それは「思想清算」、「思想清浄」の境地にほかならなかった。

新京高等検察庁に送致された満鉄調査部事件の四〇人の「被疑者の悉くは真に思想清算を誓い、堅実なる甦生《そせい》の第一歩を踏出した」という。すなわち「日本精神を体得し、日本精神に立脚する真に日本的な大東亜共栄圏経済学の一大理論体系を樹立することにより、理論の面に於て国家に報いんことを期しております」（石田精一「現在の心境に就て」、四三年七月、『満鉄調査部事件の真相』）という段階までの「転向」が不可欠なものとされた。

合作社事件と満鉄調査部事件は、「思想清浄」のための第一弾・第二弾として実行された。「思想清浄」の言葉どおり、取締当局が「共産主義思想」を依然として把持しているとみなせば、それを洗い去り、「清浄」にすることが「急務」となった。そこにフレーム・アップはたやすかった。

「左翼運動発生の母体」とみる満鉄調査部自体の「思想清浄」も必要とされた。一斉検挙時に満鉄調査部総務課長の職にあり、最後の検挙者となる枝吉勇は「そもそも満鉄事件は東条〔英機〕が大村〔卓一〕総裁に伝えたように、戦争計画遂行のための思想清掃作業が本態である」と回想する（枝吉勇『調査屋流転』一九八一年）。一九四三年五月、調査部は縮小された。六月の調査局長の「指示事項」には「反国家的思想を抜本塞源的に芟除するは勿論、是等思想の根源となる自由主義思想を抱懐するを許さず、牢固なる態度を以て部内の粛正に全力を尽すこと」という、「思想清浄」に相当する項目もあった（『在満日系共産主義運動』）。

反満抗日運動処断との落差

合作社事件の一斉検挙後、一九四二年一月に策定された関東憲兵隊の「昭和十七年度思想対策服務の要点」では、まずソ連・中国の「満洲国」に対する策動の警防・鎮圧を、つぎに「満洲人中の知識人と学生の共産抗日組織を重点的に捜査・鎮圧する」ことをあげるが、在満日系共産主義運動については何も触れられていない（『偽満憲警統治』）。関東憲兵隊全体の「思想対策服務」としてはそれ以上に重視すべきものがあったとみるべきだろう。対米英開戦後には防諜態勢の確立が重視された。在満日系共産主義運動に対峙しているのは、司令部と新京憲兵隊の一部にすぎなかった。

関東憲兵隊（さらに検察・法院も含めて）が直面する反満抗日運動弾圧と合作社事件・満

鉄調査部事件を比較するとき、治安維持法の運用の大きな落差に気づく。そもそも治安維持法は反満抗日運動の弾圧を目的としており、在満日系共産主義運動への適用は想定外だった。「日本人」を処断するにあたり、それまでの日本国内の治安維持法事件と同じ手続をとることには異論がなかった。合作社事件において憲兵隊による捜査・取調、検察への送致・起訴から公判に至る手続は綿密で、多くの調書が作成された。満鉄調査部事件では留置と取調について関東軍からの指示もあり、「取扱を慎重にし、物心両方面に亘り無用の苦痛を与えざること」(『在満日系共産主義運動』)を方針とした（実際には長期の留置や厳寒などは肉体的・精神的に大きな苦痛を与え、獄死者も出した)。それは反満抗日運動の被疑者への拷問・虐遇と対照的である。

この圧倒的な落差は、被疑者・被告が「日本人」であるかどうかに由来する。「中核体」関係者五人に「無期徒刑」を言い渡す容赦のなさの一方で、「死刑」を回避した理由の一つは五人が「日本人」としての「転向」の可能性に期待したからであろう。満鉄調査部事件において拷問・虐待の禁止が厳命されたのは「彼等の誤れる世界観を根底より打破して、真の日本人として甦生せしむるにある」(『在満日系共産主義運動』)とされたからである。一方、反満抗日運動の処断にあたり、一日で五〇人あまりも一挙に死刑を含む厳罰を言い渡すこともあった苛酷さは、非「日本人」ゆえに抹殺することに何らの躊躇がなかったからである。時には検察庁への送致から判決、刑の執行までがたった五枚の書類のみでおこなわれたことに、治安維持法運用の落差が象徴されている。

5　治安体制のなかの行刑・矯正輔導

治安維持法下の監獄

横浜刑務所看守部長から一九三五年一二月に「満洲国」監獄の看守長となった阿部源三郎は刑の確定者で「刑期二年以上のものには全般的に足枷《あしかせ》をかけました」と供述する。収容者が多数死亡したことについては食糧給与の悪化による栄養失調を原因とするほか、「警察、憲兵、〔鉄路〕警護団が凡ゆる拷問をなしたる為め、肉体的精神的に大きな打撃を受け、収容当時、既に足腰が立たず、直《ただち》に病室に入るもの少くなかった」ためなどとする（『日本侵華戦犯筆供選編』82、二〇一七年）。

座談会「満州矯正の回顧」のなかで、司法矯正総局総務課長だった松岡功は「刑期一年以上は死刑と同じで、裁判で言い渡された有期刑が矯正の段階で生命刑に転化する」と語っている（満州矯正追想録刊行会編『追想録　動乱下の満州矯正』一九七七年）。撫順戦犯管理所に収容された行刑関係者による共同手記「偽満監獄罪悪史」（中帰連平和記念館所蔵）

によれば、年間の監獄収容総数三万五〇〇〇人に対して罹病者は常に七〇〇〇人以上で、毎月の死亡者は六〇〇人以上に達したという。監獄内における行刑諸法規の運用は「日本の監獄に比して更に一段と輪をかけた残忍非道な植民地奴隷化的テロル」であったとする。

前述の西南地区粛正工作に連動した特別治安庭において、無期・有期徒刑を科せられた人々の一部は承徳監獄に入れられた。四四年一二月に承徳監獄副長となった阿部源三郎の供述によると、着任時の収容者は約六〇〇人で、そのうち約四〇〇人が共産党関係者だった。その後約三〇〇人(約二〇〇人は共産党関係者)が新たに収容された。在職中に虐待や衛生・食事の環境劣悪、医薬品不足などのために一七二人(共産党関係者約一一五人)を死亡させたとする(『日本侵華戦犯筆供選編』82)。また、板橋潤の手記「特別治安庭」には無期・有期徒刑に処せられた人々はまず承徳監獄に集中され、その後、「最も刑の重い方を重工業地帯の監獄に移管し……苛酷な労働の下に酷使され、敗戦時にはその三分の二以上の方がその尊い生命を奪われ」たとある。

監獄では死刑が執行された。中井久二は司法部参事官と司法矯正総局長在職中の四一年七月から四五年八月までの死刑執行数を毎年一〇〇人前後、総数で四二〇人と推定する。そのうち二割から三割が「政治犯」、つまり暫行懲治叛徒法違反および治安維持法違反であったという(『日本侵華戦犯筆供選編』8)。ここには特別治安庭における死刑判決の執行は含まれていない。

行刑制度の整備

「満洲国」建国からしばらくは監獄の看守などは外務省警察官や満鉄職員によって代用されていたが、一九三四年春から行刑制度の整備が進んだ。司法部行刑司の刑政・監獄・会計の各科長に日本の行刑関係者が送り込まれた。さらに一二月、日本の刑務官一〇〇人余を「満洲国」各地の二一監獄と二分監に配置し、典獄佐《てんごくさ》(副長)、看守長とした。三六年一月にはさらに六〇余人を増員した。下級職員には軍隊除隊の兵士を毎年五〇人から六〇人採用したという(「偽満監獄罪悪史」)。日本国内から応募する動機の一つは、やはり高い給与だった。千葉刑務所木更津支所勤務だった清水鵬太郎は「給与が三倍になるという好条件だった」と語る(『追想録　動乱下の満州矯正』)。

三八年末の監獄職員は三四二七人で、日本人が四四七人、「満洲国人」が二九八〇人となっている。典獄(所長)は二三人中二二人が「満洲国人」だが、運用の実権を握る典獄佐は日本人が二四人(二八人中)で、看守長も日本人九四人に対して「満洲国人」は八七人となっていた。監獄の運用の実権は日本人刑務官に握られていた。

三五年末の受刑者総数は一万一三八二人である(ほかに未決の収容者がいる)。暫行懲治叛徒法違反は七四人だったが、暫行懲治盗匪法違反は二四一〇人と多い(国務院総務庁統計処編纂『第三次満洲帝国年報』一九三六年)。三九年末では叛徒法違反が四〇四人と増加し、盗匪法違反も三四三六人だった（『満洲帝国司法要覧』一九三九年）。いずれも受刑者総数のなかでの治安事件の割合は二二％である。

三七年一二月には監獄法が施行された。監獄法は教育刑主義を基調とし、非人道的非衛生的な手段を排除するとしたが、これまで触れてきたように実態とは大きくかけ離れていた。三七年度からは自給自足を目標とする「監獄特別会計制度」が実施され、三七年の作業歳入額は二〇〇万円を超え、一日の就業人員も八〇〇〇人を超えた。これは収容人員の六四％にあたる。「偽満監獄罪悪史」によれば、「只管《ひたすら》支出を縮減し、在監者を酷使できるだけ酷使し、作業能率を上げ、収入を増加する」ことに狂奔するようになった。

監獄外の外役作業も四〇年から始まった。企業側が収容所や必要な資金・資材を提供し一般労働者並みの工賃を保証する代わりに、監獄側は収容者の労働力を提供した。四三年四月までに鞍山《あんざん》製鋼所や本渓湖煤鉄公司のほかに撫順《ぶじゅん》炭鉱、大石橋マグネサイト会社、阜新炭鉱などを加えて一日二二〇〇人から三二〇〇人が外役作業に動員された（中井久二「供述書」『日本侵華戦犯筆供選編』8）。

「満洲国」崩壊時、三〇の刑務所、八〇の刑務支署、十数カ所の代用監獄（警察署留置場）に既決囚約二万人、未決囚約一万一〇〇〇人が収容されていた（「満洲国矯正概観」『追想録動乱下の満州矯正』）。

中井久二は遺稿「満州国矯正概観」（『追想録　動乱下の満州矯正』）において、関東軍は「浮浪者の労働力を軍需物資の生産部門や鉄石炭などの増産にふり向けることを考え、その具体化を司法部に対して強く要請してきた」と記している。関東軍の意向を受けた総務庁次長の古海忠之らがこの実現に動いた。古海は司法部が「浮浪者無頼の徒が存在する事実と犯罪予防と言う司法行政の一部とを無理に結合して強制労働制度を創造」したと供述する（『日本侵華戦犯筆供選編』7）。四二年一〇月、司法部原案が了承され、該当予算も計上された。

一九四三年四月、司法部行刑司に代わって司法矯正総局が司法部の外局として新設され、局長には中井が就任した。司法矯正総局は行刑制度＝監獄の運用にあたるほか、新たに保安拘置処分の執行機関として矯正輔導院を設置した。罪刑法定主義を無視して、犯罪のおそれがあるとみなされれば身柄の拘置が可能とした。しかも、この保安拘置処分の根拠法となる保安矯正法の施行（一九四三年九月）をみないままで、見切り発車としてまず奉天・ハルビン・撫順など五カ所の施設設置が急がれた。最初の設置は四三年六月のハルビンで、当初約三〇〇人から四〇〇人を収容した。四三年度末は六カ所で約四〇〇〇人が、四四年度末には一二カ所で約七〇〇〇人が収容され、四五年八月には約八〇〇〇人が在院していたという。矯正輔導院での死亡者は一〇〇〇人を超える（中井「供述書」『日本侵華戦犯筆供選編』8）。

四三年一二月、矯正輔導院令が制定施行された。第一条は「矯正輔導院は拘置者をして建国の精神を体得し、勤労の気風を振起して作業に精励せしめ、以て其の心身を錬磨し、速《すみやか》に健全なる国民に更生せしむるを目的とす」となっている。捕縄や防声具・保護衣などの身体を拘束する「械具《かせ》」が使用され、監獄とほぼ同様な措置が規定されている。

撫順矯正輔導院の状況について、『撫順文史資料選輯』第六輯（一九八五年）には監舎や使役の場所は「みな高いかこいの堡塁《ほうるい》で、幾重にも電気を通じた鉄条網」が張りめぐらされていたとある。厳重な警戒の下、一〇時間から一二時間の労働が科された（李秉新ほか編・山間歩訳『中国侵略日本軍暴行総録①中国東北編』二〇〇九年）。撫順矯正輔導院では四五年二月時点での収容者一四九八人のうち罹患者《りかん》が二四一人で一六・一%、一月中の死亡者は三九人で二・六%だった（蘇崇民・李作権・姜璧潔編著『労工的血与泪』一九九五年）。

保安矯正法と思想矯正法

司法部では太田耐造刑事司長を中心に、保安拘置処分の根拠となる法案の立案を急いだ。太田は「犯罪前歴者の再犯を防止し、又大都市其の他に於て徒食浮浪し、動《やや》もすれば犯罪に依て徒食せんとする徒輩を一掃し、以て治安を鞏固ならしめ、国民生活の明朗化を招来し得る」と考えていた（「刑事司法の運用」『満洲国政指導綜覧』）。

一九四三年九月、参議府の諮詢を経て保安矯正法が公布施行された。第二条では刑の執行終了者・執行猶予者・不起訴者のうち「其の環境、性格、習癖、其の他の情況に照し更に罪を犯すの虞あるもの」や「浮浪者又は労働嫌忌者」で「罪を犯すの虞あるもの」を対象と規定する。認定は検察官がおこなう。保安矯正の期間は二年で、継続の必要があるとされると更新が可能で、「情状」が良好と認められると満了前に釈放となる。

ハルビン高等検察庁の溝口嘉夫は「従前無罪又は起訴猶予の理由によって釈放された人も検察官の独断によって輔導院に収容され、監獄に収容されると同様の実害を受けた」（『日本侵華戦犯筆供選編』12）と供述している。ハルビンの矯正輔導院は作業訓練の施設と位置づけられ、各矯正輔導院への供給源となっていた。錦州地方検察庁では市警察局や鉄道警護隊と協議し、四四年七月、市内駅前や列車内の「浮浪者」三〇〇人を一斉検挙し、その大半を「北満の軍事工事に連行し、強制労働に酷使」したと板橋潤が供述している（『日本侵華戦犯筆供選編』99）。

思想矯正法も、四三年九月に公布施行された。「満洲国」治安維持法において未実施であった「予防拘禁」と「保護監察」の実現を図った。司法部参事官伊達秋雄の「思想矯正法解説」（『法曹雑誌』一九四四年三月）では「本法制定の理由」を「共産主義的、若《もし》くは反満抗日思想犯罪、又は反国体的宗教犯罪等各種の思想事犯の頻発を見る」現状にあっては、犯罪発生後の刑罰では充分でないとして、「進んで犯罪の発生前、之が予防的処置を講ずる必要の存する」ためとする。

しかし、実際には思想矯正法の発動はあまりなされなかったと思われる。反満抗日運動の中心的・指導的な人物はすでに暫行懲治叛徒法や治安維持法により「厳重処分」ないし死刑・無期徒刑となっており、「予防拘禁」の実際的な必要性は低かったはずである。「予防拘禁施設」は独自には設けられず、「当分の間、矯正輔導院に拘置」することになっていたが、管見の限りその事例はまだ見いだせない。

「保護監察所」は新京・奉天・ハルビン・錦州・牡丹江・チチハルなどに設けられた。板橋潤が錦州保護監察所について四四年六月から同年一一月までの在任中、治安維持法事件で不起訴になった約三〇人を対象に「思想動向」や生活状況について村長・学校長・地主らから成る司法保護委員に「視察」させ、「常時其の活動を保護監察官へ報告させ」たと供述している（『日本侵華戦犯筆供選編』99）。反満抗日運動にかかわるとみなされた対象者はそれまでに根こそぎに検挙され、ささいな言動でも有罪となって監獄に収容されていたはずだから、実際には新たな「保護監察」の対象者は少なかったと思われる。

6 「満洲国」治安体制の終焉

崩壊する関東憲兵隊

一九四五年七月、対ソ戦に向けて関東軍司令部は主力の転出・弱体化を補うために関東憲兵隊から約二〇〇〇人を転出させ、特別警備隊の編制を下命した。八月三日より編制開始、一〇日までに完結予定だったが、編制は未完に終わり、ソ連進攻という事態の混乱に拍車をかけた。防諜・保安関係を特別警備隊に委譲した結果、関東憲兵隊の役割は軍事警察に限定され、定員は三三一九人となった。一六あった憲兵隊は新京・奉天・ハルビン・大連などの一〇憲兵隊に縮小され、国境付近の憲兵隊はなくなった。

一方で「満洲国」全般の治安悪化への危機感が高まっていた。土屋芳雄の『聞き書きある憲兵の記録』には「チチハル市在住の中国人たちの民心は、すでに日本から離れていた。「解放の日は近いぞ」という、彼らにとっての吉報が、土屋たちにとっての流言飛語が、乱れ飛んでいた。その発生源を調べるといった力は、すでに憲兵隊にはなくなっていた」とある。「満洲国」治安体制の要となっていた関東憲兵隊は急速に無力化しつつあった。

対ソ戦の可能性が高まるなかで、各憲兵隊や警察では「戦時有害分子」対象者のリストアップを完了させていた。チチハル憲兵隊の土屋芳雄は「ソ連軍が国境線を越えた日」、名簿にもとづいて「有害分子」を一斉に検挙し、「憲兵隊や警察の留置場はたちまちいっぱいになり、チチハル陸軍監獄まで使った」という(『聞き書き ある憲兵の記録』)。チチハル憲兵隊昂々渓分隊長だった綾眞喜雄は八月九日から「警察を統括指揮し、戦時有害愛国者を憲兵分隊に於て白系露人二名、中国人五名を検挙留置し、警察側に於て中国人約十三名余を検挙留置」していたが、一五日に全員釈放したという。東安憲兵隊戦務課長の長島玉次郎は日ソ開戦時に「中国人、朝鮮人で中国抗日運動参加の経歴者及ソ同盟に居住経歴者約八十名を一斉に弾圧し殺害する」計画を立てていたが、ソ連軍の「国境進攻が急なりし為」、実行できなかったと供述する(『日本侵華戦犯筆供選編』82)。

ソ連進攻時の関東憲兵隊司令部は八月一〇日に新京から通化に移転、一七日に四平《しへい》で業務停止、二九日に四平で武装解除となった。ここに関東憲兵隊は崩壊した。司令部や各地の憲兵隊では全書類の焼却がおこなわれた。撫順戦犯管理所の元憲兵が残した「敗戦時憲兵上層の醜態」などの複数の「手記」では、周章狼狽して先を争って逃亡を図った司令官らの「醜態」を糾弾するほか、「上下の秩序なく、命令を聞かず……全く名状し難い混乱と自暴自棄に陥った」状況も記されている(新京憲兵隊長平林茂樹「関東憲兵隊の醜態」中帰連平和記念館所蔵)。

「満洲国」司法の最後

一九四五年六月、高等検察庁治安検察官会議で刑事司長の杉原一策は「時局緊迫の際、敏速に治安事件の処理を終え、突発的事件発生に備えること」などを指示したと供述する。また、「八月十五日の最後局面に直面するまで弾圧継続の方針を堅持し」たと認罪するように、反満抗日運動への司法処分は最後までつづいていた。杉原は四五年一月から八月までの在任中に各高等検察庁から報告してくる治安維持法違反事件は約三〇〇〇件にのぼったという。五月には牡丹江高等検察庁から約六〇人にのぼる救国団体事件について死刑約二〇人、無期徒刑約一〇人などの求刑方針に意見を求められると刑事司長としてこれに「同意」する。同高等法院治安庭では検察庁の求刑とおりの判決を下し、八月一五日の「緊急措置」として死刑の執行がなされたと推測されるとする（杉原一策「供述書」『日本侵華戦犯筆供選編』9）。

ハルビン高等法院次長の横山光彦は四五年六月、七月に中国共産党員一六、一七人に「愛国人民を抗日救国会に組織し、情報の蒐集、宣伝、連絡等を為し」たとして二人を死刑に、約一〇人を無期または有期徒刑一〇年以上に処したと供述する（『日本侵華戦犯筆供選編』9）。

ソ連進攻という「時局緊迫」に際して、司法部次長辻朔郎は八月一二日頃、各高等検察庁次長に未決拘禁中の治安維持法違反者中の重要人物で、死刑に処すべきを相当とする者に対しては「判決の確定を待たず、死刑処分に付して差支えなき旨指示」した。この違法措置により約五〇人の殺害が強行されたと杉原は推測する（『日本侵華戦犯筆供選編』9）。

「満洲国」崩壊に際して、「戦時有害分子」の拘禁・殺害や未決拘禁中の治安維持法違反事件被告の殺害以外にも既決死刑囚の死刑執行が断行された。ハルビン高等法院検察庁の溝口嘉夫は抗日連軍第三路軍孫国棟（七月に死刑確定）の殺害について、「日本帝国主義が敗戦し、孫国棟副官のような指導者が釈放されるようになったら、事件主任検察官である私自身にとっても日本にとっても極めて不利である」と考え、八月一四日、ハルビン刑務署道裡支署に出向き、支署長に命じて殺害したと供述する（『日本侵華戦犯筆供選編』12）。のちにこの殺害を起訴事実の一つとして、溝口は瀋陽軍事法廷において裁かれた。法廷に出廷した元看守は、孫国棟は「抗日歌を歌いながら刑場へ行きました。絞首されるとき、彼は中国万歳！共産党万歳！と叫びました」と証言した。溝口は「目撃者が今言ったことはすべて真実です」と肯定した（『正義的審判』）。

司法処断の責任追及をおそれて、司法部・各法院・各検察庁なども検察・裁判書類の焼却処分を急いだ。「満洲国」崩壊と同時に、司法部と各法院・検察庁もなし崩し的に解体となった。

敗戦時の刑務所・矯正輔導院

司法部・各検察庁の解体とともに指揮命令系統を失うと、各刑務所や強制労働の場となっている各矯正輔導院ではそれぞれの判断によって新たな事態に対応することになった。ほとんどの刑務所や輔導院では受刑者や勾留者の釈放を余儀なくされたと推測される。『追想録　動乱下の満州矯正』収録の追想が手がかりとなる。

八月一五日についで一九日に二度目の暴動・逃走が起こった奉天第一刑務所では、受刑者の解放を決定し実施したという（岡本保「一炊の夢」）。日本人受刑者を収容する奉天第二刑務所では検察庁と協議して「一日三十人ないし五十人の釈放指揮書をもらいうけ、逐次収容者を釈放していった」と刑務所副長であった小寺廣幸が回想している。このなかに合作社事件で「中核体」とされた五人がいた（「私の満州矯正始末記」）。

営口刑務署の副長だった仲川新作は「終戦二、三日後から営口の治安が急速に悪化」すると、収容者の三分の一が共産党員であるため警察や検察庁からは釈放しないで欲しいと電話がかかってきたが、「後日のためにも、釈放は急いだ方がいいのだ」として独断で刑務所の裏門から収容者を釈放していったと回想する（「脚鐐をはずす」）。

矯正輔導院の場合はほとんどが事態急変を受けて収容者の解放をおこなっている。ハルビン矯正輔導院和龍作業場では一六日午後一時を期して収容者全員を解放した（佐藤助蔵

「和龍作業場の終戦」）。密山炭鉱地帯の雞寧矯正輔導院ではソ連軍による飛行機や戦車の攻撃が迫ったため、一〇日に収容者を解放した（宮廻久次郎「雞寧矯正輔導院始末記」）。

一方で、撫順矯正輔導院や鞍山矯正輔導院千山作業場では暴動が発生し、収容者の集団逃走になす術がなかったという（照井明次郎「撫順矯正輔導院の終戦」、錦織誉富「鞍山矯正輔導院千山作業場の終戦」）。

『追想録　動乱下の満州矯正』では刑務所や矯正輔導院の解散後、ソ連に抑留されたり、中国側によって検挙されたりした体験も語られる。本渓湖刑務所副長と宮原矯正輔導院長は八路軍の戦犯容疑者として検挙され、四六年三月の「民衆裁判」で死刑を宣告され、即日銃殺刑に処せられた。同時に奉天高等法院次長の内藤俊義と憲兵隊長・同曹長も死刑判決を受け、執行されている（中村松太郎「悲劇の回想」）。

第七章　治安維持法の威力の震源＝「国体」とは何だったのか

1　治安維持法への「国体」の組込み

「国体」観念の大動員

これまでみてきたように「法の暴力」をほしいままにした治安維持法は、なぜその猛威を振るいえたのだろうか。

それを実際的に可能にしたのは特高警察や思想検察という存在があったからだが、異なる観点に立つと第一条の「国体」こそ治安維持法の威力の震源であったといえる。日本国内における司法処分が第一条第一項の「国体」変革に収斂したこと、朝鮮・台湾においては独立運動・思想を処断するものとして「国体」変革が機能したこと、さらに「満洲国」でも「国体」変革をあえて組み込んだ治安維持法を制定運用したことにそれは明らかだろう。では、鎧袖《がいしゅう》一触というべき「国体」の発する威力はどのように生まれ、発揮されていったのだろうか。

治安維持法は二度の「改正」と拡張解釈の連続を通じて、起訴・有罪・受刑という司法処分にとどまらず、警察限りでの訓戒・釈放においても「強制的道徳律」としての機能をフルに動員した。それを奥平康弘は『治安維持法小史』のなかで、制定時の「主権の所在といった憲法上の「国体」観念からはるかに離れ、把《と》らえどころのない倫理的・道義的なそれに高められており、思想犯人は単に法的に責任を問われようとしているのみでなく、道義的倫理的な非難のもとに、全人格的に否定されるべきものとして糾弾されている」と指摘し、「「国体」観念の大動員」と呼んでいる。

検挙や事件の立件と処断という「法の暴力」の直接的機能に限定されず、治安維持法は社会運動全般に対する抑圧という間接的な機能でも威力を発揮した。一九三四年に治安維持法「改正」の立案が報じられると、「左翼陣営の混乱漸く激しく」（『社会運動通信』一九三三年九月二七日）という状況が生じ、実際に日本プロレタリア作家同盟などの外廓団体は解散となっていった。三七年の人民戦線事件で検挙された経験をもつ山川均は治安維持法などの暴圧法の効果が「現実に処罰されることよりも、それが常住不断に脅威をあたえ、運動に干渉圧迫を加える根拠となるという点にある」と喝破する。「年じゅうノベツに適用はされ」たわけではないが、治安維持法によって「言論も行動も、手も足も出ぬという程度にまで圧迫され」、運動も「右の方へと追いこまれ」、「目さきの利く指導者は、いち早く民族主義や愛国主義の運動に走った」と語る（「暴圧法の思い出――治安維持法と破壊活動防止法」『社会主義』一九五二年五月）。

治安維持法に襲いかかられた人々は、それが廃止となるまでその抑圧感・窒息感のなかで生活することを強いられた。河上肇は四四年二月に思想犯「保護観察」制度から解除されながらも、敗戦直後には特高の訪問に直面した。敗戦後の一〇月、GHQの「人権指令」発令を知った翌日の「日記」に「治安維持法以下の自由束縛の弾圧諸法令撤廃、政治思想犯人尽く釈放」と、「治安維持法」と「政治思想犯人」を大きく記すところにはその抑圧感を一掃しえた喜びと感慨が読み取れる（『河上肇全集』第二三巻、一九八三年）。

一般の人々も治安維持法について漠然としたおそろしさを感じていた。三六年刊行の『人生百課事典　常識読本』は治安維持法について、「国体を維持することは日本人の絶対的義務であり、私有財産を尊重することは現在の社会の秩序幸福を維持する上に重要なことです」としつつ、「シンパ（支援）の行動をなしたものも五ヶ年以下の懲役に処する旨この法律に明記してありますから、おっかないですよ」と言及する。治安維持法からしみ出してくる「強制的道徳律」は、一般社会に「おっかない」ものとして受け止められていた。

「国体」の組込み

一九二二年の過激社会運動取締法案では第一条の「無政府主義、共産主義、其の他に関し朝憲を紊乱する事項」の宣伝処罰の規定などに、曖昧であり拡張解釈のおそれがあるとの批判が高まり、廃案に追い込まれた。ただし思想悪化の事態に新たな治安法案が必要という点は為政者間では共有され、「完全なる法案」の再提出が求められていたため、司法・内務両省では起草作業をつづけていた。二三年段階で内務省は「朝憲を紊乱する事項に代わる可き文字」の候補の一つに「国体又は政体を変壊する事項」を考え出していた。

第五〇議会に向けて内務省では二四年一一月、取締の主眼を過激法案段階の「宣伝」や「流布」から「結社」組織・加入へと大きく転換することで、議会を通過しうる「完全なる法案」に近づけようとした。「国体を変壊し、国家若《もし》くは国法を否認し、又は封土を僭窃《せんせつ》する目的を以て結社を組織し、又は情を知て之に加入したる者は三年以上の有期懲役又は禁錮に処す」を第一条とする「治安維持法案」が内務省警保局案としてまとまり、司法省刑事局との協議が本格化していく。この過程で法案の名称候補の一つに「国体保護法」もあがるように、新治安法案に「国体」を組込むことは確定的となった。ただし、この段階では「国体」はまだ「国柄」的な意味合いであり、その後の「強制的道徳律」の源泉となる「国体の精華」的な理解は含まれていない。

第五〇議会の審議が始まると、「国体政体の変革は無政府主義と云って良い、又私有財産制度の否認は共産主義と大体同一である」（『時事新報』一九二五年二月一三日）という若槻礼次郎内相の見解が政府の公式見解となっていくが、むしろ注目されるのはもう一人の推進役だった小川平吉法相の逸脱気味の発言である。小川は「奥の院に据《すわ》って居るところが国体……玄関の次の間位に居る奴が私有財産制度」とたとえたうえで、治安維持法の意義は「玄関まで来ない中に、庭まで来ない中に、門前に於て喰い止めようと云うのが本来の趣意」（貴族院委員会、三月一七日＊）と述べる。この「国体」最重視には「国体の精華」

的な理解につながるものが内包されており、その後の治安維持法の拡張解釈を予告するものとなった。

議会向けに作成・公表された内務省「治安維持法制定の理由及解釈概要」(一九二五年二月、『治安維持法関係資料集』第1巻)には「我帝国は万世一系天皇之を統治せらる主権の所在に寸毫の変更をも許容すべからず……実に国体の問題は絶対にして是非の論議の範囲外たり」とあり、「国体」への容喙を許さないことを明記していた。これに呼応するように、議員らは治安維持法のこの部分には金縛り状態となり、「国体」とは何かなどを追及することはなかった。「教育勅語」を淵源とする「国体の精華」に従順となり、「国体」の絶対不可侵性を暗黙裡に肯定した。他の箇所ではもっとも執拗に政府を批判する革新倶楽部の清瀬一郎もその一人で、「我国は言うまでもなく、万世一系の君主国体である……これが変革を図ることは重刑を以て処罰せらるべきは何人も異存のない所である」(「治安維持法を論ず」清瀬一郎『清瀬一郎政論集』一九二六年一二月)というスタンスであった。

すでに第一章で指摘したように、治安維持法が「国体」を条文に組入れることによって「完全なる法案」らしい体裁を整えたと大方の同意を得られたことは、実際にその後の運用が「国体」を楯に猛威を振るったことを考えると不可解というほかない。おそらく立案当事者もこの段階でそれを見通していたわけではないだろうが、「国体の精華」につながるものを内包させたことは治安維持法の運命を決したといえる。

施行初期の「国体」認識

治安維持法の施行を前に刊行された山崎鶴松『治安維持法概論』（一九二五年四月）には、「国体」変革＝無政府主義、「私有財産制度」否認＝共産主義という政府の公式見解にそった説明がなされている。「国体」については「茲《ここ》に所謂《いわゆる》国家とは法律的意味の国家を指す」とあるように「国柄」という理解である。

施行はされたものの、発動に慎重な当局に「噫《ああ》!! 治安維持法は死法か」としてその発動を慫慂《しょうよう》する論者もいる。『マルキシズム駁論《ばくろん》』（一九二六年九月）を著した鈴木鶯山は「漫然として伝家の宝刀視し、そして其の執行を二三にする如きは、厳粛なる国法の執行上断じて許す間敷《まじ》きこと」として、「国体を破壊せんとする不逞漢《ふていかん》ども」への鉄槌《てっつい》を要求している。

二七年でもまだ「国体」に対する理解は一定していない。国体学者里見岸雄は「治安維持法の根本欠点」（『国体政治』一九二七年四月）において、治安維持法第一条から「国体」変革を削除すべきとする。「国家の根本法則と根本組織とを変革せんとする行為と、単なる私有財産否認問題などと同架上に扱わんとするは抑々《そもそも》事の軽重を弁《わきま》えざる転倒妄見の甚しきもの」と断じ、新たな「国体擁護法」制定を提唱する。

元警察官だった有光金兵衛は「我が帝国は論ずる迄もなく万世一系の天皇の統治せらる

る処の君主国体」であるゆえに、「統治権の総攬者たる天皇の絶対性に対し変更の色彩あるものは総て国体を変革せんとするものなり」(『警察法規研究』一九二七年九月)と論じている。天皇の全体不可侵性を強調するもので、「国体の精華」的理解に傾いている。

一方で、「マルクス主義的見地から解剖し、解説し、解決の道へ誘導しようとする」という意図で刊行された産業労働調査所編『無産者法律必携』(一九二七年一一月)は、治安維持法にとって「国体」変革は「むしろ枕詞《まくらことば》にすぎな」く、本命は「「絶対専制勢力」及び「金融財閥」をその根城とするところの……私有財産制度への××〔否認〕」にあるとみて、「国体」変革の処罰を資本主義体制に「備えつけた鉄条網にすぎない」と断じる。「国体」変革については「わが帝国現在の政体を他のある政体に改めること」という、「国柄」の理解である。これは治安維持法施行後、大杉栄によって主導された無政府主義運動が衰退し、共産主義運動が隆盛となっているという現状を反映しているといってよい。為政者・取締当局にとって、危険視されているのは共産主義運動であり、したがって「私有財産制度」否認の処断が重要となってきていた。

これが取締られる側だけの独善的な見解でないことは、京都学連事件や北海道集産党事件の判決における「国体」の不在、そして「私有財産制度」否認での処断にうかがえよう。集産党事件に対する二八年五月の旭川地方裁判所の判決が「治安維持法第一条第一項(但し国体の変革を除く)」の適用となっていたことは「集産」=「共産」、つまり「私有財産制度」

否認への処罰としてなされたからであった。そこでは「国体」変革が「君主制」否定・変革であるとする考えが前提となっており、これらの事件はそれと関係がないと認めていた。

朝鮮における「国体」認識の転換

朝鮮において治安維持法運用の序盤で「国体」の意味するものが転換することからみよう。

一九二五年一一月、新義州で朝鮮共産党・高麗共産青年会に対する一斉検挙があり、治安維持法の本格的な発動となった。新義州警察署での取調で「吾が日本帝国の国体を如何に観察するや」と問われて、指導者の一人朴憲永《パク・ホンヨン》は「現在の日本帝国の国体は資本主義的国家であります」と答えた（一二月四日）。検事局への送致時の警察の「意見書」には高麗共産青年会について「私有財産制度を否認し、且つ吾が日本帝国を資本主義的制度の下に建設せられある軍国主義の国家と認め、其国体を転覆せんとする秘密結社」とある（一二月一〇日、韓国国会図書館所蔵「治安維持法関連資料」）。

新義州地方法院検事局では検事の「我国の国体は如何」という訊問に対して、ある被疑者は「勿論我々の主義よりせば我国体は資本主義にて、従って我々は否認するものであります」と答えている（一二月二〇日）。そして、検事局の法院宛「予審請求書」では「我帝国の国体は資本主義に基くものにして共産主義と相容《い》れず、従て之を破壊変革の要あるも

『京城日報』（1929年11月11日）に掲載された京城地方法院予審判事を務めた五井節蔵の絵

の」とされていた。新義州地方法院予審では予審判事の「朝鮮の将来、又は独立に付ては何様な考えを持って居るか」に対して、ある被告は「朝鮮の独立には反対に非ざるも、共産主義の実現を望んで居ります」と答えている（二六年三月二日、金俊燁・金昌順編『韓国共産主義運動史』資料編、一九八〇年）。

これらは「国体」変革＝朝鮮独立という発想がともになされていなかったことを示そう。つまり、この第一次朝鮮共産党事件がまだ新義州の警察・検察・予審段階にあったとき、被疑者・被告だけでなく新義州の当局者も「国体」を「資本主義国家」ないし「軍国主義国家」として、一九二〇年代日本の「国柄」としてとらえていたことになる。このように共産主義運動を「私有財産制度」否認として処断する姿勢は、治安維持法の議会審議時の説明に即していたといえる。ところが、総督府の意向によって予審が新義州地方法院から京城地方法院に移送され、第二次朝鮮共産党事件と併合して予審があらためて始まると、この「国体」理解は転回する。

第二次朝鮮共産党事件の警察・検察段階で「国体」がどのようにとらえられていたかは

判然としないが、京城地方法院での予審では「国体」は朝鮮独立と強引に結びつけられた。五井節蔵予審判事による予審終結決定では朝鮮共産党・高麗共産青年会について、「朝鮮を我帝国の羈絆《きはん》より離脱せしめ、且朝鮮に於て私有財産制度を否認し、共産制度を実現せしむる目的を以て朝鮮共産党と称する秘密結社」と定義されている（「治安維持法関連資料」韓国国会図書館所蔵）。つまり、「朝鮮を我帝国の羈絆より離脱せしめ」ることが「国体」変革とみなされた。

この急転回の経緯は京城地方法院公判における権五卨《クオンオソル》の陳述にみることができる。権が資本主義の社会は「貧富の差別なき社会」に変革されていき、それが朝鮮社会だけでなく日本社会でも出現することになると述べると、予審判事は「夫《そ》れでは国体の変革にはなるねー」と誘導し、さらに権の朝鮮の独立希望を確認すると「夫れを以て国体の変革の意思あり」とみなしてしまったという（一九二七年一〇月二〇日）。裁判長から多くの被告が朝鮮共産党について朝鮮の「我帝国の羈絆」からの離脱という目的を有していたかを問われて、「左様か否か一向判りませぬ」、「左様な事は知りませぬ」と一様に否定したことは、この転換が被告の意思に反して予審判事によって独断的になされたことをうかがわせる（「公判調書」「京城地方法院検事局資料」国史編纂委員会所蔵）。

第一次・第二次朝鮮共産党事件に対する判決では朝鮮共産党を「朝鮮に於て私有財産制度を否認し、共産制度を実現せしめ、且朝鮮を我帝国の羈絆より離脱せしむる目的の下に」組織されたとする定型を確立させた（一九二八年二月一三日　高等法院検事局『朝鮮治安維持法違反事件判決㈠』）。呼応するように、京城地方法院思想検事の伊藤憲郎は「国体の意義」という文章で「所謂国体の変革とは一切の権力を否認し、延《ひ》いて主権の存在を否認せんとするが如き、凡《およ》そ統治権総攬の事実に変更を加えんとする行為」については、「事物に関すると領域に関するとを問わず犯罪を構成する」と論じた（『警務彙報』一九二八年九月）。

それでは朝鮮における民族独立運動の場合はどのように処断されたのだろうか。一九二〇年代前半、制令第七号・保安法によって民族独立運動の取締はなされていたが、その状況は治安維持法施行後もしばらくつづいた。二五年七月の高等法院判決は「朝鮮を帝国の羈絆より脱せしむること」に対して、制令第七号を適用した。一〇月の京城地方法院判決は保安法違反、二六年三月の大邱地方法院判決は制令第七号違反であった。

民族独立運動に治安維持法が初めて適用されたのは、二六年一〇月の京城地方法院判決とみられる。李輔晩《リ・ボマン》は上海で就学中に朝鮮独立を希望するようになり、「吾人の革命は異族の統治を打破し、其の総ての経済的社会的悪勢力を駆逐し、意味ある新社会を建設するにあり」（「独立運動判決文」）として「独立精神社」を組織したことが第一条第一項に、朝鮮独立運動の煽動が第三条に該当するとされ、前者を適用して懲役一年六月が科された。

八月の京城地方法院判決では、全佐漢《チョン・サハン》が「朝鮮の独立を目的として朝鮮革命軍大本営と称する秘密結社を組織」し、団員四、五〇人を擁して「朝鮮独立の宣伝及軍資金徴収」（「独立運動判決文」）をおこなったことが第一条第一項に該当するとして懲役五年を科された。

「朝鮮を我帝国の羈絆より離脱せしむる目的の下に」という定型の確立の仕上げは三〇年七月の高等法院判決による判例化によってなされる。そして、三三年八月の中川利吉『朝鮮社会運動取締法要義』では「帝国の朝鮮に於ける統治権を排斥して朝鮮の独立を企図し、其の目的」をもった行為はすべて「国体」の変革にあたると解説された。

民族独立運動にしろ共産主義運動にしろ、警察や司法当局がそれを「国体」変革とみなせば、治安維持法第一条第一項が有無を言わさずに発動され、より厳重な司法処分とすることが可能となった。

台湾における「国体」認識

これに対して台湾においては、施行時から民族独立運動を「国体」変革とみなして治安維持法を発動した。二五年八月には判官総会議（高等法院上告部覆審部連合総会議）が台湾独立＝「国体」変革とみなすという決議をおこなっている。また、台北地方法院検察官の三好一八《いちばち》は『台湾警察協会雑誌』掲載（一九二八年一〇月）の治安維持法解説で法益の第一に「我国の国体」をあげ、「台湾に対する天皇の統治を否認し、或は統治権の総攬を妨げて以て独立自治を企つるが如きことありとせば、即国体の変革を企つるもの」と論じていた。高等法院覆審部判官渡辺里樹も「台湾を天皇の統治権より離脱せしむる、所謂台湾の独立を企画する目的を以て結社を組織するが如き」場合は「国体」変革による処罰に該当するとした（「治安維持法に於ける国体変革の意義」『台法月報』一九二八年一〇月）。

これは朝鮮における司法体制が相対的に日本国内の司法体制から独立していることと比較して、台湾の司法体制が日本国内のそれに組込まれていることと関連があるだろう。

判官総会議が決定した台湾独立＝「国体」変革とみなす法理がそのまま適用されている二八年九月に高等法院覆審刑事部が下した判決をみよう。弁護人らは「被告人等の所為は単に台湾を日本天皇の統治権より離脱せしむる目的を以て結社を組織し、又は情を知りて之に加入したるに過ぎざるもの」であり、「国体」変革にはあたらないと主張したが、判決では「統治権の総攬《そうらん》を害するものたる以上、其全部たると一部たると」を問わず、治安維持法の犯罪を構成すると断じた（「台北地方法院—刑事判決原本昭和三年第一冊一月」、「日治法院档案」資料庫、台湾大学図書館）。

2　治安維持法における「国体」の確立

「国体」不可侵性の高まり

一九二八年の日本共産党に対する三・一五の大検挙は、「国体」観念を急浮上させるとともにその不可侵性を高めていった。いち早く四月一〇日に事件を公表したことは田中義一内閣の延命策という側面もあったが、司法省「日本共産党事件の概要」では「国体に関し国民の口にするだに憚《はばか》るべき暴虐な主張を掲げ」とあるように、「君主制の撤廃」出現による「金甌《きんおう》無欠の国体」変革の「不逞性」を前面に打ち出した。田中首相の新聞談話には「畏《おそ》れ多くも　皇室並に　皇祖皇宗在天の　御威霊に対し奉りて、恐懼《きようく》に堪えない」とあった。

原嘉道司法相は「教育勅語にも億兆心を一《いつ》にして世世《よよ》厥《そ》の美を済《な》せるは此れ我が国体の精華なりと宣《のたま》わせられて居る。此の国体の精華は時の古今、洋の東西を問わず燦然《さんぜん》として世界に輝いてある」（『法律新聞』一九二八年四月二〇日）と述べて、「国体」変革の処罰を死刑にまで引上げた改正案を第五五議会に提出する。

大方の新聞や知識人は「国体」変革の厳罰化を是認した。同年四月一四日の『大阪朝日新聞』社説は「かくのごとき計画的行動は我国体の下において断じて容《ゆ》るすべからざるもの、その未遂と既遂とを問わず、法に照らして厳重に処罰すべきである」と論じた。また四月二八日の『東京朝日新聞』社説では「国体を傷つく者を厳罰するは何人《なんぴと》も異存なきところ」とする。

長崎県が発した「共産党検挙及結社禁止に関する件」という訓令には「今回の事件が我国体に悖《もと》り、国民精神に背反すること之より大なるもの無き」とあった（長崎県教育会編『長崎県教育史』下巻、一九七五年）。九州帝国大学では四月二四日、「事苟《いやし》くも国体に関し大学の使命に係わる場合に於ては情の為めに理を曲ぐべきにあらず」という「告諭」（九州大学百年史編集委員会『九州大学百年史』第8巻「資料編Ⅰ」二〇一四年）を発して、事件に関係した学生を放学処分にするとともに、向坂逸郎・石浜知行ら「左傾教授」に辞職を強いた。早くも「国体」の不可侵性をてこに「国体の精華」の一端が発揮され始めた。

厳罰化を図った治安維持法「改正」案が議会で廃案となると、政府は緊急勅令という禁じ手まで使って成立させ、六月二九日から施行した。やや遅れて特高警察の大拡充、思想検事の拡充、思想憲兵の創出、文部省や大学・高校の学生運動抑圧体制の創出などを膨大な予算拡充をともなって一挙に実現させていく。「国体」への脅威を最大限に活用したことが、それらを可能にした。

名古屋地裁の三・一五事件公判の判決は一二月三日に言い渡され、五人の被告は他の地裁判決と比べるとやや軽い懲役四年から二年の科刑となった。判決では境遇に対する「聊《いささ》か同情すべきもの」があるとしつつ、「苟《いやしく》も三千年の光輝ある我国体と相容れざる思想に囚われ、之が実行に加担したるは乱臣賊子たるの譏《そしり》を免れず、寸毫も仮借するを許さざるもの」と「国体」の不可侵性をかざしてきびしく糾弾する。それでも最後は、被告人の将来への影響から寛大に臨むとした結果、比較的軽い量刑となった。これは本格的運用の初期段階における裁判所の手探り状況を反映している（「京城地方法院検事局資料」国史編纂委員会所蔵）。

「国体」厳罰化への批判

三・一五事件を機に治安体制の確立は急ピッチで進んだが、一九二八年七月の時点で「国体」をどのようにとらえるかについてはまだ確定してはいなかった。センセーショナルな新聞報道などによって一般社会には「国体」変革の「不逞」性が植付けられ、共産党への敵意や恐怖が増大するなかでも、「国体」変革処罰の厳重化に異論を表明することは可能だった。その一人、法学者の末弘厳太郎は五月七日の『国民新聞』に「治安維持法の改正について」を寄稿し、「「国体を変革」したり「私有財産制度を否認」するが如きは抑《そもそ》も怪しからんのだから、そんなことを考える奴等はすべてぶった切ってしまえと言うような意見は、市井無頼漢の口から之を聞くならば格別、苟くも責任ある地位にある人々の軽々しく口にすべき事柄ではな」く、慎重に考えなければならないと論じた。

緊急勅令を用いた「改正」の強行については、非立憲的な手法に対して多くの非難があびせられたが、そのなかには厳罰化そのものへの批判も含まれていた。五月一八日の『東京朝日新聞』は社説で「厳罰は問題を救治せず」としたうえで、「単に危険なる結社組織」に対して現行法以上の処罰を科す必要はないとする。美濃部達吉は「徒《いたずら》に権力を濫用して弾圧迫害を加ふるのは、如何なる厳刑をもってするも、寧ろ革命を誘発するものである……治安維持法そのものすらも悪法の非難を免れないもので、況《いわ》んやその改正においてや」(「治安維持法の改正問題」『帝国大学新聞』一九二八年六月四日、『現代史資料』(45)「治安維持法」)と言いきった。

美濃部のライバル上杉慎吉は「我が国体は如何なる事ありとも微動だもせぬ」との立場から、死刑引上げを緊急勅令によって急ごうとすること自体が「大日本帝国の信用を傷つける所為である」と痛烈な言葉をあびせる(「憂ふべき緊急勅令」『東京朝日新聞』一九二八年六月二四日)。

「国体」自体への批判はもはや困難となっていたが、「国体」を名とした厳罰化や「国体の精華」を振りまわして権力を濫用することに歯止めをかけようとする論は三〇年代初頭までは可能だった。

法学の観点からの批判をみよう。三・一五事件公判の旭川グループの大審院への上告趣意書(一九二九年)で、弁護人神道《じんどう》寛次・布施辰治は「国体とは伝統的風俗習慣道徳の謂《いい》なり……政治的革命に非ざること明瞭なり、否国体の変革と称する事実は生起し得ざるべし」と「国体」変革の不能論を展開する(小森恵編『昭和思想統制史資料　思想統制史研究必携』別巻下、一九八一年）。名古屋グループ被告の上告趣意書（一九二九年）では「君主制の撤廃」や「土地の無償没収」などはスローガンにすぎず、日本共産党の根本目的は「労働者階級の権益を真実に擁護する」ことにあり、「国体」変革や「私有財産制度」否認を目的とする決めつけは誤りと主張した（『法律新聞』一九三〇年五月一五日）。

大審院判事の三宅正太郎は在任中に『現代法学全集』中の「治安維持法」（一九三一年）を執筆するが、そこでは共産党の処罰は「私有財産制度」否認によるべきとして「国体」変革で処罰される現状を痛烈に批判した。また、「天皇の不可侵性を論じて国体変革を説明することは観念を混乱せしむる」、「今徒に国体の意義を云為《うんい》してその適用を拡張するに於てはその結果は本法の適用の範囲を極めて不明確ならしめ……処罰の必要なき犯罪を作為する結果を生ずる」などと論じた。しかし、三〇年代以降の治安維持法は「処罰の必要なき犯罪を作為」しつづけるという三宅の懸念が的中するかたちで運用されていった。なお、三宅以外にも「国体」変革に偏した治安維持法の運用に批判的な裁判官もわずかながら存在した。三宅は司法界で孤立していたわけではなく、のちに司法次官にまで進んだ。

弁護士の鈴木義男は「治安維持法の改正に付て」という連載（『法律新聞』一九三三年一二月～三四年二月）で「多くの被告に於ては第一条第一項を適用するのは随分無理と思わるる節《ふし》あること、従って〇〇〇〇の罪を私有財産制度否認の罪とは明かに区別して立法するの必要あること」を提言する。これが書かれた三四年二月はこうした見解公表のギリギりの段階であり、それも「国体」変革を「〇〇〇〇」と伏字にせざるをえなかった。しかも連載は唐突に中断された。

「国体」観念の確立へ

三・一五事件の各地地裁の予審終結決定の相違については第一章、第二章で触れたが、あらためて「国体」の定義をみると「我日本帝国成立の大本たる立憲君主制」（福岡・名古屋・大阪地裁）、「我国の万邦に卓越したる一君万民の国体」（神戸）、「我日本帝国の国家組織の大綱たる国体」（旭川地裁）などとなっていた。法律概念としてなじみのうすい「国体」の定義に腐心しているといってよいが、司法当局は「国体」観念の統一を急いだ。

すでに北海道旭川グループの上告に対する一九二九年五月の大審院判決によって「国体」の意義とその変革についての判例が確立していくこと、共産党についての定義も三〇年四月の東京地裁の予審終結決定を各地裁が準拠していくことも第一章でみた。こうした判例や定義の確立後は被疑者や被告が共産党と何らかのかかわりがあると当局が認定するだけで、問答無用の断罪が強行された。警察取調や検察・予審の訊問では党・同盟が「国体」変革結社であることは確定済の前提とし、次に党・同盟の目的を「知悉」しているかどうかが焦点となった。公判でもその認識が再確認されれば十分だった。

一般警察官向けの参考書の法制時報社編『第二警察読本』（一九三三年五月）は「治安維

持法」の節で、「わが国の国体は、統治権が万世一系なる上御一人《かみごいちにん》に存する君主国体」であり、「建国以来の史実であり、且つ国民的確信」としたうえで、「苟もわが統治権の総攬者たる万世一系の絶対性に対して、変更を加えんとするは、国体の変革を為さんとするもの」と説明する。この本はすぐに版を重ねており、警察全般にも「国体」変革＝「天皇制」廃止とする理解が行きわたりつつあることをうかがわせる。

　そうしたなかで、「国体」による断罪に対する異議もはね返されてしまう。東京控訴院で懲役六年を言い渡された山代吉宗は、「日本共産党の現実当面の活動は法に所謂《いわゆる》「国体の変革」及「私有財産制度の否認」を目的とする結社に非ざること」、そうした思想や理論の主張自体も治安維持法の適用を受けるものではないと上告する。これに対して三二年七月の大審院判決は「万世一系の天皇を君主として奉戴《ほうたい》するは我が国体なり」、「君主制の廃止は治安維持法第一条に所謂国体の変革に該当す」として上告を棄却した（大審院『大審院刑事判例集』第一〇巻、一九三一年）。

　控訴審で無期懲役を科された共産党指導部の市川正一は「日本共産党が〇〇〔君主〕制を廃し、プロレタリアートの〇〇〔独裁〕の政治を樹立せんとするは一時経過的の手段にして、其の究極の目的にあらず」とするほか、君主制の廃止は政体の変革に過ぎないなどの趣旨で上告するが、三四年一二月、大審院は「究極の目的たる共産主義社会の実現を期する為、其の経過的目的として君主制の廃止を企図する」ことも「国体」変革に該当するとして上告を棄却した（『法律新聞』一九三五年三月一三日）。

「三二年テーゼ」以降の「国体」変革への糾弾

労農運動の昂揚や「満洲事変」後の反戦反軍運動の高まりについで、「天皇制」廃止を掲げた「三二年テーゼ」を新たに採用した日本共産党に対して、特高警察は猛烈な弾圧を加えていった。共産党の中央委員会・地方幹部の一斉検挙となった一九三二年一〇月の熱海事件、新たに「国体」変革結社に格上げした日本労働組合全国協議会に対する三三年前半の全国的検挙、プロレタリア文化運動や救援運動などへの弾圧としてあらわれる。

内務省警保局編の年報『社会運動の状況』をみると、三二年版では「新テーゼが君主制に対する闘争を極度に強調し」て運動を展開することに注視している。「新テーゼ」を詳しく扱かった三三年版では「革命の当面の段階に於ける主要任務」の第一が「天皇制の転覆」にあり、当面のスローガンの筆頭に「「ブルジョア」地主的天皇制の転覆、労働者農民「ソヴェート」政府の樹立」があがっているとした。

三二年一二月刊行の木下英一『特高法令の新研究』には「我が悠久なる国体も無辺なる建国の大精神をも打忘れ、実に言語に絶する不臣不逞の目的を以てする或種の行動に対し」、治安維持法が「峻烈な刑罰を以て之に莅《のぞ》む事は寔《まこと》に宜《むべ》なる哉」とあった。木下はこの「極左不穏の徒輩を揚抉《ようけつ》すべく剴切《がいせつ》精鋭な武器」を活用することを慫慂した。

司法官赤化事件や長野県教員赤化事件などがつづく事態に三三年四月、為政者層の危機感が増大すると、斎藤実内閣は各省次官を集めて思想対策協議委員を設置した。警保局が各府県の意見を聞いてまとめた「思想対策案」では「国体変革に関する罪を犯したる者に対しては刑の量定を一層重くすること」のほか、「国体変革に関する罪」に対する新立法や「特別裁判手続法」制定などをかかげた。これらは三四年の第六五議会と三五年の第六七議会に提出した治安維持法「改正」案に盛り込まれた。いずれも廃案になると、「現行法令の運用」面で最大限の工夫がなされていく。

三四年の警保局「共産主義運動概観」(『特高警察関係資料集成』第五巻)ではあいつぐ検挙により共産主義運動は「萎微不振」の状態に陥っているとしながらも、なお「刻々に国民精神を腐蝕し、溷濁《こんだく》に陥れつつある」状況を指摘している。「国民思想にギリギリと喰い込んで行くことが、とりもなおさず、其の終局目的達成の為めの不可欠の前提とされている」のだとして、これまでは「思想的害悪の防止を稍々《やや》等閑に付し来った憾が無いでもない」ので、今後は外廓団体や組織外の者に重点をおくべきとする。これは三〇年代後半の治安維持法の運用が「思想的害悪の防止」に向うことを暗示している。

警保局事務官の永野若松が「凋落期《ちょうらく》にある共産主義運動に対して」という草稿で「益々無慈悲なる追撃戦」の敢行を強調していたことは前述した。永野をここまで駆り立てたのは「国体変革と言うが如き運動は、絶対に其の存在が許さるべきではないのであって、斯《か》くの如き不逞矯激の思想運動に趨《はし》らんとする者に対しては須《すべか》らく最后の一人迄之を追求し悉《ことごと》く之を検挙し尽くさなければならぬ」という確固たる信念であった(『特高警察関係資料集成』第五巻)。

三四年の長野県教員赤化事件公判での裁判長と被告の「天皇制」についての法廷でのやり取りをみよう。リーダーだった藤原晃が「経済的闘争に主力を於て直接天皇制廃止と云うこと」は考えずに、それは「片方にそっとして置いた」と陳述すると、裁判長は「共産主義運動をやると云う人が共産党の中心スローガンを片っ方にそっとして置いたなんと云うことがあるかね」、「そんな生ぬるい革命運動者があるかね」と挑発的に訊問する。藤原が「理論上では天皇制廃止も是認して居りましたが、実践上でははっきりして居らない気持があったのです」と応じると、裁判長は「そうか、是認して居ったのだね」と飛びついた(前田一男編『「長野県教員赤化事件」関係資料集』編集復刻版二〇一八年)。

裁判長は公判を通じて被告の「天皇制」廃止の認識如何を重視し、執拗な訊問を繰りかえしたが、被告側の認識には運動の関与具合に応じてかなりの差異があった。藤原は法廷で転向を表明する。四月一八日の『信濃毎日新聞』は「聖徳を讃《たた》え奉り　転向を誓う　しんみり過ちを悔い」という見出しで、「殊に日本の国は何処よりも立派なものである事を過去を通じて判って来ました」という藤原の陳述を報じる。

四月二七日、担当検事の川上達吉は「絶対な日本の国体に反する思想」をもっていた被

台南地方法院検察官長の石橋省吾が「共産主義被告人の転向声明は本島の共産主義運動に如何に響くか」のなかで、「転向声明は本島の共産主義者に取って風馬牛《ふうばぎゆう》である」として、「イカに声を大にして我国体を見よと絶叫した所で効果ある反響は期待されない」(『台湾警察時報』第二二四号、一九三三年九月）と論じるが、それは大方の認識だった。一方で台湾共産党事件の予審終結決定にあたって「若き青年学徒よ、純朴なる勤労大衆よ、汝等本然の姿に立ち換えれ、而して万代不易の我国体を見直せ」(『台湾日日新報』一九三三年七月二四日）と檄を飛ばす台北州警務部長奥田達郎のような見解もあったが、現実に即したものではなかった。

しかし、これは治安維持法運用の前半一〇年間のことであり、後半の一〇年間は様相を異にした。「国体の精華」に即した新たな「国体」観念の出現であり、植民地の民衆にも「国体」の前にひれ伏すことを強要した。それは「皇民化政策」推進として現出する。

朝鮮では三七年一月の思想犯保護観察法施行にあわせて招集した第一回保護観察所長会議で、南次郎総督が思想犯を「指導誘掖《ゆうえき》するに際《あた》りては克《よ》く皇道精神を理解徹底せしめ、以て我が国体並に社会制度に対する正確なる認識を把握せしむる」ことを訓示した。朝鮮民衆を「忠良なる皇国臣民」に仕立て上げる手立ての一つだが、司法関係者は率先してこの方向を推し進めた。三八年七月、時局対応全鮮思想報国連盟の結成では「我等は皇国臣民として日本精神の昂揚に努め、内鮮一体の強化徹底を期す」を決議する。

司法処分の各段階でも「転向」の基準が引き上げられ、運動や思想の離脱にとどまらず、「忠良なる皇国臣民」を誓わねばならなかった。四二年一一月、水原高等農林学校諺文研究会事件の被疑者金象泰《キム・サンテ》（青山秀章）は警察の訊問で「私は今迄考えて居たこと、又為しつつありたることは悪いことでありました。故に潔く処罰を受け、再び社会に出れば今後は皇国臣民として更生し度いと考えて居ります」と答えざるをえなかった。四一年一〇月、大邱刑務所で懲役三年の刑に服する李馨集《リ・ヒョンチブ》が仮出獄を「具申」する際に添付した「感想文」には「私は過去誤まった所を根本的に清算して人間として進む可き道、名誉有る皇国臣民として進む可き道を進もうと固く決心しました……今は皇国臣民の一人として存在する様になりました事は私の心から喜んで居ります」とある（「仮出獄」）。

完全「転向」と認められるためには「奴隷の言葉」を用いざるをえず、偽りの「皇国臣民」としての沈潜を強いられた。

台湾の場合、適当な史料に乏しいが、三六年四月、台南刑務所教誨師の閑林利剣が「本島思想犯の動向」を論じるなかで、受刑者の「積極的転向」を提言したことが該当しよう。閑林は「君民一体、一君万民の日本国家の独自性、日本民族の抱擁性、世界に於ける日本の地位及日本民族の新使命等を確認し、日本の統治を是認する健全なる日本国民として社会に復帰し得る状態に迄至らしむること」（『台湾刑務月報』）を「教化」の目標とした。

「満洲国」治安維持法について、司法部参事官の八田卯一郎が解説を書いている（「満洲国治安維持法の解説」『法曹雑誌』一九四二年二月）。「本法制定の要点」の第一を「国体の変革を目的とする犯罪及国体の否定事項流布を目的とする犯罪」の処罰規定とする。「国体」を「日満不可分一徳一心の基調の上に立たせ給う垂統万年の　皇帝の統治権を総攬し給う君主国たる」と定義し、その積極的な変更行為を第一条の「国体」変革とみなした（消極的な変更行為は第三条で規定する「国体」の否定とする）。八田は「満洲国」に「国体」の存することは「建国の歴史」や「回鑾《かいらん》訓民詔書」（溥儀《ふぎ》が日本訪問から帰国した三五年五月に発した詔書で、「一徳一心」を両国関係の基礎とした）などに明らかであるとするほか、この解説の随所で大審院判例や池田克「治安維持法」（『新法学全集』一九三九年）を引用し、何とか「国体」を意義づけようとする。また、「日本の国体変革行為」は「満洲国」治安維持法の「国体変革」に該当するとまでいう。

こうした説明はいかにも唐突で無理があり、机上の解説にとどまった。「国体」を大上段に構えても「満洲国人」には理解不能で、実際の運用は反満抗日運動を徹底的に効率的に弾圧するという一点に絞られていた。

総務庁参事官兼宮内府理事官の手島庸義『満洲帝国　基本法釈義』（一九四二年）は、「満洲国の国体」について「満洲国の創建を理念的に考覈《こうかく》すれば、それは日本国に於ける皇道肇国精神の発展的顕現に外ならぬ」とする。また、四二年三月に開催された第一一次司法官会議では、協議中の「思想対策の根本方針」の第一に「国本惟神《かんながら》の道の徹底」「建国精神の普及徹底」が議題にのぼっていた（『第十一次 司法官会議録』）。八田や手島だけが突出していたわけではない。

四二年一二月一〇日の『大阪朝日新聞』は「満洲国基本国策大綱」について、溥儀が建国神廟を建造して「天照大神を奉祀し、国本を惟神の大道に定められた御精神に従って永遠に日満一体たるべき国体の本義を力強く国民に宣示し、国体の顕現、国家意識の昂揚により国力を凝集して聖戦完遂に邁進せんとする確固たる決意を表示した」ことは注目すべきことと報じた。

4　特高警察・思想検察と「国体」

「天皇の警察」観

「国体」は治安維持法の担い手をどのように職務に駆り立てていったのだろうか。

治安維持法違反事件では日常茶飯事といってよい拷問に特高警察官を駆り立てた理由の一つに、思想犯は天皇に歯向かう「悪逆不逞の輩」ゆえに「国体」変革を防遏《ぼうあつ》するために拷問は許容ないし黙認され、取調に必要不可欠なものと認識されていたことがある。布施辰治は三・一五事件公判の弁論で「共産党員の国賊呼《よば》わり、或は天皇の敵であるから殺しても構わない、殺しても自分等は執行猶予であることを放言して、ひどい目に合わせるところの惨虐が行われる」（「日本共産党事件弁論速記」『現代史資料』⒅「社会主義運動㈤」）と痛撃する。

それは「天皇の警察」の自認と自負から生れる。一九三〇年代初頭では「国家の生命を維持する為の力であって、何処迄も清い、国家の活動の最も源泉となる力強い警察でなければならぬ」（石原雅二郎〔警保局保安課長〕「思想犯罪と其の捜査」『警察研究』一九三一年七月）という「国家の警察」が強調されていたが、警察精神作興運動が松本学警保局長によって唱道されると「天皇の警察」観が急擡頭し浸透していく。松本は三四年の警察部長会議で「真に　陛下の警察官吏たり、国家国民の警察官吏たる確乎たる信念」の確立を力説する。ある特高参考書では「万世一系の天皇を中心として国民の協力により人格的共存共栄の社会を維持し、経営し、創造して行く国家の警察」（中川矩方『内地・鮮・台・満洲国思想犯罪捜査提要』一九三四年）とする。

大阪船場警察署長の河野庄二郎が署員に対する訓授をまとめた『我が国体と警察及民衆』（一九三九年一月）をみよう。三六年六月に定めた「船場警察署々員心得」には「金甌《きんおう》無欠の我皇国の国体を明徴にし、一意以て天壌《てんじょう》無《む》窮《きゅう》の皇運を扶翼すること」とあった。一方で、同月の署員座談会では「世間動《やや》もすれば陛下の警察官とは横柄にして不遜、威権を濫用する警察官の別名の如く之を解し」という辛辣な世評があることを踏まえて、「常に心から民衆を愛撫し、保護の全《まつた》きを期すべく」と注意を喚起している。

「天皇の警察」観は三五年五月制定の内務省「特別高等警察執務心得」に反映された。第一条では特高の主なる任務を「国家存立の根本を破壊し、若《もしく》は社会の安寧秩序を攪乱《かくらん》せんとするが如き各種社会運動を防止鎮圧する」こととし、第六条では「特高警察に従事する者は常に国体の本義に関し確固不抜の信念を抱持して其の任に当る」とするのである（『特高警察関係資料集成』第二二巻）。

二・二六事件の余波で遅れたものの三六年一一月、天皇は塩野季彦・松阪広政らの司法官僚や纐纈《こうけつ》弥三・安倍源基らの内務官僚とともに、毛利基《もとい》・中川成夫《しげお》ら第一線の特高警察官を叙勲し、金銀杯を下賜した。「日本共産党の検挙に当り日夜不断の努力と幾多の犠牲とを払い、漸く同党幹部以下を潰滅せしめ、国家治安維持上に効せる功績顕著」というもので、「国体」変革の防遏と共産主義運動取締への貢献が国家的な栄誉と位置づけられた。「旭日単光章」となった毛利の場合、「功績概要」として三・一五事件や四・一六事件以来の「数次の大検挙事件」の実績があげられた（「叙勲」国立公文書館所蔵）。これを同年一一月二八日の『東京朝日新聞』は「破格　共産党潰滅の功労者に恩遇　四十八氏に叙勲・賜杯」と顔写真付で大きく報じた。この栄誉は「天皇の警察」観を昂揚させ、内務官僚・特高をますます「国体の精華」発揮に駆り立てることにより、「法の暴力」がさらに

破格
共產黨潰滅の功勞者に恩遇
四十八氏に敍勲・賜杯

1936年11月、司法官僚や内務官僚、特高警察官が叙勲され、金銀杯が天皇より下賜された。そのことを「破格　共産党潰滅の功労者に恩遇」と報じる1936年11月28日の『東京朝日新聞』の記事

激しく吹き荒れる結果をもたらした。

三〇年代後半以降、特高警察に限らず警察全般が「国体」擁護中心に機能したといってよい。内務省の「新官僚」組の一人菅太郎は「皇国警察の使命」について「肇国の理想を無限に発揚し、皇運を無窮に扶翼し奉るに在り、警察は此の使命達成の為にこそ治安維持の重責に任ずる」（警察協会『警察協会雑誌』一九三六年九月）と論じる。福岡県警察練習所長などを務めた野上伝蔵は『警察訓話』（一九三七年三月）の第一章を「国体を尊崇せよ」とし、「天皇陛下の警察官、一億万国民の為めの警察官たる者は常に明確なる国体観念を抱持し……皇運扶翼の忠誠を致さねばならない」と力説する。

三九年頃と推測される警保局作成の「特高警察草案」では特高の任務を「国家国体の衛護」と明記した。「我が国社会の秩序は常に国体の本義的、即ち皇道精神に則することに依り保持せられ」、安寧秩序をみだす行為は「国体の本義」に照らして措置されるとする《特高警察関係資料集成》第二〇巻）。政治学者村瀬武比古の『特高警察大義』に「序」を寄せた元警視総監高橋守雄は「国体観念に背反する思想は極力取締らねばならない。其は日本国家を滅すものだからである」と記していた。

四一年初め、山形県警察部主催の特高警察講習では「皇国警察」が強調された。「綱領」の第一には「至尊に帰一し奉るを以て心願と為すべし」とある。「帰一」とは「全身全霊を陛下に捧げること」を意味する。ついで「皇国警察の使命」とは「天壌無窮の皇運を扶翼し奉るにあり」とされる。「皇民警察」の提唱者松井茂は「警察訓十二則」を講義するが、その筆頭は「警察教育の淵源は国体精華の発揚にあり」となっていた（《特高警察講義要綱》）。

アジア太平洋戦争期の警察はさらに「国体」擁護の一色となる。四二年九月、中国四国ブロック特高実務研究会に出席した池田秀雄警保局保安課属は「特高警察の主眼は国体の擁護であります……国体擁護のためには一地方の静謐が乱れるような事がありましても、私は意に介しなくてもよいと思う」とまで発言する《特高警察関係資料集成》第二六巻）。

大阪府警察練習所発行の島村一『高等警察概要』（一九四四年六月）には「皇国警察の信条」の第一として、「大日本帝国の警察官は一天万乗の天皇陛下に帰一し奉るを心願とすること」とあった。四五年頃に外勤警察官向けに京都府警察部が作成した『特高警察実務必携』では、共産主義と朝鮮の独立運動を「国体の本義に立脚して絶対に容認できないもの」とした（『特高警察関係資料集成』第二〇巻）。

こうした「天皇の警察」意識が「国体観念に背反する思想」とみなしたものを地表下からえぐり出し、「国体の本義に立脚して絶対に容認できないもの」として断罪を加速させたことは疑いない。そこには横浜事件に象徴される凄絶な拷問とフレーム・アップがあった。

「天皇の検察」観

社会運動の取締では特高警察の後塵を拝することになった思想検事は、特高と対等に、さらには指導・指揮する立場をめざして、治安維持法運用の習熟を急いだ。

京都学連事件における一九二六年四月の野呂栄太郎らの起訴状では「所謂無産大衆の革命運動に依り日本帝国の根本組織に変革を加え、且つ経済組織を根底より変更して私有財産制度を破壊し、以て共産主義社会を建設せんことを企図し」（法政大学大原社会問題研究所所蔵）とあるように、「国体」変革はまだ「国柄」的なとらえ方のなかにあった。

ところが、三・一五事件を機に「国体の精華」的観点から「国体」変革行為の「不逞性」が強調され、糾弾されるようになった。二八年一一月、福岡地方裁判所の三・一五事件公判における検事の論告には「被告等は実に我国体を変革し、君主制を廃滅し、我社会及経済両組織、其他総てを呪詛《じゆそ》粉砕せんとしたもの」とある（『現代史資料』⒅「社会主義運動㈤」）。思想犯罪と対峙していくなかで自立を果した思想検事は「天皇の検察」を自認・自負するようになっていった。

三二年七月、東京地裁の共産党指導部の統一公判に対する平田勲検事の論告は「国体」変革への糾弾で激烈だった。「我国体」を「建国以来の歴史と伝統とにより培われたる我七千万国民の信念として存在し、永久変ることなき我国家存立の礎石たるもの」としたうえで、「社会の秩序をみだり、国家の存立を危くせんとする点に於て、正に刑法所定の内乱外患罪等の罪にも比すべく、その危険性の深刻なる到底他の一般犯罪と日を同じうして論ずるを得ず」とするとともに、「思想動揺せる現在の我国情に照し」、厳罰をもって臨むべきとした（『法律新聞』一九三二年七月六日）。

三六年一一月、内務・特高官僚とともに司法関係では塩野季彦ら二人が叙勲し、思想検事の平田勲・戸沢重雄ら一二人が金銀杯を下賜された。「無産主義者の暴力的革命に因りて我万代不易の国体を変革し、現在の社会制度を破壊せんことを企図遂行せん」とした共産党を壊滅させた功績は顕著と讃える。東京地裁検事正として三・一五事件などの指揮にあたり「国家革命の防圧に貢献」したとして、塩野には旭日中綬章が授与された（「叙勲」国立公文書館所蔵）。こうした栄誉も思想検事の職務意欲をさらにかき立てた。

三九年一〇月、京都地裁の大本教事件公判の論告のなかで、検事は「我々日本臣民に在りましては、我国体を基調とし、果して其の文字の有する意味が我国家の治安を維持し、国家を鎮護する上に於て許さるべきかを判断しなければならぬ」という立場を示す。こうした地点からは「皇国的検察精神」の確立へは一直線である。出射《いでい》義夫は『検察と司法警察』（一九四一年一一月）において、「皇国的検察精神は、皇国の国体を明徴にするため、反国体的なるものの克服を使命と観ずる大自覚の上に立たねばならぬ。……実に検察は軍が外敵より国体を擁護する使命を有すると同一の使命を国内に於て有している」、「皇国的検察精神は　天皇御統治の翼賛たるの自覚に立つ」と宣言した。「天皇の検察」観が究極まで引き上げられた。

四一年四月、新治安維持法施行を前に司法省は臨時思想実務家会同を招集した。協議の冒頭で、思想実務家の「心構」としては法律に通暁するにとどまらず、「国体の本義に徹したる信念と透徹せる時局認識を有する」ことが求められた（「昭和十六年四月　臨時思想実務家会同議事録」『思想研究資料特輯』八八）。「天皇の検察」観は思想検察を貫徹する理念として明記される。四二年一月の法相訓令「思想検察規範」第二条に「思想係検事は国体の本義を体して真摯なる検察の気風を振作し、思想検察を以て皇謨《こうぼ》を翼賛し奉るの信念に徹せんことに勗《つと》むべし」と規定された（『現代史資料』(45)「治安維持法」）。

四二年二月の臨時思想実務家会同における池田克刑事局長の指示の冒頭には「思想検察こそは凡《あら》ゆる反国家的思想とそれに基く反抗とを防遏することに依り、国民思想の醇化を図り、皇基を永久に存続維持せんとするもの」とあった（「昭和十七年二月　臨時思想実務家会同議事録」『思想研究資料特輯』九二）。また、東京控訴院判事の安原政吉は「我が国法」

について「結局は　天皇の御稜威《みいつ》に出でざるものなく、万法は我が国体の顕現であり、我が国家道義の実現に外ならない」と論じる（『日本刑法総論』一九四四年）。

特高警察は三〇年代半ばにすでに「天皇の警察」を自負していたが、思想検事も四〇年代になると「天皇の検察」を自認するに至った。それは「反国家的思想とそれに基く反抗」に対する起訴や量刑という具体的な司法処分上にも作用し、よりきびしいものになっていった。

朝鮮・台湾における「天皇の警察」・「天皇の検察」観

第四章で朝鮮の治安体制は日本国内の治安体制とは相対的に独立的であり、第五章で台湾の治安体制が日本国内の治安体制のなかに一部組み込まれていることを述べたが、そのことは「天皇の警察」観・「天皇の検察」観についてもいえそうである。

今のところ、朝鮮の高等警察についてはそれを的確に検証しうる資料を見いだしえないので判断を保留せざるをえない。思想検察をみると、一九三九年一〇月の裁判所及検事局監督官会議で南次郎朝鮮総督は「時局下司法官の覚悟」として「我が司法の使命は国家綱紀を維持し、国民の権義を確保し、以て治安の確保を徹底的に実現せしむるにあり」と訓示したうえで、「皇道精神」の昂揚を求めた（高等法院検事局編『朝鮮刑事政策資料』一九三九年版）。つづく小磯国昭総督は四二年七月の同会議の訓示で「国体の本義の透徹」を強調する。さらに四三年四月の同会議で「司法官の修養錬成」について訓示する。「修養錬成」とは、早田福蔵法務局長が説明するように「少壮及中堅の判検事等をして国体の本義に透徹せしめて皇国道義を体得せしめ」ることであった（『朝鮮刑事政策資料』四二年版）。

日本国内の場合は検察内部から「皇国的検察精神」の確立の気運があがったが、朝鮮の場合は上からの「国体の本義の透徹」の宣言にとどまり、具体的な司法処分に作用する割合は小さかったと思われる。

その点では朝鮮における思想犯保護観察制度の実質的推進者となった長崎祐三の存在は異色といえる。長崎は新義州地方法院検事局の思想検事として兼任した新義州保護観察所で実績をあげ、京城保護観察所長に転任し、京城大和塾会長を兼ねた。保護観察の主眼を「善良なる皇国臣民として社会に復帰せしめ、天壌無窮の皇運を扶翼し奉る底《てい》の人物に錬成せしむる」（『朝鮮司法保護』一九四一年一一月）ことにおいた。四三年八月の「朝鮮における思想輔導の現況」（『昭徳』）では思想犯保護観察制度と「皇民化」の関係について、「大東亜諸民族が御稜威の下に集って東亜一家の楽を共にし得るか否かは、帝国が半島民衆を皇民化出来るか否かによって試験される」と論じ、四四年になると「保護観察の目標は内鮮を問わず、対象者を　上御一人のため喜んで死する人間をつくりあげるにある」（「朝鮮に於ける思想輔導と皇民化」『司法輔導』一九四四年四月）とまでエスカレートする。長崎は思想犯保護観察制度に皇民化政策の先鋒役を担わせることに自らの役割を求め実践したものの、司法界ではその言動は突出していた。

台湾における「天皇の警察」観はかなり濃厚だった。三七年二月の台北州警察会議で台北州知事は「本島警察の職司にある者、一君万民の吾国体の精華を顕揚し、陛下の警察官たる信念を堅持」（『台湾警察時報』第二五七号、一九三七年四月）せよと訓示した。新開教（警務局職員）「日本精神と警察官」（『台湾警察時報』第二五六号、一九三七年三月）では「吾人警察官が治安擁護という任務に精進することは、皇運扶翼の大道に帰一するものであること勿論である……この警察官の地位は陛下の警察官としての大御心《おおみこころ》を奉体し、社会の治安を擁護するに在る」とする。ここから警察の使命は「我が国民思想と相容れざる危険思想を弾圧絶滅して、国民思想の統一強化を計り、内的に一君万民の建国理想を達成せんとするに在る」と導かれる。日本国内で浸透していた「天皇の警察」意識が影響しているだろう。

四一年一一月、国民精神研修所で開催された警務局保安課主催の高等警察講習会は「全く行《ぎょう》的訓練、精神鍛錬を主に、講義を第二義的に実施」された。起床するとすぐに「禊《みそぎ》・国旗掲揚・宮城遥拝　神拝」がおこなわれる。内務省から派遣された警務官丹羽喬四郎や保安課長後藤吉五郎の講義は「孰《いず》れも国体の尊厳性と我等の覚悟に付説く処、符節を合せた様に同様であって、本件に就いてもはっきり時局の波を悟り得た」という。

台湾の検察において「天皇の検察」観をうかがわせる資料はまだ見いだせていない。

終章

日本：戦後治安体制の速やかな復活

政府・為政者層における社会運動の抑圧と民衆の監視についての認識は、八・一五の敗戦と一〇・四の「人権指令」という衝撃にもかかわらず、微動だにしなかった。

一九四五年一〇月一五日の治安維持法などの廃止のわずか三日後、一八日の閣議で「大衆運動の取締に関する件」が決定される。「終戦後共産主義者、朝鮮人、華人労務者等の集会、大衆的示威運動等頻々《ひんぴん》として行われ、其の間常軌を逸脱し、不法行為に出で安寧秩序を擾乱したる事例二、三にして止まらざる状況にして、事態寔《まこと》に憂慮すべきものある」ため、大衆的行動に対する「適切妥当なる取締」の励行と「騒擾、暴行等の不法行為に逸脱したる場合には司法権を発動し、断乎たる処置」をとるとした。これはGHQの同意を得て二六日、「越軌行為取締に関する内務司法両省共同発表」として公表された。

四六年になるとGHQの積極的理解を得て労働運動・大衆運動抑圧の勢いは加速し、内務・司法・商工・厚生四相共同声明「労働争議に随伴する不法行為の防止」（二月一日）、警保局長通牒「多衆運動の取締に関する件」（六月六日）、「社会秩序保持に関する政府声明」（六月一三日）とつづく。GHQ自身も「大衆による示威運動及び無秩序な行動に対するマッカーサー元帥の警告」（五月二〇日）、GHQ覚書「不法な旗、プラカードに依る示威運動に関する覚書」（八月一三日）などにより、その抑圧者としての存在を鮮明にする。

こうした戦前から一貫する治安維持の態勢は、ポツダム政令である団体等規正令（四九年四月四日）と占領目的阻害行為処罰令（五〇年一〇月三一日）を経て、講和条約発効後、広範な反対運動の下で成立した破壊活動防止法（五二年七月二一日施行）に連なる。

治安機構においても戦前から戦後への連続継承が顕著だった。四五年一二月一九日、警保局に公安課が設置され、各府県でも警備課（のち公安課と改称）の設置が進められた。特高警察「解体」後、二ヵ月余で「公安警察」が出現した。四六年七月以降には各警察署に公安係が置かれるようになり、情報収集活動にあたった。

特高警察が不徹底ながらも「解体」となったのに比べ、思想検察の打撃は中心的人物が「公職追放」される程度にとどまった。四七年九月、東京地検に労働係検事が設置されるのを皮切りに、「公安検察」が発足する。これは生産管理闘争などの激化した労働運動・争議に対応するための陣容の整備だった。その後、五一年一二月には公安係検事が置かれ、五七年一月には東京地検に公安部が設置される（野村二郎『日本の検察』一九七七年）。

特高警察官の罷免の隠れ場所の一つとして左翼出版物の調査などもおこなっていた内務省調査局（四六年八月設置）は、法務府特別審査局を経て破壊活動防止法の施行と同時に公安調査庁（五二年七月設置）につながっていく。

戦前治安体制を担った個々の人物も、戦後治安体制の担い手として復活する。

朝鮮戦争中の五一年九月、特高罷免者と「公職追放」者の最終的な解除がおこなわれると、彼らはカムバックした。思想検事の代表格であった池田克が最高裁判所の判事（五四年一一月～六三年五月）となるのをはじめ、検事総長の職には「公職追放」組だった清原邦一、井本台吉が座る。また、「公職追放」にはならないまま、思想検事経験者が戦後の法務官僚の中枢となった例は少なくない。最高裁長官となった岡原昌男、検事総長では竹内寿平・布施健、公安調査庁長官となった吉河光貞・川口光太郎らである。

特高警察を指揮した旧内務官僚の場合には、追放解除後は自民党所属の国会議員となるケースが多かった。それらのなかから七〇年代前半までの国家公安委員長のポストには大麻唯男・大久保留次郎・山崎巌・町村金五が就いている。また、自民党治安対策特別委員長を務めた相川勝六、同副委員長を務めた岡崎英城のような人物もいる。このように戦前から戦後にかけての治安体制は継続する部分が多かった（この項の詳細については拙著『戦後治安体制の確立』〔一九九九年〕参照）。

韓国：国家保安法の施行と猛威

南朝鮮における戦後の治安体制の確立は一九四八年の国家保安法の施行を画期とする。解放後、治安維持法の残滓の払拭に努める一方で、親日派勢力の取り込みを図り、新たな治安体制の構築に力を注いだ。この上部に反共のアメリカ軍政庁が君臨していた。

四五年一〇月一九日、京畿道警察部では高等課の廃止と情報課の新設を発表した。情報収集活動は継続され、政党や社会運動、民心の動向が対象となる。一〇月二七日、警察当局は「公衆の安寧秩序ならびに軍政を妨害する性質のビラ・ポスターの貼付等」の禁止と、軍隊や警察による違反計画者の検挙留置の方針を発表した（森田芳夫『朝鮮終戦の記録――米ソ両軍の進駐と日本人の引揚』）。アメリカ軍政庁は南朝鮮に対する植民地化政策を推進するために「まず共産主義者の主な活動家たちを狙い打ちし、あらゆる口実による検挙・投獄を行なうようになった」（高峻石『朝鮮 1945–1950』）。四六年四月一〇日、軍政長官の指令として米ソ共同委員会開催中の政治的集会やデモの禁止を京畿道警察部が発表した。

四六年四月二日の『朝鮮日報』掲載の「日帝強占期の「治維法」隠匿者を拘引してもよいのか」という記事を契機に、治安維持法の残滓に注目が集まった。解放前の治安維持法違反で有罪判決を受けた人物を隠匿したという理由による京城地方法院検事局の検挙に批判が高まると、大法院検事総長は「建国精神から見たとしても「治維法」消滅が当然」と言明し、京城地方法院検事局の措置を誤りとした（『朝鮮日報』一九四六年四月三日）。さらに、六月一日の各新聞は、アメリカ軍政庁の布告が朝鮮人の政治的自由と人権を蹂躙するという意味で、かつての治安維持法を彷彿とさせると報じた。撤廃の要求に押されて、当局は見直しのための保留に追い込まれた。

高の『朝鮮 1945-1950』によれば、アメリカ軍政庁は四七年八月一五日の朝鮮解放二周年記念日を前に「左翼勢力の全面的破壊をはかり、記念行事の屋外集会およびデモを禁止する」行政命令を公布し、「南朝鮮赤化を計画し軍政を破壊する陰謀がある」として左翼勢力に対する大弾圧をおこなった。「アメリカ軍政庁の縮小した発表だけによってみても、殺害された者二八名、検挙・投獄された者一万三七六九名、重傷を負わされた者二万一〇〇〇余名という数にのぼった」。同時に南朝鮮労働党や労働組合・農民組合などの事務所が閉鎖された。この日から「南朝鮮における左翼運動は、全面的に地下活動を余儀なくされ、重要幹部たちは続々と三十八度線を越えて北朝鮮へ脱出するようになった」。

治安維持法を継承したといえる国家保安法の成立の背景をみよう。南北朝鮮の分断が確定し、四八年八月に李承晩《リ・スンマン》による大韓民国が、九月には朝鮮民主主義人民共和国が樹立された。八月にはアメリカ軍政が幕を閉じた。済州島など各地で武装蜂起が多発するなか、李政権は親日派を政府機関の重要ポストに任命し、反共イデオロギーをもとに反対勢力の除去に邁進した。そして、社会運動と民心を抑え込むもっとも根幹の治安法として国家保安法が制定された（一九四八年一二月一日公布施行）。

同年一二月三日の『東亜日報』は「運用に慎重を期せよ」という社説を掲載した。「北朝鮮傀儡政権が改心しない限り、また民主主義による南北統一がない限り、険悪な事態は絶えず続くことが予測されるので、それに対する収拾策を講じなければならない」とするように国家保安法に対する基本的なスタンスは肯定・支持であるが、一方で「法の濫用」の恐れを指摘し、「もし意識的な濫用があれば、民主主義を唯一の道として誕生した大韓民国は傀儡政権支配下の北朝鮮のように暗黒化し、現在の混乱事態は一層深刻化する」と指摘した。それはまだ記憶の生々しい治安維持法下の「法の暴力」と深く結びついている。

しかし、この懸念は最悪のかたちで的中する。閔炳老《ミン・ビヨンロ》「韓国の国家保安法の過去、現在、そして未来」（『比較法学』二〇一四年五月）によれば、国家保安法によって検挙ないし立件された人員は施行から約一年の間に一一万八六二一人に達するという。これは、治安維持法二〇年の運用で検挙・受理された人員の三倍以上となる数値である。

台湾：二・二八事件から「動員戡乱時期国家安全法」へ

戦後の台湾においても「法の暴力」が再び猛威を振るった。王泰升の研究に依拠すると、中国から来た国民党政権の台湾人に対する扱いは日本統治期政権よりも悪く、「「少数（族群）の統治」を維持するために、恐怖政治を行い、民衆を威嚇」した。一九四七年の

「二・二八事件」が大きな転機となった。国民党政権の施政に台湾民衆・知識人が抗議の意を表すと、当局は軍隊によって鎮圧した。「兵隊による横暴な殺人行為、とくに本地の政治的指導者に対する不法な逮捕監禁ないし殺戮は、まるで日本人が西来庵事件を鎮圧したことを思い出させ、人びとは意気消沈し、落胆した」〔王泰升「植民地下台湾の弾圧と抵抗――日本植民地統治と台湾人の政治的抵抗文化」『札幌学院法学』、二〇〇四年九月〕。二・二八事件の犠牲者の数は一万八〇〇〇人から二万八〇〇〇人と推定されている。

王の『台湾法における日本的要素』〔二〇一四年〕では「一九五〇年代から一九八〇年代の後期まで、国民党政府は、中国から移植してきた「動員戡乱《かんらん》〔反乱鎮圧のための総動員〕、戒厳法制」に従い、情報部門と軍事審判機関により「合法的に」いずれのエスニックグループ〔本省人と外省人〕にも存在した政治に異議をとなえる者たちを鎮圧した」として、国民党政権の施行した「懲治叛乱条例」は「日本統治時代の「匪徒刑罰令」の焼き直し」であり、一九八七年の戒厳令解除後に公布された「動員戡乱時期国家安全法」は「あたかも日本統治時代の「治安維持法」のようであった」と論じている。「一九五〇年から一九五六年の間、軍法機関によって処理された政治犯の中で死刑に処せられた政治犯は四六一人であり、三八人だけが無期懲役に処された」という〔王泰升「植民地下台湾の弾圧と抵抗」〕。

治安維持法による処断とそれに付随する「強制的道徳律」という社会的威嚇は、戦時下の日本・朝鮮・台湾、「満洲国」の社会的言動や民族的抵抗を逼塞させつくしたかにみえる。しかし、朝鮮における八・一五とともになされた速やかな「光復」(独立)の動き、「満洲国」治安体制の解体と関係者の遁走などは、そうした抑圧が最終的に失敗したことを物語る。日本国内においては「予防拘禁」制の最大の目的は精神の入れ替えにあったが、それは実質的に失敗した。思想犯保護観察制度や特高警察の「特別要視察人制度」などの監視下にあった、戦前の社会運動関係者(その多くは治安維持法の洗礼を受けていた)は、一九四五年八月下旬頃から社会運動の復活に向けて活発な活動を展開しはじめていた。これらは敗戦にともなう治安維持法体制の揺らぎを見抜き、「強制的道徳律」の桎梏《しっこく》を自力で解き放とうとするものだった。

朝鮮・台湾や「満洲国」における治安維持法の猛威に想像力はおよばなかったものの、敗戦後の日本の民衆は治安維持法を大きな負の教訓として記憶した。治安法はひとたび制定されると、その使い手である取締当局の恣意的運用にまかされ、その適用範囲を増殖拡張していくものであることを大きな犠牲の代償として学んだ。世界的な大きな流れとして、思想を取締り、人権を蹂躙することが誤りであり、否定されるべきことが、二〇世紀を通じて確立され、二一世紀に引き継がれた。

しかし、為政者層・治安当局の、新たな治安立法制定への執拗な執念は戦後の各時期にたびたび噴出し、現在も機をうかがっているとみるべきだろう。何度も治安維持法の復活・再来が叫ばれ、その都度、ほぼ阻止しえた一方で、現行のさまざまな法令（暴力行為等処罰に関する罰則や建造物侵入違反〔刑法〕など）は本来の法益を飛び越えて、使い勝手のよい治安法的な機能を発揮している。

戦後治安体制の確立過程をかつて拙著『戦後治安体制の確立』で論じた際、一九五〇年代前半における戦後治安体制の確立がそのまま戦前的な社会運動の逼塞化や自由な言論活動の封殺を招くものでなかったこと、つまり取締る側と取締られる側の関係において断絶があることを指摘した。それは戦前治安体制への「法の暴力」と呼ぶべき負の教訓の記憶から導かれた。そして、戦後民主主義の存在そのものが、連続継承された治安体制の戦前的な復活、すなわち戦前的逼塞状況の再現を阻止しつづけている。

「新しい戦前」の進行

序章で「新しい戦前」の出現に言及し、二〇二〇年一〇月に判明した日本学術会議委員の任命拒否問題が戦前における国家権力による学問介入・統制を連想させると記した。

その介入・蹂躙の大きな画期となったのが、一九三五年の天皇機関説事件である。それは単に美濃部達吉個人への弾圧や機関説に依拠する研究や教育の一掃だけでなく、「個人主義、民主主義、自由主義なる西洋思想」全般の排撃へと展開した（玉沢光三郎「所謂「天皇機関説」を契機とする国体明徴運動」『思想研究資料特輯』七二、一九四〇年）。民間右翼による「反国体」という攻撃はついに政府を巻き込んだ「国体明徴」の大合唱となり、三〇年代後半以降の学問・教育の統制から動員への潮流を生んだ。

治安維持法の威力の震源となり、三〇年代後半以降は戦争遂行のために国民を畏怖・呪縛し、統制と動員に深くかかわったのが、第一条に組み込まれた「国体」である。それを丸山眞男は「物理的強制力」と「思想的な強制力」としてとらえようとし（『日本の思想』一九六一年）、色川大吉は「全」「異端」思想の排撃とアジア侵略の「大義」へ」と性格づけた（『明治の文化』一九七〇年）。大日本帝国憲法と教育勅語により「制度と精神の天皇制として定式化」（鹿野政直『近代日本思想案内』一九九九年）された「国体」のうち、「教育勅語」に発する「国体の精華」が「思想的な強制力」として、「アジア侵略の「大義」」として猛威を振るった。

「戦前」の総力戦体制は、ごく簡略にいえば治安維持法の膨張的な運用による戦争遂行に障害があるとみなしたものの抑圧取締と、「教学刷新」から「教学錬成」へ、「八紘一《はっこういち》宇《う》」・「思想戦」の旋風などの国民を戦争に駆り立てる「国体」に発する魔力によって成り立っていた。

「法の暴力」と国民統合・動員に魔力を発揮した「国体」は、現在ではどのようなものとしてあらわれているだろうか。戦後治安体制を構築するにあたり、治安維持法の再来といわれた破壊活動防止法（一九五二年）が「反民主主義」の抑圧取締を主眼としたように、「国体」護持に代わったのはGHQによって伝授された「民主主義」であった。日本国憲法により制度としての「国体」は崩壊しながらも、象徴天皇制として「国体の精華」の根は生きつづけている。

安倍政権下で当初「美しい国」が、ついで「積極的平和主義」が登場した。岸田政権下で中国・ロシアとの対抗上頻出したのが、「法の支配に基づく自由で開かれた国際秩序」の維持・強化であった。日・米・豪・フィリピンなどとの軍事協力の拡大強化の合言葉は「自由で開かれたインド太平洋」である。「法の支配」とは現行の社会秩序および国際秩序の維持と拡大であり、その変革を企図する者は非難・排撃される。「民主主義」や「自由主義」の護持は「法の支配」の名の下におこなわれる。

ここから想起されるのは「悪法も法なり」の立場から治安維持法の悪法性を無視し、肯定する現政府の姿勢である。多数決「民主主義」により成立させた特定秘密保護法も共謀罪法も、将来的に制定をめざすだろう新・治安維持法も、「法の支配」尊重の名の下にまかり通り、かつてと同様に「法の暴力」を振りまくことになる。

現時点では、「戦前」を席捲した「国体」に相当するものはまだ出現してはいないだろう。ただし、「満洲事変」時の国民の排外主義への熱狂がそれまでのデモクラシー的気運を吹き飛ばしたように、東アジアおよびインド太平洋における国際的緊張が暴発した際、排外主義の沸騰を契機に「新しい戦中」に突入し、新たな「国体」が生み出されていくことが予想される。

あとがき

二〇二五年三月一九日、四月二二日、五月一二日に治安維持法は帝国議会での成立、公布、施行からそれぞれ一〇〇年となる。勅令により五月八日に公布、五月一二日に施行となった朝鮮と台湾においても同じく一〇〇年となる。一〇月一五日は日本国内での治安維持法廃止から八〇年となる。それは朝鮮と台湾とともにアジア太平洋戦争・第二次世界大戦の敗戦から八〇年と重なる。その重複は本書で記したように治安維持法の果した役割を考えれば必然であった。

そのような節目を前に、「新しい戦前」が出現し進行しつつある現代において、さらに一歩進んで「新しい戦中」に突入する前で立ち止まるために、本書が踏み石の一つとなることを願ってやまない。

本書の過半は、二〇二一年から二三年にかけて六花出版から刊行した「治安維持法の歴史」シリーズ全六巻を基調としている。第一章から第六章までは参考文献の各章の部分に示した拙著・拙論にもとづいているので、より詳細な実証と本書に盛り込むことのできなかった論点についてはそれらを参照していただければ幸いである。

第七章では「国体」を取り上げて、それがどのように治安維持法の威力の震源となり、どのようにその威力を発揮したかを「治安維持法の歴史」シリーズの全体から抽出・整理している。この地点に立つことで、「国体」が治安維持法を超えて国民を畏怖・呪縛し、統制し、戦争に動員していったことが新たな課題として浮上してきた。そこでは治安維持法以前にさかのぼり、「国体」がどのように国民のなかに浸透し、定着したのか、そしてその魔力というべきものがどのように発揮・発散されたのかを考えることになる。

治安維持法一〇〇年にあたり、執筆の機会を与えてくださった平凡社新書編集部の平井瑛子さんに深くお礼を申し上げます。悪法の権化というべき治安維持法が再び姿をあらわし、戦争へという流れになるのではないかという危機感を共有するなかで、書き終えることができました。また、綿密で徹底した校閲にずいぶん助けられました。お礼を申し上げます。

治安維持法廃止の日に

二〇二四年一〇月一五日

荻野富士夫

主な参考文献

全般

奥平康弘『治安維持法小史』筑摩書房、一九七七年（岩波現代文庫、二〇〇七年）
『季刊現代史』7「治安維持法体制――その実体と動態」現代史の会、一九七七年
荻野富士夫『思想検事』岩波新書、二〇〇〇年
――『特高警察』岩波新書、二〇一二年
――『よみがえる戦時体制――治安体制の歴史と現在』集英社新書、二〇一八年
――編『治安維持法関係資料集』全4巻　新日本出版社、一九九六年
中澤俊輔『治安維持法――なぜ政党政治は「悪法」を生んだか』中公新書、二〇一二年
内田博文『治安維持法と共謀罪』岩波新書、二〇一七年
――『治安維持法の教訓　権利運動の制限と憲法改正』みすず書房、二〇一六年
NHK「ETV特集」取材班『証言　治安維持法――「検挙者10万人の記録」が明かす真実』NHK出版新書、二〇一九年
田中成明『法理学講義』有斐閣、一九九四年
関之『破壊活動防止法解説』新警察社、一九五二年
清水幾太郎『戦後を疑う』講談社、一九八〇年

第一章

荻野富士夫『治安維持法――その成立と「改正」史』六花出版、二〇二二年
我妻栄ほか編『日本政治裁判史録』「昭和・前」第一法規出版、一九七〇年
――『日本政治裁判史録』「昭和・後」第一法規出版、一九七〇年
菅原政雄『集産党事件覚え書き』私家版、一九八七年
山辺健太郎編『現代史資料』⒂「社会主義運動（三）」みすず書房、一九六五年
――『現代史資料』⒅「社会主義運動（五）」みすず書房、一九六六年
奥平康弘編『現代史資料』㊺「治安維持法」みすず書房、一九七三年
掛川トミ子編『現代史資料』㊷「思想統制」みすず書房、二〇〇四年
加藤敬事編・解説『続・現代史資料』⑺「特高と思想検事」みすず書房、一九八二年
粟屋憲太郎 編集・解説『資料日本現代史２・３』「敗戦直後の政治と社会①・②」大月書店、一九八〇・八一年

第二章

荻野富士夫『治安維持法の「現場」――治安維持法はどう裁かれたか』六花出版、二〇二一年
――『特高警察体制史』せきた書房、一九八四年（増補版、一九八八年）（新装版、明誠書林、二〇二〇年）
――『日本憲兵史――思想憲兵と野戦憲兵』小樽商科大学出版会、二〇一八年
――編『特高警察関係資料集成』第Ⅰ期全30巻　不二出版、一九九一～九四年

――編『特高警察関係資料集成』第Ⅱ期全8巻　不二出版、二〇〇四年
佐竹直子『獄中メモは問う――作文教育が罪にされた時代』北海道新聞社、二〇一四年
山崎鷲夫編『戦時下ホーリネスの受難』新教出版社、一九九〇年
和田洋一『灰色のユーモア』理論社、一九五八年（人文書院、二〇一八年）
青木英五郎『裁判官の戦争責任』日本評論社、一九六三年
神山茂夫『革命家』長嶋書房、一九五六年
浅見仙作『小十字架』待晨堂書店、一九五二年
豊多摩（中野）刑務所を社会運動史的に記録する会編『獄中の昭和史――豊多摩刑務所』青木書店、一九八六年
山辺健太郎『社会主義運動半生記』岩波新書、一九七六年
大谷敬二郎『昭和憲兵史』みすず書房、一九七九年
山岸一章『聳ゆるマスト　日本海軍の反戦兵士』新日本出版社、一九八一年

第三章

荻野富士夫「学問・思想に襲いかかる治安維持法――唯物論研究会事件判決を中心に」東京唯物論研究会『唯物論』95、二〇二一年
――「総力戦体制下の新興俳句運動弾圧」『民主文学』695、二〇二三年
――「シュール・レアリズムへの弾圧と抵抗の芽――神戸詩人クラブ事件を中心に」
治安維持法犠牲者国家賠償要求同盟『治安維持法と現代』46、二〇二三年

西村央との共編『河童自伝　細川嘉六　生立ちの記・「放談」・獄中書簡』六花出版、二〇二四年
森川金壽編『細川嘉六獄中調書』不二出版、一九八九年
横浜事件・再審裁判＝記録／資料刊行会『ドキュメント横浜事件』高文研、二〇一一年
仁昌寺正一『平和憲法をつくった男——鈴木義男』筑摩書房、二〇二三年
高田富與『綴方連盟事件』私家版、一九五八年
海野普吉『ある弁護士の歩み』日本評論社、一九六八年

第四章

高峻石『朝鮮 1945–1950』社会評論社、一九八五年
荻野富士夫『朝鮮の治安維持法——運用の通史』六花出版、二〇二二年
——『朝鮮の治安維持法の「現場」——治安維持法はどう裁かれたか』六花出版、二〇二二年
水野直樹『植民地期朝鮮・台湾における治安維持法に関する研究』科学研究費報告書、一九九九年
——「植民地独立運動に対する治安維持法の適用——朝鮮・日本「内地」における法運用の落差」、浅野豊美・松田利彦編『植民地帝国日本の法的構造』信山社、二〇〇四年
大韓民国教育部国史編纂委員会編『韓民族独立運動史資料集』全70巻、一九八六～二〇〇七年
森田芳夫『朝鮮終戦の記録——米ソ両軍の進駐と日本人の引揚』巌南堂書店、一九六四年
ブルース・カミングス『朝鮮戦争の起源』明石書店、二〇一二年

第五章

荻野富士夫『台湾の治安維持法』六花出版、二〇二三年
台湾総督府法務部編『台湾匪乱小史』一九二〇年、『現代史資料』(21)「台湾(1)」みすず書房、一九七一年
王泰升著、鈴木賢ほか訳『日本学研究叢書14　台湾法における日本的要素』国立台湾大学出版中心、二〇一四年
台湾総督府警務局編『台湾社会運動史』龍渓書舎、一九三九年（復刻版、一九七三年）
向山寛夫『日本統治下における台湾民族運動史』中央経済研究所、一九八七年
許世楷『日本統治下の台湾——抵抗と弾圧』東京大学出版会、一九七二年
若林正丈『台湾——変容し躊躇するアイデンティティ』ちくま新書、二〇〇一年
游珮芸・周見信著、倉本知明訳『台湾の少年1』「統治時代生まれ」岩波書店、二〇二二年
——『台湾の少年2』「収容所島の十年」岩波書店、二〇二二年

第六章

荻野富士夫『「満洲国」の治安維持法』六花出版、二〇二三年
荻野富士夫・岡部牧夫・吉田裕編『中国侵略の証言者たち』岩波新書、二〇一〇年
荻野富士夫・松村高夫・江田憲治・兒島俊郎『小樽商科大学研究叢書「満洲国」における抵抗と弾圧』日本経済評論社、二〇一七年
山室信一『キメラ——満洲国の肖像』中公新書、一九九三年（増補版、二〇〇四年）
上田誠吉『司法官の戦争責任——満洲体験と戦後司法』花伝社、一九九七年
新井利男・藤原彰編『侵略の証言——中国における日本人戦犯自筆供述書』岩波書店、一九九八年

解学詩『歴史的毒瘤——偽満政権興亡』広西師範大学出版社、一九九三年
中央档案館・中国第二歴史档案館・吉林省社会科学研究院合編『日本帝国主義侵華档案資料選編』「東北「大討伐」」「偽満憲警統治」「東北歴次大惨案」中華書局、一九九一〜九四年
吉林省档案館・広西師範大学出版社編『日本関東憲兵隊報告集』第一輯〜第四輯全84冊、広西師範大学出版社、二〇〇五年
中央档案館編『日本侵華戦犯筆供選編』第一輯・第二輯全120巻、中華書局、二〇一五〜一七年
「満洲国」治安部警務司編『満洲国警察史』上巻、一九四二年（復刻版、加藤豊高（元在外公務員救護会）一九七六年）
関東憲兵隊司令部編『在満日系共産主義運動』一九四四年（復刻版、極東研究出版会、一九六九年）
「合作社事件」研究会編『合作社事件関係資料』不二出版、二〇〇九年
前野茂『満洲国司法建設回想記』私家版、一九八五年
朝日新聞山形支局著・土屋芳雄述『聞き書き　ある憲兵の記録』朝日新聞社、一九八五年（朝日文庫、一九九一年）
野々村一雄『回想満鉄調査部』勁草書房、一九八六年
井村哲郎編『満鉄調査部——関係者の証言』アジア経済研究所、一九九六年
小林英夫・福井紳一『満鉄調査部事件の真相——新発見史料が語る「知の集団」の見果てぬ夢』小学館、二〇〇四年
満州矯正追想録刊行会編『追想録　動乱下の満州矯正』満州矯正追想録刊行会、一九七七年

第七章
荻野富士夫『戦前文部省の治安機能――「思想統制」から「教学錬成」へ』校倉書房、二〇〇七年（新装版、明誠書林、二〇二二年）
鹿野政直『近代日本思想案内』岩波文庫、一九九九年
木下英一『特高法令の新研究』松華堂書店、一九三二年
前田一男編『「長野県教員赤化事件」関係資料集』編集復刻版、六花出版、二〇一八年

終章
荻野富士夫『戦後治安体制の確立』岩波書店、一九九九年
丸山眞男『日本の思想』岩波新書、一九六一年
色川大吉『明治の文化』岩波書店、一九七〇年

[巻末付録] 治安維持法に関する史料閲覧サイト

日本

- アジア歴史資料センター（国立公文書館・外務省外交史料館・防衛省防衛研究所ほか）
  https://www.jacar.go.jp/
- 国立国会図書館デジタルコレクション
  https://dl.ndl.go.jp/
- 帝国議会会議録検索システム
  https://teikokugikai-i.ndl.go.jp/
- 神戸大学附属図書館デジタルアーカイブ　新聞記事文庫
  https://da.lib.kobe-u.ac.jp/da/np/

韓国

- 国史編纂委員会　（자료일람 | 한국사데이터베이스）
  https://history.go.kr/
- 韓国国会図書館「朝鮮人抗日運動調査記録」（국회전자도서관）
  https://www.nanet.go.kr/
- 国家記録院「独立運動判決文」治安維持法事件判決（콘텐츠 소개 – 콘텐츠소개 – 독립운동관련 판결문）
  https://www.archives.go.kr/
- 韓国新聞アーカイブス
  https://nl.go.kr/

台湾

- 台湾大学図書館　「日治法院档案」資料庫
  https://www.lib.ntu.edu.tw/
- 国立台湾図書館　日治時期期刊映像系統
  https://stfj.ntl.edu.tw/
- 国史館台湾文献館　国史館台湾文献館典蔵管理系統
  https://onlinearchives.th.gov.tw/

【著者】
荻野富士夫（おぎの ふじお）
1953年埼玉県生まれ。82年早稲田大学大学院文学研究科博士後期課程修了。博士（文学）。小樽商科大学商学部教授を務め、2018年定年退官、同大学名誉教授。専門は日本近現代史。著書に『思想検事』『特高警察』（ともに岩波新書）、『よみがえる戦時体制――治安体制の歴史と現在』（集英社新書）、『治安維持法の歴史』全6巻（六花出版）、『小林多喜二の手紙』（編集、岩波文庫）などがある。

平 凡 社 新 書 1 0 7 2

検証 治安維持法
なぜ「法の暴力」が蔓延したのか

発行日――2024年12月13日　初版第1刷
2025年4月3日　初版第2刷

著者――荻野富士夫

発行者――下中順平

発行所――株式会社平凡社
〒101-0051 東京都千代田区神田神保町3-29
電話　(03) 3230-6573［営業］
ホームページ　https://www.heibonsha.co.jp/

印刷・製本―株式会社東京印書館

装幀――菊地信義

ISBN978-4-582-86072-6